An Integrated Play-Based Curriculum for Young Children
(Second Edition)

幼儿园游戏课程

在玩耍中学习

[美] 奥利维娅·N. 萨拉乔（Olivia N. Saracho） 著

陈玥嘉　曾晓滢　李雨霏　译

虞永平　审校

中国轻工业出版社

图书在版编目(CIP)数据

幼儿园游戏课程：在玩耍中学习／（美）奥利维娅·N.萨拉乔（Olivia N. Saracho）著；陈玥嘉等译. —北京：中国轻工业出版社，2024.2
ISBN 978-7-5184-4330-7

Ⅰ.①幼… Ⅱ.①奥… ②陈… Ⅲ.①游戏课－教学研究－学前教育 Ⅳ.①G613.7

中国国家版本馆CIP数据核字（2023）第030409号

版权声明

An Integrated Play-Based Curriculum for Young Children, Second Edition
© 2021 Taylor & Francis.

Authorised translation from the English language edition published by Routledge, a member of the Taylor & Francis Group, LLC.

All rights reserved. No part of this book may be reprinted or reproduced or utilised in any form or by any electronic, mechanical, or other means, now known or hereafter invented, including photocopying and recording, or in any information storage or retrieval system, without permission in writing from the publishers.

Copies of this book sold without a Taylor & Francis sticker on the cover are unauthorised and illegal.

保留所有权利。非经中国轻工业出版社"万千教育"书面授权，任何人不得以任何方式（包括但不限于电子、机械、手工或其他尚未被发明或应用的技术手段）复印、拍照、扫描、录音、朗读、存储、发表本书中任何部分或本书全部内容，以及其他附带的所有资料（包括但不限于光盘、音频、视频等）。中国轻工业出版社"万千教育"未授权任何机构提供源自本书内容的电子文件阅览、收听或下载服务。如有此类非法行为，查实必究。

责任编辑：张天怡　　责任终审：张乃柬
策划编辑：高　君　　责任校对：刘志颖　　责任监印：吴维斌

出版发行：中国轻工业出版社（北京鲁谷东街5号，邮编：100040）
印　　刷：三河市鑫金马印装有限公司
经　　销：各地新华书店
版　　次：2024年2月第1版第1次印刷
开　　本：787×1092　1/16　印张：26.75
字　　数：320千字
书　　号：ISBN 978-7-5184-4330-7　定价：99.00元
读者热线：010-65181109
发行电话：010-85119832　010-85119912
网　　址：http://www.chlip.com.cn　http://www.wqedu.com
电子信箱：1012305542@qq.com
如发现图书残缺请拨打读者热线联系调换
220167Y1X101ZYW

前　言

学前教育课程尽管牢牢地建立在哲学、理论和研究的基础上，但依然是内容最广却也最容易被误解的课程。捷克约翰·阿摩司·夸美纽斯（John Amos Comenius，1592—1670）、英国约翰·洛克（John Locke，1632—1704）、法国让-雅克·卢梭（Jean-Jacques Rousseau，1712—1778）等哲学家，瑞士让·皮亚杰（Jean Piaget，1896—1980）、苏联列夫·维果茨基（Lev Vygotsky，1896—1934）、美国埃里克·埃里克森（Erik Erikson，1902—1994）等心理学家和德国弗里德里希·福禄贝尔（Friedrich Froebel，1782—1852）、意大利玛丽亚·蒙台梭利（Maria Montessori，1870—1952）等教育家都为以科学为基础的学前教育课程做出了贡献。尽管他们的方法不同，但他们都相信以儿童为中心的课程，注重儿童的个人需求、能力和兴趣。我们从他们那里获得的关于儿童如何学习和发展的知识，以及美国公众对儿童学前教育和游戏的接受程度的逐渐提高，使得当下成为编写一本关于儿童游戏课程书的好时机。此外，各领域的时间、精力和资源的投入都在增加，这使得大家能够更好地理解和交流那些有助于将游戏和学前教育课程联系起来的理论与实践方面的思想及研究成果。研究人员和教育工作者对儿童游戏的热情始终存在并将继续增长，这将对未来几代学前教育专业人士以及0—8岁儿童产生影响。

年幼的儿童的学习与大龄儿童或成人的学习不同，他们尝试理解自己所处世界的方式在很大程度上依赖他们的游戏、探索和想象。本书是为准备从事3—5岁儿童教育工作的学生准备的教材，旨在介绍学前教育领域的游戏知识、从业者为儿童所做的工作以及有关这些工作的基础知识。它适用于四年制学院和大学以及社区学院的研究生及本科生教育。由于本书包含了丰富的资源，学生们在开始教学生涯时会希望将其作为参考资料。本书介绍了将游戏融入儿童学习的实用方法，尤其是在科学、数学和艺术等不同的学科领域中。纵观整本书，每一章都整合了与儿童游戏有关的研究、理论和实践，以便读者能够了解幼儿园里的儿童发生的事情，以及它们发生的原因。本书通俗易懂、清晰简明，将概念解释得很仔细，并且提供了实际的例子和适当的插图来阐明颇为复杂的观点。

本书介绍了学前教育课程、教育性游戏以及对儿童游戏的历史认知，还呈现了儿童游戏理论的发展，这些理论在学前教育中至关重要。每个课程领域（如社会研究、读写）都单独成章，所有章节都将儿童游戏融入每个课程领域中，以帮助读者关注课程规划和实施的具体细节。

在本书的每个主题中，基础理论和研究都与课堂教学中的实践知识相关联并结合在一起。本书十分重视提供最新的研究，以解决该领域的新问题，并提供了大量的示例、实践应用、实践指南以及口头描述，以帮助学生探索全书所呈现的概念、观点和理论的含义。

本书的每一章都介绍了一个特定的课程领域，并提出了通过游戏将学科领域的知识结构教给儿童的方法。书中充分讨论了每个学科领域的知识结构，并将关于儿童游戏的讨论整合到不同的内容领域中，包括社会研究、语言、文学、读写、科学、数学、音乐与肢体动作、艺术以及积木游戏。在介绍不同的学科领域之前，本书先向读者提供了关于游戏的背景信息，包括游戏理论的发展、通过游戏学习、对游戏的历史认知、学前教育课程以及教育性游戏。各章内容具体如下。

- **第一章 概述：学前教育中的游戏与教学** 用研究结果和理论证明了，在学前教育中使用儿童游戏作为课程工具的合理性，讨论了游戏的重要性如何得到不同国际组织的专业立场声明和许多其他职业的支持。

- **第二章 通过游戏学习** 阐述了游戏在儿童学习中的重要性，回顾了游戏的定义，讨论了游戏在儿童社会学习和社会教育中的应用。

- **第三章 游戏理论的发展** 回顾了儿童游戏理论的发展（如古典理论、现代理论、认知理论）、后现代理论（如心理理论、文化游戏理论）和社会文化游戏理论。

- **第四章 对游戏的历史认知** 呈现了历史上人们对儿童游戏的认知，以及历史上视觉艺术和文学中对儿童游戏符号化的表达。

- **第五章 学前教育课程与教育性游戏** 阐述了历史上的课程理解、儿童发展和学前教育的影响、将游戏融入学前教育课程的不同学科领域的方式、教育性游戏以及游戏环境（如区角、道具箱、材料）等内容。最后，还讨论了设计学习区和促进儿童游戏的指导原则。

- **第六章 有不同需求的儿童的游戏活动** 阐述了游戏对于不同儿童群体（如残疾儿童、处于危机中的儿童、英语语言学习者）的重要性。此外，本章还建议创设不同的环境，以帮助他们获得更好的游戏活动。

- **第七章 社会研究——游戏学习经验** 阐述了社会研究领域的学前教育先驱、当代学前教育的影响,以及社会研究中的项目、课程知识、游戏学习区、道具箱、实地参观、博物馆和主题单元。

- **第八章 语言——游戏学习经验** 阐述了口头语言学习、语言与游戏的关系、语言经验、语言环境、书面语言学习以及儿童在游戏中的书写。

- **第九章 文学——游戏学习经验** 阐述了文学与游戏的关系、支持游戏的文学活动、儿童图书阅读指南以及儿童文学中的视觉素养。

- **第十章 读写——游戏学习经验** 阐述了读写萌发、儿童的读写能力发展水平、促进儿童读写发展的经验、读写与游戏的关系、以读写为主题的游戏环境、读写经验丰富的游戏区(传统的和主题的)、读写游戏区的创设以及创设读写游戏区的指导原则。

- **第十一章 科学——游戏学习经验** 阐述了儿童的学习、科学领域的标准与期望(如科学基准)、与科学相关的游戏、科学学习区以及社会背景下的科学学习。

- **第十二章 数学——游戏学习经验** 阐述了班级日常活动中的数学经验、数学领域的标准与期望、儿童游戏中的数学、数学学习区以及数学游戏的主题。

- **第十三章 音乐与肢体动作——游戏学习经验** 阐述了儿童生活中的音乐、音乐课程、为有不同需求的儿童提供音乐活动、音乐鉴赏、音乐审美活动、音乐游戏、开发基于游戏的音乐课程以及音乐学习区(音乐区和非音乐区)。

- **第十四章 艺术——游戏学习经验** 阐述了艺术游戏、艺术发展阶段、艺术媒介、游戏化的艺术环境以及儿童对经典艺术作品的理解等。

- **第十五章 积木——游戏学习经验** 阐述了课程中积木的价值、积木建构如何有助于成长、积木如何被用作一种搭建玩具、不同的积木类别、美国卡罗琳·普拉特(Caroline Pratt)开发的单元积木或积木、积木建构阶段、积木配件、积木区以及儿童作为搭建者。

- **第十六章 技术设备和交互式媒体——游戏学习经验** 基于文化历史理论和儿童社会学中与儿童的当代游戏经验有关的概念,阐述了发展中的交互式媒体的背景,描述了三个关注儿童通过交互式媒体所获得的游戏经验的研究领域:(1)儿童的交互式媒体活动是如何与游戏经验相关的;(2)使用传统玩具和数字技术玩具的不同类型的游戏;(3)儿童如何在文化情境下的游戏中使用交互式媒体。

- **参考文献** 包含所有章节中已编译的引用资料。

目 录

第一部分　学前教育环境中的游戏

第一章　概述：学前教育中的游戏与教学
　　儿童的游戏权 ………………………………………………………… 4

第二章　通过游戏学习
　　为游戏正名 …………………………………………………………… 8
　　游戏的定义 …………………………………………………………… 8
　　集体游戏中的自发性 ………………………………………………… 11
　　游戏课程的组成 ……………………………………………………… 18
　　游戏的社会性方面 …………………………………………………… 23

第二部分　理论视野

第三章　游戏理论的发展
　　游戏理论 ……………………………………………………………… 33
　　后现代理论 …………………………………………………………… 50

第四章　对游戏的历史认知
　　历史认知 ……………………………………………………………… 61
　　视觉艺术中的游戏 …………………………………………………… 69
　　文学作品中的游戏 …………………………………………………… 70

第三部分　教育基础

第五章　学前教育课程与教育性游戏

历史上的课程理解 ……………………………………………… 80
将游戏融入学前教育课程 ……………………………………… 80
儿童发展与学前教育影响 ……………………………………… 83
游戏课程 ………………………………………………………… 84
教育性游戏 ……………………………………………………… 85
游戏环境 ………………………………………………………… 92
促进儿童的游戏 ………………………………………………… 106

第六章　有不同需求的儿童的游戏活动

残疾儿童的游戏活动 …………………………………………… 110
象征性游戏和社会性游戏 ……………………………………… 110
教育性游戏 ……………………………………………………… 117
物质环境 ………………………………………………………… 125

第四部分　教育观念

第七章　社会研究——游戏学习经验

社会研究领域的学前教育先驱 ………………………………… 132
当代学前教育的影响 …………………………………………… 133
社会研究项目 …………………………………………………… 133
社会研究课程知识 ……………………………………………… 138
设计社会研究中整合性的游戏学习区 ………………………… 140
制作道具箱 ……………………………………………………… 148
实地参观 ………………………………………………………… 150
参观博物馆 ……………………………………………………… 152
开发主题单元 …………………………………………………… 155

第八章　语言——游戏学习经验

学习口头语言 …………………………………………………… 161

语言与游戏 ································ 164
　　　语言经验 ································ 168
　　　语言环境 ································ 176
　　　学习书面语言 ······························ 178
　　　儿童在游戏中的书写 ·························· 185

第九章　文学——游戏学习经验
　　　文学与游戏 ································ 191
　　　支持游戏的文学活动 ·························· 192
　　　儿童文学中的视觉素养 ························ 214

第十章　读写——游戏学习经验
　　　读写萌发 ································ 226
　　　儿童的读写能力发展水平 ······················ 227
　　　读写能力发展 ······························ 231
　　　读写与游戏 ································ 238
　　　以读写为主题的游戏环境 ······················ 240
　　　读写经验丰富的游戏区 ························ 243
　　　读写游戏区的创设 ···························· 252

第十一章　科学——游戏学习经验
　　　学习科学 ································ 257
　　　科学领域的标准与期望 ························ 260
　　　与科学相关的游戏 ···························· 263
　　　科学学习区 ································ 270
　　　社会背景下的科学学习 ························ 280

第十二章　数学——游戏学习经验
　　　班级日常活动中的数学经验 ···················· 290
　　　数学领域的标准与期望 ························ 293
　　　数学与游戏 ································ 297
　　　数学学习区 ································ 298
　　　数学游戏的主题 ······························ 305

第十三章　音乐与肢体动作——游戏学习经验

　　儿童生活中的音乐 ··· 313
　　音乐课程 ··· 316
　　为有不同需求的儿童提供音乐活动 ·· 324
　　音乐鉴赏 ··· 328
　　音乐审美活动 ··· 331
　　音乐游戏 ··· 331
　　开发基于游戏的音乐课程 ··· 338
　　音乐学习区 ·· 340

第十四章　艺术——游戏学习经验

　　艺术游戏 ··· 348
　　扮演艺术家的角色 ·· 348
　　艺术发展阶段 ··· 350
　　艺术媒介 ··· 353
　　有不同需求的儿童的艺术活动 ··· 364
　　游戏化的艺术环境 ·· 369
　　儿童与经典艺术作品 ··· 372

第十五章　积木——游戏学习经验

　　积木的价值 ·· 385
　　积木建构对成长的贡献 ·· 387
　　积木：一种建构玩具 ··· 388
　　积木的类别 ·· 389
　　单元积木 ··· 391
　　积木区 ·· 397
　　儿童作为建构者 ··· 400

第十六章　技术设备和交互式媒体——游戏学习经验

　　在所有年龄组使用发展适宜的交互式媒体 ································· 408
　　数字化游戏 ·· 411
　　儿童对数字技术的使用 ·· 413
　　实际应用 ··· 413

参考文献 // 417

第一部分

学前教育环境中的游戏

第一章
概述：学前教育中的游戏与教学

> 教师需要"观察儿童的游戏并根据所见所闻建构适合每名儿童的课程"……教师需要"深刻理解智力发展是通过游戏进行的"。儿童在游戏中整合他们对一切领域的所有认知。游戏应该在学步儿时期至小学阶段的课程中占据重要地位。
>
> （Millie Almy，2000，p. 6）

教学改革和教师问责运动迫使教师说明，儿童的学习是如何受到影响的。改革以学科知识为基础，希望教师在"日常知识和经验"中加入选择的自由，以发展儿童的知识，特别是关于社会和世界如何运行的知识（Samuelsson & Wendell，2016）。从教师实践向"改革"和以学生为中心的教学转变是一个复杂的过程。这种转变主要集中在学习中的认知和情感方面。认知和情感理论是以若干理论框架为基础的（Heyd-Metzuyanim，2019）。提出以游戏为核心的教学、评估和学习的关键课程问题（Wood & Hedges，2016），以促进儿童的终身学习，支持他们的全面发展，这在学前教育中至关重要。游戏对于帮助儿童获得关键的知识和技能是必不可少的（United Nations International Children's Emergency Fund①，UNICEF，2018）。

30多年来的研究表明，0—8 岁对人的发展（如认知能力、情绪健康、社交能力、身体和心理健康）是最具影响力的，这一时期的发展能够为人生的成功奠定坚实的基础（UNICEF，2018）。由于学前阶段能够为儿童之后在学校和其他方面的成功奠定基础，教育工作者们正在重新思考提高儿童学习能力的最佳方式。游戏作为早期学习和发展的媒介这一概念始于 19 世纪（Saracho，2017b）。

研究人员对教育环境中的儿童游戏进行了一系列全面的研究。他们发现，儿童能

---

① 即联合国儿童基金会。——译者注

够通过游戏获得关键的知识和能力。这些研究确认了游戏对儿童的发展和知识学习的帮助，吸引了研究者、教育家、心理学家、哲学家以及其他直接或间接与儿童有关的人的关注。教育行业和国际组织已经设立了委员会，以重点关注儿童的游戏权。

儿童的游戏权

游戏对于儿童的健康、发展以及独立于环境使用游戏权的能力具有至关重要的内在功能。游戏包含在群体或个体中不断独立发生的身体方面或者精神或情感方面的活动。游戏应当有趣、不确定、有挑战性、适应性强（Committee on the Rights of the Child[①]，2013；International Play Association[②]，2016），且是儿童自发的。

游戏对于儿童学习 21 世纪所需的技能（如解决问题、协作、创造）是不可或缺的，这需要有较好的执行功能，它对成人获得成功具有重要作用（Yogman et al., the Committee on Psychosocial Aspects of Child and Family Health[③], & Council on Communications and Media[④]，2018）。不可否认的是，游戏是影响儿童健康发展的一个主要因素，美国儿科学会（American Academy of Pediatrics，AAP）指出，"儿童的游戏对发展至关重要……以至于联合国人权事务高级委员会（United Nations High Commission for Human Rights）将其视为每名儿童的权利"（Ginsburg, the Committee on Communications[⑤], & the Committee on Psychosocial Aspects of Child and Family Health，2007，p. 182）。联合国《儿童权利公约》（Convention on the Rights of the Child，1989）提出儿童有权参与适合其发展的游戏，它承认游戏是所有儿童的一项基本权利。由 18 位公正的专业人士组成的《儿童权利公约》执行监督小组——儿童权利委员会（2013）——承认儿童的游戏权。国际儿童游戏协会（2016）在联合国儿童权利委员会一般性讨论日中也提议鼓励儿童的游戏权，该协会指出，"游戏是儿童日常经验所必需的组成部分，从出生持续到青春期，再到成年期"（p. 1），"世界各地的儿童都一

---

① 即儿童权利委员会。——译者注
② 即国际儿童游戏协会。——译者注
③ 即儿童与家长社会心理健康委员会。——译者注
④ 即通信与媒体协会。——译者注
⑤ 即通信委员会。——译者注

再表现出他们在寻找游戏机会方面的决心、机智和创造力"（p. 4）。欧洲幼儿教育研究协会特别兴趣小组（Special Interest Group of the European Early Childhood Education Research Association）制定了一份意见书（Avgitidou & Special Interest Group of the European Early Childhood Education Research Association，2017），该小组指出："我们支持儿童作为决定学前教育和保育（early childhood education and care，ECEC）的内容与过程的积极参与者所发挥的作用，以及 ECEC 教师作为儿童思想和行动的支持者的作用。"（p. 3）

根据国际儿童游戏协会（2016）的数据，几十年来，国际社会已经承认并接受了游戏在儿童生活中的价值。

- 《儿童权利宣言》（Declaration of the Rights of the Child，1959）提出："儿童应有游戏娱乐之充分机会……社会与政府当局应尽力促进此项权利之享受。"（art.7）
- 联合国《儿童权利公约》第 31 条规定提出，儿童"有权享有休息和闲暇，从事与儿童年龄相宜的游戏和娱乐活动，以及自由参加文化生活和艺术活动"（Office of the United Nations High Commissioner for Human Rights[①]，1989）。
- 儿童权利委员会（2013）发布了一份详尽的总体意见，阐述了游戏的重要性以及政府和其他团体对落实第 31 条规定的责任。

2012 年，美国现代艺术博物馆举办了名为"儿童的世纪：1900—2000"的展览，其中指出"游戏对于 21 世纪的意义就像工作对于工业化的意义，它呈现了认识价值、实践价值和创造价值的一种方式"（Kinchin, & O'Connor, 2012；Yogman, Garner, Hutchinson, Hirsh-Pasek, Golinkoff, the Committee on Psychosocial Aspects of Child and Family Health, & Council on Communications and Media, 2018, p. 2）。雷斯尼克（Resnick, 2017）提出增强儿童创造性学习的指导原则，包括项目、热情、同伴和游戏四个方面。儿童喜欢游戏，也喜欢冒险、探索和尝试打破各种限制。关于儿童学习的研究（例如，Keung & Cheung, 2019；Pyle & Danniels, 2017）表明，当儿童能够自由游戏、自主选择学习方式时，他们的学习效果会显著提升。

游戏是学前教育中必不可少的元素，因为它为儿童提供了很多机会：（1）表达自

[①] 即联合国人权事务高级专员办事处。——译者注

己的想法和感受;(2)表征和验证自己对世界的认识;(3)获得有关学业学习和前学业学习的有效支持。儿童会在游戏中重构自己的经验、产生并验证自己的想法,由此进行主动学习。教师需要开展与课程教育目标相关的游戏活动。游戏还可以让儿童整合他们的想法和经验,从而构建知识并实现他们的大部分目标(Saracho,2002a)。

本书列举了许多研究和理论,证明儿童游戏应当在教育中作为一种课程工具来使用,然后针对每个学科领域提出了与儿童游戏相关的实际应用建议。在游戏课程中,必须处理不同形式的知识,培养不同形式的智力。这些以及其他一些观点,将在后续的章节中详细介绍。此外,后续章节还探讨了如何将这些观点(其中一些观点实际上很抽象)转化为儿童在幼儿园的具体实践,每一章都讨论了教师如何选择可用的资源——时间、空间、物质材料和人力资源等,从而为儿童提供高质量的教育。

本书的观点是,游戏的价值并不在于提出一套通过具体的"游戏活动"来教授特定技能的方法论。游戏对儿童的价值主要是作为一种学习媒介,帮助他们进行不同类型的学习(如掌握社交能力、了解他们所处的世界、学习各个学科的知识等)。当环境和方法聚焦于儿童的兴趣与发展水平时,游戏提供的就是最佳的学习条件。本书中的每一章主要讨论与儿童学习的具体类型相关的游戏媒介,这将帮助儿童在生活中取得成功,也阐述了成人在游戏发展为一种日益丰富的学习媒介的过程中所起的作用。

第二章
通过游戏学习

> 模仿是人类从小就有的天性，人与低等动物的区别之一就在于人善于模仿，人类最初的知识就是通过模仿获得的，并且所有人都很自然地喜欢模仿他人的作品。经验证明了这一点：尽管物品本身看上去令人感到痛苦，但惟妙惟肖的图像却能引起我们的快感……其原因是求知不仅对哲学家来说是最快乐的事，对一般人亦然，只是一般人的求知能力比较弱……而快乐的来源在于探知事物……
>
> （Aristotle，1958）

多年来，游戏在学前教育课程中的意义发生了变化。福禄贝尔、蒙台梭利和美国教育家约翰·杜威（John Dewey，1859—1952）等学前教育先驱们相信儿童游戏的价值，并开发了系统的方法将其整合到儿童养育和教育中。尽管福禄贝尔和蒙台梭利的观点不同，但他们都认为游戏活动是规定性的，儿童在使用材料时必须遵循精确的指示，这与游戏性相去甚远。他们的活动缺乏自发性，因此在今天不被认为是真正的游戏。相比之下，杜威（1916）提出的儿童学习的概念，才是当前关于运用儿童游戏的教育观点的基础。他认为，儿童的学习应该在自然的社会环境中，以他们的兴趣为中心（Williams，2017），同时，教学也要基于儿童正在形成的认知能力和社会人格（Ring & O'Sullivan，2018）。他提出，学前教育应该以儿童的经验和他们周围的世界为基础。教师应创设有助于儿童游戏的环境，这会有利于他们的心智和道德发展。杜威认为，在教育过程中，游戏是必需的，而非可有可无的（Ring & O'Sullivan，2018）。尽管并非所有人都相信游戏的价值，但它被认为是学前教育中必须受到重视的、必不可少的活动（Spodek & Saracho，1987）。本章讨论了游戏在儿童学习中的重要性，回顾了游戏的定义，讨论了游戏在儿童社会学习和社会教育中的应用。

为游戏正名

学前教育的一个重要问题是,证明在课程中使用游戏的合理性。在当下人们沉迷于学业知识的世界里,这种论证有些困难。关心儿童游戏的专业人士时常使用误导性的词汇否认他们对游戏的关注,并用各种不同的定义来描述游戏。例如,他们说"游戏是儿童的工作",因此把游戏和工作联系起来并将游戏转化为工作。他们认为,一旦把游戏定义为工作,那么每个人都会把游戏当作一项严肃的活动,从而可以保持他们的职业尊严(Spodek & Saracho,1987)。

长期以来,维护游戏的要求给学前教育造成了一定的困难。几十年来,教育家、心理学家、哲学家等研究者和其他人一直都在探究游戏的自然现象,试图定义、解释和理解游戏,为它制定标准,并将它与其他人类活动联系起来。游戏的形式多种多样,这使得它的概念变得复杂又难以令人理解。虽然儿童、成人和动物都会进行游戏,但情况各不相同(Saracho,2008)。研究游戏的定义,可以帮助我们了解人们为什么会对儿童游戏产生误解。哲学家和研究人员已经为游戏提出了一系列的定义和标准,下一节将具体展开讨论。

游戏的定义

"游戏"一词的使用方式多种多样(Spodek & Saracho,1987),但一直缺乏一个一致的定义,给它下定义是一个挑战。一些观察者(Lorenz[1],1950;Thorpe[2],1956)认为不应该给这个词下定义,因为他们对游戏的定义存在很大的分歧。观察者之间的一致,是指至少两位观察者所观察的结果的一致程度。在观察游戏时,想当然地认为某位观察者可以指明某个观察对象的个体行为的目的,是有风险的。因为不理解观察对象的行为,观察者可能会认为游戏行为是无缘无故发生的(Ellis,1973)。根据施洛斯伯格(Schlosberg,1947)的理论,很多时候游戏的动机可能是模糊的,而且如果不控制情境,观察者推断时所依赖的证据会缺乏说服力。这可能就是为什么许多观察者认为如果一个行为不是工作,那它就是游戏。

相比之下,费根(Fagen,1981)则试图使用大量的已有文献来定义游戏。这是一项具有挑战性的任务,因为研究人员、教育家和哲学家对游戏的定义各不相同。例如，米切尔和梅森（Mitchell & Mason）对这些思想家的定义进行了比较。

西肖尔（Seashore）：为了享受表达的乐趣而自由地自我表达。

福禄贝尔（Froebel）：童年萌芽的自然舒展。

霍尔（Hall）：从过去坚持到现在的运动习惯和精神。

谷鲁斯（Groos）：本能的练习，没有严肃的意图，是对以后生活至关重要的活动。

杜威（Dewey）：不自觉地为了促成自身以外的结果而进行的活动。

席勒（Schiller）：对旺盛精力漫无目的地消耗。

斯宾塞（Spenser）：在没有实际行动的情况下本能地进行的多余的活动……为了获得即时满足、不顾其他利益而进行的活动。

拉扎勒斯（Lazarus）：本身就自由、漫无目的、有趣或具有消遣性的活动。

尚德（Shand）：一种旨在获得快乐的活动。

杜勒斯（Dulles）：一种自我表达的本能形式，在情感上具有逃避现实的意义。

柯蒂（Curti）：让人积极性很高的活动，由于没有冲突，通常（尽管不总是）是快乐的。

（Mitchell & Mason，1948，pp. 103-104）

萨波拉和米切尔（Sapora & Mitchell，1961）引用了以下关于游戏的定义，因为它们代表了非专业人士对游戏的理解。

久利克（Gulick）：游戏是我们想做的事。

斯特恩（Stern）：游戏是自愿且自给自足的活动。

帕特里克（Patrick）：游戏是人类为了自身的目的而进行的自由且自发的活动。对游戏的兴趣是游戏者自己保持的，无须任何内部或外部的强迫。

雷恩沃特（Rainwater）：游戏是一种行为模式……包含所有令人快乐的活动，并不为获得别的回报而进行……

潘本（Pangburn）：游戏是为自身的需求而进行的活动。（p. 114）

每一种定义都提供了对游戏的不同理解和阐释，这促使学者们继续尝试着定义游戏（Schartzman，1978），找寻游戏现象的"范例"，将定义的问题往后推迟（Matthews & Matthews，1982），并对最终的定义保留不同意见。所有的定义都认为，除了活动本身的直接内在奖励之外，游戏不需要其他任何事物的激励，活动本身就是一种奖励。

游戏的定义问题有待解决，不能根据任何单一的特征对其进行有效定义。还有一种观点认为，游戏包含一系列特征，这些特征与观察到的行为所建立的触发条件或心理框架有关。游戏研究者一致认为，对游戏最有效的定义应当与一组动机和态度有关，当这些动机和态度结合在一起时，就会产生游戏性活动（Gray，2017）。史密斯和沃尔斯特德（Smith & Vollstedt，1985）建议结合游戏活动的特质来定义游戏，而不是在文献中寻找一种完美特质的存在或缺失。这就需要制定一组标准来识别游戏行为（Sokal，1974）。其他人（包括 Rubi et al.，1983；Spodek et al.，1991）都分别制定了一套游戏标准。卡拉斯纳和佩普勒（Krasnor & Pepler，1980）提出，游戏活动需要具备灵活性、积极情感、内在动机和非文字性的特点。但萨顿·史密斯和凯莉·伯恩（Sutton-Smith & Kelly Byrne，1984）认为，有几种游戏行为模式是无意识的或固定的，且呈现出了负面影响。鲁宾等人（Rubin et al.，1983）提出了一套更广泛的标准。

1. 个人的游戏动机是指活动中的满足感，而不是基本需求、驱动力或社交需求。
2. 游戏者更关心活动本身而不是目标。目标是自我施加的，游戏行为则是出于本能的。
3. 游戏发生于熟悉的对象，或对陌生对象的探索之后。儿童对游戏活动的意义有自己的理解，并且自己控制活动。
4. 游戏活动可以是非文字的。
5. 游戏不受外界的规则影响，游戏规则可以由游戏者修改。
6. 游戏需要游戏者的积极参与。（Spodek & Saracho，1994a，1994b，pp. 3-4）

一项活动如果是"自我选择和自我主导的，有内在动机，受心理规则指引，富有想象力，以及在积极、机敏但相对不紧张的心态下进行"的，就可以被视为游戏（Gray，2013）。

佩利斯等人（Pellis et al.，2019）介绍了伯格哈特（Burghardt，2005）根据五条标准对于游戏的定义。一个特定的行为序列需要满足这五条标准才能被视为游戏。伯格哈特的标准提出：（1）行为在所表达的情境中不完全实用；（2）它是自愿的或有收获的；（3）在某种程度上，与在能正常发挥作用的情境中相比，它的过程或结构有所变化；（4）它是重复进行的，但形式可以有所变化；（5）它是在健康的、相对没有压力的……放松的情况下开始的（p.2）。根据伯格哈特（2014）的观点，这五条标准是在所有环境中识别游戏的必要条件。尽管一些游戏有规则并遵守一套"话语体系"，但它们仍然具有游戏性。他将游戏标准总结如下："游戏是重复的行为，与那些在结构、环境或过程等方面更具适应性的行为不同，它看起来不具有什么功能，是在动物处于放松、无刺激或低压力的环境下开始的。"（p.91）格雷（Gray，2017）由此得出结论，任何活动在以下情况中就可以被视作游戏："自我选择和自我指导；有内在动机；受心理规则的指引，留有发挥创造力的空间；以及富有想象力。"（p.220）

使用一套标准有助于人们识别游戏行为，一套具体的标准也有助于人们理解游戏，但它不能描述人们游戏的动机。史密斯和沃尔斯特德（1985）测试了许多研究者描述游戏活动的标准。根据他们的报告，非文字性（Krasnor & Pepler，1980；Rubin et al.，1983）、积极情感和灵活性（Krasnor & Pepler，1980）的组合最常被用来识别游戏活动。史密斯和沃尔斯特德（1985）的定义，似乎是最被人们接受的游戏定义。游戏是有趣的、灵活的、富有想象力的、自发的，并且对儿童的发展与学习至关重要。我们需要一个可靠的定义来辅助识别游戏行为。要获得可靠的定义，就需要以游戏的理论为基础，本书第三章将进一步讨论这些理论。

集体游戏中的自发性

儿童出生在一个社会世界中，他们从出生起就开始探索那个世界。在早期发展的每个阶段（婴儿期、幼儿期、学前期、小学期），儿童都会探索周遭世界，尝试理解社会环境和物质环境。他们逐步了解周围不断增多的社会群体，并最终认同自己的公民身份（Mindes，2005）。

儿童需要理解自己、理解周围的世界，以及他们与世界的关系。他们在物质世界和社会世界里验证自己的知识并从外部获得反馈时，会更加了解自己。他们在探寻自己和周围世界之间的边界时，会认识并尝试理解自己的环境。儿童发展日常生活中所需要的知识和能力，同时为将来的学习做好准备。他们直接接触物质世界，并通过触摸、倾听或观察来验证他们对物品的认识。儿童与个体直接接触的同时会观察个体的行为，重要的是这些行为所代表的意义，这意味着行为的意义需要被理解。

社会性行为的结果和行为发生的背景为行为提供了意义（Spodek & Saracho，

1994b），比如儿童游戏行为的发生。例如，戏剧游戏促进儿童的个人学习和社会学习，帮助他们理解社会世界。在戏剧游戏中，儿童以他们感知和理解社会环境的方式表演选定的角色。此类游戏帮助儿童演绎社会世界、家庭、幼儿园和社区，并表达他们对这些的看法。儿童在与他人游戏时，会交流自己对世界的理解，并与同伴相互验证各自的观点。

在幼儿园里，儿童通常一起游戏。他们可能玩假装游戏、追逐或在沙箱里做"蛋糕"。早期与同伴玩假装游戏能够对社交能力的发展产生影响，因此，让儿童参与游戏很重要。有些儿童不参与游戏，因为同伴告诉他们"你不能玩"，或是因为他们有同伴焦虑行为，使他们不愿去玩，这些儿童也不会学习如何玩游戏。儿童需要很多机会与同伴一起玩，进而学习如何与同伴一起参与亲社会的复杂游戏、如何找到解决冲突的方法（Howes & Lee，2007）。这对残疾儿童来说尤其重要，因为残疾阻碍了他们的社交和互动（McCollow & Hoffman，2019）。

儿童与同伴互动的社交能力对他们发展成功地与他人合作、发起和加入团体以及理解同伴需求的能力至关重要（Fung & Cheng，2017）。他们需要学习如何向他人提供情感支持、如何与他人分享、如何发起和参与对话及游戏等（Segrin，2019）。

> 埃拉今年 5 岁，已被确诊患有唐氏综合征。她在早上进入教室时，很难正常地与同伴打招呼。埃拉的老师采用了一种叫作"脚本"的策略。老师与埃拉的父亲一起做了一个脚本，埃拉可以在早上到幼儿园后照着这个脚本向同学们打招呼。
>
> （McCollow & Hoffman，2019，pp. 312–313）

脚本可以指导儿童在社会环境中说什么和做什么，现已证明，它对 3 岁儿童很有效（National Autism Center[①]，2015）。

对学前残疾儿童来说，在全纳教育机构中，同伴影响产生教育作用的可能性取决于同伴的社交接纳情况，这会影响这种机构的发展效益。奥多姆等人（Odom et al.，2006）发现，在全纳教室里，一半的残疾儿童被很好地接纳，但另一半的残疾儿童面临被同伴拒绝的问题。戴蒙德等人（Diamond et al.，2008）提出，让同伴支持残疾儿

---

① 即美国国家自闭症中心。——译者注

童的发展，建议为残疾儿童提供多种机会参与包括非残疾的同龄人在内的幼儿园和社区的项目。他们认为，如果残疾儿童有多种机会与非残疾的同龄人进行社交，他们的发展和受认可情况将得到改善。非残疾的儿童需要理解以下内容。

> "残疾"一词的含义、接受残疾儿童参与同伴活动的决定，以及与同伴交往的社交能力，这些对他们理解残疾儿童所处的社会环境至关重要。
>
> （Diamond et al.，2008，p. 142）

儿童精力充沛，想象力丰富，对自己的行为以及与环境的互动充满好奇。儿童以自我为中心，所以对环境的看法是狭隘且片面的。他们在大部分时间里都与家人住在一起，与同龄人一起玩耍，决定如何与他人相处、如何度过空闲时间、与谁玩、读什么书，甚至如何花钱。尽管儿童通过电视等媒体、旅行、家人和朋友了解更大的社会世界，但他们通常需要概念基础，才能将新经验中的知识融入他们熟悉的社会环境。此外，他们需要社交技能来思考同伴的观点，以便能够解决问题或预估行为的后果（Saracho & Spodek，2007c）。

儿童会表现出不同的社会组织模式。尽管都有自己的行为特征和个性，但随着时间的推移，他们会让自己融入群体。他们的发展（如社会性、管理能力、沟通能力的发展）会对他们所在的社会群体产生影响。研究人员研究了班级和学校的社会群体，并报告了激发其动态变化的模式和过程（Martin et al.，2005）。儿童需要通过社会教育和社会学习来提高其社交能力。

社会学习

社会学习是指对社交能力这一要素的习得。最初，儿童通过与家庭成员的关系融入家庭，了解自己作为家庭这一社会群体中的成员所扮演的角色以及被寄予的期望。通过家庭互动，他们学会对成功的人际交往行为与思维过程进行整合（Saracho & Spodek，2007c）。

早期同伴之间的假装游戏可以提高儿童的社会学习能力（Howes & Lee，2007；Kavanagh，2006）。社会学习始于婴儿早期。在出生后的前半年里，婴儿在微笑、发声和向同伴伸手时就表现出了社交兴趣。1岁时，婴儿会观察、发声、伸手并对他人微笑。2岁时，学步儿开始在交换想法、互相迁就以及配合方面表现出更高级的社交。

3岁时，幼儿会表现出更多的亲社会行为（如帮助、分享）。儿童的社会性游戏越来越明显，社交接触也越来越频繁。对年幼的儿童来说，同伴群体为他们习得和使用社交技能提供了重要且独特的环境（Rubin & Copla，1998）。

社会学习理论探讨了儿童如何从同伴那里学习，以及他们如何通过与同伴之间的互动和关系来实现社会化。以下是实现社会学习的前提（Ladd，2007）。

- 同伴间的互动和关系能够为儿童提供社交信息。当儿童与同伴互动并建立关系时，他们会了解：自己和自己的行为，同伴、同伴行为和同伴关系，以及产生社交和关系的环境。
- 儿童能够处理他们从同伴互动和关系中获得的信息。儿童积极处理、分类和理解他们从同伴互动和关系中获得的信息，并得出结论供将来使用。
- 儿童能够利用他们从同伴互动和关系中获得的信息。儿童利用从同伴互动和关系中获得的信息来改变他们以后对同伴的行为，并将这种改变应用到同伴互动和关系中。当儿童选择改变后的行为时，会收到关于这些行为的信息，这些信息可以被用来保持或调整他们以前的行为或现有的行为。

在社会性游戏中，儿童能够从同伴那里学习恰当的行为。儿童作为游戏伙伴进行早期社会学习的内容和形式如下所示。

- 同伴对其行为的反应。
- 观察同伴。
- 处理从同伴互动中获得的信息。
- 创造、实践和尝试他们与同伴的互动方式。（Ladd，2007）

过了婴儿期，儿童的同伴互动变得非常复杂。在进行假装游戏时，他们会轮流玩，会变换动作，还会使用脚本以及设定角色。不过，这一阶段儿童同伴互动的复杂程度，也取决于同伴群体的规模和组成。如果知道脚本的参与者太多或者太少，互动很快就会中断（Howes & Lee，2007）。儿童社会性游戏的发展，有助于他们与同伴的互动。

当儿童参与社会性游戏时，他们会了解同伴如何影响其他儿童的行为（如社交技能）、思想（如了解自己和他人）、情感（如情绪状态、反应）以及个性发展。例如，在与同伴的相处中，儿童会学习：了解作为人的自我，了解自己作为他人的同伴，了解如何管理自己的情绪并摆脱困境,知道不良的经历会危害他们的健康和发展,知道性别区分能让他们学会与他人建立关系的独特方式(Ladd,2007)。

儿童在假装游戏中,探索和理解包含各种社会情境的世界。经常参与假装游戏的儿童,通常是那些有更强的能力与同伴和成人交往的儿童(McAloney & Stagnitti,2009)。豪斯和李(Howes & Lee,2007)也认为,即使是10—59个月大的儿童,如果参与更复杂的游戏,他们之后也会更善于交际,有更少的攻击性,更少会变得孤僻。他们的结论是,复杂的同伴游戏可以作为同伴社交能力的一个指标,能展现儿童的社交能力。与学步儿相比,学龄前儿童有更多的同伴一起玩。

社会戏剧游戏和规则游戏中的社会活动逐渐增加,因此它们具有重要作用。随着年龄的增长,儿童在游戏中融入假装的主题。社会戏剧游戏创造了一个情境,帮助儿童进行有意义的交流,并提供机会让他们学习讨论、控制和协商假装的角色、脚本以及游戏中的规则。在社会性假装游戏中,儿童可以放心地探讨亲密和信任的问题(Howes & Lee,2007)。

儿童需要在具有社会性-情感的氛围中进行游戏,在这种氛围中参与各种活动和互动才会有对话、笑声和快乐。一些教师对儿童的日常规范有明确但灵活的规定和期待,儿童通常在积极的环境中才能理解这些规则。他们会在一个重视游戏的环境中参与同伴游戏(Howes & Lee,2007)。教师需要向他们提供游戏的物理空间和激励他们参与假装游戏的材料(Frost & Sutterby,2017)。户外游戏同样有利于他们的健康,探索偏僻的小道和开放的区域会让他们的身体活动能力得到改善(Sando,2019)。

儿童需要学会一定的知识和技能,以便在日常生活中发挥作用。他们使用感官(看、触、听)来实时地了解物质世界。当与他人互动并意识到自己的行为很重要时,他们就会了解自己所处的社会世界。儿童的学习过程本质上取决于帮助他们建构知识和创造意义的个人经验,因此,想要促进儿童的学习,为其提供即时和直接的经验非常重要(Saracho & Spodek,2007b)。

社会教育

儿童需要学习社交方式,以便在民主的社会中发挥作用。社会学习能够帮助他们提高情绪和实践能力,增强对自己的认识,懂得无论他人的能力和局限性如何都要接纳他人。下面的情节提供了一名儿童进行社会学习的例子。

在幼儿园的自由游戏时间，科迪、布里安娜和迪伦正围着沙盘。科迪正认真地玩其中一个沙子玩具，布里安娜伸手从科迪手中抢走了它。科迪立即做出反应，伸手去打布里安娜，并大喊："这是我的！"布里安娜被打后，玩具从手中掉落，她哭了起来，迪伦走近她，给了她拥抱和安慰。旁边的一位教师听到了吵闹声便来到沙盘这里，迪伦告诉教师科迪打了布里安娜。教师要求科迪道歉，科迪回应道："是她抢走了我的玩具！"然后，他开始大喊大叫，好像要打布里安娜或教师。布里安娜哭了近1分钟才停下来，而科迪由于发脾气，在思过椅上被罚坐了3分钟。

（Trentacosta & Izard，2007，p. 59）

这是幼儿园班级中比较常见的争执，尤其是在为处于危机中的儿童或经济困难儿童提供教育的班级中。这个例子中的儿童行为，说明这些儿童在社会和情感学习方面需要得到支持。虽然这些儿童的年龄相仿，但他们表现出的情感和社交成熟度却不相同。通常来说，学龄前儿童缺乏基本的社交技能以及处理自己情绪的能力，但在这个例子中，学前游戏为这些儿童提供了一个良好的环境让他们学习这些能力，这些能力能够帮助他们应对一生中遇到的任何挑战（Trentacosta & Izard，2007）。因此，儿童在社会学习环境中会得到所需要的支持。

国家社会研究委员会（National Council for the Social Studies，NCSS，2019）是美国最大的专门从事社会研究教育的专业组织，它认为社会学习有助于儿童理解个人和社会世界，并在其中发挥作用。他们积极且充满好奇，需要发展社交能力、社会价值观和自我意识方面的能力。NCSS（2019）提出了以下建议。

- 儿童能够通过研究个体世界中的互动，探索并理顺社会研究的概念。教师需要培养儿童的好奇心，在儿童游戏中为他们提供经验，让他们有机会质疑、提问以及批判性地思考。
- 通过参与民主与公民活动，培养儿童参与决策和分析理论知识的意识与能力。教师需要利用儿童的兴趣来设计开放式和主动式的学习。
- 儿童的社会研究学习需要接受多样性和社会正义，但要质疑偏见和不平等。儿童的经验需要集中在文化、资源和语言的多样性上。

幼儿园的环境每天会将价值观有意无意地传达给儿童，儿童通过幼儿园活动中传达的价值观和规则来了解公民意识。

儿童有过对一系列目标和活动进行自主选择的经验，并能考虑到自己的行为及感受可能导致的选择和后果后，就会形成适宜的社会价值观。儿童通过角色扮演、创意戏剧、文学和艺术体验来习得社会价值观（Sigurdardottir et al., 2019）。他们也会接受周围他们认为重要的人（包括父母和教师等）的价值观。儿童的价值观与他们的道德观念有关，比如他们认为什么是公平和合理的。与道德推断和价值观有关的道德发展阶段，是儿童发展过程的一部分。对儿童来说，理解他们在自己的水平上做出的道德判断是很重要的。允许儿童选择目标和活动，能够培养他们的社会价值观（NCSS, 2019）。

许多人认为，教育反映了某个社会或某种文化所接受的行为准则，儿童能够学着认同和接受所处社会的准则，这与其所受的道德教育有关。道德教育对社会学习也至关重要。道德教育能够帮助儿童区分对错。虽然存在普遍的道德规范，但在我们的社会中，道德的来源是不同的。美国儿童发展心理学家劳伦斯·科尔伯格（Lawrence Kohlberg, 2008）提出儿童道德发展的三个水平，每个水平有两个阶段（见表2.1）（Turiel, 1973）。科尔伯格的框架表明，儿童解决道德困境的方式体现了他们的发展水平。非常年幼的儿童通常处于第二或第三阶段以下。儿童可以学习恰当的行为，但他们不理解为什么该行为被视为符合高阶道德原则的恰当行为。当儿童讨论他们做出道德判断的原因以及在角色扮演中做出反应并质疑自己行为的动机时，就可以确定他们所处的道德发展阶段。

表2.1　道德发展阶段

阶段1：惩罚与服从取向。行为的实际后果决定了它的好坏。避免惩罚和对权力的绝对服从，本身就很重要。
阶段2：相对功利取向。正确的行为主要指功利性地满足自己的需要，偶尔也满足他人的需要。
阶段3：人际和谐或"好孩子"取向。正确的行为就是让他人高兴或帮助他人，并得到他人的认可。行为常常是根据意图判断的，例如，"他是好意的"第一次变得重要起来。一个人会通过表现出"友善"来获得他人的认可。
阶段4：维护权威和社会秩序取向。倾向于维护权威、已有规则和社会秩序。正确的行为就是履行自己的职责，尊重权威，以及维持既定的社会秩序。
阶段5：社会契约取向。正确的行为往往是根据一般的个人权利和标准（法律）来定义的，这些权利和标准已经得到社会的严格审查与认同。
阶段6：普遍的伦理原则取向。权利是由良心根据自我选择的伦理原则做出的决定来定义的。这些原则是抽象的、合乎伦理的，不是具体的道德准则。

儿童表现出不同的社会组织模式。尽管他们都有自己的行为特征和个性，但随着时间的推移，他们会让自己融入群体。他们的发展水平（如社交、管理、沟通能力的发展）会影响他们如何组织自己所处的社会群体。他们在任何环境（如操场、教室）中都有非常复杂的社会系统，而且他们的社会互动动态可能很难令人理解。研究人员开发出了专门的程序来研究儿童的社会行为和他们与同伴的互动，试图确定儿童在班级和学校中的社会组织，以及这些动态背后的模式和过程（Martin et al., 2005）。

游戏课程的组成

社会规定了学校在基本技能方面的教学目标，强调儿童甚至在学前阶段也应该学习字母、数字、单词和颜色。对学业学习的关注，削弱了儿童游戏的重要性。这是不幸的，因为游戏是支持儿童学习的一个重要工具。游戏让儿童可以选择他们的学习，特别是与实现广泛的目标有关的学习。它为儿童提供了以下机会：表达自己的想法和感受，表征并验证自己对世界的认识，获得有关学业学习和前学业学习的有效支持。通过游戏，儿童在重构经验、产生想法并验证这些想法时，主动学习就发生了。儿童通过亲身体验来学习：他们在操作象征性材料时，会理解这些象征物所代表的概念。因此，象征性游戏是教育儿童的一种自然方式（Spodek & Saracho, 2003a），教师开发与项目教育目标相关的游戏活动是很明智的做法。他们可以设计游戏活动，以整合儿童的想法和经验，建构他们的知识，帮助他们实现大部分的目标（Saracho, 2002b）。

游戏会促进儿童在知识、意义探究、创造力以及概念理解等方面的发展（Wassermann, 2000）。所有年龄段的儿童都需要在整合性课程中学习经验，以未来作家、诗人、艺术家、建筑师、科学家和音乐家的角色用文字、颜料、方块、问题、材料和音乐进行游戏。

游戏课程中的基本组成部分是象征性游戏、社会性游戏和教育性游戏。当儿童参与象征性游戏时，他们使用符号化的表征来表达自己的想法。当儿童参与社会性游戏时，他们通过与他人互动来形成和提高自己的社交技能。教育性游戏由不同类型的游戏组成，包括操作性游戏、积木游戏、身体游戏、戏剧游戏和规则游戏。

象征性游戏

儿童在很小的时候就对想象力、戏剧和叙事有了了解。他们在那么小的时候就参与幻想的世界中，是非常了不起的。1岁的婴儿尽管很少以象征性的方式使用物体，即让一个物体代表另一个物体，但他们通常会不停地操作和探索物体。例如，12—24个月大的孩子喜欢探索家用器皿的物理特征，他们摆弄物体（如锅、碗、勺子）也许是为了把它们撞在一起，但不是为了把它们当作别的东西来玩。2岁的孩子会用熟悉的物体做假装的动作，例如，他们可能会把锅放在头上，假装它是一顶帽子，或者把勺子按在地板上像赛车一样推来推去，同时大喊"让一让，让一让"（Kavanaugh，2006）。

当儿童使用这些象征物时，他们开始使用象征性的表征来表达他们的想法，也明白了一个物体可以代表另一个物体。虽然象征性行为在儿童游戏中是作为临时、独立的行为出现的（Kavanaugh，2006），但它们表明儿童正在获得一种新颖且独特的思维方式。这些儿童能够超越当下去理解他们头脑中想象的事件。不久之后，这些"象征性儿童"将能够用言语描述过去、提及未来、参与假装游戏，并构建叙事片段，讲述有关生活事件的简短"故事"。儿童象征性理解的出现可以促进他们对非文字的、幻想的世界的理解，那样的世界在儿童早期就已经浮现了。

当儿童参与象征性游戏或戏剧游戏时，他们会成为更好的抽象思考者。假想游戏，有助于他们解释物品的意义。在开始时，儿童用实物传达意思，随着儿童的象征性发展进入更高阶段，实物就会被取代。例如：2岁的孩子可能会在假想的茶话会中给自己和娃娃"喂食"，稍大一点的孩子可能会建构复制品来传达自己的假装行为。这种想法是一种对假装更高级的使用，它将行动、感觉和想法应用到无生命的物体上（例如，让一个布娃娃睡觉，因为"它累了"，或者把一个玩具放入一个虚构的浴缸时说："哎哟，太热了！"）（Saracho，2016）。儿童每天都在玩一些物品，即使它们并不是玩具。他们觉得自己可以自由地发现，并通过在大量的游戏实践中形成的象征性创造力来促成自我实现，比如使用具有象征性的物品（Talu，2018）。

社会性游戏

当儿童扮演一个他在社会世界中看到的角色时，社会性游戏就发生了。在社会性游戏中，他们学会与那些和自己持有不同观点的儿童相处，例如，一个孩子可能说：

"不,我不想当妈妈!我想当爸爸!"这种情况就需要儿童协商彼此的要求。游戏者会经常协商、妥协并解决冲突(Lillard,2015)。

社会性游戏的发展阶段

与同伴的社会性游戏,对儿童假装游戏的发展很重要。当代的发展观关注社会背景对认知过程的影响。这种理论探讨了影响认知发展的社会互动的类型。这些社会互动在儿童的假装游戏中有所增强(Vygotsky,1934)。儿童的游戏行为随着年龄的增长而发展,他们的社交能力也在提升。适当参与游戏、解决问题并分享信息的儿童,通常会拥有更多的友谊。即使是互不相识的儿童,游戏时也会成为朋友(Creasy et al.,1998)。根据多伊尔等人(Doyle et al.,1992)的观点,儿童会以三种方式开始社会性游戏:协商假装游戏的计划(如"嘿,忍者神龟刚刚攻击了你!"),伙伴中的一个成员自发开始假装的游戏行为,以及合并若干单独的假装游戏活动。

假装游戏和幻想游戏是童年的片段,如果教师提供支持材料(如用于装扮的衣服以及厨房用具)和媒介,这些活动就会得到加强。在世界各地,2岁的儿童开始用物品代表某些真实的物品(Roopnarine,2011)。在接下来的几年里,他们开始使用想象的物品,想象不同于自己和朋友的个体的心理表征,然后表演社会戏剧中的片段。所有儿童都会模仿成人的活动(Lancy,2016)。

自1932年以来,已有研究逐渐确定了儿童的社会性游戏阶段。美国学者米尔德丽德·帕滕(Mildred Parten,1932)首次确定了社会性游戏的一系列阶段,她指出:3岁儿童进行的是空闲游戏(无所事事)、单独游戏(独自玩耍)或旁观游戏(观察其他儿童的游戏),4岁儿童参与的是平行游戏(与他人各玩各的),5岁儿童参与的是联合游戏或合作游戏(与其他儿童一起玩耍)。帕滕(1932)认为,合作游戏比单独游戏更高级,平行游戏是从单独游戏向合作游戏的过渡。

在过去的30年中,两位研究者(Rubin,1976;Saracho,1997,1998a,1998b,1999a)对这些阶段的规律性提出了挑战。他们对儿童游戏的观察表明,儿童在任何年龄段的游戏都可能体现多个游戏阶段。一些儿童喜欢自己游戏,是独立的思考者,或者是与他人平行游戏,而另一些儿童喜欢与同伴进行联合游戏或合作游戏。萨拉乔(Saracho,2002a)认为,儿童的个性可能会影响他们的社交能力。喜欢交际的儿童对他人更感兴趣,会参加平行游戏、合作游戏和联合游戏,而不爱交际的儿童会进行单独游戏(Saracho,1997,1998a,1998b,1999a)。平行游戏(儿童在同伴旁边独自玩耍）表明儿童正在尝试一种更复杂的游戏形式，可能会促进更高级的、互动多的游戏。通常，儿童的游戏行为会在单独和合作之间交替进行（Saracho，2002a）。游戏行为有几个属性（Saracho，1984），如表2.2所示。

表2.2　游戏行为的属性

1. 游戏频率——儿童参与不同形式的教育性游戏并表现出独特的游戏行为的程度。
2. 思想交流——儿童在游戏中通过语言或符号（如文字、图片、手势、物品等以及对它们的结合使用）交流思想和想法。
3. 社会参与——帕滕（1932）的社会性参与的五个阶段：单独游戏、旁观游戏、平行游戏、联合游戏和合作游戏。
   （1）单独游戏是指儿童独自玩耍。他们在一个隐蔽的地方玩，或者在没有同伴的情况下开始自己的游戏活动。
   （2）旁观游戏是指儿童在与同伴能说话的距离内站立或坐着，观察同伴的游戏。
   （3）平行游戏是指儿童在其他儿童旁边独自游戏。
   （4）联合游戏是指儿童和其他儿童一起玩，参与他们感兴趣的活动。
   （5）合作游戏是指儿童参与系统化的群体游戏：创作某种物质产品，完成预定的目的，表演成人以及群体生活中的事件，玩正式的规则游戏。
4. 领导者还是追随者——儿童如何参与游戏活动。领导者发起自己的游戏活动，而追随者依赖他人发起游戏活动。

社会性游戏提供了一个重要的环境，能够帮助儿童在与他人互动时发展和提升社交技能。他们可能获得冲突处理技巧、亲密关系和角色扮演的机会。同伴游戏可以保护儿童免受成人的控制，这样他们就可以与同伴分享信息和关心的事。儿童的游戏，反映了他们的整体社交能力。

儿童同伴游戏的质量，能够反映其典型的社交能力。教师可以通过角色扮演活动帮助儿童学习如何做出重要而有价值的决定，从而帮助他们提高社交能力。角色扮演可以用来解决问题，帮助儿童理解同伴的观点，提高他们的社交能力。角色扮演情境是指涉及两个及以上儿童的事件或问题，他们需要探究其中的情境并解决问题。表2.3展示了如何引导儿童解决问题，表2.4提供了帮助儿童提高社交能力的角色扮演活动示例（Shaftel & Shaftel，1982）。

表 2.3　运用角色扮演的方法指导儿童解决问题

1. 定义问题。教师读一个故事，等待儿童自愿回应，给儿童思考的时间。
2. 描述选择。这是一个投射的过程。
3. 探索选择。教师允许儿童提供冲动、消极甚至反社会的解决方案来解决故事中的问题，当然也包括社会认可的方案。
4. 做出决定。在小组儿童对可以探索的选择和它们造成的后果有了较为清晰的认识后，教师问小组儿童哪个是最好的解决方案，有什么后果，以及原因是什么。

表 2.4　提高儿童社交能力的角色扮演活动

1. 为儿童阅读《小红母鸡》①这本书。教师和儿童找出故事中的问题所在（即其他人都不想帮忙）。他们可以一起讨论这个问题以及鼓励合作的解决方案，还可以翻转角色，讨论人物的想法，然后进行角色扮演。教师可以问："我们可以做哪些改变从而使每个人都能相处愉快？"可以按照这个思路进行讨论。在讨论中，教师可以问："在故事的哪一点上可以做些改变，以帮助每个人都参与烤面包？"然后，儿童可以表演改编后的故事，讨论他们的看法和评价，并将原故事与改编后的故事进行比较。教师可以问"你觉得接下来会发生什么？"或"还有没有其他方法可以让每个人都感觉更好一些？"。之后，他们可以表演教师认为能让儿童理解他人感受的故事。让儿童站在角色的角度，可能会帮助他们理解他人对他人行为的感受。
2. 教师可以向儿童描述一种某人必须做出选择的情境，然后讨论情境，再通过角色扮演表演情境，之后交换角色，并就如何处理角色讨论出适当的解决方案，例如：

　　萨拉本来已经答应了去参加简的生日聚会，可是她现在有一个机会与玛丽·卢和贝姬一起去看电影《哈利·波特》(Harry Potter)。玛丽·卢和贝姬是班里很受欢迎的女孩，相反，简是一个孤独的、不受欢迎的女孩，没有人喜欢她，也没有人和她玩。萨拉非常想成为受欢迎的人，想和别人一起玩。她告诉玛丽·卢和贝姬，自己会和她们一起去看电影，并告诉简自己不会去参加她的聚会，简问道："为什么？"

　　孩子们可以就这一场景进行角色扮演，之后再交换角色进行扮演，然后教师和儿童为问题提供其他可选择的解决方案。
3. 教师可以使用问题解决情景的照片。如果找不到，可以使用《言语与行动：幼儿角色表演中的照片问题》(Words and Action: Role-Playing Photo-Problems for Young Children, Shaftel & Shaftel, 1967a) 一书中的照片。它举例说明了幼儿园和小学（一年级和二年级）儿童的照片问题，主要关注语言发展和问题解决能力的培养。教师可以通过提出诸如"这里发生了什么？"之类的问题来引起儿童的反应，并通过问儿童"你在这个故事中是谁？这个故事在哪里发生？故事中的其他孩子是谁？这让_____有什么感觉？你认为现在会发生什么？有什么办法可以结束这种情况吗？"这些问题来"搭建舞台"。其中，故事及其解决方案可以通过角色扮演来完成。

---

①　该书的英文名为 *The Little Red Hen*，其简体中文版已由浙江人民美术出版社于2017年出版。——译者注

重要的是，教师要等到儿童充分讨论和理解了问题的解决方案之后，才能通过角色扮演来解决这个问题。教师还必须注意，这些活动在时长和内容上是否适合儿童的发展水平。教师可能需要将这些活动延长几天，以便孩子们保持兴趣，不会变得烦躁和沮丧。

游戏的社会性方面

游戏对儿童的发展至关重要。儿童游戏时会理解游戏的意义和它在生活、文明及文化中的作用。例如，在一个 4.5 岁儿童班级的教室外墙上有一幅自由女神像，上面有儿童写的爱玛·拉扎勒斯[3]（Emma Lazarus）心爱的诗句："送给我你那些疲惫的、贫困的、蜷缩在一起渴望自由呼吸的大众……"此外，还有一张画有 50 个州的大地图，上面贴着来自全国各地的明信片。孩子们全神贯注于他们的工作，从未抬头看过。教师与切费尔德分享了下面这个关于自由女神像和美国地图的故事。

> 信不信由你，故事是从拼图开始的。在玩游戏时，我们有一堆拼图，其中一个拼图是一张美国地图。一名玩拼图的幼儿拿起其中一个州的拼图块，问这是哪一个州，其他几名幼儿围了上来，看着其他州的拼图块，开始分享他们有亲戚或朋友在的熟悉的州的名字。我们找到了幼儿所说的每个州的拼图块，他们对地图拼图非常感兴趣。你知道的，一件事会引起另一件事……他们回家后依然非常兴奋，几天后，其中一名幼儿的家长带来了一个带按钮会说话的地图，它可以告诉人们州的昵称、国会大厦，还会唱歌，甚至能讲述自由女神像的故事。孩子们都被迷住了，他们每天都在玩地图拼图和说话地图。很快，许多幼儿知道了河流、城市、山脉、州鸟，甚至昆虫的名字！我们决定一次关注一个州，先从纽约开始，因为大多数幼儿的家人都来自纽约或生活在纽约。我们读了关于埃利斯岛和雕像的书，还有关于从欧洲漂洋过海来到纽约的祖父母的书，还唱了歌曲《向百老汇致敬》（Give My Regards to Broadway）和《纽约，纽约》（New York, New York），花了大约 2 周的时间讨论和了解纽约的情况。之后，我们关注自己所在的州，即俄亥俄州。我们甚至用欢呼和活动来庆祝传说中的俄亥俄州与密歇根州的橄榄球比赛！我们一起做了非常多美妙的事情！讨论马萨诸塞州时，我们举办了

> 一场茶话会！了解肯塔基州时，为了帮助大家记住煤炭对该州的重要性，我们制作了矿工帽并且画了炭笔画，还用水晶和蓝色染料制作了石笋，以纪念肯塔基州的蓝色山洞。孩子们还喜欢用黏土做马匹和建造马场，以赞美肯塔基州的马匹和蓝草乡村。我们唱了歌、吃了东西，并且不断加入更多的想法。这些只是冰山一角。看看我们收到的来自全国各地的人们的明信片！我们一直在计数，看看有多少张，然后把它们分到它们所代表的州（在这次谈话时，寄到班级的明信片已经涉及20个州）。我们在比较、计数、绘图。很难想象，仅仅一个拼图就能够带来这么持久的魅力！
>
> （Chenfeld，2004，p. 141）

游戏也给儿童提供了一种应对无意识压力的方式（McCaslin，2006）。儿童通过假装游戏来理解世界和自己的经历，并与他人交流它们的意义。当儿童参与社会性假装游戏时，会体验到能够贯穿他们一生的创造性发展带来的乐趣。社会性假装游戏也创造了魔力，或者说是对儿童经验范围的探究，从而发现知识和美学领域中的生命奥秘（Nourot，1998）。

儿童的游戏是他们学习社会研究的颇为重要的方式之一。他们观察周围的世界，并根据所见所闻进行游戏。他们观察人们去办公室、开公共汽车、在商店工作或参加聚会，就会尝试各种方式扮演不同的角色，用各种问题挑战自己。他们只是在游戏，所以不害怕在尝试中失败。儿童需要参与提供社交机会和后果的想象情景，来增强他们对社会规范的理解（Peter，2003）。他们理解自己的假装经验并形成心理表征，就会对他们的态度、行为以及对同伴行为的理解产生影响。儿童在共同环境中使用对同伴有意义的表征能力，对其社交能力的发展至关重要，因为他们正在学习如何理解和采纳不同的观点（Galindo & Fuller，2010）。儿童在想象的情境中创造自己的文化模式，假装游戏有利于他们在这样的情境中探索和体验他们对常见社会情境的理解（Vygotsky，1978）。儿童对物品和情境的理解是不断发展的，对他人的感受也是，在不同主题及表现出明显情绪压力的各种情况下与他人的关系亦然，他们的游戏行为会反映出这种发展（Howes & Lee，2007）。

通过游戏，儿童"边玩边学"，这是一种更有效地参与社会世界并增强社会意识和理解的方法（Peter，2003，p. 21）。他们探索身边的物品和事件，也会发现、检查并试图理解周围环境中的自然物和事件。例如，在上学和放学的路上，任何事物都有可能让他们驻足。他们似乎在捕捉周围文明的本质。在教室里，儿童会通过角色扮演把观察到的东西呈现出来，会自发地讨论自己对周围人和物的关切。他们不断地寻找"如何"等问题的答案，例如："它是如何工作的？""它是如何到达那里的？""你是如何知道的？"儿童需要途径去获得有助于找到答案的信息，这是为他们提供直接经验和间接经验的最佳方式。要向他们呈现一切简单、清晰、准确的信息来源。他们需要利用旅行、亲自接触等直接经验或图片、书籍等间接经验来收集信息。这些经验需要精心挑选和组织，以确保它们能够全面地帮助儿童发现细节并在游戏中使用他们所学到的知识，以及通过与他人互动加深理解（Rudolph & Cohen，1984）。

在支持儿童游戏时，很重要的一点就是要考虑游戏的环境。游戏环境包括相互作用的社会元素和物质元素，以及儿童的个人发展水平。在主题领域，为儿童提供象征性游戏的支持很重要。戏剧游戏为社会关系奠定了基础，也促进了儿童的象征性理解和对假装的运用（Peter，2003）。关于支持假装游戏的基本准则，如表2.5所示（Rogers & Sawyers，1988）。

表2.5　支持假装游戏的基本准则

- 支持但不强迫假装游戏。提供衣服、书籍（如《卖帽子》①）和其他可以鼓励儿童参与假想活动的道具。
- 让儿童自由地专注于自己的假想游戏。他们的游戏很少需要被打扰，只要玩得安全，就让他们专注于自己的游戏。他们需要定义事件。他们如果想表演一个故事，就让他们决定故事的进程，包括故事的所有改编。
- 让儿童决定游戏是真实的还是幻想的。虚构可以是对现实的模仿，但孩子们可以决定是否改变故事中的顺序和人物，或者让动物表演。
- 选择有吸引力的道具。帽子、食物的复制品、手提箱、听诊器、丝巾和收银机可以成为儿童设定主题的基础。
- 提供熟悉的经验。实地考察、书籍、假期、参观者以及与家人和朋友的日常活动都可以用于假装游戏，儿童可以利用这些经验扩展有趣的主题。

要为儿童提供一个安全、有趣的环境，让他们自由地尝试角色、解决冲突和问题。游戏、行动和思考是相互关联的，它们是儿童检验现实、摆脱焦虑和掌握环境的机制。戏剧是在整个课程中促进儿童学习的有效方式。获得了戏剧体验的儿童（3—

---

① 该书的英文名为 *Caps for Sale: A Tale of a Peddler, Some Monkeys and their Monkey Business*，其简体中文版已由明天出版社于2018年出版。——译者注

8岁），将有更好的学业成就和考试成绩。戏剧能够为处于前阅读阶段和前书写阶段的儿童习得读写能力和抽象概念，提供一个动态的环境。将结构化情节中的场景戏剧化可以提高一到三年级学生的口语和词汇使用的流畅度。戏剧还有助于培养儿童的认知能力、社交技能和批判性思维（Brown, 2017）。

不少研究者混合使用了几个与假装游戏（pretend play）相关的术语，如想象游戏（imaginative play）、假想游戏（make-believe play）、幻想游戏（fantasy play）、戏剧游戏（dramatic play）、社会戏剧游戏（sociodramatic play）。戏剧游戏、社会戏剧游戏、象征性游戏和假装游戏代表相关联的现象。这些术语都是指与"假装"（pretending）有关的游戏，或使用"代指"（stand in）真实事物的符号。例如：一名儿童扮演一只狗，而另一名儿童扮演主人；一个木偶代表一名儿童说话；一堆积木象征着熊的洞穴（Mendoza & Katz, 2008）。

游戏、戏剧游戏或创意戏剧

普通的教育工作者通常使用"戏剧表演"一词或某种类型的戏剧，但学前教育工作者通常使用的是"戏剧游戏"一词。普通的教育工作者通过角色扮演向观众教授内容，而学前教育工作者鼓励儿童进行自发的游戏，将儿童的世界表现出来。表2.6描述了这些差异。儿童的戏剧游戏不需要背诵，不需要构建表演模式，不需要模仿，也不需要为观众表演。表2.6列举了在幼儿园使用戏剧的示例。

表2.6　戏剧示例

- 戏剧游戏包括角色扮演、木偶戏、假想游戏和幻想游戏。它可能是个人游戏，也可能是团体游戏。在戏剧游戏中，儿童根据特定的价值观假定不同的角色，以解决社会和情感问题。戏剧游戏让儿童把现实世界融入他们自己的兴趣和知识中。它是儿童可用的纯粹的象征性思维形式之一，因为戏剧游戏对儿童的智力发展有突出的贡献（Piaget, 1951）。象征性游戏是儿童语言发展的一个必要部分（Saracho & Spodek, 2003a; Spodek & Saracho, 2003a）。儿童时期的戏剧游戏是对生活的排练。它是儿童研究生活本身、成人世界以及了解更多现实的方式（Koste, 1995）。
- 社会戏剧游戏是需要与他人（如同伴、成人）进行社会互动的戏剧游戏。它让儿童有机会了解同伴的观点，妥协或坚定自己的信念和目的。它是丰富且复杂的，利用儿童的能力建构意义、创编故事，帮助他们理解世界（Nourot, 1998）。
- 创意戏剧是自发的，是指用创造性的方式让儿童重新演绎一个场景或一个故事。

- 角色扮演是儿童在戏剧游戏中所做的事（McCaslin，2006）。他们用假装创造了神奇的世界。儿童的戏剧游戏是自发的，由儿童发起，有着开放式结尾，并且鼓励个人表达。沙夫特尔等人（Shaftel et al.，1982）认为，角色扮演有助于儿童成为决策者，因为当儿童参与角色扮演时，他们会以一种与现实生活相关的方式学习解决人与人之间的问题。
- 故事戏剧是指儿童自发地表演一个可能与真实故事相似也可能不同的故事。这让他们有机会"成为故事的共同创编者，成为故事本身以及生活在故事中的人物"（Booth，2005，p.8），类似于创意戏剧。

儿童会从参与创意戏剧中受益。他们喜欢自由的身体活动，很多方面的能力也得到了发展，如表2.7所示（McCaslin，2006）。

表2.7 创意戏剧的好处

- 当儿童置身于另一种情境或另一个人的生活中时，他们的想象力会得到发展。
- 当儿童在小组中共同计划并交流自己的想法和贡献时，他们独立思考和计划的能力会得到发展。
- 儿童会在小组合作中形成自己的观点。他们会互相分享观点，一起解决问题。
- 当团队一起建构时，他们的合作能力会得到发展。他们在分享观点和即兴表演场景时，学习合作的方法。
- 当儿童将自己投射到另一个人的生活中时，会形成社会意识和理解力。儿童表演角色时，会做出关于角色是谁、角色行为的动机、角色与他人的关系以及角色如何处理问题的决定。
- 当儿童主动参与游戏时，他们能够感受并释放情绪。他们使用恰当、可接受的方式释放情绪，如愤怒、恐惧、焦虑、嫉妒、怨恨和消极。
- 当儿童在创意戏剧中使用和练习词语时，他们的口头词汇和口语表达会得到发展，这有助于增强他们的概念性思维和认知语言能力。

创意戏剧是一种学习方式，一种自我表达的途径，一种社会活动，也是一种艺术形式。它能帮助儿童承担责任，接受同伴的决定，与同伴合作，获得新的兴趣并寻找新的信息。创意戏剧需要基于情境和兴趣，这使得它非常个人化但又高度社会化（McCaslin，2006）。如果戏剧的内容、问题和主题与儿童的生活之间有联系，儿童就能够从戏剧中学习。假想游戏主题应该与儿童的现实生活相联系，以帮助儿童获得具体行为的即时反馈，并了解自己行为的后果（Peter，2003）。

尽管戏剧游戏和戏剧之间存在差异，但它们还是有许多共同的特点。两者都要求儿童进行互动、发挥想象力、对象征物进行转换、利用肢体活动进行探索，还要保存或补充能量。它们还能满足儿童在创造性、情绪、智力以及身体方面的需要。两者都应该被贴上"戏剧游戏"的标签（Mellou，1994）。对此，萨顿·史密斯和马吉（Sutton-Smith & Magee）的观点如下。

> 游戏……与其说是一种演说，不如说它是一种戏剧，尤其是当考虑到游戏者会使用角色（如母亲、黑帮分子等）的声音，会使用具有表现力的语调（对话、命令、好奇、提问、大笑、宣布、坚持、兴奋、指导、惊讶、挑衅、唱歌、打电话、叹气），会进行编剧，还有声效（汽车轰鸣声和枪声），还包括富有表现力的行为（娇媚的动作、跳绳、奔跑、张开双臂、跳动、飞跃、夸张的恐惧表情）的时候。
>
> （Sutton-Smith & Magee，1989，p.56）

所有类型的戏剧游戏都有一个共同成分，那就是儿童对他们从成人和自己身上观察到的行为的模仿。例如，儿童可以很戏剧化地扮演太空人或医生（Mellou，1994）。如果儿童认同对他们有意义的某个人、事、物，他们就能够感知、想象、扮演和模仿它们，戏剧表演的特点就在于儿童的这种能力。儿童会站在另一个人的立场上，从另一个人的角度来体验那个人的处境。这种方法将儿童戏剧表演的表现过程扩展到戏剧创作的过程。对此，赛克斯（Siks）有如下发现。

> 4岁的马戈有一个刚出生的小弟弟，她模仿妈妈照顾孩子的样子，独自和她的布娃娃玩游戏。这发生在一群男孩在操场上表演他们对太空战争的想法时。
>
> （Siks，1983，p.6）

这种游戏有一个共同的特点，那就是"儿童运用想象力放大和调整具体且即时的刺激"（Saltz & Johnson，1974，p.623）。从儿童自然的戏剧游戏到戏剧艺术的演变，为儿童戏剧游戏中的表达能力和表演自创戏剧的创作能力之间架构了一座桥梁。儿童的学习经验强化了他们的表达能力，也培养了他们的交际能力和审美能力。儿童在学习创作和交流戏剧时积极地了解基本概念，就会体会和学习这些基本概念（Siks，1983）。

本 章 小 结

在坚持道德价值观的文化中，游戏依然被认为是一种没有任何重要后果的无聊活动。尽管研究人员不支持这一观点，但它仍然对学前教育课程有所影响。一些幼儿园坚持认为学习只能从工作中产生，这意味着教师需要开发一套工作课程。他们认为游戏是"儿童的工作"，而事实上，游戏可以是有趣且充满幻想的，并且对儿童有重要的教育影响（Saracho，1999b）。

通过游戏，儿童了解他们所处的世界。教师在游戏课程中起着重要作用。他们需要通过恰当的安排、解释及干预策略来激励和鼓励儿童参与游戏，从而促进他们的学习（Saracho，1999b）。儿童游戏时，教师需要认真观察，以了解他们对世界的看法，从而制定策略，促进他们的学习。教师应该是儿童通过游戏进行学习的促进者，而不是指导者，这样儿童就能够学习复杂的概念，这有助于他们在现代社会中顺利生活。儿童需要那种能够帮助他们同化和顺应知识的游戏活动。一个有效的学前教育课程需要用游戏作为学习媒介（Spodek & Saracho，1987）。在这个游戏课程中，教师应创设一个支持性的环境，里面有足够的游戏区域、材料和设备，可以促进积极的社会性互动以及整合儿童的游戏，使其更加有益。教师需要了解适合儿童的各种游戏的效果（Saracho，1999b）。

注 释

[1] 康拉德·扎卡赖亚斯·洛伦茨（Konrad Zacharias Lorenz）的研究和理论成果激发了人们的无数科学尝试。1973年，他和其他研究人员一起获得了诺贝尔生理学或医学奖。

[2] 威廉·霍曼·索普（William Homan Thorpe）对英国行为生物学的发展和被认可做出了贡献。

[3] 爱玛·拉扎勒斯（1849年7月22日—1887年11月19日）是一位出生在纽约的美国诗人。1883年，她写了一首著名的十四行诗——《新巨人》（The New Colossus），1912年，这首诗的最后几行被刻在自由女神像基座的一块铭牌上（Cavitch，2006）。

第二部分

理 论 视 野

第三章
游戏理论的发展

> 游戏是成长的主要途径。没有游戏,就没有正常的成人认知生活;没有游戏,就没有感性生活的健康发展;没有游戏,就没有意志的充分发展。
>
> (Courtney,1977,p.95)

大多数理论家都坚信,游戏能发展儿童的认知和社交能力(Erikson,1950;Piaget,1951)。人们通常认为,参与复杂的假装游戏(如用蜡笔代表电话)的儿童(包括学步儿)比参与形式简单的游戏的儿童更聪明,而且,在游戏中使用复杂的社会戏剧主题(如"星球大战")的学龄前儿童也比参与形式简单的游戏的同龄人有更强的社交能力,也更受欢迎(Creasey & Jarvis,2003)。在大多数社会里,游戏是儿童优异表现的重要前提,因此更好地理解游戏的发展至关重要。多种理论拟定了儿童在游戏中的发展过程。本章回顾了儿童游戏理论的发展(如古典理论、现代理论、认知理论)、后现代理论(如心理理论、文化游戏理论)和社会文化游戏理论。

游 戏 理 论

长久以来,思想家们提出了各种游戏理论来帮助人们理解儿童游戏行为的本质。这些理论被归类为游戏的古典理论和现代理论。古典理论出现于19世纪,在20世纪继续发展,而现代理论出现在1920年之后。古典理论阐述了游戏的原因和目的,现代理论阐述了游戏实践及其与儿童发展的关系。现代游戏理论使用理论概念和实证研究来解读游戏活动,特别是精神分析理论和认知理论。在现代游戏理论中,萨拉乔(2017b)对持续发展的理论进行了整合,本书后续章节将对其进行阐述。

古典理论

古典理论论证了游戏的原因,并解释了游戏的意义,包括剩余精力说、松弛说、生活预备说以及复演说。

18世纪,德国诗人、历史学家、哲学家弗里德里希·席勒(Friedrich Schiller, 1759—1805)提出了剩余精力说。这一理论提出,在满足了基本的生存需求之后,游戏可以消耗"多余的精力"。席勒的游戏理论认为,动物产生的能量比它们生存所需要的多,所有人类和非人类的动物都必须消耗所有过剩的精力。

英国哲学家赫伯特·斯宾塞(Herbert Spenser, 1820—1903)将这种游戏的剩余精力说与进化联系起来。例如,高等动物比低等动物玩游戏更多,因为这些物种为生存(如满足有机体的基本需求)而使用的能量较少,所以它们有更多的时间游戏。

席勒认为,游戏与"剩余精力"有关,而斯宾塞认为它是一种"多余的活动"。这两位思想家都不认为游戏对人类发展而言是必不可少的,而是将它看作一种帮助有机体平衡其能量的机制。

松弛说认为,游戏活动是恢复能量的一种方式。德国诗人莫里茨·拉扎勒斯(Moritz Lazarus, 1883)认为游戏是工作的反面,它会让人恢复在工作中耗尽的精力。游戏是一种休养活动(Lazarus, 1883)或一种为了放松而出现的行为模式(Patrick, 1916)。松弛说被认为是剩余精力说的对立理论(Lazarus, 1883)。

生活预备说是由德国心理学家卡尔·谷鲁斯(Karl Groos, 1898, 1901)创立的。他在成人游戏、仪式和竞争中,发现了诸多儿童游戏的传统和功能。游戏促使儿童复制和扮演成人的角色,为未来的成年生活做好准备,例如,儿童在戏剧游戏中扮演父母,这就是在为他们将来作为成人所要承担的角色进行演练。许多现代发展理论家(例如,Bruner, 1976; Sylva et al., 1974)认真思考了谷鲁斯的这一理论。目前,许多建构主义理论研究者都支持这一理论,因为他们认为这能发展儿童的智力(Piaget, 1951, 1976)。

复演说是由美国心理学家G. 斯坦利·霍尔(G. Stanley Hall, 1844—1924)创立的。这一理论假定个体的发展会重演物种的发展。霍尔(1906)将查尔斯·达尔文(Charles Darwin)的进化论作为其理论的来源,他认为,每个人都从胚胎阶段开始,继续经历与人类物种平行的进化阶段。在此过程中,儿童通过游戏体验人类的发展过程(如动物、野蛮人、部落成员),这给了儿童一个宣泄的机会,让他们摆脱一切不适合我们当今社会的原始冲动。

古典游戏理论概述

古典游戏理论可以分为两组：剩余精力说和松弛说，生活预备说和复演说，如表3.1所示。

表3.1 古典游戏理论

理论	理论家	游戏的作用	主要领域
剩余精力说	弗里德里希·席勒，赫伯特·斯宾塞	消除超出个体需要的多余能量。	体力
松弛说	莫里茨·拉扎勒斯，帕特里克（1916）	恢复足够的能量，以便继续生活。	体力
生活预备说	卡尔·谷鲁斯	一种让孩子为成年生活做准备的本能方式。	体力，智力
复演说	G. 斯坦利·霍尔	个体从文明时代继承下来的原始技能和动力，也是为现代生活做准备的。	体力

这两组理论在游戏的能量使用方式和本能控制方式上相互对立。剩余精力说和松弛说解释了游戏对能量的调节机制，一个认为游戏消耗了多余的能量，而另一个认为游戏使匮乏的能量得以恢复。生活预备说和复演说描述了游戏及其与本能的关系。生活预备说认为游戏使儿童通过演习成年后的角色来熟悉成人的生活，复演说则认为游戏有助于儿童减轻自己早期阶段的原始本能。

古典理论是基于哲学原理而不是实证研究的。埃利斯（Ellis, 1973）认为，这些理论充满缺陷，而且它们缺少有关能量、本能、进化和发展的现代理论知识（Johnson, Christie, & Wardle, 2005）。尽管如此，它们还是为下文介绍的现代游戏理论提供了基础。

现代游戏理论

现代游戏理论有助于人们理解游戏对儿童发展的重要作用，其研究者通常通过证明理论概念来提出对游戏的理解，并用实证研究进行支撑。现代理论认为，游戏是一种促进认知或象征能力的系统。这些理论包括精神分析理论、觉醒调节理论、元交际理论和认知理论（Mellou, 1994），如表3.2所示。

表 3.2 现代游戏理论

理论	理论家	游戏的作用	主要领域
精神分析理论	西格蒙德·弗洛伊德（Sigmund Freud） 埃里克·埃里克森 L. E. 佩勒（L. E. Peller） L. 墨菲（L. Murphy） V. M. 阿克斯莱恩（V. M. Axline） 玛格丽特·洛温菲尔德（Margaret Lowenfeld） 苏珊·艾萨克斯（Susan Isaacs）	游戏能够帮助儿童处理一些产生于早期发展阶段的问题，这些问题隐藏在他们的潜意识里。儿童将游戏作为一种方式，克服那些隐藏起来但关系到外在行为的情绪。	情绪，社会性
觉醒调节理论	M. J. 埃利斯（M. J. Ellis） D. E. 伯莱因（D. E. Berlyne）	游戏让有机体寻找兴奋的来源以获得特定信息，它是一种寻求刺激的活动，让儿童有机会以少有的新方式操纵物体和动作。它同时增强了刺激和觉醒水平。	体力，情绪
元交际理论	G. 贝特森（G. Bateson）	游戏是建立在儿童参与假装游戏的互动的基础上的。在游戏中，儿童学习在假装物品和行为的意义与现实生活（如游戏者的真实身份以及物品和动作的真实用途）两个层面同时发挥作用。游戏情节和体验会根据儿童所处的情形和环境不断变化。	社会性，智力
认知理论	让·皮亚杰 列夫·维果茨基 杰罗姆·布鲁纳（Jerome Bruner） 布赖恩·萨顿–史密斯（Brian Sutton-Smith）	游戏能够促进儿童的抽象思维和认知发展。在游戏中，他们通过自己的经验理解信息和意义。假想游戏有助于他们对事物的理解。游戏是儿童根据现实生活中的问题创造出的虚构事件。	智力，社会性

精神分析理论是由奥地利精神病学家西格蒙德·弗洛伊德及其追随者创立的，这一理论来自他们的临床实践。弗洛伊德认为，游戏在儿童情绪发展中具有独特的作用。因为游戏可以帮助儿童处理负面情绪并用更积极的情绪代替，所以它具有宣泄作用，有助于儿童应对由负面情绪和创伤引发的问题，有利于他们更好地稳定情绪。弗洛伊德提出了性心理发展阶段，如表 3.3 所示。

表 3.3　弗洛伊德提出的性心理发展阶段

阶段	年龄	说明
口唇期	0—1 岁	快感主要源于感官的刺激和愉悦。
肛门期	1—3 岁	快感主要源于抑制或排出粪便。
性器期	3—6 岁	辨认出父母的性别差异。
潜伏期	6—12 岁	对性的兴趣消退，专注于勤勉。
生殖期	12 岁之后	成熟的性兴趣有所发展。

弗洛伊德（1937）注意到，儿童把游戏作为克服自己隐藏的情感的一种手段。儿童的积极参与或消极观察，控制着他们的内在思维系统和有意识的身体运动。苦闷的情绪会影响个体的社会交往或人际沟通。游戏活动和探索有助于儿童更好地理解有压力的情境，并从中寻找不同的意义，将愉快的情绪纳入其中，避免消极的情绪。游戏有助于儿童理解各种情境，并将人和物在当下和过去的象征属性联系起来。这样的游戏有助于儿童表达自己的感受（Howes & Lee，2007；Saracho，2017b）。

其他的理论家也进行了独立的分析，进一步完善了弗洛伊德的精神分析理论。每位理论家都分析了游戏在人类发展中的不同作用。精神分析学家把游戏与愿望的实现、焦虑和自我发展联系起来。埃里克森（1950）作为弗洛伊德的追随者之一，改进了弗洛伊德的性心理发展阶段，使之从出生开始并贯穿一生（Erikson，1950）。埃里克森认为，儿童通过游戏演绎过去、现在和未来。游戏戏剧化，帮助他们解决自己在每个特定发展阶段发现的问题。弗洛伊德的另一位追随者佩勒（1952）认为，儿童的基本情绪感受（如爱、敬佩、恐惧、攻击性）促使他们在游戏中演习生活。埃里克森和佩勒都认为，游戏会影响个体的社会心理或性心理发展。

精神分析的理论和治疗方法与潜意识有关，他们的理论被调整用于通过游戏疗法治疗儿童，游戏疗法协会（Association for Play Therapy，APT，2020）将其定义为"系统地使用一个理论模型来建立人际交往过程，在这个过程中，训练有素的游戏治疗师会使用游戏的治愈力量帮助被治疗者预防或解决社会心理问题，使其实现最佳的成长和发展"。

精神分析学家推测，儿童利用幻想的游戏情境来扮演成人角色，这为他们提供了一种成就感，使他们有了处理实际问题的可能。儿童将个人的不愉快经历表演出来以控制伤痛，因为他们可以在游戏中理解这些伤痛。有能力应对这些事件，可以帮助他们处理生活中的各种情感因素（Murphy，1956）。例如，一个孩子生病后很快就被送往医院。这种情况可能会造成创伤,并留下各种负面情绪。这种与家人的分离,除了给孩子带来疾病的痛苦和折磨外,还会造成情感创伤。等孩子恢复了健康,在医院的经历就可以由孩子表演出来。通过将令人害怕的情况戏剧化,游戏给了孩子一种方法去应对这个世界,理解这个世界,并处理在这个世界中遇到的问题。通过游戏,儿童试验用新的创造性方法与同伴进行交流和交换价值观。他们可以被引导着为自己创造一种新的体验,改编并组合成他们世界中的另一个故事(Yanof,2019)。

库珀(Cooper,2019)描述了,儿童的游戏与他们所掌握的一些被忽略的经验的联系。当他们参与游戏时,精神分析环境对他们的自我控制、抑制和理解起到了支持作用。它通过使用重要且相通的组成部分,帮助他们将曲解的经验过渡到符号化的经验。环境各组成部分的发展和衰退不断地相互作用,因为儿童对环境的内在幻想不断地与环境持久的结构性组成部分一起出现。有治疗作用的游戏通常发生在令人感到放松的游戏室里,以支持儿童的自在表达,也让他们能做出自己的游戏决策和选择。儿童将更好地沟通,并找到解决问题的好方法(*Psychology Today*[①],2020)。

游戏疗法已被用于有情绪问题的儿童的临床治疗。它帮助儿童自然地表达自己,自然地呈现出紧张、恐惧和不安的情绪。治疗师会给儿童玩具,然后观察他们的行为,通过游戏疗法发现他们的情绪。他们在游戏疗法中观察儿童,了解他们的问题并帮助他们应对这些问题。通过游戏治疗,儿童学会处理自己的情绪,获得安全感(Axline,2002;Mellenthin,2019)。

1928年,英国儿科医生和儿童精神病学家玛格丽特·洛温菲尔德(1979)在伦敦开设了"神经症与困难儿童的治疗与研究诊所"。她凭借在诊所的洞察创建了自己的一套理论和技术。她为生活不幸或心理失常的儿童开发了一种投射性游戏治疗技术,因为这种游戏治疗技术不需要儿童使用文字或语言,所以它被成功地用于跨文化研究。洛温菲尔德认为,这是儿童沟通和表达思想情感的一种方式,也是一种释放其内在与外在现实之间的不一致所导致的冲突和紧张情绪的方式。她认为,儿童和成人的思维过程有很大的差别,她的技术能够让儿童直接表达他们的心理过程和情感体验,她则对其进行记录和研究。她没有把任何理论附加到儿童的建构物上,而是从儿童的行为本身发展出理论(Turner,2009)。

洛温菲尔德因在沙盘中使用微缩人物进行治疗而闻名。她的研究基于英国作家赫

[①] 即《今日心理学》,是美国的一本杂志,主要致力于人们最关注的话题:自己。——译者注

伯特·乔治·威尔斯（Herbert George Wells，1866—1946）的《沙盘游戏疗法的起源：地板游戏》①（*Floor Games*[1]，1911），描述了微缩世界的体验。威尔斯开发了许多可在地板上使用的不同的小玩具和积木（Turner，2004）。洛温菲尔德将这些小玩具和材料称为"奇妙箱"。1929年，她将奇妙箱称为"世界技法"，并立即开始在诊所的游戏室的沙盘中塑造微缩世界和场景（Lowenfeld，1979）。

洛温菲尔德的游戏治疗和埃里克·埃里克森（1977）的戏剧创作测试（Dramatic Productions Test，DPT）是同时发展起来的。埃里克森并不了解世界技法，但巧合的是，为了更好地理解人类行为，他也在限定的空间中使用了微缩人物。在DPT中，他要求受试者创造一个戏剧性场景，并总结出这些微缩布置像什么，桌面上的微缩场景代表受试者童年创伤的场景。DPT中的摆放是受试者在童年时期中断的通过积极游戏战胜创伤的一种延续（Turner，2009）。

1937年，洛温菲尔德在巴黎的一次临床会议上介绍了世界技法。她在自己的儿童诊所里记录了其治疗价值（Turner，2009）。其他专家（如艾萨克斯、埃里克森）也被世界技法的研究吸引，并且由于它与戏剧游戏具有相似特征，他们还对其进行了调整，使其满足自己特定的治疗或诊断需求。

苏珊·艾萨克斯（1885—1948）对儿童的教育及精神分析也做出了重要贡献。她还因为坚信环境是儿童教育的自然起点而闻名，但她把这个观点归功于约翰·杜威。艾萨克斯强调儿童对自然世界的了解。在艾萨克斯担任麦芽屋学校校长期间（1924—1927），她（1930）收集并分析了观察结果，制定了以下几项儿童探究自然世界的准则。

- 儿童从与世界的实际接触中学习。儿童对现实的试验和衡量使他们摆脱了个人图式（p. 80）。
- 儿童的知识是通过实验、观察和发现增加的。例如，在燃烧少量羊毛和棉花后，麦芽屋学校的孩子们观察到羊毛不像棉花那样容易燃烧（p. 51）。
- 儿童对自然界的事物和事件有自发的强烈兴趣，还会对其提出问题（pp. 80–81）。
- 当儿童的兴趣被调动起来时，他们可以进行推理。虽然儿童不能持续地保持语言思维，但它的确就像波涛一样起起落落（pp. 84–85）。

---

① 该书的简体中文版已由中国石化出版社于2016年出版。——译者注

- 如果有合适的环境,且成人的反应也恰到好处,对儿童能够产生影响,儿童的兴趣就会持续下去。一名儿童和一个成人之间的持续对话……发生……在不同环境中的自由实践活动中,以及与其他儿童和有共同实践追求的成人游戏时(pp. 82–83)。
- ……日常生活中,儿童的思维……每天都在纯粹的幻想(有时涉及魔法)、现实的见解和资源以及言语争论和推理之间轻松转换(p. 92)。
- 儿童可以进行假设和推论。认知行为不应被视为一系列只是探究关系的行为,而是一系列复杂的动态适应性反应和思考。这些反应和思考在某个地方具体化为清晰的判断,抑或是明确的假设或推论,在儿童试图掌握和组织其经验的整个思维运动中具有重要的意义(p. 52)。

20世纪30年代,艾萨克斯在伦敦大学学院教育学院提出了她的观点。20世纪60年代,有关她的研究的出版物开始盛行。弗里德里希·福禄贝尔和约翰·杜威影响了她的教育方法,而她又用自己的活动方法影响了其他人(Hall,2000)。这三位思想家都认同个性化的学习方法,鼓励儿童自己去发现世界的本质(Graham,2008),艾萨克斯在麦芽屋学校使用了她的方法。艾萨克斯(1930)描述了建筑物是如何被改造为学校的,以下是格雷厄姆(Graham)对她的描述的解释。

> 在她对学校的描述中,最突出的特点是没有提及教室,事实上也的确没有教室。但是,花园里有足够的空间和大量的刺激性设施,孩子们可以自己探索其用途。在花园里,有一个带水龙头的沙坑、一个工具棚、一间带屋顶的开放式的夏日小屋、一个跷跷板(下面每隔一段距离就挂有可拆卸的重物)、滑板、活动梯子和一个"丛林健身房"攀爬笼。
>
> 在室内,有颜料,包括艺术家用的颜料和"真正的"(室内粉刷工的)颜料,以及合适的画笔、一卷卷彩色薄纱;用于木工的板条,以及用于小木材的板条;锤子、钳子、钉子以及其他尺寸和重量适宜的木工工具(包括用于切割原木的双柄锯)和建筑用砖(包括各种木质砖以及用于花园建筑的小尺寸旧"真"砖);可以在需要的地方拧入的小型活动滑轮;剑桥镇和郡的地图;一台便携式留声机和精选唱片;固定在墙上但带活动砝码的单摆。在较大儿童的木匠房里,有一台带各种工具的车床、一台钻孔机以及水平仪和卡尺等物品。

一年后，大礼堂和实验室的长凳上都安装了本生灯，供稍微大一点的儿童使用，还有三脚架、烧杯、玻璃棒和试管（每个灯头的气体供应都由一把可拆卸的钥匙控制着，因此只有在工作人员在现场监督时儿童才能使用）。在实验室里，有解剖仪器和盘子、装标本的罐子，还有一幅人体骨骼和解剖图。

活体动物（主要养在花园里）包括几窝老鼠和兔子、几只天竺鼠、两只猫和一只狗、一只母鸡和一群小鸡、几条蛇和蜥蜴，还有蚕、一个淡水鱼缸以及一个养虫箱。

还有一些正式的教学材料，包括蒙台梭利教具。阅读材料包括各种"边看边说"的类型——带名字的物体图片、带小故事的图片、指令以及标签等。这些材料大部分是由工作人员和儿童根据需要制作的。大一点的儿童还会有一台打字机和一个图书室，里面有很多适合他们读的书。

儿童可利用的材料非常丰富。对当代读者来说，也许更引人注意的是，具有潜在危险的设备竟随时可用。人们听说，本生灯的燃气供应是单独控制的，其使用也受到监督，便松了一口气。尽管如此，人们依然认为，如果由今天的健康与安全检查员前去检查，恐怕会迅速让学校暂时关闭。

（Graham，2008，pp. 8—9）

苏珊·艾萨克斯管理的麦芽屋学校，为儿童提供了在完全自由中成长的可能性。她痛斥了那些不理解将独立和自由视为儿童教育基本价值观的社会文化的重要性的人（Bar-Haim，2017）。艾萨克斯相信，可以通过观察儿童来了解他们的发展以及他们在自由条件下的表现。儿童需要自由地探究以下问题：（1）物质世界；（2）物体的制造方式；（3）物体是如何破碎和燃烧的；（4）水、气体、电灯、雨、阳光、泥土和霜等物质的特性。儿童要有参与幻想游戏或想象游戏的自由（Graham，2008）。艾萨克斯（1930）指出，戏剧游戏有助于儿童理解物体和人的行为。

共同点

像苏珊·艾萨克斯、埃里克森和玛格丽特·洛温菲尔德这样的发展心理学家，发现了一种可以帮助儿童解决问题的方法，并能让儿童自信地应对生活中的各种挑战。他们对观察结果的描述在意义上非常类似。例如，埃里克森（1940）说："……把它发挥出来是童年提供的最自然的自我治疗方式，不管在儿童的成长过程中扮演什么角色，儿童都会用它填补失败、痛苦和挫折。"（p. 156）苏珊·艾萨克斯（1930）在书面观察中说："……游戏不仅是儿童发现世界的方式，而且是幼年时期带给儿童心理平衡的重要活动。在游戏活动中，儿童将其内在的精神生活的不同趋势外化，并以某种和谐的方式表现出来。反过来，他将自己的外在和表达给予父母或自己的内心……渐渐地，他学会了将自己最深、最原始的幻想与有秩序的现实世界联系起来。"（p. 425）在讨论童年时期反复出现的暂时性神经症时，玛格丽特·洛温菲尔德（1931）认为，象征性游戏非常重要，因为它可以帮助儿童释放"一些在神经症背后积压的多余情绪能量"（p. 226）。如果儿童能够在安全和被接受的环境中自由游戏，他们就会顺利且健康地处理好那些紧迫的问题（Hartley & Goldenson，1963）。

精神分析理论对学前教育的主要影响之一是，它使儿童的表达活动在教育中更加正当。人们认为，恰当地应对儿童的冲突行为对儿童的心理健康十分重要。儿童能够通过游戏用自己的能力处理和解决冲突（Murphy，1962）。表达情感和想法，对他们的心理健康也很重要。表达性艺术是让儿童表达自己的想法和情感的重要工具。儿童可能无法用语言表达他们所有的想法和情感，而其他多种表达形式——艺术、音乐和肢体活动——能让儿童将那些无法用语言表达的想法表达出来（Alschuler & Hattwick，1947）。他们还用游戏表演出让他们感到不安的情境，这提供了一种应对负面情绪以及解决现实生活中可能无法解决的情感冲突的方法。游戏不仅可以为儿童提供一种治疗形式（Axline，2002），而且是幼儿园活动的核心。

由于儿童使用艺术和游戏表达个人情感，因此许多学前教育工作者认为，教师不应干涉儿童的创造性活动，担心成人的干预会阻碍儿童的个人表达。在成人的干预下，游戏和艺术活动将成为看管他们的成人的表达，而不是儿童自己的表达。儿童的情感需要就无法得到满足。相反，教师应密切观察儿童的游戏并记录观察结果，从而深入了解儿童的思想和内心（Hartley & Goldenson，1963）。通过对学龄前儿童身体活动的直接观察，可以确定儿童的活动行为以及与之相关的社会和环境事件（Brown et al.，2009）。

觉醒调节理论是由英国心理学家伯莱因（1969）创立的。它解释了游戏如何让有机体寻找觉醒源以获得特定的信息。伯莱因认为，儿童中枢神经系统的需要或冲动使觉醒保持在较高水平。过度刺激（如看见一个奇怪的物体）会使觉醒达到极高水平，并引导儿童进行减少刺激的活动（如看着一个物体，从而熟悉它）。刺激的缺失则会使觉醒程度下降到较低的水平，甚至让儿童觉得单调、无聊。接着，有机体会努力寻找更多的刺激，伯莱因将其称为"多样化探索"。寻找这些活动的过程，会降低觉醒的动力。

埃利斯（1973）提出了第二个游戏觉醒理论，认为游戏是一种寻求刺激的活动，为儿童提供了以新颖少见的方式操纵物品和行为的机会。埃利斯假设，游戏会增强刺激和觉醒水平。他建议个人不断地专注于感官调整。一方面，如果个体只在短时间内集中注意力，感官输入往往就会趋于固定，他将寻找一系列互补的信息源来增强刺激；另一方面，过多的信息会鼓励他通过忽视几个信息源来避免刺激。当条件给予他足够的新奇性、不确定性和复杂性时，个体能更好地思考。如果辅以适当的刺激，游戏就可以帮助儿童充分发挥他们的潜力。

贝特森（1955）提出的元交际理论认为，游戏是建立在儿童参与假装游戏时的互动基础上的。儿童告诉同伴，游戏情节是虚构的，只是对生活的模仿。当孩子们游戏时，他们同时在两个层面上学习发挥作用：（1）假装物品和动作的意义；（2）现实生活（如游戏者的真实身份以及物品和动作的真实用途）。

贝特森的元交际理论还指出，游戏剧本和体验是基于儿童的情况和环境而不断变化的，游戏鼓励儿童根据他们的文化经验背景开发有意义的剧本。在游戏中，儿童能够区分幻想和现实，这对他们的认知发展至关重要。贝特森的理论推动了研究者对游戏和认知之间关系的研究。沃尔夫和格罗尔曼（Wolf & Grollman，1982）发现，儿童在游戏中的叙事质量随着年龄的增长呈现出不断发展的趋势。施瓦茨曼（Schwartzman，1978）则指出，儿童的社会地位在游戏中发生了变化。人们所感知到的文本与游戏环境之间的关系，类似于交际和元交际之间的关系。

游戏的认知理论

儿童发展理论家已经证明了游戏和认知发展之间的关系，皮亚杰、维果茨基和杰罗姆·布鲁纳是对这一关系贡献极大的理论家，接下来将讨论他们的理论。

皮亚杰的理论

让·皮亚杰认为，儿童通过同化和顺应的双重过程获得知识。通过同化，儿童从外部现实的体验中获得信息，然后将这些信息吸收或整合到当前的心理结构中。通过顺应，儿童会比较不同于自己已知的新信息，并调整自己的心理结构。通常来说，这种信息差异能使儿童的认知结构达到平衡的状态。对于自发的游戏，同化作用比顺应作用更重要。换言之，儿童将他们认识到的外部世界纳入自己的心理结构。当他们发现外部世界与已有知识不同的时候，会用他们当前的心理图式和运动模式来解决眼前的问题（Fein & Schwartz，1982）。

皮亚杰理论认为，戏剧游戏发生在儿童的发展阶段中。在戏剧游戏中，儿童从经验中获取信息和意义（Saracho，2017b）。皮亚杰（1951）提出，儿童会经历三个连续的游戏阶段：（1）感觉－运动游戏；（2）象征性游戏；（3）规则游戏。儿童在这些阶段中不断进步，同时，心理结构也逐渐融入后期阶段。

在皮亚杰游戏的第一个阶段，儿童会做以身体活动为主的重复性动作，因此，活动空间是必不可少的。换句话说，在所有的发展阶段中，儿童都是用他们已经形成的心理表征来体验环境。重复的经验会毫无困难地融入（或被同化进）儿童的认知结构中，这有助于他们保持心理的平衡。如果经验是陌生的（无论是别样的还是全新的），儿童就难以保持平衡，他们会调整自己的认知结构以顺应新的经验，从而增加他们的认知结构。

在第二阶段（大约从18个月到7岁），假装游戏或象征性游戏出现。因为这一阶段的游戏具有象征性，所以对儿童读写能力的发展有很大帮助。在象征性游戏中，所有物体都被用于象征，并被赋予新的特征。例如，一个木箱可以象征一辆汽车或卡车。皮亚杰游戏的最后一个阶段是规则游戏。它出现在皮亚杰理论中六七岁的具体操作阶段。规则游戏（如跳棋、国际象棋、纸牌游戏）需要至少两名儿童才能进行。一旦儿童开始这些游戏，感觉－运动游戏和象征性游戏在此后的人生中就会持续减少。皮亚杰认为，他的认知发展阶段理论的调整为他的游戏阶段理论的调整奠定了基础。他提出的游戏促进个体认知发展的理论，遭到了维果茨基的反对。

维果茨基的理论

1924年，苏联心理学家列夫·维果茨基指出，游戏对儿童认知发展的贡献不止上述那些。他提出了一个普遍理论，即儿童的象征性游戏可以被理解为一个非常复杂的语言系统，它借助身体动作来表示不同玩具的含义。因此，物品为与之匹配的动作提供了支持。后来，儿童开始使用语言符号。儿童可能会一起决定物品的象征形式（"这将是我们的房子"，或"这是一个盘子"），并开始使用丰富的语言联想来表示、解释和交流每个动作、物品和行动的含义。儿童用动作和语言解释自己的游戏，并最终将他们的身体动作与语言联系起来（Vygotsky，1935，Smolucha & Smolucha，

1998）。维果茨基在出版物《书面语言的前史》(*The Prehistory of Written Language*, Vygotsky，1935，1978，1987）中首次描述了他对游戏的研究。他在其中讨论了儿童在假装游戏中以物代物的动作－象征特质。

> ……儿童自己的运动和身体动作均为相应的物体赋予了象征功能，并向它传达了含义。所有象征性的表征活动都富有这种指示性的动作，因此一根木棍对孩子来说可以变成坐骑，因为它可以被放在两腿之间，而且能够对它做出一种动作，向孩子表明木棍在这种情况下就是一匹马。
>
> 从这个角度来看，儿童的象征性游戏可以被理解为一个非常复杂的语言系统，它借助动作交流和象征不同玩具的意义。只有在这些指示性动作的基础上，玩具才逐渐获得它们自己的意义。只有从这个角度看，才有可能解释两个迄今为止还没有合适理论解释的事实。
>
> 第一个事实是，对儿童来说，在游戏中，任何东西都可以成为另一个东西。这可以解释为，物体获得了一种功能和象征意义，这要归功于赋予它这种功能和意义的动作。从这里可以看出，意义包含在动作中，而不是物体中。这就是在任何给定情况下物体是什么都不重要的原因，它只是对应动作的一个辅助。
>
> 第二个事实是，惯用语言符号只出现在四五岁儿童的游戏中。孩子们之间同意"这将是我们的房子""这是一个盘子"等代指；大约在这个年龄段，出现了非常丰富的语言关系，儿童会说明、解释和交流每个动作、物体和行动的意义。他们不仅会做动作，还会对话，解释自己的游戏。动作和语言相互交织，融为一体。
>
> （Vygotsky，1935，pp. 77–78，Smolucha & Smolucha，1998，pp. 49–50）

维果茨基在研究中讨论了儿童在游戏中所模仿的以物代物的类型，如下所述。

> ……物体本身具有代替功能：铅笔可以代替保姆，手表可以代替杂货铺，但只有相关的动作才能赋予它们意义。然而，在这种动作的影响下，年龄较大的儿童逐渐有了一个特别重要的发现——物体可以表示它本身，也可以表示它所代替的事物。例如，当我们放下一本黑皮的书，说这将是一片森林时，儿童会不由自主地补充说："是的，这是一片森林，因为它又黑又暗。"她这样把物

体的一个特征分离出来,对她来说,这个特征表明这本书应该是一片森林……这个物体因此获得了一种符号功能,它有自己的发展历史,此时已经独立于儿童的动作了。这就是二级符号(second-order symbolism),由于它是在游戏中发展起来的,所以我们看到假想游戏是促进书面语言——二级符号系统——发展的一个主要贡献者。

(Vygotsky,1935,pp. 79–80,Smolucha & Smolucha,1998,p. 50)

在1933年出版的《游戏及其在儿童心理发展中的作用》(*Play and Its Role in the Mental Development of the Child*)一书中,维果茨基讨论了游戏如何发展学龄前儿童的"最近发展区"(zone of proximal development,ZPD)(Vygotsky,1967)。他对最近发展区进行如下描述。

通过独立解决问题来确定的儿童实际发展水平与通过在成人指导下或与能力更强的同伴合作解决问题来确定的潜在发展水平之间的距离。

[译自《社会中的心智:高级心理过程的发展》①(*Mind in Society: The Development of Higher Psychological Processes*,Vygotsky,1978,p. 86)]

根据维果茨基所说(1934),象征性游戏或戏剧游戏可以促进儿童的抽象思维发展。假想游戏有助于他们对事物的理解。尽管最初象征物需要与被象征物相似,但到了后来的发展阶段就不那么重要了。维果茨基将游戏描述为儿童对反映现实生活问题的假想事件的创作过程。

维果茨基理论为皮亚杰理论做了补充,表明儿童的游戏经验在社会文化的背景下刺激了他们的认知发展,有关文化的认知正是在社会文化的背景下得以发展的。与同龄人的游戏,可以促进儿童的认知发展。

维果茨基于20世纪二三十年代的研究,在布鲁纳的早期工作中得以延续。布鲁纳认为,儿童在亲自发现而非"被教授"时,所获得的知识和学习才是最有效的。

---

① 该书的简体中文版已由北京师范大学出版社于2018年出版。——译者注

布鲁纳的理论

杰罗姆·布鲁纳最初的理论是：游戏提升了儿童解决问题的能力，这种能力在他们以后的生活中会变得很重要。这一观点表明，他早期的成果是对游戏经典理论的延伸。布鲁纳（1972）认为，通过游戏，儿童获得了关于环境的信息和经验，这可以最大限度地提高他们的适应能力。他认为，游戏为儿童提供了尝试各种行为的机会，并通过这些经历来学习。其中，社会性游戏是一种特别的方式，能够最大限度地减少儿童行为的不良后果，并降低在某些情况下的风险。因此，社会性游戏是儿童通过行为传递信息的一种交流系统，游戏是学习恰当社交的一种方式。

根据布鲁纳的观点，在游戏中，方式比目的更重要。儿童在游戏时，不必关心如何实现目标。他们可以以创新的行为自由地组合进行探索，没有任何达成目标的压力。在游戏中尝试使用新的行为组合后，儿童可以用它们解决现实生活中的问题。因此，游戏有助于提高儿童解决问题的灵活性，这也体现了游戏在人类发展和进化中的作用。布鲁纳指出，如果延长不成熟期，儿童将会通过游戏发展出灵活的问题解决能力（Johnson et al.，2005）。

布鲁纳认为，游戏有利于儿童的认知发展，也有利于他们为人文背景下的现实社会生活做好准备。他声称，游戏可以帮助儿童进行练习，使其熟练掌握社交能力，并在没有任何风险的情况下尝试组合各种行为。儿童可以通过游戏探索和试验，同时在社会性游戏中学习他们所处社会的规则和礼仪。布鲁纳觉得，所有的儿童游戏从一开始就有规则。在其著名的躲猫猫实验中，他发现所有儿童都理解轮流的规则，这是这一游戏的来源（Curtis & O'Hagan，2008）。另外，布鲁纳认为并非所有类型的游戏都是等同的，例如，打闹游戏在智力上的挑战性比建构或绘画活动等受目标驱动的游戏活动要小（Sylva et al.，1974）。

在布鲁纳（1990，1996）后期的研究中，他强调游戏对儿童发展叙事思维模式的重要性。布鲁纳提倡使用鹰架来支持儿童的学习。他坚信，儿童的兴趣和鹰架式教学有助于他们的学习。根据萨拉乔（2017b）的说法，布鲁纳提出了儿童用来处理信息的三种表征方式。

- 动作性模式（enactive mode）是指儿童通过实践来表现事物，通常注重过程而非结果。
- 映象模式（iconic mode）是指儿童用照片、图片、录像带等媒介记录体验。
- 象征性模式（symbolic mode）是指儿童用符号代表事物。儿童经常使用符号表达自己的意思，大一点的儿童可能会写一个字，而小一点的儿童可能会用标记（涂鸦、反转字母）来表达。儿童使用许多不同种类的方式表达自己的意思，如绘画、喷漆、手工制作、舞蹈、假装游戏、语言和数字等。

布鲁纳坚持认为，儿童以一种连续的、类似叙事的方式组织他们的知识。根据卡瓦诺和恩格尔（Kavanaugh & Engel，1998）的说法，早在孩子们独立创作自己的真实故事或想象故事之前，他们就构思假想的场景，成人游戏伙伴可以用这些场景形成简短的故事。

> 想象一位父亲在与他2.5岁的孩子游戏时所说的话。在他们游戏的过程中，孩子拿起一个木勺，搅拌着一个空碗。父亲在孩子这样做的时候说："哦，你在烘焙蛋糕对吗？你打算开个聚会？用蛋糕还有气球？这一定是一个超棒的蛋糕！"
>
> （Kavanaugh & Engel，1998，p. 92）

这个场景说明了，儿童的假装游戏是如何具有隐含的叙事结构的，而成人可以使儿童明确地看到这种结构。正如上述例子一样，当成人叙述儿童的假装动作时，他们给儿童的非文字行动赋予了结构和意义，这就强调了儿童行动中隐含的叙事特征。此外，通过表演虚构的情节，儿童可以熟练地掌握叙事结构的要素，这类似于他们通过非言语游戏方式对语法结构的初步体验（Bruner，1975）。这个过程建构了游戏与语言和逻辑认知元素之间的直接联系。在社会戏剧游戏中，儿童将表演自己创编的叙事故事，这为他们提供了学习和完善叙事能力的机会（Johnson et al.，2005）。

共同点

心理学家指出，儿童的认知能力是通过游戏中的实践、想象和对情境的重新创造发展起来的。布鲁纳认为，游戏对儿童的智力发展至关重要（Sylva et al.，1974）。布鲁纳和维果茨基都赞同社会建构主义的游戏理论。在这类理论中，儿童通过与智慧的成人互动以及与同龄人社交，将认知能力发展到更高水平。相反，皮亚杰的理论指出，在游戏中，无论是否有成人的干预，儿童都会在每个特定的发展阶段取得进步。他的理念与社会建构主义的游戏理论相冲突（Maynard & Thomas，2009）。

布赖恩·萨顿-史密斯的理论

布赖恩·萨顿-史密斯是一位游戏理论家，他一直在探寻游戏在人类生活中的文化意义。他的结论是，尽管游戏是与生俱来的且有些模糊的概念，但它对儿童和成人都很重要。布赖恩·萨顿-史密斯的游戏理论在过去几十年里有所变化，为现代和后现代的游戏理论建立了联系（Johnson et al., 2005）。萨顿-史密斯（1967）最初的理论代表了现代游戏理论，强调游戏在认知发展中的作用。他强调游戏行为的矛盾性及其对儿童创造力和问题解决能力的积极影响。萨顿-史密斯最初的理论和布鲁纳（1972）关于游戏的理论有相似之处，都提出了游戏能发展儿童的适应性，从而为成年生活做准备（Johnson et al., 2005）。

后来，萨顿-史密斯（2001）的游戏理论变得更加复杂，他认为游戏是为了适应而不断变化的。在他当前的理论中，游戏的可变性是它在人类发展中存在价值的基础。古尔德（Gould, 1997）将游戏的可变性与生理和行为变化对进化的重要性进行了比较。由于环境急剧变化，很难预测在未来环境中生存所需的技能和知识，因此发展中的儿童（或进化中的物种）不需要会导致僵化行为的精确的适应能力。相反，适应能力应该在"古怪、草率、出乎预料和多余的"（Gould, 1997, p. 44）等行为方面具有很大的灵活性，萨顿-史密斯认为这些是游戏行为的标志。尽管游戏和适应能力之间的联系是自然产生的，而且这种联系和他早期的理论观点相比并不那么直接，但他仍认为游戏在人类发展中是重要的，因为它可以保证人类拥有广泛的适应能力（Johnson et al., 2005）。

萨顿-史密斯（2001）提出适应性变化理论（theory of adaptive variability）时，还出版了《游戏的模糊性》（*The Ambiguity of Play*）一书，他在书中提出可以根据有关游戏的说法和生发它们的价值观来更好地分析和理解游戏理论。他认为，存在不同的游戏说法，且每种说法都有自己的价值观、游戏风格和游戏理论，并确定了七种游戏说法（2001），如表3.4所示。

表3.4 布赖恩·萨顿-史密斯的游戏说法 *

游戏说法	描述	主要领域
进步	强调儿童从游戏中学到有用的东西。	生物学、心理学、教育学
运气	指的是冒险和其他碰运气的游戏。	经济学、统计学、数学
权力	通常适用于体育和节庆活动，在这些活动中，权力被行使或被反转和蔑视。	历史学、社会学、人类学、文化学、心理学、多元文化教育学

（续表）

游戏说法	描述	主要领域
身份认同	通常用于被视为创造群体身份的节日和庆祝活动。	历史学、人类学、民间传说
想象	指在艺术活动中发现的即兴创作、创造力和想象力。	艺术（音乐、舞蹈、视觉艺术、戏剧）和文学
自我	强调游戏在塑造个性和提供最佳主观体验方面的作用。	休闲学、精神病学、治疗
轻松	指魔术师、小丑和喜剧演员的活动。	历史学、民间传说、流行文化

* 基于约翰逊等人（Johnson et al., 2005, p.45）的总结。

运气、权力、身份认同和轻松是古代的说法，在古典文学中具有较强的影响力。现代的说法是随着过去200年中哲学和心理学运动的变化而出现的。萨顿-史密斯（1995）认为，这些说法形成了研究者用来探究游戏的科学，对他们解释和理解游戏的方式有巨大的影响。这意味着，研究者对游戏的解释与他们所相信的说法有关。很显然，关于游戏行为只有相对的真理，没有绝对的真理存在，这是后现代主义的一个主要特征，我们将在下一节讨论。

后现代理论

一些现代学者为人们思考游戏理论和当今社会中儿童的个体差异提供了基本原理。虽然每个学者的提议都不一样，且在游戏对当今社会的影响方面存在一些争论，但是现代学者仍开始就游戏的几个特点达成共识。

个体的遗传差异一直是发展心理学研究的重点。这一理论很受重视，而它的对立者——与年龄或阶段相关的一般领域理论（domain-general theories）则一直被批判和回避。无论如何，考虑个体差异的重要性是非常有必要的。以下部分将讨论心理理论、文化游戏理论和社会文化游戏理论，将其作为分析个体差异的例子。

心理理论

心理理论指的是个人所具备的几种能力：（1）理解过去观察到的行为；（2）推断自己和他人无法观察到的心理状态；（3）认识到他人有着与自己不同的信念、愿望和目标，并运用这些信息来认识、描述和预测他人的行为（Saracho，2016）。因此，心理理论是指确定自己和他人的心理状态（如信仰、意图、愿望、伪装、知识）的能力，以及理解他人有不同的信仰、愿望和意图的能力。最近，儿童对心理的理解已经成为认知发展领域的研究重点，并且延伸到了社会发展领域。理解心理对人类的互动至关重要。在大多数的社会经验中，个人至少都会悄然地从自己脑中的知识里提取信息，以了解某人是否听到了什么、某人感到惊讶的原因，或者激励某人更加努力工作的方法。这样的社会知识体系通常被认为是心理理论，包括儿童游戏的社会背景。

心理理论是社会知识的一部分，因为心智状态是理论上的建构，而且当关于心理的知识影响某些本体论的差异时，它就会成为一种理论，包含因果解释框架，并且用理论中的其他构念来解释它的构念（比如惊异被描述为与信仰的关系）。在社交圈子里，知识对人的支持是有说服力的。发展心理学有助于我们理解儿童对错误信念任务的反应。

> 在最初的错误信念任务中（Wimmer & Perner，1983），儿童看到一个玩偶——马克西。马克西把一块巧克力藏在一个蓝色的柜子里后离开了现场。当他不在的时候，他的妈妈来了，将巧克力从蓝色的柜子转移到白色的柜子里，然后也离开了。后来，马克西回来了，因为两个柜子都关着，所以看不到巧克力，而且马克西显然没有看到他妈妈转移巧克力。孩子们被问道："马克西会在哪里找他的巧克力？"在场的孩子们应该说："蓝色的柜子！"因为那是马克西留下巧克力的地方，而且他不可能知道巧克力被转移了。但威默和佩纳（Wimmer & Perner）发现，4岁以下的幼儿往往不能成功通过测试，因为他们认为马克西会去白色的柜子，也就是他妈妈放巧克力的地方。我们已经研究了该实验模式可能存在的问题（幼儿不理解这个故事或不理解这个问题等），虽然这个问题没有被完全解决，但大多数人都会同意一个观点，那就是幼儿确实很难理解"人们会有错误的信念"。就像皮亚杰的许多经典任务一样，错误信念任务让人们清楚地看到，在某些方面，幼儿与成人是多么不同。同样，像皮亚杰的许多经典任务一样，我们可以通过改变测试情境来让更多低龄的儿童"通过"，但原始版本的结果还是很容易出现，这个结果也很令人信服。
>
> （Lillard，1998，pp.11-12）

多年来，聚焦于儿童对心理理解的研究已经蓬勃发展到一个非同寻常的阶段。它们呈现了儿童在理解他人的愿望、思想、信仰和行为时认知变化的有效程序。心理理论研究的许多方面都得到了发展，包括心理解读中的社会情感成分以及假装游戏中的个体差异。对心理表征的理解，是连接假装游戏和心理理论的理论与实践的基础（Saracho，2014）。利拉德（Lillard，1998）将心理表征描述为"一个人或一个概念的心理模型"，即其在头脑中的"再现"。心理表征可能具有误导性，因为一个人对某个事物的心理表征可能与另一个人的不同，这是心理理论的一个重要特征。一个人与世界的互动，受到他对世界存在方式的心理模型的解释的影响，而不是对现实的明确认识。

重要的是，要理解不切实际的保证，还要理解每个人都有自己信奉的真理这一基本前提。社会认知理论家一般将这些双重含义描述为假装和心理理论，因为这两种能力都取决于理解心理表征的差异。假装当然要用到心理表征。当儿童进行假装游戏时，他们会对一些真实的事例或物体进行内部的、心理的表征。一些研究表明，社会理解和假装之间存在某种关系。一个基本规律是，当儿童在假装游戏中使用社会推理时，这种关系就会有所发展。根据假设，假装游戏中的关系有助于儿童对社会的理解。

显然，假装游戏需要使用心理表征。当儿童玩假装游戏时，他们会将内心对某一事物的表征与真实的事件或物体联系起来（Saracho，2014）。如果一个儿童假装一支铅笔是一架飞机，他在心理上就会把铅笔既当作铅笔又当作飞机。他会把铅笔当作一架飞机并让它飞起来，但当他把铅笔当作一支真实的铅笔时，就不会试图让它飞到某个地方。不过，如果他突然需要用一支真正的铅笔，那么即使当时还认为它是一架飞机，他可能还是会使用它。该理论认为，当这个物体有两种认知表征时，它就会变成一个复杂的过程。在区分铅笔和飞机时，儿童需要将假装的表征与飞机的典型表征（即真正的飞机）分离或"脱钩"（Leslie，1987），否则，儿童就会想象真正的飞机是用木头做的，里面装满了铅笔芯。在区分假装的和真实的客体的心理表征时，儿童需要明白，他们假装的心理表征只是他们可以分配给各种对象的表征，我们可以将多个表征分配给同一个对象（Saracho，2014）。

假装和理解错误信念在概念上是平行的，是理解心理的基准。儿童假装时，他们会在头脑中感知到与现实不同的情况。例如，如果他们假装自己的后院是一片海滩，那么他们就可以在海滩上创造一个假装的表象，尽管事实上只是在后院。儿童的假装是假的，但他们考虑到了后院的真实情况。同样，如果儿童对自己的位置感到困惑，认为海滩实际上就在他们的后门外，那么他们就会在真实的后院里设想假装的海滩。心理理论研究者对这种差不多的近似性很感兴趣，因为儿童似乎自然而然地理解了假装，远远早于他们对错误信念的理解（Saracho，2014）。

总而言之，假装依赖儿童对心理表征的理解。令人困惑的是，4岁的孩子通常才能理解信仰领域的心理表征，但2岁的孩子就已经在玩假装游戏了。有足够的证据表明，儿童在4岁之前是无法理解信仰领域的心理表征的。

心理理论提出了一些理解假装心理要素的基本问题。年龄很小的儿童会将假装当作一种心理状态，他们的假装游戏仅仅是与心理理论相关的最远的表现（比如动作）。儿童通过挑战或同意各种主张和愿望来商议他们的假装角色。在假装游戏中，儿童会练习以两种相反的方式同时感知一个物体或情境，并想象用一个物体代表另一个物体。此外，他们在假装的角色扮演游戏中还会考虑同伴的意见。由于假装的真实含义通常是有情绪参与且具有挑战性的，所以它为儿童提供了一个机会来体验如何处理这些情况。儿童的假装游戏有助于成人了解他们的心理理论，是儿童模仿他们所处的世界、思考内部状态和社会秩序的方式。它还提供了关于儿童遇到的主要问题、对某些事件的反应以及当下发展情况的信息，提出了帮助儿童提高理解能力的行为和准则。显然，假装为教师提供了信息，以调整预测以及对儿童进行的心理和自主方面的教导（Lillard，1998），这可能会受到他们文化的影响。

文化游戏理论

多元文化的学者对文化的定义不同。卡特和夸里希（Carter & Quareshi，1995）将理论家们分为五种主要的群体：（1）普遍的或特定的群体，他们认为所有人都是相似的，因为群体内差异大于群体间差异；（2）持"自由主义"立场的群体，这是一个随处可见的群体，认为个人根据其文化属性（如族裔、性别、心理和身体能力、社会经济阶层）具有多元文化，突出的文化特征取决于个人所处的环境；（3）传统的或人类学的群体认为，个人出生的国家及其成长的地理区域塑造了他们的文化认知；（4）以族裔为基础的群体认为，族裔是文化的主导场所（就像作为一个族裔中的实际成员的经验胜过所有其他与文化有关的经验一样）；（5）泛民族群体，他们认为全球族裔压迫是文化差异的主要结构（López-Mulnix，2020）。文化是"一种持续的生活模式，描述了一个社会在其发展的特定阶段或在特定的历史位置上的特征"（Coon & Mitterer，

2008，p. 5）。这个阶段被整合进了皮亚杰的认知发展阶段（前运算阶段）。

在皮亚杰（1976）提出的阶段中，2—7岁的儿童通过语言和心理想象来运用象征，即使他们的思维还只是本能的（推理和逻辑思维有限）并以自我为中心（不能站在对方的角度）。儿童需要与其发展水平相适宜的交流方式、对他们认知发展程度的仔细分析，以及使用独立的或相互依赖的关系方式。例如，当玩具、具体词语以及游戏的地点和事件与儿童的独特环境、故事以及故事隐喻相关联时，他们的学习就会发生。考虑到这一点，洛佩斯-马尼克斯（López-Mulnix，2020）认为，儿童的学习需要一个多样化的课堂文化。需要在一种氛围中引入内容，从而为儿童提供以文化为中心的有效的教育体验。他们还需要对其他文化具有文化意识和敏感性。

具有多元文化的社会必须为儿童提供多元文化教育，让他们了解并懂得欣赏多种不同的价值观。儿童需要学习不同的价值体系，以扩大他们的文化视野。在一个多元化的社会中，儿童需要扩充知识，提高文化意识，对文化差异足够敏感，并了解不同的文化价值观（López-Mulnix，2020）。

随着儿童的成长，他们会遇到同样的挑战和世界性的原则（Coon & Mitterer，2008）。2—7岁的儿童进入教育机构后，他们会经历埃里克森（1950）的社会心理发展理论的第二阶段（自主相较于羞愧和怀疑）、第三阶段（主动相较于内疚）和第四阶段（勤奋相较于自卑）。这个时候，儿童生活中的成人要帮助他们变得自主、主动、勤奋，成人在儿童的生活中非常重要。因此，在第二阶段（3岁），避免让儿童受到嘲弄或被过度保护是很重要的。这些行为可能会导致儿童不信任自己的能力，并对自己的行为感到羞愧。儿童进入第三阶段（3—5岁）后，如果受到严厉的批评，被限制游戏，或被禁止提问，他们就会对寻衅活动感到内疚。到了第四阶段（5—7岁），如果他们的尝试被认为是麻烦的、幼稚的或令人不适，他们就会感到自卑。第二到第四阶段是第五阶段（青春期）的基础，在这个阶段，儿童会纠结于自己的身份，想知道自己会成为什么样的人。儿童的社会化经历需要融入对文化差异的欣赏，并体验到一个鼓励他们表达、探索和发展多样化观点的环境（López-Mulnix，2020）。

文化与游戏

1938年，荷兰历史学家、文化理论家约翰·赫伊津哈教授（Johan Huizinga，

1872—1945）写了《游戏的人：文化的游戏要素研究》①（Homo Ludens: A Study of the Play-Element in Culture）一书，即"玩游戏的人"。赫伊津哈（1950）在这本书中讨论了文化和社会中游戏元素的重要性，他用"游戏理论"一词界定游戏发生的概念空间。赫伊津哈认为，游戏是文化产生的基础和必要条件。他强调文化的游戏元素，而不是文化中的游戏元素。他澄清道，他的书是基于一场名为"文化的游戏元素"的演讲，该演讲总是被修改为"文化中的游戏元素"，他本人强烈反对这样的修改。他的解释如下。

> ……我的目的不是在所有文化表现形式中定义游戏的位置，而是确定文化本身在多大程度上具有游戏的性质。
>
> （Huizinga，1950，前言，无编码页）

19世纪，人类学家对"人的科学"很感兴趣，提出生物（达尔文）和社会（斯宾塞）进化的概念。根据施瓦茨曼（1978）的观点，社会进化理论将文化比喻为表现出相似的生长和发展系统的生物有机体。波茨（Potts，1996）认为，"文化造就了人，人又造就了文化"（p. 182）。文化依赖非文化现象（如生物、社会、生态）的改变，有机体的结构对现代人类和人类信息系统的性质——特别是符号行为的出现——产生影响。身体装饰品、雕像、乐器、地域风格和绘画都是象征性文化的特征（Roberts，2001）。

如果将儿童视为不断与环境交互的代表，童年就可以为进化提供一个切实的生殖起源，这种起源是可以实现和发展的。在了解目前人类物种的起源和前身时，儿童屡次被视为需要被义务照顾或被动地保存知识片段的人。根据奥佩等人（Opie et al.，1959）的观点，儿童是丰富的文化遗产的守护者："如果不强调童年的一个重要方面，即儿童作为专家的人类行为——游戏，那么对儿童在人类进化中的作用的任何考虑都是不完整的。"（Roberts，2001，p. 106）

对游戏的看法是由一个人的文化背景决定的。在西方，人们根据对"游戏不是什么"的共同态度来理解游戏。西方的游戏理论要求探索原则。他们质疑游戏在学习和认知中的价值。大多数理论家和研究者忽视了一种全面的游戏理论，这种理论批判性地将文化无限的现实意义结合在了一起。承认具有文化连续性和非连续性的游戏情

---

① 该书的简体中文版已由北京大学出版社于2014年出版。——译者注

境中的多样性，是非常重要的。世界各地不同的社会（如工业化的多元化、工业化的同质化、后殖民时代、狩猎采集）很难包罗所有文化（Roberts，2001）。施瓦茨曼（1978）认为，即使当前关于游戏的研究借鉴了多种理论和研究成果，游戏的定义也存在过于熟悉的问题。

布鲁纳（1976）、罗格夫（Rogoff，2003）、维果茨基（1978）等人的研究成果表达了对"儿童通过社会文化互动获得发展"这一观点的理解。我们还需要做更多的研究来进一步发展关于文化和游戏的理论。由于当时文化和游戏的理论发展得尚不成熟，鲁普内莱因等人（Roopnarine et al.，1998）提出了一些用于研究跨文化儿童游戏的原则。

- 身体和生殖方面的生物社会因素影响亲子参与。
- 无论是在同龄群体中还是在亲子体系中，对游戏重要性的心理认知都存在差异。
- 在工业化之前的社会中，教育在正式和非正式的机构中都会发生……游戏理论必须阐明将游戏运用于学习社交技能和适应性技能的各种方式，因为这些技能对于一个人能否成功地与人交涉自己的社会文化需求至关重要。代表工作-游戏混合的社会生态环境，与西方大多数关于儿童游戏的观点是对立的。（pp. 197–198）

随着全世界逐渐通过旅游、贸易和互联网联系起来，农田和雨林减少了，工业和住宅建筑压缩了曾经用于游戏的空间，技术设备取代了传统玩具，很多国家确立了更高的教育目标，所有这些都刺激了儿童跨文化游戏的背景和性质的明显改善。例如，非洲的教育目标变得更加正式，工作和游戏都更加精细，因此，儿童在工作和游戏中缺乏时间进行非正式的观察、学习和适应他们对环境及角色的认识。西方国家的学前教育概念集中在教育环境中的建构游戏和象征性游戏（Roopnarine et al.，1998）。最近十几年来，日本人对电子游戏的使用急剧增加。相较于传统的日本游戏，日本儿童更喜欢看电视、看漫画书和玩电子游戏（Saracho & Shirakawa，2004）。

在许多文化中，游戏空间都已经消失了。非洲和南美洲雨林的减少导致家庭和儿童逐渐与狩猎采集和幸存于社会中的环境相疏离，这些环境正面临险境，同时周边地区的游戏材料极大地限制了游戏活动。在工业化世界，大城市的游戏空间被压缩（Pan，1994），时尚的技术设备已经取代了传统游戏。时尚的游戏材料从根本上禁锢了儿童的想象力和进取心（Roopnarine et al.，1998）。

"西方的"文化态度影响着全球范围内成熟的玩具供应的分布。在南亚、南美和某些群岛，广告牌上宣传着芭比娃娃和其他与美国文化相关的游戏材料。然而，这些国家的玩具是基于后工业化社会的文化价值观选择的，因为这些社会质疑且时常忽视本国的玩具和游戏，他们认为来自工业化世界的玩具更好。目前，美国和来自其他国家的教育工作者正在致力于民族尊严的恢复问题（Roopnarine et al., 1998）。

社会文化游戏理论

多年来，社会文化视角一直存在于文学作品中，却没有受到任何关注。最近，学者们在理解儿童游戏和文化与发展的关系方面进行了系统且连贯的改进。在构建学习和社会化理论时，需要考虑到文化特征，从而满足不同群体儿童的需求（Roopnarine et al., 2007）。

苏联心理学家维果茨基（1967，1978）认为，游戏是儿童学习与发展的重要来源，这发生在他们观察以及与文化成员互动的过程中。当儿童与他们文化中知识更渊博的成员进行社交互动时，他们就会有所学习，这些成员能够在各种与文化相关的活动中指导和支持儿童。在许多文化中，家庭成员引导儿童学习游戏元素（如轮流）或了解成人的世界（如用钱买材料），就是在为儿童的游戏提供支持（Vandermass-Peler, 2002）。

生态理论

美国心理学家尤里·布朗芬布伦纳（Urie Bronfenbrenner, 1917—2005）所处的环境激发了他对儿童所处的社会环境及物质环境的兴趣。他曾在他父亲工作的地方待过一段时间，那里有着丰富的生物环境和社会环境。他在跨文化研究中测试了个体如何受到社会及物质环境的影响。布朗芬布伦纳对人类发展生态学的定义如下。

> ……科学地研究一个充满活力、不断成长的人与其所处的直接环境中不断变化的特质之间逐渐互相适应的过程，因为这一过程受到这些环境之间的关系以及这些环境所处的更大背景的影响。
>
> （Bronfenbrenner, 1999, p.21）

环境影响发展的观点与布朗芬布伦纳的理论模型有关。布朗芬布伦纳的生物生态模型表明了环境因素的重要性,包括从日常生活中的环境到更广泛的文化背景。当儿童与他人在不同层次的环境中互动时,就会意识到并学会接受每个个体不同的文化特征。着眼于不同社会之间的异同,是布朗芬布伦纳生物生态模型的文化延伸(Johnson et al., 2005)。因此,布朗芬布伦纳的生态模型侧重于强调儿童所处环境的重要性以及他们与文化中不同成员的互动。布朗芬布伦纳指出,儿童是在众多社会系统(如家长、照护者、教师、同伴)的背景下发展的,这些社会系统以重要的方式与儿童的文化背景相互作用。儿童游戏受到支持和鼓励的程度以及游戏机会,都会直接影响儿童的发展(Vandermass-Peler, 2002)。

文化价值和社会信仰会对儿童产生深刻的影响。物质环境是促成儿童游戏的一个文化因素。某些社会会直接给儿童一些玩具,而其他社会的儿童是找到什么就玩什么(Berger, 2008)。例如,在农业社会中,儿童除了上学,还要分担家务和农活。儿童缺乏游戏的时间,成人也缺乏支持儿童游戏的兴趣。此外,在家人外出工作且不允许儿童参与其经济生活的文化中,家庭可能会直接或间接地支持儿童的游戏(Rogoff, 2003)。因此,布朗芬布伦纳的生态模型提供了一个有价值的框架,让我们可以站在不同的社会系统的中心利用游戏促进儿童的发展(Vandermass-Peler, 2002)。

不管环境如何,所有儿童都会游戏。北极冰面或沙漠都是他们的游戏场地。文化、性别等因素影响他们的游戏,这为他们学习社会环境中需要的社交技能提供了一个完美的机会(Sutton-Smith, 2001)。

游戏学者们试图从社会文化的角度描述游戏。冈柯(Göncü, 1999)和他的同事们将游戏视为一种文化活动,并用跨学科的观点进行解释。要理解儿童游戏在文化背景下的意义,就要了解高等文化中发挥作用的经济、社会和政治因素。在所有文化或文化社区中,儿童游戏的意义都取决于文化内部的成人。他们以鼓励、参与或支持游戏的方式,向儿童传达自己对游戏的信念和价值观。成人通过为儿童的游戏提供易获得的材料、时间以及空间等各种方式传达这些态度和价值观,或者他们会利用自己的影响力在文化社区中促进儿童的游戏(Göncü et al., 1999)。文化习俗和机会影响着由物质环境和社会环境所驱动的游戏类型,举例如下。

- 成人鼓励工作还是鼓励游戏?
- 儿童是否可以自由探索,并有动力通过游戏练习成人的角色?
- 环境是否为儿童提供了轻松获取模型和材料以进行创造性游戏和建设性游戏的机会?

为了解决这些问题，爱德华兹（Edwards，2000）重新分析了怀廷等人（Whiting et al.，1975）在 20 世纪 50 年代做的关于六种文化中儿童游戏的研究所收集的数据，重点关注特定的文化实践、教学、历史、气候、地理以及它们与特定游戏行为的关系。比阿特丽斯和约翰·怀廷（Beatrice & John Whiting）得出结论，在越复杂的文化中，孩子们玩得越多，也越熟练。此外，在极为复杂的群体中，当儿童可以自由选择玩伴并在社区中散步时，他们会更多地参与游戏（Sutton-Smith & Roberts，1981）。萨顿-史密斯和罗伯茨（Sutton-Smith & Roberts，1981）将这一可观察到的事实称为"文化自由空间"，这表明了允许儿童自由探索环境的重要性，它有助于成人理解支持儿童游戏中文化的目的。

儿童的文化和传统，对于选择促进他们想象和认知发展的游戏的数量和方式有着重要的影响。萨顿-史密斯（2001）认为，用玩具进行游戏是"通过多种方式的社会互动和社会传统来调节的"（p. 8）。

- 文化传统决定了游戏的价值，也决定了它应该被支持还是忽视。
- 文化传统决定了养育孩子的方式，例如，是否倡导不论男女都要独立自主。
- 经济和历史条件是激发身体与智力游戏的必要资源。当儿童接触他们可以仿照的原型时，他们会更多地参与游戏。社区需要为他们提供材料作为天然素材（如废纸、铁丝、瓶盖、纽扣、废旧木材、布、轮胎、玻璃、罐头），让儿童用来创造玩具进行游戏。丰富的材料能够激发儿童的想象力和创造力。无论是在工业社会还是在非工业社会中，制作玩具都被纳入了文化变化的过程（Rossie，1998）。有关新玩具的消息会很快在整个社区的儿童中传播开，不需要任何成人的参与，时尚、潮流和热门的概念紧接着就会在当地、整个地区甚至全球的童年文化中出现（Edwards，2000）。

社会文化视角分析环境，是为了阐明游戏和非游戏行为在文化社区中的意义，以及利用文化使人融入环境。传统的发展心理学家认为，尽管存在相互作用，但天性与后天或者说人与环境是相互分离的。社会文化视角反对这种相互作用论，即文化通常被认为是独立于个体的。相反，一个人对环境中发生的事件的思考或意识被认为是一枚硬币的两面。换句话说，基于社会文化的观点，文化发生在"两耳之间"（在个人的头脑中），就像一切发生在外部环境中的事情一样。经验是个人和环境融合的标志（Johnson et al.，2005）。

社会文化学者试图探究出，儿童在游戏中解释其对现实世界的体验的方式。例如，儿童如何选择戏剧游戏中表演出来的成人角色和活动？这需要将社会文化视角整合到游戏研究中，以确定哪些观念可以从一个文化情境转移到另一个文化情境中。此外，有关儿童文化环境、社会生态以及广泛的文化基础和价值观的知识，可以促进教师和儿童以及家庭和社区之间积极的群体交流。

本章小结

最初，游戏理论被用于研究人类或动物的游戏。目前，游戏被认为适合于儿童、成人和非人类动物。儿童、成人和非人类动物参与游戏，必须在个体发展和教育的背景下被感知（Saracho，2017b）。

几个世纪以来，游戏原本只是被视为儿童生活中必不可少的部分。现在，它已经成为学前教育中一种重要的教育力量。人们对教育性游戏及其对儿童发展和教育的影响的日益关注，刺激了众多游戏理论的具体化，这些理论既有相似之处，又有不同之处。

现代理论从人类发展的角度理解游戏，思索游戏促进儿童发展的方式。后现代理论通过建立心理理论来理解游戏，以传达儿童理解世界的方式以及他们理解"理解"的本质的方式。后现代学者还整合了社会文化视角，包括与游戏相关的儿童环境和文化。起初，他们发现来自不同文化背景的儿童在游戏方式上存在差异。近年来，国际贸易和交流的增加使他们的游戏更加全球化，而现代社会在儿童游戏的方式和内容上也影响了更多的传统社会。

注 释

[1]《沙盘游戏疗法的起源：地板游戏》针对游戏的理论、目的以及通过采用微缩模型等道具开展多种多样的游戏的方法展开了轻松而有趣的讨论。

第四章
对游戏的历史认知

> 在游戏中，儿童的表现总是在他这个年龄的平均水平之上，也在他日常的行为之上。他在游戏中就像比自己高出一头似的。游戏就像放大镜的焦点一样，浓缩了所有的发展趋势。在游戏中，儿童好像试图超越他平常的行为水平。
>
> （Vygotsky，1967，p.16）

学前教育的传统随着时间的推移不断变化。许多传统出现，之后又完全消失。还有一些则以相似的形式反复出现，时不时地加上新的修饰，使它们看起来像是崭新的。很多时候，传统像钟摆一样来回摆动（Spodek & Saracho, 2003b）。这些传统影响着游戏的历史，并随着时间的推移影响着人们对游戏的看法。本章介绍了历史上对儿童游戏的认知，以及历史上视觉艺术和文学中对儿童游戏的表达。

历 史 认 知

自古希腊时期起，关于游戏的理论就开始了不规律的发展。随着人们对游戏的兴趣不断增加，逐渐有了基于当前时代的思想进行分析的相关理论。在20世纪70年代早期，随着人们对游戏的日益关注，出现了新的理论运动（Ellis, 1973）。了解有关儿童游戏的历史观点，有助于人们更好地理解儿童游戏，更好地理解几个世纪以来人们是如何看待游戏的。

欧洲文艺复兴时期的游戏

东地中海地区的人们认为，儿童天生是天真的、纯洁的。古埃及有画着儿童玩球、玩人偶和跳绳的壁画。他们理解并接受游戏是儿童生活的一部分（French，1977）。古希腊哲学家柏拉图（Plato）在《理想国》①（*The Republic*）一书中提及，古希腊哲学家认为儿童的游戏活动可以促进他们的学习。柏拉图（1941，p. 536）写道："被强迫的学习不会停留在脑海中……让孩子的课程以游戏的形式开展。"希腊人用"儿童"这个词指代"游戏"。"游戏"和"教育"这两个词被认为是相容的：成人游戏是为了谋生，而儿童的游戏帮助他们通过体验来学习。例如，成人参加的奥林匹克运动会、工作等各种竞赛都是游戏（Terr，1999）。

文艺复兴时期，描绘欧洲日常生活场景的绘画中出现了儿童和成人的游戏活动。儿童和成人都玩同样的游戏，唱同样的童谣。专门为托儿所创作的童谣和摇篮曲是仅聚焦于童年世界的歌谣（Tucker，1974）。成人为成人创作谜语。如今流行的那个时期的大多数歌谣最初都是由成人唱的，通常带有有趣的政治或社会信息。例如，童谣《六便士之歌》（Sing-a-Song-of-Sixpence）是一首成人歌曲，讲述了新教改革初期亨利八世②与安妮·博林③的爱情等故事（Opie & Opie，1969；Borstelmann，1983）。

几个世纪以来，儿童、游戏和教育的概念一直相互关联。很多时候，有人（如柏拉图）认为游戏与教育是相容的，但其他人认为它们是矛盾的。一直以来，不论是游戏还是教育，都与童年有关。所有的个体，无论什么年龄，也不管他所处的时代对游戏持怎样的看法，都是适合游戏的（Terr，1999）。直到中世纪，西方世界才认识到童年的独特性质，包括游戏在内的特定的儿童活动被认为是适宜且可接受的（Borstelmann，1983）。

文艺复兴时期，德国南部有了玩具制造业。他们生产中世纪的自制玩具（如风筝、陀螺），也生产新开发的玩具（如士兵、精致的木制娃娃、玻璃动物）。文艺复兴时期的玩具既提供给成人又提供给儿童，这一时期以及十七八世纪的大多数玩具（如玩偶、玩偶屋）都非常复杂且易碎，以至于儿童不被允许触碰它们（Sommerville，1982）。

到了 17 世纪，差不多在文艺复兴时代快要结束时，欧洲人对游戏的态度才开始改变，一种新的童年意识出现了（Pinchbeck & Hewitt，1969）。儿童被认为是有价值

---

① 该书的简体中文版已由中国华侨出版社于 2012 年出版。——译者注
② 英文为 Henry VIII，他是都铎王朝第二位英格兰国王及首位爱尔兰国王。——译者注
③ 英文为 Anne Boleyn，她是亨利八世的第二位妻子。——译者注

的，有不同于成人的发展需要和问题。在 17 世纪，人们对新大陆的殖民化产生了兴趣，殖民模式对美国人的工作及娱乐态度产生了重要的影响，这些影响来源于法国和英国（Hughes，2010）。

法国的观念

欧洲在 17 世纪初的文艺复兴时期崭露头角。在此期间，法国人接受了游戏，之后也一直在玩游戏。尽管天主教神职人员认为游戏是没有社会价值的工作，以此贬低游戏的价值，但他们无法阻止它的吸引力（Ariès，1962）。17 世纪，对法国儿童游戏极为全面的记录可能要数琼·赫罗德（Jean Heroard）的日记了，他是小国王路易十三①的医生。这本日记展现了 17 世纪法国人对游戏的看法。路易小时候会玩风车、木马以及外形酷似现代陀螺的抽打玩具。他在 17 个月大的时候一边拉小提琴，一边唱歌；在学步儿阶段像成人一样玩球；2 岁时敲着小鼓，而且跳舞也跳得很好；4 岁时会玩卡片，还会射箭；6 岁时开始下棋，喜欢玩室内游戏（Ariès，1962）。虽然这些描述来自路易医生的日记，可能是主观臆断或胡乱的想法，但它们确实给出了当时的一些观点。

因为路易的大多数玩伴都是他的成年仆人和臣子，所以他玩的游戏与他那个时代成人玩的游戏相似。各个年龄段的儿童、贵族和贵妇人都会玩游戏，包括音乐游戏、运动游戏、棋盘游戏和室内游戏等。由于 17 世纪早期的儿童世界和成人世界没有区别，所以度过婴儿期之后，儿童玩的游戏和成人的一样。人们没有意识到童年的纯真，也没有意识到工作和游戏的区别（Hughes，2010）。

在 17 世纪的进程中，儿童的世界和游戏与成人的世界和游戏之间出现了差异。儿童的游戏实际是肢体上的，而来自贵族的成人只玩智力游戏。成人的生活以工作为重，人们认为工作和游戏是不同的活动。法国人很欣赏童年时期的游戏和儿童的自然活动，这在 18 世纪法国颇有影响力的哲学家让－雅克·卢梭的著作中有所体现。卢梭（1762）强调自然主义哲学。儿童是基于经验生长的。他写道："儿童有自己的观察、思考和感受方式，没有什么比试图用我们成人的方式来代替这些更愚蠢的了。"（p. 52）

卢梭建议，让儿童在没有成人监督的情况下成长。他们需要有自由的时间享受人生的前几年。成人的作用应该是避免向儿童传授美德，而是保护他们不致犯罪。他

---

① 英文为 Louis XIII，他是法兰西波旁王朝的第二任国王。——译者注

曾写道"不要给他任何命令,绝对不要"(p. 45),"甚至不能让他觉得你是在向他施加权威"(p. 45)。卢梭的思想被普遍接受,体现了这个时代以及法国人民的观点。尽管也有些法国人不同意卢梭关于儿童发展的观点,没有读过他的书,但他的观点还是体现了法国人的人生观。他的思想在法国很受欢迎,在英国却遭到了抵制(Hughes,2010)。

英国的观念

17世纪的英国,和其他欧洲国家一样,认为儿童是独立于成人的独特个体,但这不代表对儿童游戏的接受。当十七八世纪的法国认可儿童的游戏时,英国强调的是工作对于儿童和成人的价值。宗教和哲学的影响都是英国人对游戏缺乏兴趣的原因。例如,英国神学家约翰·卫斯理(John Wesley)说:"在男孩时期游戏的人成年后也一样游手好闲。"(Hughes,2010)

卢梭成为法国杰出的哲学家,而在英国,广受认可的哲学家是约翰·洛克。他代表了17世纪的思想,认为所有儿童都是独特而有价值的人,成人要认识到儿童的发展需要。他的父母是清教徒,所以他为这一宗教的传统代言,其育儿理念与清教徒和其他新教徒的观点是一致的。他没有批评游戏,但他坚信工作、理性和纪律是儿童获得最佳发展的主要因素。新教改革者的信仰影响了英国人对儿童养育、工作和游戏的看法。工作和自律被认为能带来永恒的救赎、物质上的成功和成熟的理性。游戏则被认为是一种干扰,是一种罪过。几个英国城镇通过法律禁止几种类型的游戏,比如在公路上玩陀螺或赛跑(Hughes,2010)。

美国19世纪的观念

美洲殖民地的信仰不同于英国和法国。这里的清教徒不谴责游戏,但在清教徒儿童的生活中并不鼓励游戏。游戏会分散儿童进行学习和职业训练的注意力,自律是必不可少的。清教徒儿童从上午7点上学到下午四五点回家做家务,没有足够的时间游戏(Illick,1974)。

19世纪的人们对儿童和游戏的看法并不明确。不管怎么说,美国儿童被鼓励去游戏、培养行动力以及应对他们所处的环境。玩具变得复杂且逼真,如微型的火车、汽车等。1859年,为了鼓励儿童表达攻击性和控制所处的环境,第一支玩具枪被发明出来(Davis,1976)。在进步时代,成人开始对儿童的游戏产生兴趣,并为室内和户外游戏创造玩具及游乐区。户外游戏中有宠物和自然物，如野花、蝴蝶或青蛙，儿童还会用石头、积雪或木头建构东西。除此之外，他们也有自制的玩具（如简易的木偶、布娃娃、风筝、球、陀螺等）。通常，传统游戏包括运动、比赛、音乐、民间故事、歌曲和舞蹈，这些在社区中被视为节日和特殊活动的一部分。不活跃或无规则的单独游戏和社会性游戏都促进了儿童的社会性和身体发展（Johnson et al., 2005）。

在美国，清教徒关于游戏的观点从19世纪一直延续到20世纪（Hughes, 2010）。尽管他们的管教依然严格，但他们变得更加以儿童为中心，也开始使用游戏帮助儿童成为社会生活的完整参与者（Johnson et al., 2005）。传统游戏有助于发展儿童的群体功能和民族身份（Lee et al., 2001）。

美国20世纪的观念

在20世纪最初的十年中，让儿童公开表达自己感受的情况有所增加（Davis, 1976）。在这一时期，儿童研究运动开始蓬勃发展。这一运动反映了儿童发展学的发展，美国著名心理学家斯坦利·霍尔有很多相关的著作。虽然是这一运动使人们开始了对儿童发展特点的重视，但一种新的影响也正在美国心理学中兴起。1910—1920年，美国心理学家约翰·B.华生（John B. Watson, 1878—1958）提出了行为主义理论。他相信，环境造就儿童。

> 给我一打健全的儿童，并在我所提供的特定环境里培养他们长大，我保证，无论他们的天资、爱好、脾气以及祖先的才能、职业和族裔如何，他们每一个都能被训练成我所选择的任何一类专家：医生、律师、艺术家、巨商以及领袖，甚至乞丐和小偷。
>
> （Watson, 1925, p. 82）

在行为主义理论中，游戏只是一种导致社会变革的手段，是一种学习经历，有助于培养儿童具备社会可接受的行为（Davis, 1976）。到了20世纪中后期，许多人认为约翰·华生的理论对儿童既奇怪又残忍。

50多年来，儿童一直拥有表征古代史或现代史的自主权和表达自由（Davis, 1976）。游戏在他们的成长过程中起到了重要作用。儿童被允许游戏，因为这给了他们智力和社会性发展以及情绪释放的机会，这是精神分析和认知发展理论的一部分观点（Hughes，2010）。

为了更好地理解游戏的本质，知道游戏在历史上如何被看待很重要，因此需要了解关于游戏的早期先驱者。

学前教育中的游戏先驱

早期的先驱和理论家，如德国教育家弗里德里希·福禄贝尔和瑞士教育家约翰·亨利赫·裴斯泰洛齐（Johann Heinrich Pestalozzi，1746—1827），支持游戏在儿童教育中的重要性。弗里德里希·福禄贝尔、玛丽亚·蒙台梭利和约翰·杜威提出了将游戏融入儿童养育和教育的方法。

福禄贝尔是最早的幼儿园创办者。他认为，可以将游戏作为一种教育方法。福禄贝尔的课程要求儿童操作像木质立方体、绒线球这样的物品，他将其称为"恩物"。儿童要参与他称之为"作业"的手工活动，包括编纸和折纸。其课程还让儿童唱歌，玩被他称为"母亲的游戏与歌曲"（"Mother's Plays and Songs"）的游戏。这些活动和材料代表了福禄贝尔想让儿童学习的精神意义。儿童参与的是操作类游戏，不是自由的、富有表现力的游戏。福禄贝尔幼儿园活动的基础是德国乡下儿童的自然游戏，他用自己的方法总结并整理了那些游戏的必备特征（Lilley，1967）。

玛丽亚·蒙台梭利也对儿童自然游戏活动中的重要成分进行了重构和组织。她设计了材料，并把它们带到教室，观察儿童用它们进行的自由游戏。她通过观察得到了她认为关键的游戏因素，并将其组织运用到了方法中（Montessori，1912）。福禄贝尔幼儿园和蒙台梭利方法都是基于对儿童游戏活动的观察，但他们从观察中得出的教育方法是不同的，这种不同反映出他们对知识的本质持不同看法。福禄贝尔利用他的幼儿园材料和活动帮助儿童理解抽象概念以及它们展现的精神意义，蒙台梭利则认为她的方法可以帮助儿童理解他们所操作的材料的特质，她希望儿童收集和整理他们的感官体验来形成知识。福禄贝尔和蒙台梭利的方法都是基于儿童的游戏，但遗憾的是，他们都排除了游戏的大部分特征（如允许儿童自主发起、自由、富有表现力）。

约翰·杜威不赞成福禄贝尔的游戏理念。杜威在美国芝加哥大学创办了实验学校，其中包括一个不同于幼儿园的"次小学"班（"sub-primary" class）。杜威的儿童学习理念为当前有关儿童游戏的教育作用的观点提供了基础。杜威摒弃了起源于殖民时代的关于儿童游戏活动的观念，那些观念认为成人应敦促儿童"避免游戏的轻佻"（Hartley & Goldenson，1963，p.1）。杜威建议利用儿童在现实世界中的经验来教育他们，在游戏中，儿童能够再造这些经验从而获得意义，并能够在更高层次的意识和行动中发挥作用（Dewey，1900）。不过，他认为，游戏并不是一种完全自由的活动，儿童需要教师提供一个环境来培养他们的游戏能力，支持他们所需的心理和道德发展（Dewey，1916）。

根据福禄贝尔的说法，游戏包括以特定的方式操作"恩物"并进行"作业"。蒙台梭利的活动要求操纵材料以获得和整理感官体验，或者锻炼实际的生活技能，如倒水或扫地。进步幼儿园和现代幼儿园都认为，由儿童控制的游戏才是有教育意义的。在戏剧游戏中，儿童表现出他们对周围成人生活的理解。他们在游戏活动中传达了这些想法。戏剧游戏是一种共同的活动，儿童在游戏中一起检验他们对自己所处世界的理解，与其他儿童的理解进行比较。

在20世纪的前25年，随着进步幼儿园和现代幼儿园的出现，儿童的游戏被广泛认为是一种学习方式。因为具有教育意义，所以他们的自然游戏活动受到了鼓励和滋养。

将游戏作为一种早期学习与发展的方式，并承认戏剧游戏（如模仿成人的角色和任务）的价值，这样的现代理念起源于进步主义时期。进步主义幼儿教育专家对游戏和其他儿童活动做了区分。游戏让儿童利用他们自由且自然的冲动，是一种准备得到外部奖励的活动，也是一种为其本身而完成的活动，但不是一种无聊的活动。游戏与工作不同，但它可以是严肃的，它是学前教育的重要组成部分（Spodek & Saracho，1987）。

进步主义的游戏理念继续在幼儿园中传播，这些幼儿园提供设备和材料来促进儿童在教室里的游戏。例如，幼儿园的教室通常有一个戏剧游戏区，里面有微型的厨房设备（如玩具锅、平底锅、盘子）、家具、娃娃、清洁设备、塑料食品和其他类似的物品。儿童用它们表现自己对家庭生活的理解。戏剧游戏区也可以用来表征一个不同的主题，以反映儿童的世界，如超市、医生的手术室或汽车修理厂。在积木区，儿童可以建造公共汽车、飞机或火车，并假装自己是司机、飞行员或工程师，他们可能会表演几个场景，例如，用他们在积木区建造的街道、高速公路或河流运输玩具车辆（如汽车、公共汽车、货车、卡车）。

进步主义理念从儿童在室内外游戏中的发展、学习（Spodek & Saracho，1987）、经验和知识等方面讨论游戏。例如，萨拉乔和斯波德克（Spodek）在一所幼儿园观察到以下情景。

情 景 1

孩子们跑进游戏场地后,尼基和伊丽莎白这两个小女孩立即向沙坑走去。她们各自拿着一个桶和一把铲子,挨着坐下来。

伊丽莎白说:"我们做泥巴蛋糕吧。"

尼基回答说:"好。"

她们安静地忙活着,挖沙子装满桶。伊丽莎白站起身,走到教师身边问道:"想吃泥巴蛋糕吗?"教师回答说"哇,太棒啦",然后假装品尝泥巴蛋糕。当伊丽莎白回来时,尼基已经不在沙坑边上,而是坐在沙坑的中间。

伊丽莎白说:"尼基,让一让!你挡住路了。"

(Saracho & Spodek,1998a,p. 1)

这一情景可以与另外两名儿童所处的情景进行比较。

情 景 2

马修和博比正在假扮罗宾汉①(Robin Hood),他们都在地板上爬行,假装躲避敌人。每隔一段时间,他们就伸手从背上摸出一支假想的弓箭,向迎面而来的敌人射出一箭。

马修尖叫着,说:"我抓住你了,王子!"

博比叫道:"小心,罗宾,他们在你后面!"马修在地上打滚,假装与敌人战斗。博比前来救援,假装吓跑了敌人。

(Saracho & Spodek,1998a,p. 2)

当儿童获得的新经验与已有经验整合时,游戏就会增加或改变他们的知识。他们的假想游戏创造了不同的思维模式(Freud,1937;Lewin,1935;Luria,1932;Piaget,1951),通常具有代表他们所处的世界的社会元素,其人际互动、事件和冒险需要大量不同时空的人物和空间。通常,假想游戏发生在成对或成群的儿童之间,但也可使用补充性的隐形角色或无生命物体来扮演缺席的人或动物。当儿童游戏时,他们会模仿成人的角色,效仿他们在儿童故事或电视上看到的冒险经历。

---

① 英国民间传说中的英雄人物。——译者注

目前，人们对游戏的态度仍然是矛盾的。研究游戏的先驱们担心，许多人对游戏有误解。人们可能认为游戏是童年的自然组成部分，但没有什么发展价值。埃尔金德（Elkind，1987）多次指出，如今的儿童被要求快速成长，像游戏这样的童年活动正在被追寻教育与事业的成功这种"有意义"的生活取代（Hughes，2010）。

视觉艺术中的游戏

纵观历史，社会一直对儿童的游戏经验感兴趣。早期的艺术作品描绘了这种游戏经验。儿童游戏的特征在视觉艺术中得到体现，例如，儿童游戏在许多古典绘画中都有体现。《和我一起看：艺术作品中的动物》[①]（*Come Look With Me: Animals in Art*，1993）一书充满了展现人们游戏的绘画、版画和雕塑作品。画作《儿童的游戏》[②]（*Children's Games*，1560）展示了80多种不同的儿童游戏，其中许多至今仍为人所知，多年来，儿童一直在玩这些游戏。例如，尼禄时代（Nero's era）的儿童会玩一种名为"Buck Buck"的儿童游戏，勃鲁盖尔的画作中体现了这一点，而《萨蒂利孔》[③]（*The Satyricon*，Opie & Opie，1969）一书也提到了它，现在美国的城市街道上依然有人玩这种游戏，被称为"骑木马"（Johnny-on-the-Pony）。

中国宋代（960—1279）的几位艺术家曾画的《婴戏图》等画作刻画了儿童参与社会戏剧游戏的情景，画中展现的人物是在游戏中模仿成人角色的儿童。相比之下，勃鲁盖尔画的乡下儿童，更注重直接的运动体验。勃鲁盖尔和中国宋代艺术家绘画中的儿童代表了两种文化，在时间和空间上是不同的，这种区别反映了文化差异（佛兰德斯文化与亚洲文化）。但两者都代表了他们那个时代的艺术风格，勃鲁盖尔的画细致多彩，而宋代的画质朴精妙。

20世纪初，美国艺术家莫里斯·普雷德加斯特（Maurice Prendergast，1859—1924）在曼哈顿下城画了一幅描绘一个游乐场的画，命名为"伊斯特河"（The East River，1901）。这幅画展示了儿童和成人在纽约享受闲暇的一天的情景。画中儿童和

[①] 该书的作者是美国的布利泽德（Blizzard）。——译者注
[②] 该画的作者是16世纪佛兰德斯画家彼得·勃鲁盖尔（Peter Bruegel，1525—1569）。——译者注
[③] 该书的作者是佩特罗尼乌斯（Petronious）。——译者注

成人游戏的设施（如秋千、沙坑）在如今的游乐场中仍然可以找到。

19世纪70年代初，美国著名艺术家温斯洛·霍默（Winslow Homer）画了他小时候在19世纪的美国农村玩的户外游戏。霍默的画作背景清新写实，这使他成为著名的画家。他的许多艺术作品都以一间教室作为背景。他还让孩子们都来到单间校舍里，在乡间玩耍，或是在夏日坐在沙滩上。1872年，他画了他最受欢迎的画作《甩鞭子》（Snap-the-Whip），画中的赤脚男孩们手拉着手排成一排，跑过红色校舍前的一片田野，结果领头的孩子突然停下来，这让队伍最末端的孩子失去平衡摔倒了。霍默在这幅画中运用了大量的细节，描绘精力充沛的健康儿童、环境以及天气和光线的影响（Blizzard，1993）。《甩鞭子》的描绘对比鲜明，如静止和运动的游戏、奔跑和摔倒、石头和花朵、室内和户外、荒野和建筑、身体和精神。最后的对比尤其重要，因为校舍后面高高的太阳的影子表明游戏是在午休时进行的。

迭戈·里维拉（Diego Rivera）是一位墨西哥画家，也是一位壁画家。他在绘制历史壁画和尊重现实的民间传统方面很有天赋，这使他成为美国杰出的艺术家之一，也是墨西哥颇受欢迎的画家之一。1953年，迭戈·里维拉画了一幅作品《皮纳塔》（La Piñata），画中一个星形的皮纳塔里面装满了好吃的，被用绳子挂在一群兴奋的孩子正好够不到的地方。一个蒙着眼睛的男孩正在用木棍戳皮纳塔，而其他孩子开心地抢着收起水果和花生，但是没有糖果；右边有一个身穿蓝白相间雨披的男孩在哭，他的母亲正在安慰他，抚摸他的头，并递给他一块被称为"玉米饼"的墨西哥面包（Blizzard，1993）。

这里所描述的展示儿童游戏的绘画作品，展现了被时空分隔开的不同文化中的儿童，表明了不同背景下社会对游戏的态度。但是，这些画作传达了一个共同的观点：游戏是儿童的一种自然活动。

文学作品中的游戏

许多儿童文学故事（如《三只小猪》[①]《小红母鸡》《金发姑娘和三只熊》[②]）都以假

[①] 该书的英文名为 *The Three Little Pigs*，其简体中文版已由长春出版社于2021年出版。——译者注
[②] 该书的英文名为 *Goldilocks and the Three Bears*，其简体中文版已由长江少年儿童出版社于2016年出版。——译者注

装游戏为特色。这些故事中的主人公通常是一个模仿人类活动和遭遇的假想角色。例如，在《三只小猪》中，小猪们成为要建房子住的人。儿童听完故事后，能够将不同人物（如小猪、猪妈妈、狼）的角色戏剧化。还有一些经典的文学作品也展现了游戏。

许多英国作家都在作品中写到了儿童的游戏（Singer，1973）。例如，塞缪尔·泰勒·柯尔律治（Samuel Taylor Coleridge，1772—1834），一位英国浪漫主义者，就儿童幻想的天性进行了详尽的描述。另一位英国浪漫主义诗人威廉·华兹华斯（William Wordsworth，1770—1850）将儿童纯真的心灵浪漫化。儿童的幻想和他们的假想世界是假装游戏的基本要素，这些英国作家的作品就是呼吁人们关注这些要素的经典范例。

实际上，英国作家在19世纪中期就开始创作关于儿童游戏的作品了。在20世纪，许多英国作家和心理学家难以接受儿童的假想游戏。奥登（Auden，1965）的回忆录描写了一些很好的事情，讲述了与母亲的亲密关系如何为这位20世纪伟大的诗人的想象力奠定基础。

> 在我8岁的时候，她教我《特里斯坦与伊索尔德》（Tristan and Isolde）中爱情魔药情节里的歌词和旋律，我们经常一起唱。
>
> （Auden，1965，p. 166）

奥登还评论说，英国小说家伊夫林·沃（Evelyn Waugh）的父亲在一生中每天都玩猜字谜游戏（Singer，1973）。列夫·托尔斯泰（Leo Tolstoy，1828—1910），俄罗斯小说家、社会改革家和道德哲学家，分享了他的童年经历以及这些经历对他自身发展的影响。他的兄弟会设计一些规则游戏，游戏中的所有游戏者都假装成"蚂蚁人"（Tolstoy，1852）。

法国百科全书派代表人物、哲学家、作家德尼·狄德罗（Denis Diderot，1713—1784）对中产阶级家庭生活进行了自然主义的描写。阿纳托尔·法朗士（Anatole France，1844—1924），法国诗人、记者和小说家，是一位成功的小说家，著有几本畅销书。在他生活的时代，他被视为一位理想的法国作家，还获得了诺贝尔文学奖。他的回忆录中有一篇文章——《我朋友的书》（My Friend's Book），成功地描绘了夜晚躲在房间里的孩子们的想象力以及完整的画面。另一位法国作家居斯塔夫·福楼拜

（Gustave Flaubert，1821—1880）描写了包法利夫人小时候在修道院的梦想，试图想象圣人的生活和自己的未来。这是儿童独处行为中有关意识的一个典型例子，令人印象深刻。

苏格兰小说家、诗人和散文家罗伯特·路易斯·史蒂文森（Robert Louis Stevenson，1850—1894）在很多小诗和半自传体作品中浪漫地描写了儿童的幻想和假装游戏，他也因此而闻名。1878年9月，他在《康希尔杂志》（*Cornhill Magazine*）上写了一篇关于童年的文章——《孩子的游戏》（Child's Play），提出了"想象游戏"的概念。他认为，游戏是一种改变现实的方式。

> 在儿童朦胧的感觉世界里，游戏就是一切。他的整个生活都是在"假装"，如果不扮演角色，他连路都不会走了……有一天早上，我和小表弟在喝粥，我们想了一个办法来活跃这顿饭的气氛。他在粥里加糖，并解释说这是一个不断被雪覆盖的国家。我在粥里加了牛奶，并解释说这是一个逐渐被水淹没的国家。你可以想象我们是如何交流的：这里是一座仍未被淹没的岛屿，那里是一座尚未被雪覆盖的山谷；有什么发明；居民如何住在架子上的小木屋里，如何踩着高跷旅行，而我的居民总是在船上；安全地带的最后一个角落变得越来越小，我们的兴趣强烈起来；随着时间的推移，只要我们用这些幻想"调味"，食物本身的味道就完全不重要了。
>
> （Stevenson，1930，pp. 161-162）

因为儿童都是这样的，史蒂文森的观点如下。

> 在这些事件中，至少有一点是非常清楚的：我们无论如何都不应当期望儿童原原本本地将事实呈现出来……否则，我认为这不太合适。这样没有考虑到儿童看到的东西多么有限，也没有考虑到他会多么迅速地把看到的东西加工成令人困惑的虚构故事；他不关心你所谓的真相，就像你不关心姜饼龙骑士一样。
>
> （Stevenson，1930，p. 163）

史蒂文森（1998）在《船儿飘到何方》（*Where Go the Boats?: Play-Poems of Robert Louis Stevenson*）一书中解释了游戏的乐趣。通过讨论儿童用椅子和枕头建造一艘船、用积木建造一座城市、在床单上玩玩具以及将玩具船顺流而下行驶到一个不确定的位置，他将过去与现在的童年乐趣结合在了永恒的诗句中。他的诗《船儿飘到何方》（Where Go the Boats？）讲述了两艘玩具船从乡间驶出，顺流而下，穿过错落有致的景观，轻松驶过一座大城市，城市的儿童在那里找到它们。为了激发儿童的想象力，插画家格罗弗（Grover）对史蒂文森的文字加入了精彩的插画，并呈现了几代儿童都喜欢的诗歌（Bromer，1999）。年仅5岁的儿童也能热情地欣赏这些诗歌。

罗伯特·路易斯·史蒂文森在开始写《一个孩子的诗歌花园》①（A Child's Garden of Verses，1885）之前就写了他自己的童年和童年的特点。史蒂文森书中的四首诗是关于游戏的押韵诗。例如：在《一个好游戏》（A Good Play）中，两个男孩用沙发枕头和椅子在一组楼梯上造了一艘帆船，然后"在波涛中航行"；在《街区城市》（Block City）中，一个年轻女孩想象紫色毛绒椅子上绿树的图案是她假想的海边小镇中的一座高山；而在《床单乐园》（The Land of Counterpane）中，绿色的床单被想象为绿色的小山丘（Bromer，1999）。

史蒂文森的诗歌以一种新颖且富有洞察力的方式关注假想游戏。诗歌因诗人不断变化的创造力而令人喜悦。史蒂文森认为，应该允许儿童游戏，发挥他们的想象力，保持天真和担忧，尽管他们可能并不理性。假想游戏很有趣，可以让他们从无聊的生活中解脱出来。这种新颖的想法在1879年是不合时宜的（Rosen，1995）。尽管这种类型的游戏在当时是存在的，例如，美国作家马克·吐温（Mark Twain）的作品就暗示过社会戏剧游戏早在19世纪之前就出现了（Singer，1973），但成人对儿童的体验缺乏真正的兴趣。马克·吐温清楚地意识到，成人有责任为儿童树立良好的榜样，选择合适的故事，并支持儿童的假想游戏。

马克·吐温的许多书和故事都提供了最早也最现实的关于假想游戏的叙述，他的故事中有汤姆·索亚（Twain，1876）、哈克贝利·费恩以及他们的朋友如何扮演海盗、船长以及其他许多不同的角色。在《哈克贝利·费恩历险记》②（Huckleberry Finn，1884）的结尾，哈克和吉姆卷入的复杂闹剧中，吐温解释了汤姆在希望成为一名海盗时，他脑海中的幻想和游戏。在《王子与乞丐》③（The Prince and The Pauper）中，吐

---

① 该书的简体中文版已由重庆出版社于2002年出版。——译者注
② 该书的简体中文版已由浙江工商大学出版社于2017年出版。——译者注
③ 该书的简体中文版已由华东师范大学出版社于2016年出版。——译者注

温（2000）详细地描述了汤姆和他的同伴们一起参加假想游戏并成为领导者的成长过程。吐温多次解释，成人对讲故事的热情将如何影响儿童的游戏（Singer，1973）。

这里讨论的每一位作家都提出了一种关于儿童游戏的文化态度。尽管这些作家都不是"游戏科学"的"忠实信徒"，但他们都是敏锐的观察者，传达了一种"听起来真实"的人文观点。这些来自不同时代的作家笔下的作品，提供了不同时期人们对儿童游戏的精彩描述。流行文化的这些特征表明，游戏在很久以前就出现了，而且对童年时期一直有价值。

本 章 小 结

游戏是所有儿童行为的自然组成部分。在许多文化中，以及历史上的很多时期，游戏都是普遍存在的。游戏的历史很复杂。很多史料在信息和解释上都存在差异，对童年的描述和对儿童游戏的看法提出了不同的观点。例如，英国清教徒时代和维多利亚时代的说教性文本和规定性文本将儿童描述得冷漠而严肃，同时教育和养育儿童的方法是以成人为中心且专制的。

儿童的游戏被认为微不足道，或者对学习和性格的发展有反作用。医疗文件中的记录、医生的报告和对个别儿童的建议与这些对历史时期儿童游戏的解释相矛盾（Johnson et al.，2005）。例如，艺术作品展现了儿童游戏经验的特征。16世纪佛兰德斯艺术家彼得·勃鲁盖尔的著名画作《儿童的游戏》和18世纪中国画家金廷标的《冰戏图》（清代）都记录了儿童的游戏。画作《玩耍的孩子》（Playing Children）展示了以儿童为中心的人本主义儿童观下的儿童以及他们的游戏（Hsiung，2005）。米克尔思韦特（Micklethwait，1996）展出了一些同样描绘儿童游戏的美术作品。在她命名为"让我们来玩吧"的部分，她展示了勃鲁盖尔描绘儿童游戏的画作《儿童的游戏》（1560）。在它的背面，是一幅收藏于荷兰阿姆斯特丹凡·高博物馆的日本画作，与勃鲁盖尔的这幅画同名。这两幅作品完成的时间虽然相隔三个世纪，它们的文化背景也不同，但画的都是正在游戏的儿童。例如：在勃鲁盖尔的画中，孩子们在拔河、玩跳背游戏、倒立、滚铁圈和骑木马；在日本画作《儿童的游戏》（1868—1912）中，孩子们在骑马、跳绳、旋转陀螺、滚铁圈、踩高跷、弹球、放风筝。我们还能在视觉艺术和文学作品中找到更多这样的例子。

此外，杰出的作家，如威廉·莎士比亚（William Shakespeare）、列夫·托尔斯泰、马克·吐温、威廉·华兹华斯，都在其经典的文学作品中描写过游戏。一些著名的画家（如欧洲的勃鲁盖尔和中国宋代的画家）也在他们的绘画作品中描绘了游戏。尽管一些游戏曾被改进，但几个世纪前的儿童游戏，现代人依然还在玩。显然，长期以来，许多人都关注过儿童的游戏，并将其纳入他们的作品中。这种趋势，今天仍然存在（Saracho，2010b）。

第三部分

教育基础

第五章

学前教育课程与教育性游戏

> ……文明生活的巨大本能力量……法律和秩序、商业和利润、工艺和艺术、诗歌、智慧和科学。一切都植根于游戏的原始根基……真正、纯粹的游戏是文明的主要基础之一。
>
> （Huizinga，1950，p.5）

学前教育课程是针对儿童的课程或有计划的经验，是一个与儿童进行日常互动的综合教育指南。课程是指学前教育的内容，也是儿童需要学习的内容（Lieber et al., 2008）。它旨在确保所有儿童（包含各类儿童，如残疾儿童、处于危机中的儿童、具有语言和文化差异的儿童）都有机会积极参与课程情境。幼儿教师的主要职责之一是确保残疾儿童也能够参与一般课程，这些课程包含所有儿童都应该学习的发展和内容领域的关键知识（Division for Early Childhood, 2007）。在考虑所有儿童的个体差异以确保他们都能够在一般课程内取得进步时，这种"知识"成为最重要的关注点（Lieber et al., 2008）。

在与课程相关的游戏中，儿童能够运用并结合他们正在学习的新概念和技能。游戏可以提供一种情境，儿童可以根据他们当前的兴趣和需要选择游戏活动的类型。学前教育课程会对儿童的游戏产生影响，因为课程是幼儿园的教育计划，包含学科领域、目的、目标、教学策略、学习活动和评估方法（Johnson et al., 2005）。本章阐述了历史上的课程理解、儿童发展、学前教育影响，以及如何将学科领域整合到游戏课程、教育性游戏和游戏环境（如区角、道具箱、材料）中。最后，讨论了设计学习区和促进儿童游戏的指导原则。

历史上的课程理解

课程是基于教育目标计划和组织的学习经验的集合。每门课程都明确规定了儿童"应该成为什么样的人"（Biber，1984，p. 303），并符合融入学习者经验的社会价值观念（Saracho & Spodek，2002）。第一本教材出版于1918年（Bobbit，1918）。在美国，作为各大委员会对各级公共教育的形式和结构的辩论结果，当代课程是在19世纪90年代初引入的（Saracho & Spodek，2002）。

几十年来，各种各样的课程理解不断出现。卡斯韦尔和坎贝尔（Caswell & Campbell，1935，p. 66）认为，课程是"在教师的指导下，儿童的所有经验组成的"。泰勒（Tyler，1957）认为，课程是由学校为实现教育目标而规划和指导的所有学生的学习组成的。史密斯等人（Smith et al.，1957）将"课程"一词描述为一系列可能的经验，这些经验建立在一个学科领域内，以帮助学生发展他们的思维和关怀方式。而学龄前儿童的课程与年龄较大的学生的课程不同。通常，所有科目都被整合在学前教育课程中。这是基于这样的社会价值观：儿童学习成为成功的社会成员。儿童学习将自己作为一个个体来看待，变得自信，能够独立做出决定。因此，儿童成为自主和独立的思考者是很重要的。

为了让各个年龄段的儿童都能学习概念，成人需要仔细规划课程。重要的是，课程要在认知、身体和情感领域之间保持平衡，这只能通过游戏来实现。教师有责任确保儿童参与教育性游戏，但同样重要的是要保持儿童游戏的自发性和创造性。学前教育课程的结构、过程和内容（Saracho & Spodek，2002），包括在自然环境中安排、组织和解释教育计划。以经验为中心的课程，强调特定经验对发展的影响。高质量的课程是一种有效实施游戏的课程，它结合了以经验为中心的课程和自然经验（Hurwitz，2002—2003）。

将游戏融入学前教育课程

国际早期教育协会（Association for Childhood Education International，ACEI）是一个受人尊敬的组织，致力于在不断变化的世界中促进儿童的最佳教育和发展。该协会承认，儿童需要游戏，以及游戏在儿童生活中的重要性（Isenberg & Quisenberry，

2002），建议将游戏融入学前教育课程。伯根（Bergen，1988）认为，"游戏作为一种课程工具被教育者和家长低估了，因为社会对学习目标，特别是学校中的学习目标的定义非常狭隘……"（p. 1）。游戏有助于实现学习目标，并为下列情况成为可能提供了非常成功的方法。

> 学生更多地学习数学、科学、社会研究和语言艺术等"强势"课程领域的重要内容……几乎每一个重要概念——无论是初级、中级或高级水平，还是科学、数学、经济学或商业管理领域——都可以通过让儿童认真游戏来教授。
>
> （Wassermann，1992，pp. 136–137）

重要的是，要知道游戏的以下特点。

- 有价值。
- 有助于儿童学习。
- 对所有年龄段的人来说都是有益的课程要素。
- 必须融入课程。

整合性课程重视与课程组成部分相关的游戏的重要性。当游戏被融入课程时，儿童就有机会进行探索、发现、解决问题、发明、实验、模仿、表演，并从内容和学习经验中获益。沃瑟曼（Wassermann，1992）提出，"……游戏让儿童的发现远远超出我们成人认为重要的知识领域"（p. 133）。游戏促进儿童在知识、探究意义、创造力和概念理解方面的发展（Wassermann，1992）。在所有年龄段，儿童都需要在整合性课程中学习经验，以便在他们未来扮演作家、诗人、艺术家、建筑师、科学家和音乐家的角色时能够在游戏中使用文字、图画、立方体、问题、材料和音乐（Stone，1995—1996）。

游戏应真正融入幼儿园的课程，教师应集中精力开发游戏与课程之间联系的学习潜力（Johnson et al.，2005）。课程可以创造或促进儿童的游戏活动，而儿童的游戏行为有助于课程内容的建构。这一过程被描述为"课程生成游戏"和"游戏生成课程"（Van Hoorn et al.，2015）。

- 课程生成游戏。儿童的游戏经验有助于他们学习概念和技能。游戏区的内容丰富，因为它们准备了与主题相关的读写和数学材料，儿童在那里进行阅读、书写和数学游戏活动。在课程生成的游戏中，儿童学习、结合并联系课程中的概念和技能。儿童的行为会显示他们在这种游戏中学到了什么。

- 游戏生成课程。儿童的游戏经验体现了儿童的兴趣，引导着课程活动的发展。例如，如果儿童在游戏期间对园艺（比如假装种植花卉或蔬菜）感兴趣，那么可以开发一个关注植物生长方式的项目或单元，开展到附近的花园实地考察、做科学实验（比如在封口袋子中种植菜豆种子）、阅读有关植物和园艺的书籍，从而在操场上创建一个班级花园等活动。项目和综合单元应聚焦于儿童的兴趣。当儿童游戏时，他们的行为会表现出他们感兴趣的领域。

在游戏环境中引入概念时，儿童是优秀的学习者。可以通过使用熟悉的主题作为学习分析型知识的工具，从而为儿童提供学业学习的基础。儿童通过探索来掌握知识，他们将这些知识与各种情况下的重要概念联系起来。

> 这是为了摆脱这样一种偏见，即儿童的经验和构成学科内容的各种不同形式的主题之间存在着某种性质上（而非程度上）的差距。从儿童的角度来看，问题是要弄清楚怎样才能让儿童的经验包含与公式化学习要素相同的要素——事实和真理；更重要的是，要清楚儿童的经验怎样才能包含在发展和组织主题时会发挥作用的态度、动机和兴趣。从研究的角度来看，问题在于如何将其解释为儿童生活中各种力量作用的产物，以及如何发现介于儿童当下经验和之后更为丰富而成熟的经验之间的各个步骤。
>
> （John Dewey，1902，pp. 15-16）

在约翰·杜威的《儿童与课程》[①]（*The Child and the Curriculum*，1902）、威廉·基尔帕特里克（William Kilpatrick，1918）的《项目教学法：目的性行为在教育过程中的运用》（*The Project Method: The Use of the Purposeful Act in the Educative Process*）以及在整个进步教育时期，儿童学习的整合都被认为是合理的。英国幼儿园在他们的综合

---

① 该书的简体中文版已由中国传媒大学出版社于2017年出版。——译者注

日[①]支持这种整合。在幼儿园中，这也仍然是一种受人重视的实践（Saracho，2017b）。

儿童发展与学前教育影响

到了 20 世纪 60 年代，许多关于儿童发展的理论可供教育工作者使用。当时，学前教育被视为帮助儿童应对环境限制的一种方式，开发了许多不同的学前课程，每个课程都受到不同的发展理论或理论中特定观点的启发。"开端计划"（Head Start）和"坚持到底"（Follow Through）项目开发了一组计划变量来测试这些不同的课程。然而，进行的测试远非结论性的（Vinovskis，2008）。在随后的几年中，大多数项目都逐渐消失。一个例外，可能是受皮亚杰理论启发的高瞻课程（Hohmann et al.，2008）。

有时，学前教育的目标是根据不同的发展领域来阐述的。因此，教师可能会建议学前教育的目标是促进儿童在社会性、情感、智力和身体方面的发展。以这种方式表述学前教育的目标，反映了近百年来学前教育与儿童发展的密切关系。但是，这两个领域是完全不同的。一些人认为，发展是通过建立准备原则来影响教育的，这些原则表明儿童何时能够学习特定的技能或概念。但是，事实上，发展水平是由个人的基因构成而不是经验决定的。而另一些人认为，儿童所学的东西会影响他们的发展。

我们可以从儿童成长所处的社会的性质、社会中可利用的资源以及社会对儿童和发展中的成人的要求来探讨这些原则，而不是仅仅将课程建立在儿童发展原则的基础上。例如，幼儿教师被要求在教室里教育日益多样化的儿童群体。这要求教师：（1）对不同儿童的个体差异更加敏感；（2）更有能力为每名儿童提供适宜的教育，包括那些因为肢体问题而不能在幼儿园的楼梯和走廊上行走的儿童。这些儿童在单独的教育机构或家庭中接受教育，无法与非残疾儿童接触。而那些以前被剥夺上学机会的儿童，或在隔离环境中接受教育的儿童，现在越来越多地融入了有各种各样儿童的普通教室。人们认为，融合能够提供一定程度的教育公平，对来自不同背景和不同能力的儿童更有效。目前，这些儿童正在包容性的环境中接受教育，也就是说，在有各种能力的儿童组成的班级中接受教育。研究表明，这样的教育更有效，因为这些儿童能够

---

① 从儿童的生活世界、兴趣和需求中选择主题，设计整合性课程，课程以儿童的问题及兴趣为设计的焦点，而非以幼儿园或国家所颁布的课程内容为标准。——译者注

学习表现得更像同龄人。同时,当具有各种能力的儿童学会以各种方式与自己不同的人一起生活时,他们就会从中受益(Saracho & Spodek, 2003a)。

儿童天生就有发挥作用的能力,但他们在身体、智力、社会性和道德上如何发挥作用在很大程度上取决于每个社会。社会为其成员提供了一套扩展其功能的工具。语言是基本工具之一。因此,尽管每名正常发展的儿童都有能力学习一种语言,但学习哪种语言以及如何掌握和适应这种语言是由儿童成长的环境决定的。一名儿童可能会学习一种特定语言或一种特定方言的特定变体。对一些儿童来说,首先在家学习的语言或方言可能与在幼儿园学习的不同。这意味着,幼儿教师可能需要调整语言学习活动,就像他们调整其他学习活动一样,以适应特定班级中儿童的需要和能力(Saracho & Spodek, 2003a)。

作为一个社群,我们所持有的价值观也为我们提供了课程设置可以依据的原则。我们相信,儿童需要有好的身体素质,应该与他人建立良好的社会关系,有权生活在安全健康的环境中,应该诚实守信,应该尊重他人的个性特征。这些价值观表明了,我们需要教给儿童什么。我们教授儿童有关健康和营养的知识;我们帮助儿童发展身体技能;我们希望儿童学会如何与他人相处,如何发展和维持友谊,如何表现出亲社会而不是反社会的行为,以及如何和平解决冲突。我们希望儿童尊重环境,并采取行动维持安全和健康的环境。我们希望儿童了解自己的国家和全世界文化的多样性。我们希望他们抵制文化和族裔的刻板印象,避免以带有偏见的方式对待与自己不同的个体。这些价值观中的每一个都暗示了应该在学前教育课程中学习的内容领域(学科领域)。因此,一个基本的目标是,帮助儿童通过自然体验学习社会研究、艺术、数学、语言艺术和社会科学等学科。

游戏课程

教育性游戏是学前教育课程的基本组成部分。教师可以运用不同形式的教育性游戏,灵活而有意识地引导儿童的学习,细心地引导儿童的游戏。然而,如果教师插手过多,游戏就会被扭曲,活动就不再是游戏。

通过游戏,儿童在不同的学科领域(如艺术、科学、数学、社会研究、语言、读写)中获得知识。朱迪斯·范霍恩(Judith Van Hoorn, 2015)及其同事认为,游戏是学前教育课程的核心。幼儿园将游戏作为儿童学习的媒介，因为它能够为儿童提供机会去产生并测试他们有关知识的想法（Spodek & Saracho, 2003a）。游戏发展了儿童在语言、数学、科学和创造性艺术方面的学习，这将在下一部分中简要介绍。

将学科领域融入游戏课程

所有学科领域都应融入游戏课程，用于实现幼儿园的教育目标。游戏可以融入社会和个人学习、科学、数学、语言以及创造性艺术领域的课程（Spodek & Saracho, 2003a）。下文将简要介绍这些课程领域，并在以后的章节中加以扩展。

- 社会学习。游戏有助于儿童了解他们所处的社会世界。儿童扮演的角色帮助他们解释社会世界、家庭、幼儿园和社区，并通过角色扮演表达他们对这些世界的看法。
- 语言和读写。游戏成为儿童探索和了解书面语言的目的与特点的重要资源。在游戏中，儿童以读写的方式使用语言，而他们使用读写能力的方式是通过看他人的运用（Saracho, 2017a；Saracho & Spodek, 2006b）。
- 科学。通过游戏，儿童以不同的方式学习科学概念。游戏可以促进各个年龄段的个体学习科学。儿童参与科学游戏，或探索某个科学现象，就能有效地理解科学（Hawkins, 1965）。
- 数学。游戏为儿童提供了理解数学概念的机会。当儿童在杂货店游戏区玩耍时，他们需要称货物的重量。他们还可以在收钱和给顾客找零时计算游戏钱币。当儿童在几种游戏情境中使用金钱时，他们学会区分面额并计算必须转手的钱数。
- 创造性艺术。游戏和艺术都有助于儿童交流思想和情感，并为儿童的创造力提供一种手段。例如，儿童可以使用不同的媒介作为创造性交流的形式。

教育性游戏

当游戏是自然的、自发的，并且在没有成人干预的不同环境中进行时，它会具有教育性。教育性游戏和非教育性游戏的区别，反映了游戏活动的目的和预期结果。当儿童：（1）从自己的世界中探索和获取信息；（2）扩展信息以创造意义；（3）制定身体、社会性和智力方面的目标；（4）理解和管理自己的感受时，他们能够在教育性游戏中达成目标。教育性游戏要求教师进行计划，使儿童的游戏既具有自发性，又包含教育价值。儿童推进活动并决定其内容（Spodek & Saracho, 2003a）。操作性游戏、积木游戏、身体游戏、戏剧游戏和规则游戏在学前教育课程中是必不可少的（Spodek & Saracho, 2003a，见表5.1）。本书第六章将讨论与残疾儿童有关的不同形式的教育性游戏。

表 5.1　教育性游戏的类型

1. 操作性游戏展现了儿童是如何操纵一些小的设备的，如拼图、木棒和钉子。大多数动作都是独立的，戏剧性几乎不存在这类游戏活动中。蒙台梭利材料是操作性游戏材料的一个很好的例子。儿童可以操纵一组木圆柱，比较它们的长度或直径，然后将它们插入一个特定的盒子中，将它们串联起来。
2. 戏剧游戏为儿童提供了机会，让他可以假想并扮演一个角色，而同伴通常扮演其他角色。这些戏剧性事件通常描述儿童的生活经历。在戏剧游戏中，儿童用自己熟悉的各种主题（如美容院、邮局、餐馆、杂货店）来重建他们的世界。
3. 积木游戏包括儿童使用小的单元积木或大的地板积木。
4. 儿童在使用大动作（如跑步、跳跃、骑三轮车）时，就会发生身体游戏。它发展儿童的身体技能。
5. 规则游戏是结构化的活动，游戏者必须遵循规则和指南。四五岁的儿童通常处于可以独立玩规则游戏的水平。对这个年龄段儿童来说，简单的规则游戏或带有规则游戏成分的音乐练习确实是可以接受的。儿童需要学习玩规则游戏的技巧，需要在游戏中得到指导，以了解符合规则的行为。

尽管不同类型的游戏可能有相似的特点，但它们之间的差异很重要。例如，在其他游戏形式中可以发现一些操作性的表现，在所有游戏形式中也可以发现戏剧性的倾向。然而，每种游戏的性质对于在幼儿园中开发支持游戏的学习活动和方法都很重要（Saracho, 2002a）。

操作性游戏

操作性游戏区包括可基于主题或学科布置的操作性材料。材料被放置在方便儿童取放的开放式架子上的箱子、塑料透明盒、篮子或托盘中。儿童可以坐在椅子上，在桌子旁或地毯上工作。他们可以把材料从架子上拿下来，带到桌子上或地毯上操作，完成后归还。操作性材料（见表5.2）可以发展儿童的知觉、动作和概念化技能（Spodek & Saracho, 1994b）。

表 5.2 操作性材料

1. 堆叠和嵌套玩具是指那些可以按照大小排列的玩具。年幼的学龄前儿童能够把一个玩具叠在另一个上，把它们编织在木钉上，或者把它们相互嵌套在一起。他们还能够按照大小对每个材料进行分类，并从最大到最小适当排列。由于儿童能够看到自己是否可以正确地操作材料，因此这些材料便于儿童进行自我修正，如杯子、娃娃或戒指。
2. 拼图分为不同的难度，从简单到复杂不等。它们的范围从三四块的拼图到有两三打碎片组成的复杂拼图。最简单的拼图需要将简单的形状（如正方形、圆形、三角形、梯形）插入匹配的切割空间中。复杂的图片拼图由许多碎片组成，其中碎片的形状可能与图片本身无关。儿童需要包括几个由木材或复合板制成的结实的拼图，它们的难度各不相同。必须教儿童拼拼图，例如，如何小心地移除和恢复拼图，以便复原所有的碎片。每一片碎片都可以用一个共同的图案来标记，这将帮助儿童发现丢失的部分。如果碎片丢失，教师可以用木泥子制作同样形状并涂色的碎片以代替丢失的碎片。可以根据难度级别存储和安排拼图，以帮助教师监控儿童的进度。许多儿童可能已经在家里接触过拼图，但没有掌握适当的技能。因此，在学年开始时，儿童需要得到有关如何完成拼图的精确指导。
3. 镶嵌积木（parquetry blocks）和钉板可以用于教儿童辨别并保存形状和颜色。镶嵌积木由不同形状和颜色的木片组成，而钉板由不同颜色的木钉组成。松紧带可以搭配钉板套装，帮助儿童设计多种形状。为了帮助儿童独立操作这些材料，需要带有不同操作图形的模型卡，便于儿童进行复制。可以根据难度等级展示模型卡。
4. 建构套装是指儿童用来建造小型结构的小套材料，当他们在桌子上玩微型戏剧游戏时会使用到。它们包括桌面积木（小型单元积木），以及由各种品牌基于商业目的设计的塑料互锁积木（如乐高积木）。许多制造商销售这种建构材料。儿童可以用这些材料建造小型建筑物和结构。他们可以在表演微型戏剧时将微型摆件（如人、动物、玩偶家具、玩具车）添加到建筑中。
5. 锁定装置是指包含多个锁定装置的商用锁定板。它们可能看起来像可以打开和关闭的小门或窗户。教师可以使用五金店的材料制作类似的设备。活动部件可以用铰链固定。钩眼扣、桶形螺栓、滑动门螺栓、搭扣、橱柜锁扣、窗锁和带钥匙的锁可以被安装在供儿童使用的板上。锁定装置能够促进眼－手协调并教授实用技能。
6. 紧固件是指连接在木制框架上的拉伸布片。许多紧固小工具（如拉链、纽扣和纽扣孔、钩眼扣、按扣、孔眼和鞋带）用于帮助儿童学习穿脱衣物。这些小工具被安装在木质框架上。紧固件可以促进儿童的眼－手协调能力发展。

（续表）

7. 规则游戏应该被包括在操作领域，它有助于儿童变得更加自主、理解同伴的观点、形成有趣的想法、解决问题、提出问题和建立联系。规则游戏包括多米诺骨牌、纸牌游戏（如"魔法婆婆"①）和棋盘游戏（如"糖果世界"②"爬梯子"③"乐透游戏"④）。班考斯卡斯（Bankauskas，2000）建议使用象棋、跳棋和井字游戏等。而喜欢使用这些游戏的教师应该考虑到儿童会制定自己的规则，儿童每次玩游戏时都可能改变这些规则。教师必须注意，在呈现这些规则游戏时，要保持游戏的自发性，并鼓励儿童玩游戏。虽然教师需要鼓励儿童之间的合作，但他们必须使规则游戏适应儿童的思维，尽量避免教师的权威。

8. 购买的操作性材料是指要求儿童操作物体的教育用品目录中的材料。五金店有儿童可以用来操作的材料。教师可以发挥创造力，在五金店和自己的家里搜索，为教育目的寻找刺激和令人兴奋的材料。

9. 自然操作性游戏材料是指儿童可以用于操作和实现教育目的的自然材料（如沙子和水以及相关物体）。例如，可以将沙子和/或水放入适当的容器中，如镀锌桶或塑料桶。将配件（如不同大小的容器、勺子、铲子）添加到沙子和水中。尽管儿童可以自由地使用这些材料，但必须教会他们如何保护这些材料以及使用这些材料的限制。儿童可以用湿沙做成许多形状，或者他们可以过滤沙子，用漏斗把沙子漏出来。必须有海绵、地板刷、簸箕等材料，以便儿童在玩完这些材料后进行清理。

戏剧游戏

戏剧游戏创造了一个带有社会角色和关系的微观世界，儿童借此表达自己的感受。通过戏剧游戏，儿童验证自己的想法，学会通过协商冲突的社会情境与他人合作，理解周围的世界，以及学会应对环境。他们自发地扮演角色。他们的戏剧游戏可能有幻想的成分。他们创建自己的场景、计划活动、搭建舞台、通过对话发展情节，并使用物体表征与其实际情况不同的事物。教师可以帮助儿童调整戏剧游戏的场景，也可以重新布置或增加学习区的材料和道具以培养儿童新的兴趣。布雷桑（Bresson，

---

① 英文名为 Old Maid，是一套很受美国家庭喜爱的经典游戏，具体玩法是：2—4 位游戏者拿到牌后根据纸牌上人物的角色抽掉成对的相同纸牌，然后依次从他人手中抽出与自己的纸牌同样的纸牌并出掉，最后手中留有"魔法婆婆"纸牌的游戏者获胜。——译者注

② 英文名为 Candyland，适合 2.5 岁以上的儿童识别颜色和简单的数字，具体玩法是：每一轮游戏者轮流抽卡片，根据颜色决定前进、后退或不动，同时还有一些图片卡给前进道路设置障碍，首先到达糖果城堡者获胜。——译者注

③ 英文名为 Chutes and Ladders，是一款奖惩式游戏，具体玩法是：游戏者沿着游戏路径前进时会遇到不同情形，处置得当就爬上梯子作为奖励，处置不当就会乘降落伞下降作为惩罚，首先到达 100 号格子者获胜。——译者注

④ 英文名为 Lotto，可以考察儿童的观察力和记忆力，具体玩法是：扣下所有的卡片，然后通过翻翻乐的方式，一个一个地凑齐自己的所有物品。——译者注

2018）和巴伯（Barbour，2002）建议在教室中使用"道具箱"，以丰富戏剧游戏区。道具箱需要收集材料来激励儿童参与游戏主题。一个空箱子（如复印纸箱或计算机箱）可以装满激励儿童构建特定场景和戏剧游戏主题的材料。可以在每个箱子的外面写主题、材料和用品，这样可以使东西井然有序。例如，一个汽车修理游戏用的道具箱里有清洗过的废弃的汽车零件、工具和其他相关材料。道具箱可以包括露营箱、美容师箱和各种其他箱子。这将在其他不同章节的相关主题中进一步讨论。

戏剧游戏区应包括反映儿童家庭生活和社区生活的材料。可以创设反映儿童世界的游戏情境。教师可以通过引导游戏情境，帮助儿童建构知识。他们需要意识到儿童的游戏活动，并对其敏感；对游戏的目标有意识；并且能够参与游戏，给出建议，在必要时成为一名游戏者。教师可以通过向儿童提供信息，帮助儿童在游戏中获得和实践知识。教师还可以读书，展示图片、录像带或光盘、平板电脑、应用程序和其他数字技术，指导讨论，邀请有相关资源的人员，带儿童去旅行。本书第十六章将介绍使用技术设备和交互式媒体进行游戏学习的经验。

积木游戏

积木游戏与其他形式的身体游戏、操作性游戏和戏剧游戏存在重叠。在学前教育中，积木是儿童用来游戏、工作和成为自主学习者的有效工具之一。积木为儿童提供了模拟自身经历并使用积木结构将其表演出来的机会。

当儿童参与积木游戏时，他们的大小肌肉协调能力和眼-手协调能力能够得到发展。当儿童模仿周围的建筑进行建构时，积木会激励他们建造和参与戏剧游戏。其中，儿童也参与身体游戏。大而重的积木促使他们进行大量的身体锻炼，并在抬起、搬运、放下积木并将其放回适当的存放位置时进行协调练习。

积木建构作为儿童创造和表达思想的学习工具，继续对教师提出挑战（Hewitt，2001）。当教师观察儿童在积木建构活动中所做的事情时，他们开始理解这项活动。教师应每天提供建构积木的机会，鼓励、指导、建议，并提出激发思考的开放式问题。教师必须激发儿童的思维，关注儿童参与的过程，而不是只关注结果或产品。教师需要提供一个有开放性材料的班级环境，他们需要理解、鼓励、信赖，甚至加入这种基础但复杂的学习方式。本书的另一章将结合实际应用充分讨论积木游戏。

身体游戏

儿童在户外和室内进行身体游戏。在身体游戏中，儿童使用粗大运动技能（如跑步、跳跃、骑三轮车），这通常发生在他们在院子或操场的户外游戏中。班级环境可以扩展到与教室相邻的室外游戏区。室内和户外环境对残疾儿童来说应该都是充满吸引力的、安全的和方便进入的（Sutterby，2020）。精心设计的户外环境鼓励儿童在一系列发展水平上测试和挑战自己的能力。例如，当儿童在户外玩耍时，障碍课程可以达到这个目的。

障碍课程有一系列的活动，要求儿童在障碍物下方爬行，跳过、攀爬过或绕着障碍物行走。这些活动有足够的间隔，以便许多儿童可以独立且连续地通过。图 5.1 展示了一个障碍课程，在该课程中，儿童可以以不同的方式（如单脚跳跃、双脚跳跃、

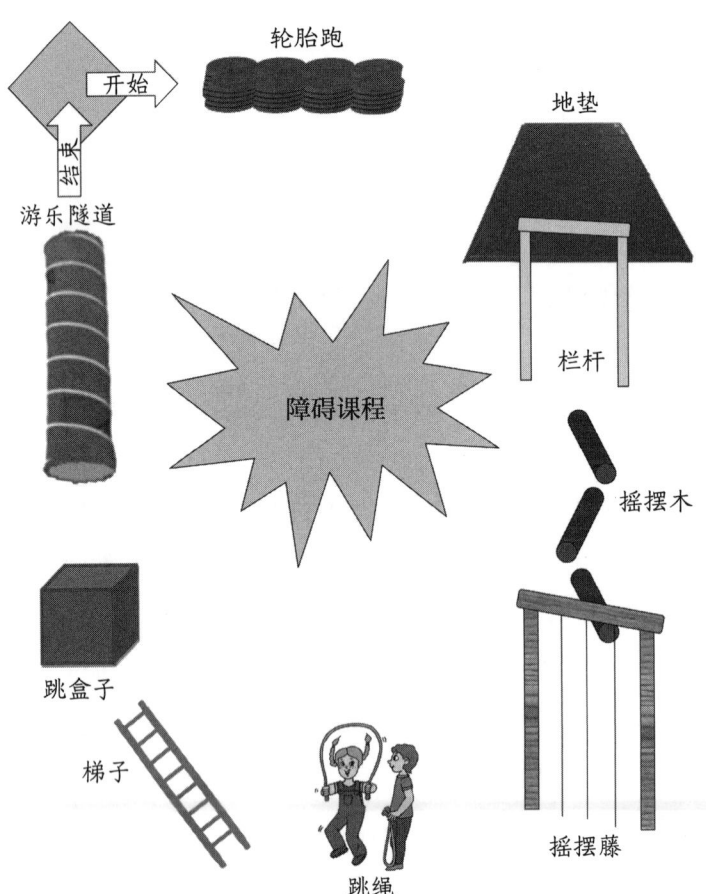

图 5.1　户外障碍课程

跳跃时在空中转弯）在地面上的拖拉机轮胎之间移动。另一名儿童可以爬行或穿过梯子，而第三名儿童可以向前滚动。在障碍课程中，不同的儿童能够同时使用不同的设备，而无须等待或相互干扰（Spodek et al.，1991）。

随着时间的推移，物质环境将激发儿童的探究欲望和想象力，邀请他们去探索，传达一种归属感和文化认同感，并支持他们的发展意识和能力。

户外游戏

户外包括结构化、半结构化和非结构化的区域，以支持不同类型的游戏。非结构化游戏区包括开放空间、沙坑和水上游戏区。半结构化区域包括开放的遮盖区域（如悬垂物、门廊、独立的遮盖区域）。在需要避雨、防晒等情况下，儿童可以在户外使用这些区域。半结构化区域也可以被用于其他目的，如观察、向户外过渡、户外科学实验室。这些区域允许儿童观察自然、其他儿童、野生动物和天气（McClintic，2014；Sutterby，2020）。

室内游戏

一些户外活动中的身体游戏也可以被用于室内游戏，尽管这些活动通常比户外游戏更安静、更受限。需要空间的活动必须根据可用空间的大小进行缩减范围。各类幼儿园都有一间多功能室，可以在进行活跃的身体游戏时使用，但大多数幼儿园都仅使用儿童的教室。

教室可以配备攀爬设备，并将木板、锯木架和梯子整合到需要最少存储空间的精美、有趣的建筑中。室内使用的轮式玩具需要比室外使用的更小。例如，结实的玩具木质卡车或音频播放器可以被用于室内游戏，而三轮车和手推车可以被用于室外游戏。有些教室有位于高架平台上的游戏屋、梯子、楼梯、滑梯和其他位于教室小空间的人工制品。

规则游戏

规则游戏可以被用于室内和户外游戏，包括粗大运动活动和精细运动活动，但大多数需要解决问题。儿童玩的规则游戏需要简单明了的规则。这些类型的游戏可以结合唱歌和动作，如《洗手歌》（Looby Loo）、《伦敦大桥》（London Bridge）。这些游戏应该只有一些指令，如纸牌游戏"魔法婆婆"和棋盘游戏"糖果世界""爬梯子""乐透游戏"以及跳棋中的指令。棋盘游戏需要儿童在行动之前制订计划和确定策略,这可以提高他们的思维能力。这些游戏要求教师:(1)调整游戏以适应儿童的思维方式;(2)允许儿童独立工作;以及(3)促进儿童之间的合作。教育性游戏可以帮助儿童获得独立性,理解同伴的观点,生发有趣的想法,解决困难,提出问题,建立联系。

许多规则游戏对学龄前儿童来说太难了,因此选择发展适宜的游戏很重要。儿童玩规则游戏时,教师需要引导他们。随着儿童不断获得游戏经验,如果教师介绍符合儿童发展水平的游戏,他们就会对游戏产生兴趣,并且非常擅长玩这类游戏。学龄前儿童可以在教师的帮助下玩一些简单的游戏,如"玫瑰花环"(Ring Around the Rosie)等简单的唱歌游戏。表 5.3 列出了一些可以帮助儿童发展游戏技能和理解游戏玩法的规则游戏。

表 5.3 帮助儿童发展游戏技能和理解游戏玩法的规则游戏

- 滚动球
- 变戏法(Hokey Pokey)
- 童谣
- 桑树丛(Mulberry Bush)
- 捉迷藏(Hide and Seek)
- 跟我学(Follow the Leader)
- 掷马蹄铁游戏(Horseshoes)
- 西蒙说(Simon Says)

游 戏 环 境

高质量的游戏环境对于促进儿童的学习至关重要。环境包括在室内和户外存放游戏材料的学习区。每个学习区应包含适宜的空间、材料和设备,用于学习和教育性游戏。学习区对儿童具有吸引力并能够支持课程目标。萨特比(Sutterby,2020)建议,整合室内和户外的学习区。教师不仅要考虑室内外游戏区域的学习潜力,还要考虑其安全性。

教师需要了解每种游戏中的不同元素,并与儿童一起灵活地使用它们。游戏必须是自发的,儿童要能够控制游戏情境;教师过多地干预会终止游戏活动。教师需要了解如何将游戏元素应用于儿童个体的特点,以便在游戏中为他们提供细心的指导。教师可以将这些不同类型的游戏设置到学习区,这些区角有各种材料来支持儿童的学习活动。每个学习区旨在提供基于儿童兴趣的活动,支持有价值的学习。

学习区

"学习区""兴趣区""活动区""游戏区""游戏学习区"和"学习游戏区"这些术语经常交替使用。学习区是可识别的区域，有许多不同的材料帮助儿童学习。教师需要在学习区提供一定程度的平衡。过度依赖独立的学习区可能会导致崩溃。幼儿园班级应设置支持教育性学习的学习区，环境应以儿童为中心，而不是以教师为中心。为了实现个性化学习，每个学习区都应提供关注儿童兴趣的学习备选方案，以激励儿童进行有价值的学习。这些学习备选方案反映了每名儿童的发展水平和经验背景。因此，儿童可以选择他们感兴趣的学习方案，并按照自己的速度探索周围的世界。这些学习备选方案让儿童能够操作物体、建构、沉浸在对话中、扮演各种角色，并积极独立地参与课堂。

可以引入一个主题区，并且应该在引入另一个主题区之前展示数周。主题区应靠近一直存在的娃娃家，以便儿童能够将主题区的活动与娃娃家的活动相结合。例如，在娃娃家扮演父母的孩子可能会带一个"生病"的婴儿到有关医生的主题区接受检查（Van Hoorn et al., 2015）。

3—5岁儿童的学习区可能包括戏剧游戏区、科学区、数学区、科技区（如照相机、计算机）、操作性游戏区、图书区、积木区、木工区、音乐区和艺术区。本书将针对每个学科领域讨论和描述学习区。斯波德克和萨拉乔（1994b）提供了以下学习区示例。

- 积木区提供了建造房屋、商店、学校和交通系统的机会。游戏可以通过添加积木配件来扩展（例如：交通灯可以用来控制汽车运动，动物玩具和人可以用来模拟一个农场，玩具飞机可以用来建造机场）。
- 拼图和规则游戏区包括不同难度的拼图和游戏，以帮助儿童选择他们能够成功完成的活动。拼图和规则游戏可以根据技能水平或领域，通过某种形式的颜色或形状进行编码。这些材料既可以是购买的，也可以是教师制作的，但它们必须符合儿童的兴趣和技能水平。
- 图书区位于教室的安静区域，远离通道。图书的展示方式让儿童可以选择他们感兴趣的书籍。展示的图书，包括儿童最喜欢的书籍和与儿童正在学习的主题相关的书籍。地毯或垫子、软椅或枕头以及绘画和鲜花会使图书区舒适而有吸引力。
- 数学区帮助儿童解决数学问题，可使用的材料包括计数棒、几何板、用于测量的容器、用于比较的毛毡数字，以及展示让儿童解决问题的任务卡。

- 科学区让儿童参与简单的实验、观察自然现象或照顾宠物。它为儿童提供规则游戏,让他们对自然环境中的物体(如种子、贝壳、树叶、昆虫或味道)进行分类。
- 沙水区可在室内外使用。可以将室内的沙水区设置在一张桌子上,桌子所在区域的地板上要有与沙子和水相适宜的材料。
- 声音和音乐区有简单的乐器和其他能够产生声音的材料。可以用沙槌、鼓或铃铛等材料发展儿童对声音和节奏的鉴赏力。
- 艺术区至少要有基本材料,如画架、大桌子、颜料、纸张、糨糊、黏土和类似材料,包括适当且充足的存储空间。儿童需要能够方便取用的材料,并在独立清理时将其放在一边。
- 体育区有平衡木、跳房子游戏、呼啦圈、跳绳、蹦床、沙包和球等设备。对于缺乏足够空间的教室,可以在另一个内部空间(如多功能教室)或外部空间(如天井或操场)安置设备。
- 戏剧游戏区的材料与几个游戏主题相关联,这些主题往往与成人和社区生活的不同方面相关,如家务、商店、餐厅或任何反映儿童社交生活的主题。道具箱支持任何主题活动的开展。

下面将详细讨论两个经常被忽视的学习区,以强调其重要性。它们是科技区和木工区。

科技区

科技在当今生活的方方面面都很重要,其重要性在未来将继续增加。电子信息技术和电子数字交互设备的出现为儿童提供了更多的游戏工具。儿童将他们的涂画模式转移到各种媒介上。儿童可以将他们用铅笔和纸所做的表征和表达,转移到电子和数字媒体上。儿童轻松地使用技术设备,而教师需要利用技术设备造福儿童。计算机可以为高价值的儿童活动和材料(如艺术、积木、沙子、水、图书、戏剧游戏)提供补充。它们可以以适合儿童发展的方式被使用,使儿童受益。发展适宜的软件会为儿童提供参与合作游戏、学习和创作的机会(National Association for the Education of Young Children[①],NAEYC,1996)。

---

① 即全美幼教协会。——译者注

在儿童的学习中，计算机的使用可以是主动的，也可以是被动的。作为被动的使用者，儿童使用工具时并不理解他们在屏幕上看到的概念。当儿童能够记住但不理解概念时，计算机就成为电子工作表。为避免这种情况，教师需要监控儿童使用的软件质量、儿童使用软件的时间以及他们使用软件的方式。表 5.4 提供了有关如何检查软件的建议（Robinson，no date）。

表 5.4　儿童软件质量判定表

1. 好的软件使用图片和口头指令，而不是书面指令，这样儿童就不需要寻求帮助。
2. 在好的软件中，儿童可以控制程序的难度、速度和方向。
3. 好的软件会提供多样性：儿童可以在不同的水平上探索许多主题。
4. 儿童能在好的软件中得到快速反馈，所以他们能够保持兴趣。
5. 高质量的程序利用当前计算机的性能，通过有趣的图像和声音吸引儿童。
6. 为了确定产品是否适合儿童当前的发展水平，家长会按照包装上的说明评估技能列表和活动，并通过商店的展示或朋友的计算机预览产品。
7. 好的软件通过鼓励儿童大笑并在探索中发挥想象力来吸引儿童的兴趣。
8. 好的程序可以让儿童通过学习体验成功，感受到自己的力量。

科技区可以为儿童提供接触数字图像（包括静态图像和视频图像）的机会，这是一项令人兴奋的技术应用。儿童可以用摄影和录像记录他们的学习，并记住和反思他们的经验。视频图像可以帮助儿童重新体验和处理经验。数码相机通过"定点拍摄"技术提供精美的照片，儿童可以学习使用。科技区应该具备以下条件。

- 文字处理和书写工具，如电子书制作工具。
- 计算机艺术程序，如绘画应用工具，可以让儿童在计算机上进行开放式探索。儿童艺术程序为他们提供了广泛的选择来交流想法，从手绘到使用邮票、文字或其他特殊效果，儿童可以将这些结合起来创造复杂的视觉展示。其中一些程序还提供多媒体选项（如声音、动画和录音），使得儿童能够创建多模式工作。3 岁儿童也可以使用这些程序。
- 有些软件具有艺术程序，儿童可以通过这些程序创建多媒体演示来与他人交流自己的想法、经验和理解。
- 包含年龄适宜的网站和软件程序在内的研究工具，可以帮助儿童获取信息。他们可以正式或非正式地使用这些工具来研究自己感兴趣的主题。这些应用程序是对班级图书馆的补充，并为大量不同的主题提供多媒体数据库。
- 概念图软件可以让儿童有机会描绘他们的许多想法和概念，并以绘画的方式将它们联系起来。儿童可以使用这些工具创建网页和其他图表,直观地表征他们对某个主题的理解。儿童也可以使用这些图表生发想法,并将他们的理解和思维过程传达给教师(Murphy et al.,2003)。

教师需要选择促进儿童学习的产品。他们应该使用技术资源补充自己的教学实践,以儿童不同的学习风格为基础增加儿童对内容掌握的深度,帮助儿童构建知识。然而,成功与失败取决于如何利用科技(Sarama & Clements,2020)。

木工区

木工区应该包括一张沉重的木桌或工作台、一些8~10盎司①的好锤子、一个手钻、斜接盒、背锯或短横切锯、C形夹子、软木和普通钉子。木头和工具的使用,有助于儿童发展大小肌肉和眼-手协调能力。木工为儿童提供了实验各种材料和设备、锻炼肌肉、发展技能和创造性地表达自己的机会。他们还可以通过分享、轮流和欣赏同伴的工作来改善社交关系。他们可以学习解决问题。该区角应位于任何时候都可以受到教师监督的地方。木工区为儿童提供了表5.5所示的机会。

表5.5 木工区提供的机会

1. 学会爱护工具。
2. 将想法转化为完整的成品。
3. 在小组项目中与他人合作。
4. 遵守安全规则。
5. 表现控制。
6. 寻求和给予帮助。
7. 规划、设计、测量、建造并完成。

木工区可以包括表5.6所示的材料和设备。

---

① 1盎司=28.350克。——译者注

表 5.6　木工区的材料和设备

- 配备木虎钳的工作台
- 用于保持工具随时可用的工具板
- 螺丝刀
- 横切锯（短的，但不是玩具）
- 铁钳
- 尺子和码尺
- 木材（松木废料）
- 各种大小的钉子容器
- 钳子
- T 字尺
- 钉子
- 锤子
- 虎钳（G 形或 C 形夹具）
- 螺钉
- 砂纸
- 大头钉

木工经验

儿童可以体验不同的木材加工方式。锤击和锯切是简单的活动，可以给儿童带来快乐和满足。不幸的是，许多教师倾向于避免在班级里进行木工活动。这些教师通常缺乏木工和工具方面的经验。他们需要学习正确的方法来教儿童安全地使用锤子、锯子和其他工具。儿童可以学习安全地使用工具和技能。然而，在任何时候，这一区域都需要成人监督。

一所学校如果没有配备任何类型的真正木工装备，那么可以使用带有胶水的木材和漂亮的废弃物进行活动，这是一种不需要使用工具的活动。教师可以在不使用工具的情况下与儿童一起使用木材。木质材料可以与胶水结合，儿童可以用木头和胶水做很多建构物，如一张小桌子、一把长椅、一把玩具椅，或者一个装宝藏的小盒子和无数其他东西。例如：儿童可以很容易地用一大块木头建造一艘小船，上面有一块小木头作为船舱；或者用两条直角边粘在一起的窄木条建造一架飞机，并将小木块粘贴在适当的位置作为尾部、发动机等。

一旦儿童认识到事物可以组合在一起创造物体，并有了选择木头的形状和大小的经历，他们就可以用工具发展简单的技能。比如：在交叉的木头上钉一个钉子来制造飞机，在烟囱或船上的桅杆上钻一个孔来插入销钉，用锯子锯两下为船头做一个尖。

废木材通常可以从木材场、建筑用品商店或有关细木工的商店中获得。这些地方的人们通常在处理废料时遇到问题。因此，他们愿意保存废料，供教师选择可用的碎片。教师需要了解这些地方何时处理垃圾，并在会有最多选择的时候拜访他们。教师需要选择不同大小和形状的木材，多加检查以确保儿童使用这些木材是安全的。木材不应该有任何结或瑕疵，并应进行处理，以使其无任何碎屑。成品 1 英寸[①]厚的板实

[①] 1 英寸 =2.54 厘米。——译者注

际上只有大约 3/4 英寸厚，即使它们被称为 "1 英寸厚" 木材。

用于锤击和锯切的最佳木材通常是干净的 1 英寸成品松木，它们的长度各不相同。最有用的尺寸是 1 英寸 ×2 英寸、1 英寸 ×4 英寸、1 英寸 ×6 英寸、2 英寸 ×4 英寸和 2 英寸 ×2 英寸。教师需要收集尽可能多的各种形状和大小的这种木材碎片，并检查所选择的木材碎片是否有碎屑、锯齿状边缘或结。选择木材时，应考虑其厚度、宽度和长度。

一个适宜的木工区应有积极的活动、安全预防措施，能够受到监督，并与其他活动隔离。工具和用品必须：（1）被存放在容易取用的地方；（2）井然有序；（3）妥善维修；（4）配合适当的材料使用，如锋利的锯子和牢牢嵌入头部的锤子手柄；以及（5）来自良好的软木供应，如普通松木。随着儿童不断获得经验并能够熟练使用木材和工具，可以添加几种木工配件，如表 5.7 所示。

表 5.7　木工配件

1. 重量轻、质量好的短横切锯和锤子。
2. 砂纸、刨刀、锉刀和木锉。
3. 支架、钻头和手钻。
4. 当儿童学会使用螺丝时，可以添加螺丝刀。
5. 用于将木板固定在一起的钉子。
6. 木工台钳、工作台或锯木架和 C 形夹具。

儿童开始结合使用钉子和胶水建造简单的建筑。这些项目可以通过添加销钉、空纸卷、线轴以及任何教师和儿童觉得有用的东西来扩展。儿童可以在他们的木工作品上涂蛋彩画颜料，并用虫胶或油漆覆盖，以防止褪色。上漆和清理更加困难。

木雕

儿童可以创作木雕。表 5.8 展示了与木雕相关的儿童图书。教师和儿童可以在决定木雕项目之前阅读这些读物。教师可以按照以下程序开展木雕活动，这可能需要几天或几周的时间（Bisgaier & Samaras, 2004），如表 5.9 所示。

表 5.8　与木雕有关的儿童图书

- 《盖房子》（*Building A House*，Byron Barton，1990）
- 《形状游戏》①（*The Shape Game*，Anthony Browne，2003）
- 《这儿曾经有座森林》（*Where Once There Was A Wood*，Denise Fleming，2000）
- 《过桥》（*Cross A Bridge*，Ryan Ann Hunter，1998）
- 《建筑工人》（*Those Building Men*，Angela Johnson，2001）
- 《昆虫建筑师》②（*Roberto the Insect Architect*，Nina Laden，2000）
- 《考尔德的宇宙》（*Calder's Universe*，Jean Lipman，1999）
- 《橙色奇迹》（*The Big Orange Splot*，Daniel Manus Pinkwater，1993）

表 5.9　帮助儿童创作木雕的建议

1. 从供应商处获取木材。如前所述，当地伐木场、建筑商等都有一次性木片。可以让儿童带来细枝、小树枝、坚果、橡子、树叶和其他自然资源。虽然可以购买雕塑的底座，但它们也可以由切割的瓦楞纸板箱或大块木头制成。底座需要足够坚固，以容纳大约 30 厘米 × 30 厘米大小的重块结构。
2. 讨论书籍中有关建筑物、雕塑、建筑学或木材的图片，以激发儿童的兴趣。在木工区介绍和展示这些书籍，以帮助儿童专注于特定的设计元素。大声朗读并讨论有关木雕的儿童文学作品（与木雕相关的儿童书籍，如表 5.8 所示）。
3. 创设一个木材角，在储物箱里放些木片，供孩子们制作木雕。他们可以查看儿童图书，为自己的雕塑寻找灵感。这可能需要几天或几周的时间。
4. 在提供松散的废木片的木材角留下雕塑底座，让儿童探索自己的想法。他们可以将木片排列成各种形状，并讨论木片的平衡、形状、大小和纹理。
5. 将木胶装在熟食容器中，以便使用冰棒棍或压舌板涂抹。儿童需要知道如何使用胶水将木片永久地固定在另一个木片和底座上。他们可能会先将较大的木片粘在底座上。仅允许小组儿童进入木材角，以便教师协助他们工作。
6. 允许儿童在一段时间内完成自己的项目，这样他们就可以为自己的雕塑添加装饰。鼓励儿童使用各种形状、大小和颜色，并考虑绘画和添加拼贴材料（如织物、纸、丝带、绳子、绒球、羽毛、珠子）。
7. 展示儿童完成的雕塑，让儿童与同伴分享他们的作品。
8. 在班级举办雕塑展，供其他班级儿童、教师和家长观看。儿童可以承担博物馆导游的角色，为参观者服务。

---

① 该书的简体中文版已由河北教育出版社于 2020 年出版。——译者注
② 该书的简体中文版已由黑龙江美术出版社于 2018 年出版。——译者注

设立学习区

为学习而设计的教室，会邀请儿童参与有趣且有教育意义的活动。经过精心设计的学习区会提供有趣且适宜的学习活动，解决许多纪律问题，并让教师有机会认识到儿童个体的能力。儿童需要能够从多种学习活动中进行选择并适应不同的活动。他们需要在尽可能自然的环境中学习，并拥有许多直接经验。教师需要给儿童每天大块的时间（30~60分钟）用于区角活动。儿童应该能够在没有成人帮助的情况下，独立获取设备和用品并将其返还到适当的地方。

教师应确保学习区位于教室中便于其发挥功能的区域。例如，需要分开嘈杂和安静的学习区。艺术区应该靠近水源。在没有水的教室中，艺术区必须靠近门，以便接近水源（如儿童洗手间）。建议的学习区平面图，如图5.2所示。表5.10提供了一些帮助教师规划和安排学习区的建议（Spodek & Saracho，1994b）。

表5.10　规划和安排学习区的建议

1. 虽然活动期间是儿童自主选择活动的时间，但教师需要设计区角让儿童参与学习活动，并为他们提供思路。
2. 在规划和创设班级环境时，要考虑儿童的肌肉发育和协调性、社会成熟度、语言技能、兴趣和需求。
3. 为不间断的游戏提供充足的空间、时间和设备。通过参与游戏活动，儿童尝试与同龄人建立社交关系。应该提供促进身体和智力发展、语言练习和批判性思考的机会。精心策划的活动要提供各种具体的、可感知的学习经验。
4. 每天的区角活动时间应该有很多活动。儿童应该能够自由地从一项活动转移到另一项活动，这取决于他们的兴趣和注意力。
5. 活动期间，在安静活动和剧烈活动之间以及个人活动和团体活动之间提供平衡。制订计划，进行戏剧游戏、积木游戏，用操作性材料进行科学和数学学习，并进行创造性的艺术工作。通常，包括有关音乐和书籍的活动。儿童不应被局限于为当天预设的活动。这些活动仅作为开端，是让儿童参与的邀请。教师应该对儿童自发出现的学习机会做出反应。
6. 作为一名教师，在活动期间要让儿童可以接触到你。要经常观察，因为儿童的游戏揭示了他们的兴趣、能力和需求。有时，建议教师介入以增加游戏潜力或鼓励儿童充分游戏。
7. 当教师引导儿童自律时，可以这样说："看看你取得的进步，弗朗基！你上周刚刚学会这样做！"或者，你可能会注意到，一种新的游戏材料可以帮助某个小组儿童建造沙城。
8. 成人需要监督参与活动（如木工）的儿童，以确保他们的安全。

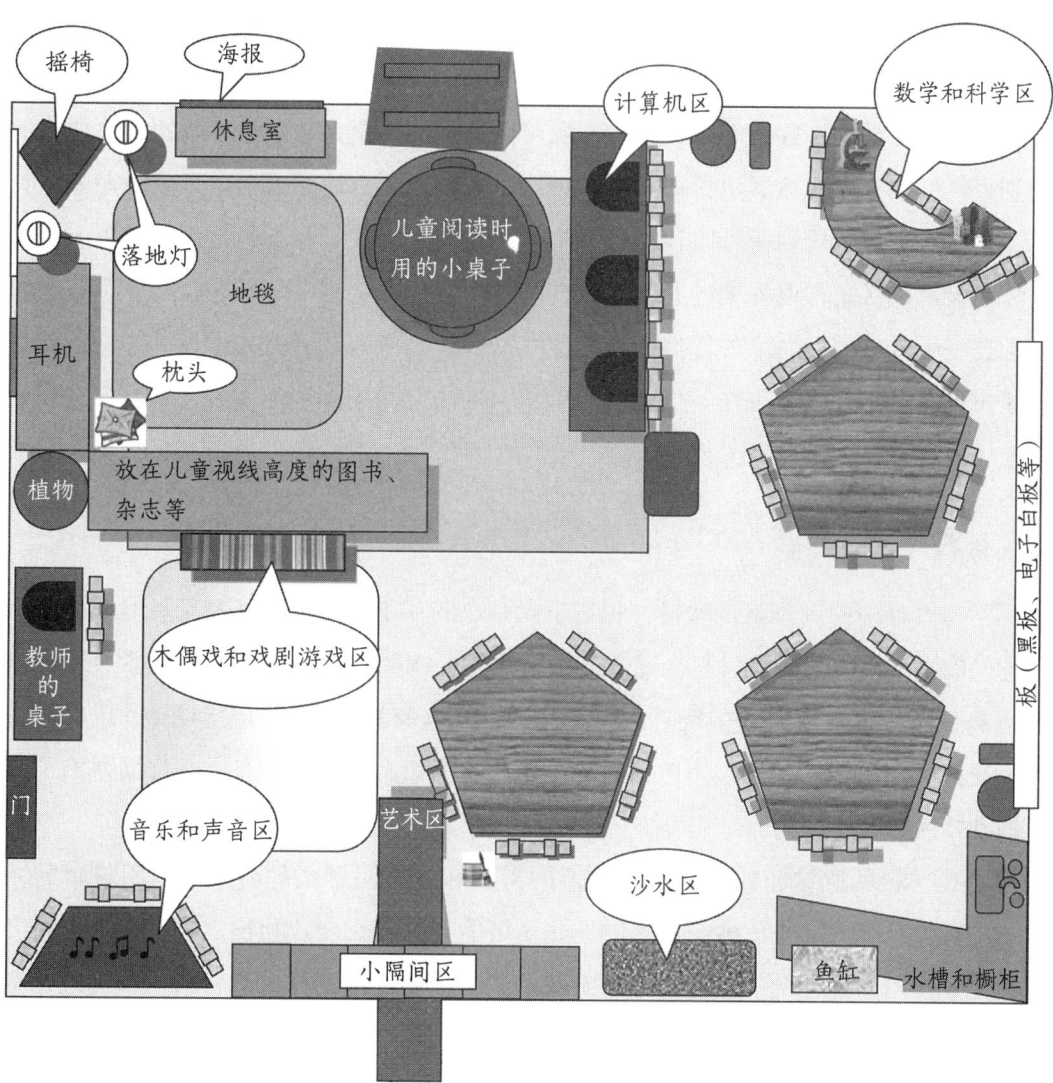

注：图书区需要有柔软、隐蔽的阅读区域，包括以下用品。
- 两块小地毯（绿色和橙色），用于舒适地躺下
- 不同的枕头，用于拥抱
- 带椅子的小桌子，用于不同的活动
- 摇椅，用于成人坐下大声阅读
- 耳机，用于听故事的录音
- 装满书的书架
- 展示新书的公告板

图 5.2 学习区平面图

儿童-教师共同规划学习区

教师需要有一个条理清晰的班级计划，以帮助儿童在学习区中有条不紊地发挥作用。教师应与儿童一起计划，选择他们感兴趣的学习区和活动。教师可以向儿童介绍学习区提供的活动，并确定每个区角一次可以参加的儿童人数。位于教室中央位置的规划板，可用于向儿童展示哪些学习区可用。教师还可以使用黑板，记录每名儿童在哪个学习区工作。规划板可以包括每个学习区的图片。在每张图片下都记录了一个数字，以显示该区角可以容纳的儿童人数。图片下方还安装了一个挂钩，儿童可以在挂钩上挂一个带有他们名字的标签，让其他儿童知道已有游戏者进入学习区，并让教师知道每名儿童都在哪里工作。例如，如果积木区的空间只能容纳 5 名儿童，那么规划板上应该只有 5 个代表该区域的挂钩。

材料

学前教育中的玩具就是教材，相当于大一点的孩子的书籍。选择玩具时应考虑儿童的发展水平，因为游戏材料会随着年龄而变化。例如，3—5 岁的儿童通常会玩代表物体和象征儿童生活的微型玩具（如洋娃娃、娃娃家具、马车、发动机）。玩具鼓励儿童在游戏中扮演一些成人角色，向更小的儿童介绍有意义的信息，并帮助他们了解家庭和社区的社会生活。

游戏材料的质量和数量取决于儿童的兴趣和在不同形式的游戏中使用材料的方式。在玩橡皮泥、黏土、沙子和水时，儿童可能会独自玩耍。相比之下，艺术材料会促使儿童参与建设性的、非社会性的游戏。教师需要仔细选择游戏材料，以促进儿童的游戏并帮助他们完成课程教育目标。

游戏材料因学习主题或游戏主题而异。有助于增加儿童知识的游戏活动（例如在附近散步、参观邮局、阅读有关特定游戏话题的书、观看视频）可以激发他们对游戏话题或主题的兴趣（Spodek & Saracho，2003）。表 5.11 提供了选择游戏材料的标准（Neuman & Roskos，1990a）。

表 5.11　选择游戏材料的标准

- 适宜性：材料需要以自然的方式使用，并且对儿童来说是安全的。某些材料可能需要一些安全预防措施。例如，木工区的材料需要成人的监督。
- 真实性：材料（如道具）需要真实。它们应该是来自周围环境的真实物体。电话、食谱和游戏钱币需要看起来是真实的，因为儿童熟悉这些物品。

（续表）

- 实用性：材料需要服务于儿童从日常生活中了解到的特定目的。例如，与邮局相关的材料（如铅笔、信封、邮票、信纸）有其特定的用途。

以上标准可用于选择游戏材料。提供适宜的环境和材料，可以鼓励儿童参与复杂的游戏活动。

多元文化材料

教师负责提供多元文化的活动和材料。重要的是，描绘人物的材料（如玩偶、书籍、拼图）要反映儿童的文化。戏剧游戏材料（如装扮服装、道具、玩具）需要反映班级中儿童的多样性（如族裔、性别、文化、家庭结构、职业、残疾）。约翰逊等人（2005）提供了沃德尔（Wardle，2003）关于使用多元文化玩具和材料的指导原则。

- 材料应该通过积极地展示儿童的文化来促进每名儿童对自己的传统和身份的接纳与理解。
- 材料应该通过积极地展示不同的人及其文化来促进每名儿童对与自己不同的人的接纳与理解。
- 材料应该丰富儿童对世界和世界上的人的看法。
- 材料应同时涉及各种领域的多样性，如性别、残疾和家庭结构。
- 可以使儿童接触多样性的材料应被整合到整个机构及其课程中，而不是以象征性的方式将其孤立起来。
- 材料所表现的多样性应该是现实的和真实的，例如，美洲原住民穿着现代服装从事现实的工作，而不是戴着头饰跳舞。
- 材料应该不断挑战各种刻板印象，例如：女性只能做护士而男性不能做护士，亚洲男孩总是擅长数学而黑人男孩总是擅长体育，等等。
- 材料需要强调大群体内的多样性，而不是传达所有非裔美国人、所有拉丁美洲人、所有女性等群体看起来一样、想法也一样的观点。
- 材料应强调每个人的选择、自由和独特性，他们具有来自各种不同群体（性别、族裔等）的属性。
- 材料永远不应该传达一个群体比另一个群体更好的观念。不幸的是，如果某一群体没有在游戏材料中得到体现，那么这种不可见性就是缺乏重要性的有效指标。
- 材料不得排除任何人或人的任何部分；因此，多种族和多民族的儿童及其家庭必

须被视为独特的个体，而不仅仅是少数族裔父母文化的一部分。（pp. 234–235）

需要调整为残疾儿童选择的材料，因为他们兼具不成熟和成熟的游戏模式。他们需要能够鼓励更成熟的游戏水平的游戏模型和材料。需要仔细选择材料和社会分组，以帮助特殊儿童发展更高的游戏水平。他们似乎更喜欢积木、车辆、书籍、玩偶、可滚动物体和拼图。如果儿童不能使用特定的材料，教师可以进行任务分析。首先，教师介绍需要类似技能的材料，然后向儿童展示需要不同技能的材料。例如，一辆卡车、一组积木和一个球都需要类似的技能。然后，残疾儿童可以：（1）与每种材料进行眼神接触；（2）握住或捡起它；（3）放置它以进行适宜的游戏（例如：在将卡车推给同伴之前将其调转方向，将积木放在塔楼或建构物上方，或者将球放入其中以便让它滚动到玩伴那里）；（4）放开它（例如：将卡车推向玩伴，在建筑物顶部放一块积木，或将球滚向玩伴）。

设计学习区的指导原则

当儿童在精心设计的学习区玩耍时，他们就会参与一个有目的的学业概念框架。让儿童参与设计他们在游戏中的学习是很重要的。例如，以下是创设有意义的学习区的指导原则，这些区角整合了社会研究概念（Labbo，1998）。

区角设计

步骤1 选择并分享专题书籍。一开始，向儿童介绍一套与重要概念相关的专题儿童小说和非小说类书籍，并在适宜的游戏区展示，举例如下。

教师马丁首先选择了有关旅行和度假的书籍，这些书籍可以提供关于地理、交通、地图和经济原理的信息。她介绍了这个主题，并帮助儿童通过阅读和讨论《不想去度假》①（*Arthur's Family Vacation*，Brown，1993）和《在旅途中》（*On the Go*，Morris，1990）等书籍来扩大词汇量。这些书的封面被展示在一个开放式的书架上，儿童可以自由地重温关键概念并互相讲述故事（Labbo，1998，p. 19）。

步骤2 提出问题，寻找事实，并做好记录。儿童帮忙设计游戏区，以便能够提

---
① 该书的简体中文版已由新疆青少年出版社于2016年出版。

出问题、寻找事实并持续记录。儿童和教师共同进行以研究为导向且适宜发展的探究，举例如下。

  教师马丁邀请儿童帮助她设计并建立旅行社学习区后，他们头脑风暴了一系列关于旅行社如何运作的问题。他们使用了各种来源的信息，包括到旅行社进行实况调查、对来访班级的专家进行采访、学校传媒专家推荐的辅助书籍以及电子或数字来源（如互联网、邮件、光盘和录像带）。这些活动使马丁有机会示范研究方法（例如提出问题、编制信息类别和从访谈中记录信息）并利用传统的读写方式，因为数据在大的图表纸上形成并被展示在公告板上（Labbo，1998，p. 19）。

区角实施

  步骤3　规划和装备区角。当儿童规划和装备游戏区时，他们会结合收集到的信息，举例如下。

  马丁用一张游戏区的示意图和各种家具的剪纸，帮助儿童制作一张地图来指导区角的设计。此外，她还帮助儿童在制作读写工具时应用他们所学到的关于办公室工作的目的和方式的知识（如门票、时间表、记事本和电话留言笔、旅行地图、计算机的纸板模型）。儿童还接受了如何将二维纸张上的清单、草图、图表和地图转换成游戏区中三维实体的指导（Labbo，1998，p. 19）。

  步骤4　在学习区引入游戏。有些儿童可能不知道，如何通过角色扮演来为他们一直在学习的角色创造适当的对话和活动场景。对于这些儿童，可能有必要讨论一下角色、活动和道具的使用。例如，儿童在游戏时可能需要更多关于扮演顾客或旅行社工作人员的信息。

对区角的回应

  步骤5　享受、阐述和思考他们的活动。儿童需要享受、阐述和思考他们的游戏活动，以便完善或扩展新的社会研究信息。为了加强他们的社会研究学习，需要为儿童提供材料，让他们绘画、书写或口述自己的游戏。这些都是儿童交流想法的重要机会。

  这里介绍的五个步骤为儿童提供了通过使用许多优秀资源获得有意义学习的机

会。儿童将采用多种探究方法，并能够组织、解释和使用他们获得的知识（Labbo，1998）。通常，学习区的设立是为了表征主题（如社区助手、我们的祖先）。支持这些主题的一种方法是在主题内创建游戏，例如使用道具箱。有益于游戏的材料，可以被放入道具箱或学习区。

促进儿童的游戏

教师需要确保儿童的小组游戏具有教育意义。他们可以提供材料以便支持游戏，帮助儿童思考和计划，以及提供充足的信息让儿童了解如何参与假装游戏。如果教师通过实地参观、阅读书籍或其他教学方式向儿童提供信息，儿童就会参与有意义的游戏。

教师可以通过成为推动者，有时也成为参与者来促进儿童的游戏。作为推动者，教师选择、协调和展示物品、材料及道具，并发展与概念或主题相关的经验。当心中有一个目的时，他们也可以进行干预，以扩大和丰富儿童的游戏。干预必须要鼓励而不是控制游戏活动，有时会刺激、明确并解释游戏活动。教师必须观察儿童的游戏，确定关键的游戏元素，以便进行适当的干预、利用道具和使用语言。教师介绍儿童的游戏，能够鼓动和激励儿童。

教师可以通过多种方式来介绍游戏。他们可以设计环境，以鼓励儿童在教育性游戏中全神贯注。他们的介绍必须为儿童提供有吸引力的游戏材料、游戏的可能性以及对游戏环境的某种创新。可以设立一个简短的儿童－教师计划时间，让儿童有各种选择，以帮助儿童选择游戏活动和区角。在此类计划讨论中，儿童能够了解新设备或玩具及其功能、用途和局限性（Saracho，1999b）。

教师可以通过为儿童提供多样化的新游戏活动来激励他们。因此，这些活动需要包括以不同的形式展现的儿童熟悉和不熟悉的游戏活动。此外，应该创设或改变游戏区，在游戏区展示新标签，添加大量新材料，从而将旧的游戏活动重新创建为奇妙的新活动。新颖的游戏活动必将激发儿童的注意力和创造力，并延长他们的游戏时间。

教师可以通过多种方式扩展儿童的游戏。他们可以谨慎地加入儿童的游戏，尽量减少干预，不侵犯儿童的自主权。他们需要避免成为注意力的中心或游戏想法的主要来源，因为这会削弱儿童游戏的动力。他们应该评估自己的行为如何影响游戏情境，以便对儿童的游戏和游戏行为的发展做出反应（Saracho，1999b）。

教师需要了解儿童的游戏行为和游戏发展水平，以便进行游戏干预，调整游戏环境，选择新的游戏材料，或适当参与儿童的游戏以帮助儿童理清思路。教师的干预，必须避免导致儿童专注于现实或放弃对游戏情境的控制。教师可以通过接受儿童的各种游戏模式，甚至是不进行游戏来鼓励儿童的游戏。教师可以为儿童提供各种能够激励儿童游戏的活动（Saracho，1999b），然后在儿童游戏的过程中与他们互动。

教师需要鼓励儿童之间的游戏互动。他们可能不得不加入和参与儿童的游戏，以提高互动的质量。表 5.12 提供了教师可以用来鼓励儿童之间的游戏互动的建议（Christie，1982）。

表 5.12　鼓励儿童之间游戏互动的建议

1. 通过演示并说"救生员会戴上太阳镜，抱着遮阳板去救人"来示范角色。
2. 演示一个物体如何代表其他事物（例如，一个盒子可以是一艘船，或者一把扫帚可以是一匹马）。
3. 展示如何通过添加故事来扩展情节。如果儿童厌倦了玩汽车修理工的游戏，那么教师可以说："现在汽车修好了，你可能想开它。"

教师计划和开展学习活动，并在必要时指导儿童。然而，在干预儿童的小组游戏之前，教师首先需要让他们自己解决出现的任何问题。教师需要让儿童有纠正错误和从错误中获得学习的自由。他们应该只干预儿童的游戏，以帮助儿童厘清概念。例如，儿童可能正在建造一个农场并使用带有农场动物的积木配件。教师如果看到儿童将大象包括在内，就可以加入小组，讨论将大象包括在谷仓中的原因。教师需要帮助儿童在游戏中取得进步。但是，他们必须明白，有些儿童可能还没有准备好在游戏中取得进步。教师必须了解自己班级的儿童，以评估儿童何时需要指导才能在游戏中取得进步，或者何时只有让儿童独立游戏才能促进他们的发展。

需要仔细思考教师的干预。何时加入游戏小组以及何时让儿童独自玩耍，是一个困难的决定。只有当儿童需要他人的帮助来传达他们的想法并在游戏中取得进步时，教师才必须做出干预的决定。决定让儿童独自一人的教师，也必须对游戏者给予关注和支持。在决定何时干预之前，教师需要对游戏情况保持敏感。

尽管儿童游戏中的许多要素超出了教师的能力范围，但教师可以控制的情况也有很多。他们可以通过在教育性游戏中做好充分的准备，精心计划和细心指导以保证儿童游戏的质量。当教师以儿童游戏和发起游戏的方式适当地指导他们的教育性游戏时，就会产生有价值的教育成果。

本 章 小 结

　　游戏可以是娱乐性和教育性的。它可以将儿童带入自己的世界。使用游戏课程，教师可以设计有效的环境，选择合适的材料，并实施适当的干预策略，以激励和发展儿童的学习。

　　教师必须对儿童认为是游戏的东西保持敏感。儿童将游戏视为自己可以选择和主导的活动。一些教师可能会在游戏中使用规则游戏来教授概念。然而，当教师而不是儿童选择和主导游戏时，儿童会将这些规则游戏视为工作。以游戏为基础的课程的成功，取决于教师完整地理解儿童对游戏的看法（Barnett，2013）。

　　游戏是学前教育课程的重要组成部分。幼儿教师可以将儿童自己选择和主导的游戏活动融入学前教育课程。他们有责任确保儿童游戏具有教育功能。教师必须始终确保游戏是儿童自发的、灵活的和具有创造性的，使它一直是游戏。

第六章

有不同需求的儿童的游戏活动

> 你如果带着冒险精神去接触每一个新遇到的人,就会发现,你会被这种能让你了解新的思想、经验和个性的方式深深吸引。
>
> (Eleanor Roosevelt,1884—1962)

幼儿园中的游戏通常被提供给正常发展的儿童,对有不同需求的儿童的限制频繁,这类儿童包括残疾儿童、处于危机之中的儿童以及有语言和文化差异的儿童。针对这些儿童的多数园所,都仅仅使用固定且受限的教学方法,以帮助这些儿童应对个体的缺陷所造成的困难,其中,文化差异在许多教育工作者的眼中也是儿童的不利条件之一。许多教育工作者专注于如何补救儿童的缺陷,他们认为游戏与教育有不同需求的儿童无关。有的教育工作者甚至认为,这些有不同需求的儿童并不具备游戏的能力。

这两种观点都是错误的。限制有不同需求的儿童进行游戏,会限制其潜能以尽可能正常的方式发展。游戏有助于所有儿童的发展。游戏让儿童有机会沟通他们的想法和感受,也让儿童有机会表达和检验他们对世界的了解。正如正常发展的儿童需要这些机会一样,有不同需求的儿童同样需要这些机会。尽管大多数针对有不同需求的儿童的教育都侧重于为儿童的学业学习和学前学习提供直接支持,但不应否认游戏在此类儿童教育中的应有地位。事实上,整合性课堂能为那些促进儿童学习的游戏提供最好的支持。教育工作者需要不断学习,尤其是在利用游戏来促进有不同需求的儿童的学习时,从而有效地为具有多种文化、语言和能力的儿童服务(Ryan & Hyland,2010)。

本章描述了游戏对于各类有不同需求的儿童(如残疾儿童、处于危机中的儿童、有语言和文化差异的儿童)的重要性。本章讨论了适合残疾儿童的游戏活动、象征性游戏和社会性游戏、教育性游戏，以及物质环境，并建议更多的教育机构支持有不同需求的儿童的游戏活动。本章将介绍有不同需求的儿童，其余篇章将提供具体的例子，以说明如何为全纳教学环境中有不同需求的儿童调整课程。

残疾儿童的游戏活动

　　游戏可以帮助残疾儿童掌握运动技能、根据指令行动、大笑以及与其他儿童互动。这些儿童也会学着通过微笑、大笑，以及用头部、手臂和身体富有表现力的动作来表达他们的满足和快乐。残疾儿童可以通过游戏发展大小肌肉动作技能、更高水平的社交技能和语言技能，实现其所在园所的教育目标，减少社会不能接受的行为，体验快乐。因此，为残疾儿童提供游戏的机会是必要的。在全纳的班级中，残疾儿童融入常规课堂，教师需要像关心班上其他正常发展的儿童一样关心这些残疾儿童的游戏。在游戏过程中，残疾儿童可能会遇到特定的困难，使他们无法像正常发展的同龄人一样玩耍。对于这些儿童，教师需要考虑他们的特殊情况，慎重选择活动和学习材料。例如，与其他儿童相比，有视觉障碍的儿童和有自闭症的儿童在游戏时需要更多的帮助。残疾儿童需要通过模仿进行游戏，在游戏中模仿同龄人和成人的行为。

　　当帮助残疾儿童在幼儿园班级中玩耍时，教师需要考虑的因素包括儿童残疾的性质和班级中需要支持的游戏类型。在象征性游戏、社会性游戏和教育性游戏等不同类型的游戏中，教师需要针对残疾儿童的特点做出不同的调整。本书第二章已讨论了象征性游戏和社会性游戏，第五章描述了教育性游戏。

象征性游戏和社会性游戏

　　参与象征性游戏的儿童使用象征性的表征来传达他们的思想。在社会性游戏中，儿童通过与他人的互动发展并提高社交技能。斯波德克和萨拉乔于1994年报告了一系列针对唐氏综合征和自闭症儿童的研究。患有唐氏综合征的儿童在不同等级的象征性游戏阶段均能获得系统的发展，而患有自闭症的儿童在象征性游戏中表现出了严重的缺陷。他们在象征性游戏中的相关技能和多任务处理能力的起始水平，与他们接收语言的能力和进行非言语沟通的能力相关。与其他儿童（包括智力障碍儿童）相比，自闭症儿童较少参与娃娃家游戏，且游戏的形式更不成熟。他们的游戏能力取决于其残疾的严重程度。教师们需要注重提高自闭症儿童的游戏能力。

由于大多数残疾儿童在沟通他们的想法方面存在困难，因此他们需要参与象征性的游戏活动。在游戏中使用物体，可以改善有沟通障碍的儿童的象征性游戏。儿童象征性游戏的异常发展，与他们语言障碍和视觉障碍的严重程度相关。有视觉障碍和自闭症的儿童，在感知运动性游戏及象征性游戏中都存在异常的游戏技能。

残疾儿童会发展出一种既不成熟又成熟的游戏模式。这些儿童有能力使用可以促成更成熟的游戏水平的游戏模式和材料。教师对材料和儿童所在群体的仔细选择，可以帮助残疾儿童发展出更高的游戏水平。积木、玩具车辆、书籍、娃娃、可滚动物体和拼图等材料皆可以被使用。对于那些在使用某一特定玩具时存在困难的残疾儿童，教师可以向他们介绍需要其使用已有技能的玩具，并在他们需要学习其他技能时向其提供其他合适的玩具。例如，残疾儿童可以玩玩具卡车、积木和球，因为这些玩具需要的技能是相似的。儿童将关注每个玩具，抓住或捡起玩具，将玩具放置在合适的位置（比如：在将卡车推给同伴之前将其调转方向，将积木放在塔楼或建构物的上方，或者将球放在一个推一下就会把它送到同伴那里的位置），放手（比如：把卡车推向同伴，把球滚向同伴）。

适应玩具的过程，可以帮助儿童弥补手部功能的各种缺陷。可以用胶带将玩具粘在一个平面上，从而使其保持稳定。有底座的玩具可以被固定在桌子上。将玩具放在一个纸盒子上或者放在一个有边界的托盘里，可以建立起一个限制区域。牵拉类的玩具可以被放在一个轨道上，而需要敲击运动的物体（如手鼓）可以被放置在带有弹簧的木框架中。用于抓取的辅助工具（如特制的抓取手套），可以帮助儿童抓住木棍状的物体（如蜡笔）。将圆柱形泡沫或胶带缠绕在物体周围，可以增加其宽度，帮助脑瘫儿童握住物体。

智力障碍儿童

智力障碍儿童在游戏中缺乏自发性。他们需要玩能鼓励和激发他们游戏行为的玩具和材料。合适的玩具和材料需要具备以下特点。

- **足够耐用，可以使用很长时间。**一些智力障碍儿童倾向于敲打玩具或材料，尤其是当他们的行为变得具有攻击性时。他们也可能把玩具或材料放进嘴里，或推、拉和扔这些材料。
- **能激发具体的活动**。年龄较小的智力障碍儿童还没有发展到象征或抽象阶段。他们会忽视支持象征性游戏和想象游戏的房屋、玩偶或交通工具，因为他们还没有学会如何使用它们。
- **能提供积极的心理影响**。一些智力障碍儿童的心理年龄可能很小。玩具和材料必须适合他们的心理年龄。

智力障碍儿童对游戏的需求和兴趣与正常发展的同龄人是相似的。他们虽然通常因在群体中游戏时有困难而选择单独玩耍，但对融入社会群体同样有着需求。智力障碍儿童需要持续的社会认可。在社交中的成功，可以激励他们与同龄人交往。他们难以应对竞争，在失败时会变得具有攻击性。对这些儿童来说，游戏中的合作应当是重点。

情绪障碍儿童

游戏可以帮助情绪障碍儿童更好地控制他们的行为。当他们学会控制材料时，他们将能够控制自己以及自己与同伴的互动。那些经验有限的情绪障碍儿童可能确实缺乏社交技能，且在社交经验中表现得不够妥当。但他们有能力参与小组游戏活动并和同伴建立友谊，这将会在一整天中延长他们和同龄人的互动。小组游戏可以促进情绪障碍儿童和同龄人之间的关系。此外，小组游戏也会增加他们的社会接受度。

游戏让情绪障碍儿童展露或控制他们的感受，还可以减少本就不多的敌意或愤怒。情绪障碍儿童能够在游戏中通过自己的行为表达自己，从而获得情感上的满足。

听觉障碍儿童

与正常发展的儿童相比，尽管全纳环境中的听觉障碍儿童的社会性游戏有所改善，但他们的游戏更加简单且社交更少。在游戏中进行互动，对所有儿童的发展都是必不可少的。听觉障碍儿童的游戏技能的发展与正常发展的儿童有着相似的模式，然而，这些儿童的发育进展受到其社会经济地位、早年是否获得助听器以及是否接受训练或治疗的影响。例如，一些听力较差的儿童可能在以物代物和角色表演的游戏中都有困难。社会经济地位和语言经验是影响他们象征性游戏发展的关键因素。

听觉障碍儿童所面临的沟通障碍可能会延迟他们的游戏发展。口头对话在儿童游戏中起着至关重要的作用，听觉障碍儿童有限的口语能力会限制他们合作性假想游戏的发展，包括将一个物体想象并使用成另一个物体以及复杂的同伴互动。

很多儿童只在表达性交流上有障碍。其他患有感受表达混合型语言障碍的儿童在理解和传达意义方面都面临困难，这些儿童进行象征性游戏十分困难。无论是非结构化还是结构化的游戏，有语言障碍的儿童都无法像正常发展的同龄人那样活动。但听觉障碍儿童与那些年纪较小且语言发展和他们在同一水平的正常发展的儿童相比，拥有更高的象征性游戏技能。一些听觉障碍儿童能够通过动作与物体互动，且不在这一过程中使用语言。

自发的游戏活动对听觉障碍儿童来说是有益的，可以发展他们的自然运动能力。限制他们运动自由的并发症会导致社交问题，而非身体问题。社会性游戏为听觉障碍儿童的社会性发展提供了许多机会。

游戏还可以帮助听觉障碍儿童提高他们的言语能力。在游戏中，他们需要交流自己的兴趣，并将游戏语言作为行动语言。尽管在年幼儿童的游戏中，语言通常没有行动重要，但这些儿童可以通过游戏扩大他们的词汇量。

听觉障碍儿童的游戏兴趣，可能与那些比他们更年幼的儿童相似。他们不成熟的兴趣通常表明，他们在社会心理的成熟度方面存在缺陷。他们通常需要大量的活动，以发展社交技能。

视觉障碍儿童

视觉障碍儿童会慢慢地发展象征性游戏。当4个月或大一点的失明婴儿的眼睛、手和嘴变得协调时，尽管他们的知觉运动游戏相当迟缓，但能够探索物体。改善视力，对于视觉障碍婴儿的游戏十分重要。起初，失明的婴儿会不断地玩自己的身体，这推迟了他们玩物体（如洋娃娃）的时间。但是，他们和视力发展正常的同龄人一样有游戏需求和兴趣。视觉障碍儿童拥有必需的运动技能，但他们通常害怕自由移动。一旦他们变得自信，不再恐惧，他们的身体就会变得安全。

要想在游戏中表现得好，视觉障碍儿童需要利用其他感官。他们喜欢玩触觉游戏，以接触有各种纹理和形状的积木、玩具及材料。大多数儿童喜欢玩有特定形状、通过触摸容易识别的物体。形状复杂、柔软、不明确的物体，比如那些用毛皮或棉花制成的物体，会让视觉障碍儿童感到困惑。这些物体对他们来说很难识别，他们也很可能会避免使用它们。

成人可以为视觉障碍儿童提供让他们改变方向、停止以及开始的游戏，从而让他们发展动觉并有机会灵活地移动。与体操和器械训练相比，他们可以通过游戏和其他体育活动更好地发展运动技能。一些视觉障碍儿童在需要平衡感的活动中存在困难，但他们一般能够攀爬绳索或玩一些主要需要触觉的装置，如推着玩的玩具、秋千、跷跷板、双杠、吊环等。当视觉障碍儿童能在戏剧、模仿、艺术和舞蹈中使用身体和面部表情时，他们将能够交流且富有创造力。

视觉障碍儿童喜欢与同龄人交往，并经常与大群体中的小群体建立亲密的友谊，这会限制他们的社交发展。他们应该有机会与更大的群体中的儿童进行社交接触，从而学习如何与同龄人有效地玩耍。他们需要感到安全，知道他们是被社会接受的，并明白他们的缺陷不会限制他们参与游戏和享受游戏。无论是独自游戏还是和同伴一起游戏，他们都理应获得令自己感到满意的游戏活动。

肢体障碍儿童

肢体障碍儿童的游戏活动需要经过精心计划、调整和组织，以确保他们能够充分参与游戏。游戏活动需要为他们提供做选择的机会。不同活动的图片可以用厚层压纸板来展示并分隔一小段距离摆放，让肢体障碍儿童根据图片选择活动。他们可以用拳头指向适当的图片来展示他们的选择。脑瘫儿童需要他们可以看到而不是触摸的材料和玩具，他们的活动范围有限，游戏行为也不频繁，但和其他残疾儿童群体相比，他们的社交频率较高。

如果肢体障碍儿童在治疗或资源室花费了大量时间，他们就可能会发现游戏复杂且具有挑战性。肢体障碍严重的儿童在参与身体游戏时会处处受限，因为他们无法在没有支撑的情况下站立，不能轻松地行走或奔跑，也不能毫无困难地协调手和手臂。由于无法轻松移动，他们可能变得沮丧，但那些能够移动并享受身体游戏的儿童所感受到的挫败感会逐渐减弱。因为感到自卑、难为情、害怕竞争或自我测试，许多肢体障碍儿童拒绝和一群儿童一起玩。

处于危机中的儿童

虽然不需要因为处于危机中的儿童的特定问题而调整游戏环境，但在游戏中，他们的需求必须被考虑到。处于危机中的儿童是指那些面临家庭贫困、酗酒和/或吸毒、虐待儿童、上学、教育失败或族裔等问题的儿童。研究表明，许多生活在贫困条件下的儿童表现出了发育上和智力上的障碍。贫困的条件和父母所处的社会环境会影响处于危机中的儿童的游戏。

有语言和文化差异的儿童

有语言和文化差异的儿童在家庭中出生并在那里社会化，而后逐渐成为社会中有生产力的公民。这些儿童的家庭成员属于不同的文化，有不同的语言。他们的遗传环境，使他们成为原生家庭和文化遗产中独一无二的个体。幼儿园则将自身所处社会的价值观传达给这些有语言和文化差异的儿童。

语言和文化是儿童生活中的主要因素。文化定义了他们独特的经历，而语言帮助他们在社会中与别人交流他们的文化。他们的课程需要"被精心计划、具有挑战性和发展适宜性、吸引人参与、对文化和语言具有回应性、全面且可能促进所有儿童取得积极的成果"（NAEYC & NAECS/SDE[①], 2003, p. 6）。有效课程的指标如下。

> 儿童是积极参与的；目标是明确的，并为所有人共享；课程是以证据为基础的；有价值的内容是儿童通过探究、游戏，在有针对性的、有目的的教学中进行学习的；课程建立在先前的学习和经验之上；并且课程是很全面的。
> （NAEYC & NAECS/SDE, 2003, p. 6）

有语言和文化差异的儿童所说的语言并不是英语。他们是英语语言学习者，他们的课程因此需要有所调整。课程或教学方法的有效性受到多种因素的影响。影响这些儿童学前教育经历和学习的因素，包括儿童接触母语和英语的机会、体验多种语言学习的机会以及家庭参与的程度。

教师需要在各种有意义的社会环境中通过使用顺便提及的方法，使儿童接触单词，从而帮助这些英语语言学习者积累词汇。在学前环境中，对英语语言学习者来说，了解日常单词、短语和表达在游戏环境中的含义是他们所需要适应的一个重要部分。此外，教师可以有策略地使用儿童的第一语言来帮助儿童学习词汇知识，比如通过故事书阅读活动和角色扮演故事等。

[①] 即美国教育部早期儿童专家协会，英文全称为 National Association of Early Childhood Specialists in State Departments of Education。——译者注

在有语言和文化差异的儿童学习如何使用语言的过程中，他们会了解社会环境，发展思维能力，并获得控制自己的行动和思想的能力。文化驱动和社会调节的语言发展进程，能帮助他们构建心理框架（或图式）来理解世界。语言是一种能帮助语言学习者发展一整套复杂的思维能力的思维工具，这种思维能力是一种心理表征，当游戏发挥重要作用时，语言和文化通过这种心理表征来代表儿童的世界。这种观点对于拥有两种或更多种语言（García & Jensen，2010）和文化的儿童尤其重要。

天才儿童

天才儿童的游戏能力与那些比他们年长的正常发展的儿童相似，但他们与正常发展的同龄儿童具有相同的特征。他们的同龄人喜欢和他们一起玩。天才儿童更有想象力，更经常参与与身体、社会性和认知有关的游戏，但他们在游戏情境中的幽默感和影响力与正常发展中的同龄人是一样的。

有些教师期望，天才儿童具有与他们的认知能力相一致的社会成熟度。这种期望只会迫使天才儿童承担他们还没有准备好承担的责任。在整合性课堂中，天才儿童能够与同龄人在共同感兴趣的领域进行互动，也有机会表现出色。他们需要从事那些富有挑战性且能拓展智力的领域。游戏活动可以由适合他们的特定项目组成，包含他们共同的特定兴趣领域，是以共同体为基础的学习活动，或促进更好的学业学习。

天才儿童需要适合他们的丰富活动。这些活动要能够促进他们的创造力和高级认知过程（如预测、计划、决策），应当能发展他们的探究能力、解决问题的能力和情感能力。教师需要为他们提供最合适的教学过程，包括从提供鹰架到促进、从直接指导到探究。天才儿童要有机会发展和探索他们的兴趣，并由此选择适当的内容、过程和产品（Henshon，2010）。教师需要利用游戏促进他们的创造力、高级认知过程、执行操作的能力、探究和解决问题的能力以及情感的发展。

教师要调整材料，以保持年幼的天才儿童的兴趣。他们需要有机会从事独立的工作，探索和协调自选活动，并管理自己的时间。他们需要学习如何与同龄人进行有益的社交互动，分担责任，遵守班级规则。在游戏中，他们可以学习集体做决定并发展社交技能。

教育性游戏

在学前教育阶段，有四种类型的教育性游戏是适合所有儿童的，这四类游戏应当成为整合性班级的一部分。在全纳的环境中，教师需要为残疾儿童提供广泛的教育性游戏活动。为处于危机中的儿童或有语言和文化差异的儿童调整课程，使其包括使用儿童的母语、涉及他们文化和家庭的故事与材料。这在角色游戏中尤为重要。本书第五章提到，教育性游戏由不同类型的游戏组成，包括身体游戏、戏剧游戏、操作性游戏和规则游戏等（见表5.1）。以下是萨拉乔（1984）对这些游戏类型的简要描述。

- 在操作性游戏中，儿童操作小型的装置，如拼图、镶钉或桌面建构套装，还包括那些能让儿童在游戏过程中掌握自助技能的材料。
- 身体游戏需要大量的身体运动，无论有没有用到设备或材料。
- 在戏剧游戏中，儿童在与同龄人玩耍时会模仿角色和关系。
- 儿童也可以玩一些简单的规则游戏，并在这些游戏中逐渐控制自己的随意性，变得有意识，并学会遵守规则。

操作性游戏

在操作性游戏中，残疾儿童通常会玩一些小块的材料，如拼图、奎逊耐棒①或钉子和小钉板。这些可操作的材料帮助他们学会自助技能，这种技能对那些有穿衣困难的儿童来说是必不可少的。他们可以用大娃娃和穿衣架来练习穿衣技巧，并学习如何给自己穿衣打扮。当残疾儿童给一个60厘米高的娃娃穿衣服时，他们可能会做的事情，包括扣扣子、拉拉链、用搭扣扣住、钩住和系鞋带。这些衣服通常有大而结实的纽扣拉链、大钩和按扣（如裤子上的）、直径2.5厘米的大而平的纽扣和拉链拉环。他们同样可以使用穿衣架来练习穿衣，穿衣架上也有一些扣子（就像他们衣服上的扣子一样），这些扣子可以被缝在布料上。

智力障碍儿童通常以重复的动作使用操作性材料。当他们探索这些材料时，他们会推、拉、扔它们。他们往往会把拼图碎片堆在一起，但也可能把拼图碎片放进嘴里。这种行为通常表明，他们的智力发展水平较低。他们仍然在游戏中探索，并用材

---

① 英文为 Cuisenaire® rods，一种数学教具，由比利时的一位小学校长发明，供儿童在学习数学时操作。——译者注

料进行自我刺激。当他们逐渐获得使用材料的经验时，他们的游戏行为变得更有条理。他们逐步积累使用材料的操作技能，并学习如何用适当的方式使用材料，比如旋转卡车的轮子、转动螺栓上的螺母或将钉子放在钉板上。他们一旦知道如何使用不同的材料，就会学习对它们进行分类，最终将有能力整合它们的各种用途。例如：他们将能够断开玩具汽车与玩具火车的连接处，为娃娃脱衣服或解开绳结。

教师在使用操作性材料向智力障碍儿童教授技能时，必须使用任务解构的方法，即把复杂的技能分解成一系列更简单的技能，这可以让这些儿童学习起来更容易。这些儿童在学习如何使用这些材料时，可能需要大量的指导。

视力受损儿童的眼睛或视神经由于发育或受伤而出现功能障碍，最明显的表现是失明或视力有限，如近视、远视或散光（角膜或晶状体不规则）等。事实上，只有少数视觉障碍儿童是完全失明的。许多视觉障碍都可以通过眼镜或隐形眼镜来解决，使视力受损的儿童能正常生活。

操作性材料为视觉障碍儿童提供了具象的经验，帮助他们理解环境，并学习与班上其他儿童所学习的相似的认知概念。当他们在操作性游戏中使用许多不同的材料时，他们能学习识别和区分物体的物质属性。

操作性游戏活动需要让视觉障碍儿童使用他们可能拥有的残余视觉技能。操作性游戏可以提供一系列需要他们使用感官的任务。他们可以通过看或拿、品尝、闻嗅、摇晃甚至摔下来或扔出去，学会感知操作性材料的感官特性。这些材料应该刺激他们的感官意识，并帮助他们发展对材料的理解和技能。操作材料可以最大限度地刺激视觉障碍儿童的感官意识。操作性材料可以有多种用途。例如：轻触一组柔韧的、会发出吱吱声的橡胶玩具所发出的声音，可以促使儿童进行重复的手部活动（如拍打、挤压、触摸）；一些有纹理和明亮颜色的玩具，可以激励儿童探索它们的表面，从而帮助他们发展钳握反射；此外，如果一个动物玩具的不同部分有不同的图形特征，儿童就可以识别动物的不同部分，如动物的脸。教师可以根据视力受损儿童的能力，为这些活动设计难易程度。

使用操作性游戏帮助视觉障碍儿童改善感官体验的方式之一，是让儿童根据物体的形状或纹理进行分类匹配。例如，教师可以将儿童熟知的日常物品放在一个盒子里，然后让儿童把手放在盒子里，通过触摸来识别这些物品。在另一个活动中，儿童可以通过材质的纹理来匹配材料，比如从覆盖着几种不同质地（如粗糙的、光滑的）的材料的两套不同的硬纸板中进行选择。教师可以把不同纹理的材料粘在纸或纸板上，制成纹理书，让儿童触摸和比较。这些材料可以是大小不同但材质类似的材料（如各种大小的球或盒子），也可以是很多具有不同特质的材料，这样儿童可以不用视觉而用其他方式去感受和比较。

肢体障碍儿童的游戏环境需要有所调整，才能让他们参与操作性游戏。如果他们没有能力坐在轮椅上，甚至在家具已经被调整后仍不能坐着的情况下，他们可以躺着练习对手眼位置的控制。当全身肌肉控制能力较弱的儿童坐在桌子旁或躺在地板上时，可以在他们的胸部下方放泡沫橡胶轴。泡沫橡胶轴能够撑起他们的身体重量，让他们使用双手，并固定他们的头部以便他们能看到手和面前的物体。在这个姿势中，他们可以控制自己的头和肩膀。为使泡沫橡胶轴用起来更安全，可以用瓦楞纸板卷起泡沫橡胶做卷轴。如果额外的纸板层是用胶带粘起来或捆绑在一起的，或者如果使用的是中空塑料管，卷轴就会更厚。卷轴必须足够结实，以承受肢体障碍儿童的重量。也可以用可拆清的帆布包裹卷轴。

用于操作性游戏的桌子需要足够高，以确保给轮椅留下足够的空间。可以用木质或橡胶的挡板固定那些没有锁的轮椅。肢体障碍儿童在操作性游戏中需要能够使用手臂。不能自主站立（如使用拐杖）或在没有支撑的情况下无法坐立的儿童，需要有带卡槽和绑带的桌子，这样他们的身体可以被固定在木杆或金属杆上，他们的双手可以被解放出来，让他们自由参与操作性游戏。

有些商业制造的玩具可以帮助脑瘫儿童独立操作材料。这样的玩具可以让这些儿童使用需要技巧的精细动作，并操作玩具上的小部件。对这类玩具进行更有效的改进方式，包括：让玩具更稳定且不易移动，限制可移动的玩具移动，提供用于抓握的辅助工具，提供操作的辅助工具和开关。

身体游戏

尽管智力障碍儿童的身体能力似乎比智力更符合常态，但他们的身体技能仍然是有限的。他们可以进行初级反射运动活动（如跳跃、奔跑、投掷、攀爬），但他们学会双脚跳、跳跃和飞奔的时间比正常发展的同龄人要晚。他们可能会尝试用手腕和手臂去接球，而不是用手。为了方便他们使用，需要对游戏材料进行适当的调整。在他们接球和投球有困难的情况下，他们需要更大、更软的球以及更多的机会来练习接球。他们更喜欢自己能控制的材料。

在不参与假想游戏的情况下，智力障碍儿童是能够使用玩具的。他们需要玩自己感兴趣的玩具。例如，当他们得到一个新球的时候，他们可能探索新球的特质而不是如何使用它。如果他们不能立即玩球，他们通常会变得沮丧，可能需要教师直接教授如何使用那些其他儿童能够轻松使用的操场设备。重要的是，当智力障碍儿童因不能恰当地使用设备而变得沮丧时，他们会有继续游戏的欲望。

智力障碍儿童往往体力不足，容易疲倦。在身体游戏中，教师需要注意并帮助那些表现出疲劳迹象的儿童，需要鼓励他们在游戏过程中休息，或者从更高耗力的游戏转向不需要高能量消耗的游戏。

尽管需要对过度活跃的儿童的游戏进行一些监督和控制，从而帮助他们避免过度疲劳，但情绪障碍儿童会发现身体游戏可以让他们放松并在情感上得到满足。过度活跃的儿童会积极主动地参与大型运动活动。一些情绪障碍儿童会因害怕失败而避免游戏，教师需要调整这些儿童的身体游戏，以确保他们取得成功，而不是变得沮丧。教师需要使用一些策略，以鼓励情绪障碍儿童参与身体游戏并取得成功。情绪障碍儿童需要从成功的身体游戏中获得情感上的满足，并体会到放松的感觉。

视觉障碍儿童有时会因为害怕摔倒而拒绝参加身体游戏。需要他们使用大量肢体技能的身体游戏可能对他们来说毫无价值，因此，必须通过调整才能让他们享受这些游戏。不过，虽然这些儿童视力有限并且需要适应在无法完全看清的环境中运动，但他们仍然有能力参与多种身体游戏。他们在经过一些适应的过程之后，可以参加诸如水上游戏之类的广泛的身体游戏活动。通过玩水游戏，他们学习在倒水的过程中通过听倒水的声音来确定一个容器被装满的程度。学习倒水这一过程与实际生活技能有关，比如倒果汁或牛奶。教师需要给这些儿童提供听觉辨别练习，比如听将液体倒入容器的声音，学习满和半满的概念。他们需要学会通过倾听声音估计液体的深度，避免溢出。他们可以参与与这项活动类似的其他活动。例如，他们可以不倒水而选择倒沙子。他们会发现小罐子里的沙子都可以被倒进大罐子里，而如果把大罐子里的沙子倒进小罐子里，一些沙子就会洒出来。

虽然视觉障碍儿童的视力缺陷不会影响他们的身体机能，但有时他们会拒绝参加身体游戏。他们害怕跌倒或受伤。他们的恐惧常常阻碍他们发展，并阻碍他们表现肢体技能。此外，视觉障碍儿童需要在移动中发展平衡感，并学会利用听觉线索获得更好的运动技能。他们需要这种平衡感来使用特定的游戏设备（如跷跷板、秋千、推拉玩具、攀爬绳、铁环等）。幸运的是，这些儿童有能力学会熟练地移动、弹球、双脚跳、跳跃，甚至溜冰。

视觉障碍儿童喜爱户外游戏。他们会使用秋千、滑梯、绳索、铁环和跷跷板。他们发现树木、风、雨和其他自然元素是令人兴奋的。他们能够了解大自然的四季变化，并享受各种季节性活动（如放风筝、雪上游戏）。

其他可以组织视觉障碍儿童参与的身体游戏，包括拍球、跳绳和跳跃。为了帮助他们在操场上毫无困难地移动，可以给他们提供绳索、地上的轨道和一些特殊标记。此外，可以在球的内部放铃铛，以帮助儿童通过听球发出的声音来定位球，并让他们可以在听到球的声音后抓住它或击打它。在学习规则游戏时，他们可能无法通过视觉模仿同伴的行动，所以他们需要口头指导去学习如何使用设备或如何参与游戏。在介绍一项身体游戏时，教师可能必须在指导儿童的动作时给予身体上的引导。他们在用双脚进行轮滑活动之前，可以先用一只脚学习怎样滑。

听觉障碍儿童所参与的身体游戏不需要经过任何调整。他们的身体技能通常与班级中的其他儿童相同。他们喜欢参加身体活动，并认为这类活动让人有成就感。

肢体障碍儿童在进行身体游戏时需要特别注意。身体机能受损是这些儿童的一大特征，因此他们在身体游戏中需要受到特别关注。理疗师可以提供特定的建议，或者为他们量身定制设备装置。为了安全起见，必须采取预防措施。例如：草地或卵石表面可能会对坐轮椅或拄拐杖的儿童的活动造成困难；在规划身体游戏活动时，需要考虑儿童的残疾程度，特别要考虑教室、户外活动区域和幼儿园的物质特征。不管肢体障碍儿童的身体有怎样的缺陷，身体游戏都可以帮助他们发展基本的运动和社交技能。

坐在轮椅上的儿童参与身体游戏时，可能需要其他人（如助理教师、成人志愿者、实习学生）的帮助。这些儿童需要一个推轮椅的人来帮助他们参加一些身体活动。在参与一个他们喜爱的游戏时，推轮椅的人和肢体障碍儿童都会受益。

一些肢体障碍儿童无法跑得很快，但跑步常常是幼儿园活动的一部分，因此他们可以跑得慢一些，或戴上小的足球头盔或毡帽以避免因摔倒而受伤。他们也可以和另一个同伴组队完成任务。如果一名儿童完成一部分任务，那么另一名儿童可以一起完成整个任务。

戏剧游戏

智力障碍儿童的想象力有限，这影响他们的戏剧游戏，他们的戏剧游戏通常比较简单（例如玩警察和强盗、房子和洋娃娃）。这些儿童玩追逐和抓人游戏，玩射击和逃跑游戏，以及玩娃娃、玩具盘子和家具。他们在娃娃家玩耍，玩假装进食、穿衣和集体生活的游戏。他们模仿的角色源自日常生活，且通常是简单的、非言语的。教师可以给这些儿童读故事，让他们表演故事中的角色。当他们与同伴表演故事时，教师可以对他们和同伴进行游戏辅导。

情绪障碍儿童用戏剧游戏作为宣泄的方法。在表演冲突的场景时，他们把自己从在现实世界中无法应对的情感中解脱出来。然而，这些情绪障碍儿童不应该只被允许表演他们不能处理的情感。由于戏剧是象征性的，因此教师可能在理解这些儿童的游戏意义时存在困难。但这样的游戏对这些儿童来说很重要，因为它们可以帮助儿童应付那些难受的感觉，参与他们喜欢的游戏，并交流他们的想法。木偶游戏、哑剧、字谜游戏和实地参观（如展览、博物馆、图书馆）可以丰富这些儿童的戏剧游戏。

视觉障碍儿童通常把他们大部分的戏剧游戏时间花在幻想的世界里。在戏剧游戏中扮演不同的角色，会增加他们的想象力，带给他们乐趣，减少他们的自我焦虑。除了假装成其他人之外，还需要鼓励这些儿童扮演不同的角色，如风、小猫或花。他们也可以表演日常生活中的事情，比如摆桌子或烤蛋糕。戏剧游戏帮助这些儿童对他们周围的物质世界和社会世界有更多的认识。教师需要仔细规划游戏活动，以便他们能够与所有班级儿童进行戏剧游戏。

听觉障碍儿童需要参与戏剧游戏，因为带有社会属性的游戏对他们非常重要，有助于他们发展社交技能。戏剧游戏中的经验能够帮助他们更好地参与各种社会环境。此外，戏剧游戏由于是需要社会互动的，因此可以促进听觉障碍儿童的口语和语言的发展。

处于危机中的儿童可能没有需要调整游戏的明确障碍问题。然而，他们的游戏必须要考虑到他们的特殊需求。父母的社会环境会影响儿童的社会发展。例如，父母的拒绝会导致亲子关系中的社会性孤立，而父母的接纳会增加儿童与其他成人的交往。可以邀请父母（母亲们和/或父亲们）在儿童玩耍时走进教室。儿童可以与其他儿童的父母或自己的父母在戏剧表演区扮演角色。他们能够对不同的角色的特点有所认知并扮演不同的角色，还可以用此类游戏宣泄需要处理的情绪。在戏剧游戏中，这些儿童享受游戏活动，表达他们对所处环境的感受，并从活动中获得意义。木偶游戏、哑剧和各种各样的道具可以激发他们扮演不同角色的兴趣。

游戏环境需要激发处于危机中的儿童的想象力，从而让他们表演家庭角色。故事、图片和有趣的实地参观可以激励他们扮演不同的角色。来自不同社会经济背景的儿童，可以表演出他们的家庭状况或家庭环境。大多数处于危机中的儿童，是有由亲戚和朋友组成的人际关系网的。当这些儿童面临需要社会调整和帮助来缓解压力的情况时，他们是依赖这个网络的。教师可以帮助家庭建立这一网络，从而促进儿童的游戏。

规则游戏

智力障碍儿童喜欢玩规则简单、重复性强的游戏。游戏需要经过仔细挑选。通过这类游戏，智力障碍儿童获得并记住知识、概念和技能。他们需要这样的游戏：有不多的、简单的规则，不会让他们感到很难记忆，有着吸引人的名称，使用简单的设备和材料。一开始，有些儿童可能在理解游戏上存在困难。他们可以从开始执行游戏的各个小部分（如投球、跑步、标记）开始，最后合并所有不同的部分。教师需要耐心地解释游戏，并为儿童提供练习部分游戏内容的机会，直到他们有足够的能力完全参与其中并且不给班上其他儿童造成困惑。例如，如果他们练习扔球或沿着直线奔跑，他们就可以回忆自己已有的相关知识。他们喜欢的肢体运动（如跑步、向上爬、转身、跳跃），使他们学习游戏和技能成为可能。涉及唱歌、跳舞和讲故事的游戏，可以帮助这些儿童发展推理能力和记忆力。这类游戏应该在开学之初就被引入，以避免任何干扰。

情绪障碍儿童可能难以参与规则游戏，即使这些游戏可以提高他们的合作或竞争技能。合作可能并不总是可行的，而智力性、竞争性或需要单独计分的游戏可能对一些儿童来说会造成很大压力。因为他们的兴趣保持时间很短，所以这些儿童需要参与简单的游戏。应避免需要游戏者之间进行身体接触的游戏，因为它们可能会造成一些问题。然而，如果这些儿童在游戏中取得成功，他们也会从游戏中体验到一种极端的满足感，这种满足感与他们完成一件作品或一件艺术品后得到的满足感类似。

听觉障碍儿童能够和其他儿童一起玩规则游戏，但是他们在需要丰富想象力的语言游戏上存在问题。因为他们在学习新游戏时往往存在困难，所以他们会坚持玩旧游戏。他们并不想调整游戏，创造新游戏或学习新游戏。他们在游戏结构上没有任何问题，但在游戏的语言元素上存在困难。他们可能听不清指示，不能遵守游戏规则。参与拔河、接力赛等团队比赛的游戏不需要口头交流，这类游戏能够促进竞争和合作。儿童需要理解这些游戏中的指令。教师应当在一开始就给予指导，不应该期望这些儿童从别的儿童那里学会规则。如果所采用的教学方法是全面的，儿童将学会应当做什么，因为他们不会忘记学过的游戏、技能或舞蹈。

教师可以将需要口头参与的游戏作为小组游戏介绍给听觉障碍儿童，在这些游戏中，听觉障碍儿童可以一致地做出回应。他们需要知道新游戏的具体细节。如果他们不能理解游戏中所有的听觉线索，这些线索就需要被调整。

视觉障碍儿童所需要的规则游戏既不能困难到使他们沮丧，也不能简单到引起他们的反感。简单的游戏会让他们觉得自己没有能力，而困难的游戏会让他们受挫。通过游戏，这些儿童学习大小、形状和空间布局。当他们在同一个地方反复玩游戏时，他们会获得安全感。因为这些儿童记住了这一游戏空间里的所有东西（如设备、移动设施），所以如果有什么变化，需要告知他们。当这些儿童在小组中游戏时，教师可以协助他们。这些儿童无法阅读非言语的信息（如眼神、面部表情），因此，在游戏过程中，每个人都需要口头谈论游戏，让这些儿童听到，这样他们就不会觉得被遗漏。他们还需要知道每个人（如教师、其他游戏者）的确切位置。每个人都需要互相交谈，并与视觉障碍儿童交谈，表明自己是谁并告知自己的位置，让儿童知道他们在哪里、他们在做什么。教师需要给予他们鼓励，给予他们宽容的方法，激发他们的想象力。视觉障碍儿童不需要被过度纵容：他们需要享受一个有趣且富有挑战性的游戏。

肢体障碍儿童有能力玩基本的儿童游戏，他们可以用有力、灵巧的手臂动作，也可以在空间中移动物体，还可以玩他们能控制的装置或材料。大而轻的球、沙包或气球都可以被用来投掷着玩。这些儿童也可以玩那些扔出之后会自动返回的玩具，因为有弹力绳连接着，或者表面是平铺的。不过，他们需要额外的教师指导、有限的游戏空间和用来限制活动区域的灯光设备。比起全新且不熟悉的游戏，他们通常更喜欢自己已经熟悉的游戏，特别是非竞争性的游戏。为了适应使用拐杖或轮椅的儿童，游戏需要被调整。例如，他们可以用气球玩抛圈或排球游戏，因为气球移动和降落的速度很慢。他们只需轻轻拍打气球就可以让气球停留在空中，且强力的撞击不会让气球飞出界外。

处于危机中的儿童喜欢玩有吸引力的游戏，更喜欢那些让他们感兴趣的游戏。他们喜欢可以用到色彩明艳、质地和形状丰富的材料的游戏，更喜欢包含唱歌、哑剧和吸引他们的故事的游戏。

有语言和文化差异的儿童

儿童需要接触来自多种文化的游戏，以促进其对其他语言、文化和社会的理解、包容与兴趣。多元文化游戏可以帮助儿童理解和欣赏不同的语言及文化。儿童需要玩有趣的、富有启发性的多元文化游戏，就像下面讨论的那样。

"1、2、3，龙"是在春节期间可以和儿童讨论并玩的中国游戏。小朋友们排成一列，第一个小朋友是头，最后一个小朋友是尾。每个小朋友都抓着前一个小朋友的肩膀。所有人大喊"1，2，3，龙"时，"头"就跑来跑去抓"尾"。一旦有一个小朋友没有抓住前面小朋友的肩膀，这一轮就结束了。原先的"头"就变成尾巴，本来站在"头"身后的下一个小朋友就成为"头"。

智利的木棍游戏是一种通常在户外进行的流行游戏。在室内玩这个游戏时，则可以用杉树支架。

1. 把木棍的一端埋起来，使它直立起来。
2. 在木棍周围画一个直径约为 1 米的圆，使木棍在圆圈中间。
3. 在木棍的顶端放一枚硬币。
4. 让小朋友们站在距离木棍约 1.5 米远的地方。
5. 每个小朋友都投掷不同的硬币，轮流尝试把硬币从那根木棍上撞掉。
6. 每次木棍上的硬币被撞到圆圈外，投掷硬币的小朋友就会得到一分。累计得分最多的小朋友获胜。

物 质 环 境

需要仔细评估物质环境，以帮助有不同需求的儿童更有效地参与游戏。在整合性的机构中创设游戏环境和调整儿童的游戏活动时，必须考虑到每名儿童的能力。教室的安全对所有儿童，尤其是残疾儿童而言，是至关重要的。一种环境可能对正常发展的儿童来说是安全的，但对残疾儿童不然。例如，教室中的家具摆放看起来可能是安全的，但因为视觉障碍儿童会利用他们的记忆和动觉在教室里走动，所以在改变教室的环境布置之前需要通知这些儿童。此外，也需要为肢体障碍儿童改造教室中的家具，例如，在桌腿底部放置橡胶头以保持桌子的稳定是必不可少的。

除了确保环境对残疾儿童是安全的之外,教师还需要设法增加机会,让这些儿童以令人愉悦且富有教育性的方式进行游戏。游戏材料必须经过精心挑选,以激励这些儿童轻松地使用它们。教师必须意识到,在创设游戏环境和为有不同需求的儿童提供材料时,需要进行一些调整。对所有儿童来说,两大要素包括游戏中的新奇性和针对特定游戏对象的几种练习模式的灵活性。

社会环境也同样重要。教师可以邀请正常发展的儿童与有不同需求的儿童一起游戏。教师需要确定一次有多少这样的儿童可能被邀请一同游戏,并确定这些儿童需要什么样的指导。社会环境,对有语言和文化差异的儿童来说非常重要。儿童和他们的家庭呈现出语言和文化日益多样化的特点。教师需要为儿童提供一个重视多样性的环境,支持他们与家庭和社区的关系,并保持儿童的母语和文化的独特性。提供这样的支持,需要教师承认、理解、尊重和接受他们的文化和语言差异(Saracho,2010c)。

本 章 小 结

无论是在家里还是在学校,游戏都是儿童生活的重要组成部分。游戏环境必须包括残疾儿童和非残疾儿童,教师必须认识到每名儿童的特定缺陷所带来的特殊需要和限制。在创设尽可能有效的环境,并为所有儿童提供有趣、有教育意义和实用的宝贵游戏机会的过程中,这些问题都应当被考虑进去。有不同需求的儿童面临着一种干扰其正常发展的挑战。每名儿童都有游戏的需求和权利,因此,教师有责任提供适当的环境和机会来实现这一点。

为有不同需求的儿童提供的游戏环境必须包括各种各样的游戏区,确保所有儿童在游戏中都得到支持。活动区(如娃娃家、积木建构区、操作材料区、图书区、音乐区)是安排游戏材料的实用方法。每个区都应该有可供所有儿童使用的材料。本书第五章对学习区进行了详细的描述。

游戏环境必须对所有儿童而言都是安全的。有些情况对正常发展的儿童而言是安全的,但对残疾儿童来说是危险的。游戏材料和环境的安全性,与儿童发展的适宜性同样重要。必须建立并明确说明游戏区内的界限和规则,如可被接受的行为。戏剧游戏区需要有一些游戏道具,如服装和不同的手工艺品等,它们展示了所有儿童都感兴趣的游戏主题。

操作性游戏区应该有适合所有儿童的桌椅。可操作的材料需要以便于所有儿童使用的方式被展示，并便于回收、储存和清理。室内外的身体游戏必须提供足够的空间和适宜的设备。要注意儿童的安全。儿童可以根据游戏类型在不同的环境中玩耍。

考虑有不同需求的儿童的情况和要求很重要，但最重要的是，要牢记这一事实：他们首先是儿童，他们的基本需求与所有儿童相似。这些基本需求必须是教师的主要关注点，只有这样，教师才能引导有不同需求的儿童获得富有成效的教育经验，并帮助他们成为班级的重要成员。

本章介绍了有不同需求的儿童以及他们在游戏时的特点，也讨论了游戏的重要性，以及如何根据有不同需求的儿童的特点来调整游戏，包括残疾儿童、处于危机中的儿童以及有语言和文化差异的儿童。本章还呈现了有不同需求的儿童所受到的干扰其正常发展的挑战，描述了有关这类儿童的游戏活动，包括象征性游戏、社会性游戏和教育性游戏以及物质环境。接下来的章节将提供更多的例子，以阐释全纳环境中有不同需求的儿童的游戏。

第四部分　教育观念

第七章
社会研究——游戏学习经验

> 广义而言,教育是生活中社会延续的手段。
>
> (Dewey,1916,p.3)

向儿童传递文化或生活方式,是一个主要的教育目的。社会研究能够帮助儿童获得适应社会生活所需的知识、技能、态度和价值观。它关注人及其与他人和整个环境的互动,以传递一种生活方式,同时,它培养儿童具备改变和改善生活方式所需的技能、知识、态度和价值观。社会研究涵盖社会科学领域的所有学科。关于人和世界的本质、过去的遗产和所有当代生活的一切都被认为是社会研究(Seefeldt et al.,2013)。NCSS 是世界上流行的社会研究教育者专业组织,它这样描述社会研究。

> ……综合研究社会科学和人文科学,以提高公民能力。在学校课程中,社会研究利用人类学、考古学、经济学、地理学、历史学、法学、哲学、政治学、心理学、宗教学和社会学等学科,以及人文、数学和自然科学的适宜内容,提供协调、系统的研究。社会研究的主要目的,是帮助年轻人在相互依存的世界中作为多元文化、民主社会的公民,为公共利益做出明智且合理的决策。
>
> (NCSS,2010,p.6)

社会研究可以提高儿童的公民能力,包括积极参与团体和公共生活所需要的知识、智力过程和倾向。公民能力有助于儿童学习民主的理念和价值观。它还帮助儿童发展使用有关所在社区、国家和世界的知识的能力。儿童需要变得知识渊博、技能娴熟并致力于民主,这样他们长大后才能作为全球共同体中的一员帮助维持和改善民主的生活方式(NCSS,2010)。

需要为儿童提供有目的且有意义的学习活动，这些活动要具有挑战性、高质量且适宜发展。社会研究教育需要融入儿童的课程，使儿童成为民主社会的有效参与者。儿童需要变得独立并擅于合作，以解决复杂的社会、经济、道德和个人问题。儿童需要获取知识、技能和态度，从而成为见多识广、有思想的社会成员。社会研究课程需要关注四个核心的概念：公民、经济、地理和历史。

在一个有效的社会研究项目中学习的儿童，要学会为他们一生中作为公民参与社会生活打下重要的基础。世界在迅速变化，人们生活在族裔、语言和文化更加多元的环境中。幼儿教师需要做好准备，重视并教授比过去更加多样化的儿童以及接触其家庭群体。社会研究在学前教育课程中是必不可少的，因为它能够帮助儿童为理解和有效参与日益复杂的世界做好准备。

需要为儿童提供机会，使他们能够通过充满活力且有意义的教育探索人类经验的多样性和复杂性。他们需要以民主原则为基础，并沉浸在发展适宜的民主战略中，以获得基本技能，准备好在以全球化、相互依存、人类多样性和社会变革为标志的国家和世界中，以相互尊重和智慧的方式一起工作。本章的目的是介绍社会研究领域的学前教育先驱、当代学前教育的影响以及社会研究中的项目、课程知识、游戏学习区、道具箱、实地参观、博物馆和主题单元等。

社会研究领域的学前教育先驱

曾有几位学前教育先驱提出了针对儿童的具有创新性且有意义的社会研究方法。受约翰·杜威的影响，美国教育实践者帕蒂·史密斯·希尔（Patty Smith Hill）认为，儿童的社会活动是知识的基础。戏剧游戏主题可以帮助儿童了解世界。儿童与家人、朋友等一起表演他们的经历，这样的经历可以被重复、解释并扩展（Hill，1913）。

另一位学前教育先驱——美国研究者露西·斯普拉格·米切尔（Lucy Sprague Mitchell，1934）开发了一个项目，利用儿童在个人环境中的经验帮助他们学习基本的地理概念。她提供了具体的材料，帮助儿童理解为他们提供复杂知识的抽象思想。玛丽亚·蒙台梭利（1912）也创造了具体的材料来帮助儿童理解抽象的概念。她使用时间线，帮助儿童将历史事件置于时间框架内。例如，当儿童用绳子测量距离来表示时间时，他们可以在历史时间的框架内理解事件之间的关系。儿童在使用地图拼图时，能够了解地理。

在20世纪30年代，像约翰·杜威这样的进步教育家建议，社会研究要成为利用儿童的兴趣进行基于活动的学习的基础。杜威主张，学习需要直接经验和各种教学资源。他认为，发展适宜的学与教活动需要帮助儿童获得熟悉的日常生活经验和未知的日常生活经验（Dewey，1916）。在农业社区，儿童可以在教室里种植小麦，观察并记录植物的生长过程，而城市的儿童可以了解牛奶车司机和扫烟囱的工作（Mindes，2015）。

当代学前教育的影响

在20世纪60年代，杰罗姆·布鲁纳（1960）的工作支持以儿童为中心的社会研究课程和教学法。布鲁纳建议采用螺旋式课程，以发展适宜的方式教授儿童社会研究主题，如民主。例如，儿童可以制定班级规则以维持秩序并公平对待每个人（Mindes，2015）。布鲁纳的方法有助于探究式教学，它会成为教授社会研究的主要方式。他还强调，在社会研究的学习过程中要边做边学。

社会研究项目

在社会研究中，儿童研究社会在过去、现在和未来的政治、经济、文化及环境。社会研究内容包括历史学、经济学、地理学、政治学、社会学、人类学、考古学和心理学等领域。这些内容丰富、相互关联的学科，对成为有思想的公民来说至关重要。佩斯（Pace）是一位大学教授，其观点被社会研究教育工作者广泛接受。

> 如果这种民主要生存和繁荣下去，对历史、政治和文化的深入理解是必不可少的。社会研究方面的有效教学帮助学生在公民、经济、地理和历史等核心内容领域建立持久的理解，确保他们准备好并愿意承担公民责任。有效的社会研究学习，会帮助知识渊博和具有公民意识的公民维持并建立民主传统。
>
> （Pace，2007，p.27）

对所有年龄阶段的个体而言，社会研究有多种功能。社会研究课程为他们提供有关过去的知识，这对他们很重要：能够帮助他们管理现在，规划未来；了解并有效参与他们所处的世界；沟通他们与其他人、社会、经济和政治机构的关系。根据NCSS，儿童进行社会研究学习的目的如下。

> ……创设学习环境和确定指导方针，使每个学生都能理解、参与并就他们所处的世界做出明智的决定。社会研究解释了学生与他人、机构和环境的关系。它使学生具备应对现在和规划未来所必需的有关过去的知识和理解。它为学生提供了富有成效的解决问题和决策的技能，以及评估问题和进行深思熟虑的价值判断的技能。最重要的是，无论是在学校、社区还是世界，它都将这些技能和理解整合到负责任的公民的参与框架中。
>
> （NCSS，2019，pp. 1–2）

社会研究内容为儿童提供了有效解决问题、做出决策、评估问题和深思熟虑地进行价值判断的能力。最重要的是，它帮助儿童将这些能力和理解融入一个框架中，使其作为公民负责任地参与游戏小组、学校、社区或世界中（NCSS，2019）。

社会研究课程使用策略和活动让儿童参与重要的想法，并帮助他们将所学的知识与已有的知识和当前的问题联系起来，对他们所学的知识进行批判性和创造性地思考，以及将所学知识应用到生活中。主动学习不仅仅是动手。NCSS（2019）的观点如下。

- 当儿童用大量的资源进行独立或协同工作时，他们能够理解概念、做出决策、讨论问题和解决问题。
- 儿童需要有建构意义的机会。他们需要得到明确的解释，并被允许提出和回答问题，讨论或争辩意义，并在可以运用批判性思维的项目中做事。
- 儿童需要在活动中使用几种不同的学习模式，分析社会研究内容。

社会研究课程整合了人类跨越时空的完整经验，将过去与现在和未来联系起来。它侧重于核心的社会学科，包括艺术、科学、人文科学、时事、当地例子和儿童个人生活方面的知识（NCSS，2019）。

通常，在学前教育的社会研究项目中，儿童的经验包括在时间和空间上与他们接近的事物及事件，主题涉及家庭和家人、学校（如教室）、邻里（如商店、超市、加油站）、当地社区（如社区服务、机构、工人）、交通和通信。儿童可以比较社区之间的异同（如城市社区与农村或郊区社区）。随着经验的积累，儿童的学习会扩展到时间和空间上更遥远的事物。例如，他们对家庭生活的了解可以扩展到其他国家、更广泛的社区比较研究、社会科学概念。儿童也可以在经济学领域了解消费者和生产者之间的关系，还可以了解社会学领域中人们的行为和互动。根据萨拉乔和斯波德克（2007a）的观点，适宜儿童发展的社会研究概念可以从以下领域获得。

- **历史教学**。这对儿童的智力发展很重要，因为他们会学习有关时间和历史的重要概念；4岁儿童能够区分过去和现在，五六岁儿童能够理解事件的周期性和连续性。当儿童学习历史事件和思想时，他们可以学习与历史相关的重要时间概念（见专栏7.1）。

专栏 7.1　使用时间线教授个人历史

根据每个孩子的年龄，每年剪一段大约30厘米长的绳子。用30厘米（1岁）来记录，标记一端是出生，另一端是孩子的年龄。分发家庭便条，要求孩子的父母提供代表他们孩子不同年龄的图片或纪念品（如照片、第一双鞋、婴儿玩具），并注明年龄。让孩子以适当的间隔将物品系在绳子上。请儿童谈谈不同年龄时的自己。讨论每个孩子是如何改变的。

（Spodek & Saracho，1994b，p. 422）

- **地理教学**。世界是一间实验室，能够帮助儿童理解与地理概念相关的空间（Mitchell，1934），如拓扑空间（邻近、封闭、连续、分离、秩序等）。儿童需要知道事物在空间中的相互关系以理解地理概念（Sunal，1993）。然后，他们可以解释有关自己所处的环境的简易地图（见专栏7.2）。

专栏 7.2　绘制地图

鼓励儿童绘制自己的地图。他们可以绘制自己去过或只是想象的地方的虚构地图。他们可以使用毛毡记号笔，但也可以使用积木和牛奶盒，以实现三维效果。儿童在能够

> 阅读地图之前，可能可以很好地构建、绘制地图或给地图涂色。
>
> （Fromboluti & Seefeldt，1999，p. 10）

- **政治社会化**。儿童是天生的政治思想家（Sunal & Haas，2007）。他们能够学习有关选举过程、投票过程以及地方和国家候选人的资格的知识。利用这些事件，可以帮助儿童实现政治上的社会化。例如，在选举期间，儿童可以谈论职位和候选人，然后通过角色扮演选举过程来理解这件事。儿童可以假装选举候选人或班级里的管理者（见专栏7.3）。

专栏 7.3 举行班级选举

让儿童对课程中的某些元素进行投票（例如一周中他们最喜欢阅读的故事、一周中他们最喜欢唱的歌曲及他们最喜欢的活动区）。与儿童讨论这个过程：每个人只能做出一个选择，每个人的选择都被记为一次"投票"，每一张票都被记录下来，最后得票最多的人是赢家。小学低年级的孩子可以标记他们投入投票箱的无记名选票，然后由儿童委员会统计这些选票，并在课堂上宣布结果。年幼的孩子可能会将一块积木叠放在另一块积木上，并将其放在标记为"特定候选人"的积木堆中。由此，儿童会看到他们投票的结果。可以讨论这样一个事实：虽然不是每个人都投票给获胜者，但最终结果反映了全班的观点。

如果有选举，那么儿童同样可以在班级里举行模拟选举。

（Spodek & Saracho，1994b，p. 424）

- **经济学**。即使是5岁的孩子，也可以学习和使用经济概念来做决策。非常年幼的孩子也具有相关知识，如经济态度、他们的第一次直接经验和认知能力。儿童每天都有经济活动，例如与父母一起去商店购物。他们观察交易，了解到每件商品都有价格并且可以用钱购买。儿童可以扮演这些角色（见专栏7.4）。

专栏 7.4 班级烘焙销售

教师和儿童一起组织一次糕点销售活动。儿童制作饼干、巧克力蛋糕或其他可以卖

> 给幼儿园里的孩子们的零食。让儿童追踪他们为原料支付的费用。他们应该确定每件商品的售价，讨论是想亏钱、赚钱还是不想从销售中获利。可以在幼儿园为销售活动做广告，比如在布告栏上张贴通知、在幼儿园公共广播系统（在有的情况下）上发布公告或者以孩子们想到的其他方式。为销售设定时间并安排各种角色：谁将成为销售人员，谁将收钱，谁将应对变化。年幼的儿童如果在销售中需要帮助，就可能会招募父母或年龄较大的儿童来帮忙。销售结束后，与儿童一起弄清楚他们是否赚钱或亏钱。如果赚钱了，他们可以决定如何花这些钱，例如为班级买一些东西、举办派对或为慈善事业做出贡献。
>
> （Spodek & Saracho，1994b，p. 426）

社会研究侧重于通过综合的、以项目为导向的方法来教育儿童。学龄前儿童可能会研究，美国佛罗里达州的人为什么在12月穿着与纽约人不同的衣服。儿童可能有机会探索，气候如何帮助人们决定一年中需要穿哪些衣服。儿童可能会看气候图，制作气象图表，阅读有关天气和衣服的故事，收听电视上的天气频道，在互联网上探索天气，并绘制、剪切和粘贴来自杂志或互联网上的图片以比较气候差异（Mindes，2015）。《四季小屋》①（*The House of Four Seasons*，Duvoisin，1956）和《树真好》②（*A Tree Is Nice*，Udry，1987）是帮助儿童比较季节和讨论不同气候的好书。

社会研究中的概念是围绕儿童在家庭、社区、更广泛的社会以及在时间和空间上更偏远的社区中的人类基本需求而组织的。儿童最好通过幼儿园、家庭、邻里和城市等主题来学习这些概念。例如，关于面包店的主题，儿童可以去面包店进行实地参观。他们能够看到顾客挑选面包并付钱。儿童可能会得到一些钱，这样他们也可以买面包。当他们回到教室时，他们可以去戏剧游戏区设置的面包店，通过角色扮演表达他们对实地参观的理解，从这次经历中获得意义。根据儿童的学习能力，他们的所有活动都需要是发展适宜的（Saracho & Spodek，2007a）。

在社会研究中，儿童从家庭、班级和社区开始，学习在不同大小的集体中与他人一起生活和做事。他们还需要学习社会科学中发展适宜的概念，这是社会教育的基础（Saracho & Spodek，2007b）。NCSS（2019）提倡儿童高质量社会研究课程的重要

---

① 该书的简体中文版已由中信出版集团于2021年出版。——译者注
② 该书的简体中文版已由二十一世纪出版社于2009年出版。——译者注

性，也就是说，即使是幼儿园里最小的孩子也需要高质量的、富有洞察力的、积极的教学，因为他们将成为明天的领导者。因此，重要的是增强儿童及其所在的社区、家庭和幼儿园以及更广泛的社会的力量，并促使社会中的成人和儿童以多样的方式进行互动和学习。

儿童需要学习如何成为民主社会中的有效成员。世界需要他们成为社会、经济、伦理和个人方面独立和合作的问题解决者。因此，社会研究变得与阅读、写作和计算等学科领域一样重要。儿童需要具备相关知识、技能和态度，才能成为有见识和有思想的社会成员。然而，有效的社会研究项目建立在儿童先前的学习和经验之上。社会研究项目也重视培养儿童对尊重他人的学习：平等、公平和正义。它还培养儿童成为具有批判性和创造性的思考者，具备参与社会的能力。儿童需要获得关于他们所生活的世界的知识，才能成为多元化和全球化社会中成功的一员。学前教育中的社会研究，可被用于以不同的方式支持多元文化教育。它有助于在班级里展示儿童的个人文化。在社会研究中，教师可以在班级里规划和整合各种文化活动（Saracho & Martínez-Hancock，2004）。有效的社会研究项目为儿童提供适宜的环境，让他们成为民主社会中高效的成员（NCSS，2019）。

社会研究课程知识

社会研究帮助儿童在更大的集体中承担责任并了解他们的社会组织。他们开始了解社会中的价值观、仪式、象征和神话。在社会研究中，儿童可以了解不同的节日庆祝活动、有关历史人物和英雄的故事以及有助于他们了解社会组织和预期角色及行为的传统歌曲（Saracho & Spodek，2007b）。

社会研究可以与课程中的其他知识领域相结合。一个社会研究单元可以促进学龄前儿童对数学和科学概念的学习（Charlesworth，1988）。他们使用积木、模型或透视画作为单元的一部分来进行建构，然后表演，以学习社会角色和表达自己的方式。他们使用图片、涂色画、绘画和建构物来非正式地交流他们所学的知识。

音乐和文学有助于儿童了解一种文化的符号系统和价值观。高质量的儿童文学，有助于儿童了解他们可能难以理解的人物、机构和社会关系。当优秀文学作品中的人物分享自己的感受时，儿童甚至在他们能够在智力上理解人物之前就能与人物产生共鸣。民族音乐、歌曲、故事和诗歌有助于儿童的社会学习。几何中拓扑的主要概念帮助儿童理解地理和地图。在看地图时，儿童确定地点并估计距离的远近。

儿童使用木偶把社会事件戏剧化。书籍将此类事件告诉儿童。儿童利用这些信息创作和编写故事，以表达他们对这些社会事件的理解。语言帮助儿童理解信息并与同伴分享。他们通过角色扮演来探索戏剧游戏中不同的角色和他们之间的关系。教师还可以在班级里展示反映各种文化的戏剧游戏活动。

课程标准

NCSS（2010）为社会研究制定了课程标准，以提供有原则性的框架，指导教师基于教学目的选择和组织知识及探究模式。课程标准提供了用于组织所有年龄段社会研究课程的主题。尽管所有主题（见表7.1）都高度相关，但某些主题对特定的年龄组而言可能更为重要。

表 7.1　社会研究课程标准中的主题

1. 文化。社会研究课程应包括为研究文化和文化多样性而提供的经验。
2. 时间、连续性和变化。社会研究项目应包括为研究人类在不同时期如何看待自己而提供的经验。
3. 人物、地方和环境。社会研究课程应该包括为研究人、地方和环境而提供的经验。
4. 个体发展和身份。社会研究课程应包括为研究个体发展和身份而提供的经验。
5. 个体、团体和机构。社会研究项目应包括为研究个体、团体和机构之间的相互作用而提供的经验。
6. 权力、权威和统治。社会研究项目应该包括为研究人们如何创造、互动以及改变权力、权威和统治结构而提供的经验。
7. 生产、分配和消费。社会研究项目应该包括为研究人们如何组织生产、分配以及消费商品和服务而提供的经验。
8. 科学、技术和社会。社会研究项目应该包括为研究科学、技术和社会关系而提供的经验。
9. 全球连接。社会研究课程应该包括为研究全球连接和相互依存而提供的经验。
10. 公民理想和实践。社会研究课程应该包括为研究公民的理想、原则和实践而提供的经验。

主题分支来自几个相关学科，为社会研究课程的设计提供了一个框架。它们强调跨学科关系的重要性，这可以培养儿童创造性地解决问题和决策的能力。这种关系还为儿童提供了思考所有学科的观点、知识和数据收集技能的机会，并激励儿童在重视文化多样性的学习共同体中与他人互动。

设计社会研究中整合性的游戏学习区

可以通过创设班级环境来重现儿童游戏、探索和学习的真实世界。

> 整个学校的精神获得重生。它使学校有可能与生活联系,成为儿童生长的地方;在那里,儿童通过直接生活进行学习,而不只是学习课程,这为儿童提供了未来可能的生活中比较抽象和遥远的参考。这样的学校有可能成为一个小型的社会,一个雏形的社会。
>
> (Dewey,1943,pp. 31-32)

可以通过学习区重建现实世界,从而为儿童提供许多学习社会研究和现实世界概念的机会。

儿童在精心设计的学习区中游戏,这为他们提供了丰富的机会获得与社会研究相关的知识。拉波(Labbo)提供了下面这个例子。

> 5岁的弗朗西丝坐在幼儿园里的旅行社游戏区中,肩上扛着一个玩具电话听筒,她在纸上的一行数字下面添加了两条波浪线。当她对着假装的电话说话时,她在每一行潦草的字迹后面画个钩。"好的。你可以在今天出发旅行。你可以坐火车、飞机或公共汽车。(她停顿了一下,假装在听。)你想坐火车?你可以来找我拿票,好吗?祝你今天过得愉快。"
>
> 弗朗西丝挂断电话后,马奎斯和阿特蕾西亚各自提着一个小手提箱和一把游戏钱币立即进入了游戏区。"我们想要车票……火车票,麻烦你了。"阿特蕾西亚解释道。弗朗西丝从桌子对面走到几堆色彩鲜艳的矩形纸片前,拿起孩子们设计的几张火车票和一张地图。在短暂地用游戏钱币换取了假装的门票和地图后,弗朗西丝说:"地图会告诉你们要去的地方。旅行愉快。"当马奎斯和阿特蕾西亚离开后,弗朗西丝将"电话留言"撕碎,扔进垃圾桶。
>
> (Labbo,1998,p. 18)

三名儿童结束游戏后进行讨论,并向成人口述了他们的经历。弗朗西丝在她的故事中添加了一个插图,并在圆圈时间与全班分享。然后,她的故事被展示在公告板上，供其他人观看和阅读。在这个学习区中，儿童正在学习服务业、各种类型的交通和旅行、经济学的主要原理、地图的用途、笔记的简要使用以及商业中使用的通信系统。

学习区为儿童提供了学习社会研究概念的自由。这些学习区是教室内很容易找到的空间。每个学习区都备有设备、材料和家具，以满足特定的目的和目标（Seefeldt et al., 2013），包含社会研究概念、学科领域或主题。儿童游戏的环境很重要（Bagley & Klass, 1997）。主题游戏与不同的设备、道具、材料和教室布置相辅相成。道具需要与主题和场景相匹配。同时，为儿童提供一个友好、熟悉和温暖的环境以促进他们的社交能力也很重要。

学习区应邀请儿童个人和儿童小组来探索并学习社会研究概念。例如：在餐厅区，送货车只需要一名司机，这意味着儿童将独自游戏；而在一个拥有烘焙设备和面团的面包店学习区，一群儿童可以参与这个区角活动（Petrakos & Howe, 1996）。学习区是班级中的特定区域，拥有与主题概念相关的各类材料（Johnson et al., 2005）。这些区角应当清晰、有区别且容易被看见。材料的相似性促使儿童参与某些活动或体验（Norris et al., 2004）。当儿童在学习区与这些材料以及其他儿童互动时，他们会发现并学习基本概念（Johnson et al., 2005）。当儿童参与以下活动时，学习区能够帮助儿童适当地从中获得学习。

- 动手的、社会性的和积极的游戏活动。
- 用材料进行的有意义的活动。
- 能够使儿童按照自己的节奏进行的活动。（NAEYC, 2020）

学习区的创设和使用应类似于工作坊，而不是像传统教室一样。儿童应该能够自由选择学习区、每个区角的活动以及他们自己的学习，这会促使教学个性化（Seefeldt et al., 2013）。

学习区可以聚焦于社会研究内容，如具有历史意义的事件。当儿童在情感上融入他们正在学习的历史人物时，他们就会对历史产生兴趣。儿童在表演他们的生活时可以将历史人物视为真实的。他们会意识到，过去的人们和今天的人们一样，都会遇到没有快速或简单的解决方案的问题（Witte Museum, no date）。儿童可以通过参与学习区内聚焦于单个话题或主题的学习活动来进行学习。就社会研究而言，戏剧游戏区是使用得最多的区角。

戏剧游戏区

戏剧游戏区为儿童提供了在表演个人经历时获得知识的机会。典型的戏剧游戏区被设计为一个娃娃家,包含用于从事工作和扮演家庭角色的道具。基于社会研究的主题,教室里可能会在传统的娃娃家之外设置额外的戏剧游戏区,包括杂货店、餐厅、火箭船、药房或海盗船。研究表明,这种类型的学习区能够激励儿童参与游戏,并促进他们在社会性游戏和认知游戏中的互动(Petrakos & Howe,1996)。可以设立学习区来强化社会研究概念。根据儿童的兴趣和经验,社区中的其他商店也可以被复制为学习区。一个带有各种标志的大型包装箱、窗帘和各种道具可被用于邮局、卡片商店、美容院、理发店、五金店、加油站、药店、玩具店、自助洗衣店或银行。儿童有关于这些类型的商店的经验。他们如果感兴趣,就能重新创造这些活动(Seefeldt et al.,2013)。

可以通过使用激励儿童扮演各种角色的道具来加强他们的社会研究经验。在去看牙医时,建议增加一面镜子、椅子和白衬衫;在去机场时,建议增加手提箱和售票处;如果邮递员与班级儿童进行交流,那么肩包和帽子可能会被添加到戏剧游戏区。儿童感兴趣的区角如表 7.2 所示。

表 7.2 社会研究区

• 餐厅	• 美容院	• 邮局
• 超市	• 理发店	• 报社
• 医生诊室	• 建筑工地	• 警察局
• 兽医办公室	• 机场	• 消防站
• 医院	• 加油站	• 图书馆

娃娃家

娃娃家鼓励儿童扮演未来的成人角色。他们重建成人世界,以便能够理解它并与他人和物体互动。儿童喜欢在娃娃家游戏,尤其喜欢使用与成人所使用的相似的设备和熟悉的材料。

> 从这个熟悉的基线出发,儿童可以在刺激变化的驱使下进入未知的世界,而当他发现自己的已有知识和他遇到的新奇事物之间有太多的不一致时,可能会再

次回到这个基线。

（Curry，1974，p. 66）

娃娃家需要包括各种装扮物品：鼓励儿童扮演不同角色的衣服。他们可能会使用废弃的蕾丝窗帘饰片作为婚纱、祖母的披肩或裙子。各种各样的帽子可以激励儿童扮演许多不同的角色。娃娃家可以包含的其他物品还有娃娃、炉子、厨房用具、平底锅、椅子，以及可以在家里找到的其他物品。NCSS所建议的所有领域中的学习都可以通过在娃娃家使用道具来推进，举例如下（Seefeldt et al.，2013）。

- **经济**：游戏钱币、钱包、杂货秤、收银机、空白收据簿。
- **历史**：太阳帽、长裙、牧场礼帽。
- **地理**：路线图、旅行服装、有轮子的玩具、方向盘。
- **国际教育**：其他国家的衣服、游戏等事物。

由于戏剧游戏有助于儿童的社会性和情感发展，因此娃娃家应该成为班级里的永久区角。西费尔特（Seefeldt et al.，2013）认为，娃娃家应该增加其他主题区，以支持和促进儿童的全面发展。

作为社会研究项目的一部分，麦金尼和戈尔登（McKinney & Golden，1973）使用了一个更精致的戏剧游戏区。专栏7.5描述了这个戏剧游戏区以及其中使用的整合性活动。

专栏 7.5　一个社区模型：戏剧游戏区

戏剧游戏有助于儿童学习社会研究概念，发展创造性思维和课堂行为。麦金尼和戈尔登开发了一个社会研究项目，让儿童通过参与戏剧游戏来建立和构建一个社区模型。儿童在进行学习区游戏之前会获得有关他们所学内容的信息。社会研究项目中的戏剧游戏，使他们能够参与真实的游戏。社会研究项目的目标如下。

1. 了解社区的概念和社区内的社会组织结构。
2. 向儿童提供有关当地社区中各类工作者、服务和社会机构的基本信息。
3. 培养儿童对社区中各种职业相互依存关系的认识。
4. 了解当地社区相对于邻近社区和国家的位置与规模。

> 5. 通过提供与戏剧游戏相关的数学、阅读和语言艺术课程来补充整个课程的其他方面。
>
> 6. 促进社区成员的创造性思维和积极态度的发展。
>
> （McKinney & Golden，1973，p.173）

儿童在美国弗兰克·波特·格雷厄姆研究大楼（Frank Porter Graham Research Building）的开放教室中用组合式积木建造了一名儿童大小的社区。起初，社区只有房屋、商店和邮局。当儿童在社区里游戏时，他们发现需要更多的建筑和工人。例如，当他们在邮局玩并使用航空邮件时，他们意识到需要包括空中交通管制员和飞行员在内的机场。飞机和车祸使儿童在社区中建造了一家医院，里面有医生、护士和救护车司机。他们还发现，需要警察来管制交通，需要加油站服务员和机械师来维修汽车。在项目结束时，社区里有银行、消防站、学校、餐厅、工艺品店、交通法庭、铸币厂、政府印刷办公室、市长办公室以及市议会（见专栏7.6）。

> **专栏7.6　社会研究项目中的戏剧游戏**
>
> 1. 游戏前讨论：儿童会在每个戏剧游戏时段之前选择一份工作，并简要讨论当天要在社区举行的活动。他们可以随心所欲地自由更换工作，并在社区中探索不同的活动。
>
> 2. 戏剧游戏：自发的戏剧游戏持续15~25分钟。
>
> 3. 游戏后讨论：在每个游戏时段结束后，儿童讨论当天在社区中进行的游戏活动以及可能出现的问题。此时，儿童会发现他们是否需要更多的信息和道具，这可能需要他们阅读教师准备好的图表、书籍，看电影、幻灯片、图片等，听取记录或实地参观。
>
> 儿童对当地的机构和中心进行了十次实地参观。社会研究项目整合了几个学科领域，如书写、算术和地理。例如，儿童在商店和邮局购物时学习了计数和乘法，书写了关于他们实地参观的故事和要到邮局寄的信件，还绘制了自己社区的地图，警察局和建筑公司的人可以使用该地图。他们查看了美国和世界的地图，以决定如何规划飞机的目的地，并将信息提供给飞行员，让其与乘客分享。这种活动要求儿童学习信息的搜集、数学、信的书写和地图的阅读。在艺术活动中，他们设计了游戏所需的菜单和其他道具。
>
> 奥德希亚姆博等人（Odhiambo et al.，2016）认为，社会研究会影响儿童的戏剧游戏，使他们设计并建立一个社区模型。他们将戏剧游戏定义为一种班级活动，儿童通过

> 这种媒介参与社会研究。沙夫特尔（Shaftel，1967a）认为，戏剧游戏提供了一个鼓励探索的环境，让儿童有动力和兴趣去游戏和学习。

这些区角可以根据儿童正在学习的社会研究概念来建立。此外，为儿童提供反映他们感兴趣的主题和活动的学习区也很重要。除了这些区角，班级还可以有强化不同领域中社会研究概念的活动，如沙水游戏、搭积木、阅读图书、书写和艺术活动。

沙水区

沙水区可以成为社会研究学习的资源。当儿童玩自然材料时，他们会产生对世界本质的意识。如果没有沙盘，那么可以使用塑料浴缸或浅水池。

儿童可以建造道路、隧道、桥梁、城市、农场、机场和任何他们知道的东西。他们利用一个装满水的透明喷洒洗涤剂瓶来保持沙子湿润，使其更容易用来建造。沙水区需要有桶、塑料容器、筛子、瓶子、海绵、漏斗和木棍，便于儿童探索沙子的特质。在儿童有了操作和探索沙子的经验后，可以添加包括动物、人物、汽车、商店、飞机、贝壳和木棍在内的道具。

积木区

使用积木的戏剧游戏是儿童的自主活动。他们根据自己的经验、幻想和信息搭建结构。普拉特和斯坦顿（Pratt & Stanton，1926）阐释了儿童对铁轨的经验如何影响他们的积木建构。

儿童可能会做出一时冲动的改变。他们可能会建造一个只有四面墙的房子，然后意识到需要一个屋顶。接下来，他们需要确定哪种尺寸的积木将延伸到建构物上，以确保屋顶不会倒塌。在积木建构的早期阶段，最简单的屋顶是平的；在积木建构的后期，儿童通常会在他们的建构物上建造尖顶（Brody，1996）。

戏剧游戏的环境需要适当的空间、不同类型的积木以及各种积木配件，如橡胶和木质的人物及动物、汽车、平面图、船、布、纸、绳子、彩色立方体、容器和木棍。积木区不同于其他学习区。例如，娃娃家有冰箱、炉子、水槽、床、桌子、椅子和其他相关的复制品。但积木区有供儿童建构的积木和配件。儿童需要为游戏的发展创建场景，建造自己的炉子（Cuffaro，1996）并创设想象中的环境。他们使用积木搭建结构，如动物园、机场、公寓、可移动的房屋公园和社区。为了使结构更逼真，他们可以添加玩具动物、人物、路牌、汽车、船、飞机、火车和梯子等道具，也可以使用灌木碎片、贝壳、电缆、电线、绳索、木材和石头。他们可能还希望在建构物中添加标志来标记商店、街道或机场，并提供带有指示作用的标志。

当儿童搭建时，他们通常知道自己要表达的意思，能够讨论和描述建构物。他们的现实世界基于他们的愿望、感受和想法。他们思考的顺序可以被观察到（Brody，1996）。

当儿童谈论建构物的高度时，他们通常指的是比自己高的东西。他们关于比例和关系的概念是基于他们自己的大小。一个孩子建造的马厩对马来说太小了，他无法将马的大小与马厩进行比较，直到他试图将马放进去（Brody，1996）。

儿童认为，他们的积木建构是一项严肃的工作。普拉特描述了，儿童如何看待他们在积木建构中的工作。

> 他们确实在培养工作习惯，用积木进行的游戏清楚地说明了这一点。用积木建造铁路对成人来说可能看起来像是在玩耍，但对儿童来说是工作。有时它甚至是件苦差事，需要一遍又一遍地建造一个结构，直到它站起来。工作原则肯定存在，就像成人在具有创造性的冒险工作中一样。事实上，大约在这个时候，我们放弃了"游戏学校"（Play School）这个名字，因为孩子们很反感！
>
> （Pratt，1948，p. 17）

当儿童在积木区搭建时，他们发现环境对他们提出了很多要求。在建构过程中，他们必须沟通、交换想法、计划并完成结构。完成后，他们必须继续沟通，交换想法，并可能修改搭建计划。在积木建构中，儿童学会了计划、合作、给予和接受，这些学习超越了积木区的原有作用。这样的能力也成为他们能力中的一部分。他们学会遵守纪律，以便能够集中精力并成为同龄人中有贡献的一员。因此，他们了解了群体如何发挥作用，这有助于他们成长为大人。与他人的关系是社会研究的基础。

> 在社会研究中，儿童学会通过时间和空间来处理人与人之间的关系。儿童需要时间和空间去体验、学习和成长。
>
> （Brody，1996，p. 118）

图书区

图书区包括文学图书和儿童创作的图书。该区域应该充满色彩和美感，包括生长的植物、干花、文字、儿童的艺术作品和儿童图书。可以添加摇椅、软垫椅子、地毯、枕头和任何能让儿童感到舒适的东西。可以展示透视画，供儿童讲述和复述故事。该区域还应该有展示故事的书皮，并将它们展示在儿童制作的公告板上。这些书皮应该是为儿童独自或和朋友一起阅读而设计的。

简易的参考书、图画词典、百科全书以及有关儿童学习过的许多主题的图书，可以成为社会研究学习的宝贵资源。这样的图书可以为儿童探索许多社会研究主题提供一个很好的途径。图书帮助儿童了解自己的文化和家庭、世界各地的文化、地理、历史、社区，等等，为他们提供了一个很好的机会去探索许多社会研究主题（如他们自己的文化和家庭、世界各地的文化、地理、历史、社区）。表 7.3 呈现了带有这些主题的图书示例（NAEYC，2005）。

表 7.3　通过儿童图书探索社会研究

- 《阿德丽塔：墨西哥的灰姑娘》（*Adelita: A Mexican Cinderella Story*，Tomie dePaola，2002；适合 5—8 岁儿童阅读）
- 《盖房子》（*Building A House*，Byron Barton，1990；适合 3—6 岁儿童阅读）
- 《城堡、洞穴和蜂窝》（*Castles, Caves, and Honeycombs*，Linda Ashman & Lauren Stringer，2001；适合 3—8 岁儿童阅读）
- 《爸爸做的意大利面最好吃》（*Daddy Makes the Best Spaghetti*，Anna Grossnickle Hines，1999；适合 2—6 岁儿童阅读）
- 《大家都工作》（*Everybody Works*，Shelly Rotner & Ken Kreisler，2003；适合 2—5 岁儿童阅读）
- 《好多祖父母》（*Lots of Grandparents*，Shelley Rotner & Sheila Kelly，2003；适合 3—7 岁儿童阅读）
- 《工地上的机器》①（*Machines at Work*，Byron Barton，1997；适合 3—6 岁儿童阅读）
- 《我们的世界》（*Our World: A Child's First Picture Atlas*，2003；适合 4—7 岁儿童阅读）
- 《儿童的循环利用手册》（*Recycle! A Handbook for Kids*，Gail Gibbons，1992；适合 4—8 岁儿童阅读）

---

① 该书的简体中文版已由中国青年出版社于 2018 年出版。——译者注

书写区

书写区允许儿童交流社会研究的概念。书写材料包括铅笔、多种颜色的软尖笔、空白小册子（几张纸钉在一起）以及不同大小、形状和颜色的纸，供儿童书写。他们可能有故事要口述、写下来或画下来。通常，社会研究内容为儿童提供了一个跳板，帮助他们探索自己的经验和想法。他们可以口述、绘画或写一个故事，讲述登上月球的感受、在野外旅行中看到的一切、他们的朋友、没有朋友的感受或其他话题。

艺术区

当儿童在艺术区创作时，他们准备和分享所需的材料，单独或集体地工作，并进行清理，这有助于他们学习和练习社交技能。对他们的作品进行艺术化处理，能够使儿童得到情绪上的满足。儿童意识到他们拥有力量，能够控制材料和事物，这为他们提供了一种安全、适宜的方式来释放感情和交流想法。

艺术帮助儿童了解其他文化。艺术区应该有各种各样的材料，鼓励儿童绘画、涂色、模仿、搭建、剪贴、缝纫、编织或建造。这些材料需要为儿童提供机会，通过艺术创作交流他们的社会学习经验，而社会研究（如实地参观、观察、与他人的互动）能够为儿童的艺术创作提供想法。

制作道具箱

道具箱基于儿童正在学习的主题或话题，或者可能包含与共享经验或实地参观相关的物品。例如，在前往动物医院或宠物店进行实地参观后，兽医道具箱就可以投入使用。可以通过使用道具箱来回应儿童正在萌发的新兴趣。

班级内应根据主题设置若干道具箱（Bender，1971）。每个箱子里都应该有一些材料，帮助儿童创造一个特定的戏剧游戏主题，如餐厅、商店或办公室。箱子里有来自现实世界的真实东西，包括适合特定主题的专门物品。例如，体育用品商店的道具箱可以包括背包、有关登山的书籍、厚袜子、棒球帽、棒球手套、棒球鞋、棒球卡、手持砝码、头带、汗带、网球鞋、网球拍、滑雪镜、绒线帽、滑雪手套、儿童尺寸的滑雪板、滑雪靴、潜水鳍、潜水护目镜、潜水手套、摩托车或橄榄球头盔、足球、球衣护肩、曲棍球面罩、篮球、篮筐、秒表、体育横幅、体育海报或图片以及通气管。

当学习某一特定主题时，可以拿出相应的道具箱，让儿童进行戏剧游戏。使用道具箱后，需要清洁道具箱中的物品，并且在储存之前更换所有使用过的消耗性材料。这样，道具箱就可以在需要时立即再被投入使用。基于主题的道具箱示例如表7.4所示。

表7.4 基于主题的道具箱示例

- 护林员：水壶、手电筒、绳子、蚊帐、帐篷用帆布、背包、食品、自然类书籍、小原木、烤架、望远镜和其他合适的物品（Bender，1971）。
- 管道工：管道（所有长度、宽度和形状，用于连接）、套管、柱塞、工具、软管和喷嘴、铁锹、旧衬衫、盖子、五金供应目录、测量装置和其他合适的物品（Bender，1971）。
- 办公室：纸垫、办公桌配件（笔筒、塑料文件夹等）、邮票、订书机、透明胶带卷、胶带座、备忘录夹、备忘录磁铁、小桌椅、办公室工作人员海报或照片、文件夹、信封、电话、计算器、计算机、钢笔和铅笔。因为这是一间办公室，所以每种物品可能需要不止一件，比如要两部电话、几个打孔器（Myhre，1993）。
- 花店：花卉和园艺杂志、小型园艺工具、围裙、园艺帽、园艺手套、花卉海报或图片、塑料花、泡沫塑料方块、花瓶、篮子、收银机、游戏钱币、空水壶、空种子包（Myhre，1993）。

教师和儿童可以在班级里制作反映不同文化的道具箱。文化道具箱将包括与特定文化主题相关的艺术品。儿童和教师可以在文化道具箱里添加来自特定文化的资源，包括音乐和艺术。例如，反映墨西哥-美国文化的道具箱可以包括有关特加诺①（Tejano）音乐家和成人礼②的道具箱。特加诺音乐家的道具箱里可以有一件衬衫、一顶牛仔草帽、一条披肩、一条短裙、头花、一把吉他、一个手风琴，等等。这些道具可以激励儿童扮演一个特加诺乐团。成人礼道具箱可能包含礼服、头饰、面纱、手套、乐器等物品。儿童可以将成人礼戏剧化，这是一场庆祝15岁的生日活动（Saracho & Martínez-Hancock，2004）。

道具箱很容易制作。可以联系当地商店，请他们保留带盖的空纸箱（如计算机纸箱）。家庭或企业可能会捐赠一些物品，或者可以在庭院销售会、旧货店和一元店购买物品（NAEYC，2008）。儿童和家长也可以捐赠零碎物品，放在道具箱中。这些物品可以被放置在易于携带的箱子里。每个箱子都应根据其主题进行标记和装饰。箱子

---

① 根源于传统的墨西哥音乐。——译者注
② 英文原文为 Quinceañeara，指在一些拉美文化中，在女孩15岁生日时为其举办的成人礼。——译者注

外面应该有一个列表，说明箱子里包含的材料和用品。这些箱子往往基于一个主题，用于不同类型的角色扮演。儿童应该能够识别它们。箱子上应该有从杂志或儿童画中剪下的图片，帮助儿童识别道具箱的主题。准备好道具箱后，请按照表7.5中的指导原则使用它们（Myhre，1993）。

表7.5 使用道具箱的指导原则

- 将工具介绍给小组中的儿童，以推动他们的讨论和参与。他们可能会识别物品并讨论如何安全、谨慎地使用它们，还可能进行头脑风暴，讨论如何创造性地使用这些工具。
- 儿童的安全很重要。道具需要适宜儿童的发展。如果物体太小、太尖锐或概念上不合适，就需要将其替换为更适宜儿童年龄发展的物品。
- 所有想玩的儿童都需要有机会使用道具箱。对于受欢迎的道具箱，需要张贴等待名单，让儿童看到并知道接下来将轮到谁。
- 儿童需要知道一次有多少孩子可以玩道具箱，也需要知道根据可用道具的数量，有多少人能够使用空间和道具。
- 一致性很重要。儿童如果知道，在使用维修店的道具箱时每个人都必须佩戴护目镜，那么每次使用这个道具箱时都必须执行此规则。当每次都使用相同的规则时，儿童很快就能了解成人对他们的期望。
- 可以在班级中的任何游戏区里使用道具箱，就像交通警察可以在大型积木区指挥交通一样。

主题道具箱在创设丰富的游戏环境方面非常宝贵。它们提供了一种创设真实环境的绝佳方式，让儿童在游戏中自由地使用材料；也为保证儿童可以立即获得大量的想法和材料提供了途径，然后激发儿童创作故事、图画和戏剧。在假装游戏中，儿童会理清自己与他人的关系（NAEYC，2008）。

实地参观

实地参观为儿童提供了机会，让他们在现实生活中观看自己在图片或书籍中曾看到的东西，或者在对话中听到的东西。实地参观还为儿童提供了发展持久记忆和概念的机会（Odhiambo et al.，2016）。社会研究中的实地参观对儿童学习的好处如表7.6所示（Seefeldt et al.，2013）。

表 7.6　社会研究中的实地参观对儿童学习的好处

1. 促进儿童对环境的了解，给他们带来在教室里无法获得的直接经验。
2. 向儿童介绍他们所处的环境，并帮助他们适应环境。
3. 帮助儿童了解方向、地图和空间的概念。
4. 帮助儿童了解他们所处的社会世界，促进他们对这个世界里的职业的了解。
5. 让儿童在获取信息、观察环境和得出结论时有机会使用科学家的方法。
6. 提供一个标准的核心经验，让儿童在其中游戏、一起解决问题、分享和讨论。
7. 当儿童去他们父母工作的地方或和父母一起去过的地方参观时，培养其与父母的关系。家长也可以充当志愿者，帮忙照顾实地参观中的儿童。
8. 为儿童提供新的想法和信息，让他们产生新的兴趣、疑问和答案。

实地参观是社会研究项目的主要组成部分（Mitchell，1934）。它可以帮助儿童观察社会系统（如消防和警察保护、交通管制、银行），获得直接经验，让他们观察、收集信息并得出结论。这些都是儿童学习社会研究概念的有意义的经验。

实地参观需要适当的计划。除了专门的计划，儿童还需要知道参观的目的和重点。虽然一时兴起的事件可以为实地参观带来意想不到的惊喜，但最好把一切都计划好。简单的实地参观也可以非常有意义。例如，步行到街角观看交通管制的操作或参观当地超市，都是一种有益的体验（Spodek & Saracho，1994b）。

其他实地参观可能更复杂。例如，鲁道夫和科恩（Rudolph & Cohen，1984）描述了一次儿童坐火车的实地参观。一群4岁的儿童去了火车站，买了票，然后花了大约15分钟到附近一个熟悉的小镇。之所以选择这次实地参观，是因为在戏剧游戏中，儿童玩了互锁木质火车并询问了关于"守车"（列车职工使用的后车）的问题，他们认为这是一个有趣的词。他们看了火车和守车的照片，分享了自己的经历，发展了思维并唱了关于火车和守车的歌。虽然对不同的交通工具进行了深思熟虑的讨论，但儿童还是选择了火车进行实地参观。到达火车站，教师买了票，孩子们看着教师在做什么。然后，他们享受着实地参观。参观结束后，儿童回到班级，教师为他们提供了参观中的照片和游戏道具，以激励他们进行关于在火车上的经历的戏剧游戏。他们可以扮演角色并通过假装来表演自己的经历。

儿童使用戏剧游戏来交流他们的想法和感受。在游戏中，他们对人或物产生认同，并模仿人的动作或对物体的使用。他们从个人的亲身接触以及儿童书籍、图片、实地参观等替代经验中获得戏剧游戏的信息来源。例如，当他们与同伴一起进行实地参观后，他们会参与戏剧游戏，可能会看到并坐上直升机，然后自发地想象自己是正在开飞机的飞行员。成功的实地参观需要给儿童提供意义,同时,还向儿童提供有关社区的信息。其他可能的实地参观地点包括修理店、园艺店、宠物店、农场、农贸市场、百货公司、医院、机场、消防站、市政厅、公共汽车总站、儿童剧院和博物馆。

在一所幼儿园的实地参观中,儿童被带到一家艺术博物馆。"幻想与现实"和"世界上的动物"的主题通过"艺术之旅"得以衔接。在此之前,教师询问了3—5岁的混龄班儿童会在艺术博物馆的画作中寻找哪些动物。"狗、猫、马、狮子和恐龙"是他们普遍的回答。然而,一个4岁的孩子决心找到一头骆驼。教师没有想起自己在提前参观中看到过骆驼,担心孩子会失望。然而,在寂静的博物馆中,突然传来一阵欢快的尖叫声:"哦,这是我要找的骆驼和驼峰!"在随后的动物园之旅中,这个孩子说:"这些骆驼看起来像那个图片里的骆驼。"(Taylor et al., 1997, p. 141)。

参观博物馆

儿童的实地参观可以是去博物馆。博物馆为儿童提供了一个游戏的区域。就像传统博物馆一样,儿童博物馆收藏了供儿童学习的物品和标本。此外,儿童博物馆拥有丰富的物质环境,可以激发儿童学习和游戏的积极性。儿童博物馆是专门为儿童设计和打造的方便使用、具有互动性、鼓励动手操作、有吸引力、无威胁且具有启发性的机构。一些儿童博物馆为儿童提供制作东西和展示他们作品的空间。例如,丹麦的哥本哈根儿童博物馆邀请儿童创办展览,展示博物馆的艺术品或儿童制作的艺术品。儿童将把它们展示在博物馆的箱子里,供公众观赏(Mayfield, 2005)。一些博物馆会向幼儿园提供有关社会研究材料(如透视画或手工艺品)的展览。

儿童博物馆已经变得对儿童友好,并在美国各地的社区提供一系列展览和学习活动。英国学者维克托·丹尼洛夫(Victor Danilov, 2010)讨论了大城市的几家博物馆,如美国的菲尔德自然史博物馆、芝加哥科学与工业博物馆、纽约自然历史博物馆和美国国立自然历史博物馆。他还了解了许多地方的儿童博物馆,如美国旧金山的探索博物馆、波士顿儿童博物馆和印第安纳波利斯的儿童博物馆。许多较小的城市也有儿童博物馆。此类博物馆展示适合所有年龄段儿童的展品,还为儿童提供探索科学现象的机会。这些博物馆兼具娱乐性和教育性。儿童博物馆中的成功展览至少需要包含以下内容之一:

- 粗大运动活动（如水晶攀爬箱和桥）
- 沙子和水（如有船舶的大型海景）
- 显示类别的收藏品（如按照大小顺序排列的恐龙、按气候展示的花卉展品）
- 角色扮演环境（如学校、商业、社区、各种历史环境）
- 装扮的服装和制服（如探险家、考古学家、宇航员服装）
- 可以躲藏的地方（如动物之家、森林生活、故事书花园）
- 可以组装/拆卸的物品（如大型恐龙或动物拼图、相匹配的工作和工具）
- 年龄适宜的活动（如在没有成人干预的情况下儿童可以进行、解决或完成的探索）
- 提供选择和多样性机会的活动（如儿童大小的工具或设备以及将它们应用于"实际"任务的机会）
- 多感官展示（如以灯光和声音为特征的移动展品）

儿童可以在参观展览时了解他们的社会研究话题和博物馆里人们的工作。博物馆让儿童有机会看到"真实的东西"，并将他们看到的东西与社会研究学习联系起来。这激励儿童使用思维能力，尤其是当他们就自己所看到的事物提出问题时。博物馆有各种各样对某些人很重要的物品（Erdman，2016）。

博物馆可以帮助儿童更好地了解更大的社会是如何运作的。例如，在美国马里兰大学的幼儿园里，一群儿童制造了火箭和飞机。他们在美工桌上制作纸火箭，然后在户外进行比赛。其中，一个孩子分享了一本关于如何制作纸飞机的书。儿童的兴趣引发了一次他们对飞机的研究。由于飞机博物馆靠近幼儿园，因此儿童参观了博物馆并讨论了他们有关飞机的经历，如他们的目的地以及他们对这些经历的感受。一个孩子正乘坐长途飞机前往新西兰和澳大利亚。当她到达澳大利亚时，儿童在网上联系了她，问了很多关于飞机和航班的问题（Friedman，2005）。电子邮件和通信技术为儿童提供了使用互联网的机会，以促进位于不同物理位置的儿童之间的直接交流和社交互动。

在戏剧游戏中，儿童进行积木建构。他们使用空心积木建造飞机和控制塔，并盛装打扮，假装要出差和度假。然后，他们到机场实地参观了控制塔，但安全人员只允许他们从远处观看控制塔。他们还参观了观景台和行李提取区。当儿童回到教室时，他们阅读了一本书，以了解有关控制塔的更多信息，如外观和工作原理（Friedman，

2005）。

随后，一位飞机驾驶员来访班级，与儿童进行交谈，分享了驾驶舱模型，并回答了孩子们的问题。例如，儿童想知道驾驶员和副驾驶员之间的区别。在高潮部分，儿童使用积木和配件建造了一个机场，用织物制作了一个行李传送带，还建造了他们在机场看到的一架飞机和几辆车。这个机场被展示了大约一个星期（Friedman，2005）。

参观博物馆也很重要，因为儿童可以在此过程中学习社会研究概念。例如，达德西奥等人（D'Addesio et al.，2005）描述了一群4岁儿童在去美国纽瓦克博物馆的路上学到的概念。

> 定期去纽瓦克博物馆参观，让儿童能够发现街头生活和工作的规律。当我们从地铁站走到博物馆时，我们经过了一座正在翻修的建筑。在我们第一次参观时，我们看到一名工人正在用砂纸打磨前门。第二周，我们惊奇地发现他仍然在那里。这一次，他正在擦拭污渍。每周，我们都会观察翻修的进度。
>
> 第一次参观博物馆后，在回到地铁站的路上，我们看到一位邮政工作人员正在将一个存储箱里的邮件放进他的邮袋。第二周，我们又见到了他！我们说："我们上周在这里见过你！"他说他记得我们。孩子们问他在做什么，他回应了孩子们。这些参观之旅是宝贵的直接经验，让儿童了解他们所在的社区中持续存在的生活。
>
> （D'Addesio et al.，2005，p.54）

儿童在纽瓦克博物馆的多次体验，帮助他们提高了观察能力。在多次参观纽瓦克博物馆后，儿童发展了自豪感和社区归属感。他们自信地走过美术馆，称博物馆为"我们的博物馆"（D'Addesio et al.，2005）。这种兴奋感可以用来鼓励儿童在班级里建造自己的博物馆（见专栏7.7）。

专栏 7.7 建造地方历史博物馆

请儿童询问父母，是否有父母早年或祖父母早年的纪念品，如衣服、早期的收音机或家用电器、人物和地点的照片。按照时代或人物整理这些物品。让儿童或他们的父母讲述关于这些东西的故事，可以将这些故事写下来并与物品一起展示。

参观当地的公共图书馆。看看它们是否收藏了不同时代有关社区的照片或物品。如果可能,将这些东西与类似的、更现代的物品或当代场景的照片一起展示。看看是否有当地的历史学家可以来访班级。询问图书管理员,他们通常会认识社区中的这些人。让儿童讨论现在和很久以前的事情。邀请父母和其他儿童群体来参观展览。

(Spodek & Saracho, 1994b, p. 422)

科技帮助儿童超越教室环境的限制进行合作。网络可以帮助儿童与其他班级、城市、县、州甚至国家的儿童合作。通过电子博物馆,儿童可以实时或间接地学习不同的文化和环境经验。例如,儿童在华盛顿特区探索史密森尼博物馆体系中的历史博物馆,或者利用互联网游览欧洲博物馆。他们可以通过虚拟技术参观这些博物馆。

儿童可以找到资源来定位在线博物馆。在会读写的人的帮助下,儿童能够在网上搜索"法国艺术博物馆"或"马博物馆"等话题。在社区中为儿童找到共享学习的机会并鼓励他们参与,非常重要。儿童需要经常参观儿童博物馆。此外,需要邀请博物馆教育工作者到班级里与儿童一起工作(D'Addesio et al., 2005)。

开发主题单元

有时,一节课需要很多天才能完成。这导致了课程的一系列发展,这些课程在很长一段时间内被教授,并聚焦于特定的主题,这被称为"主题单元"。该单元由一组相关的课程计划组成,用于向儿童介绍主题并发展和扩展他们对某个主题的理解。主题单元里的课程可以整合艺术、音乐、运动教育、语言艺术、读写和其他学科领域。主题单元的开发围绕着关键概念、原因、价值观和探究能力(Sunal & Haas, 2007)。它使用活动、书籍和各种学习经验来计划教学。主题单元旨在帮助儿童实现与内容相关的目标,让他们的学习具有连续性,并避免提供不相关的经验(Vacca et al., 2021)。

儿童与书籍、材料和同伴互动,与同伴合作分享知识、比较理解、讨论和协商意义。主题单元是一种计划的手段,包括以下内容。

1. 反映单元主题或话题性质的标题。有关单元的想法,来自我们周围的世界。国家时事或地区、地方事件(飓风或博览会)可能是开发单元的激励因素(Sunal, 1990)。

2. 需要学习的主要概念。

3. 所需的材料、书籍和信息来源。
4. 主题单元的教学活动。
5. 评估，以确定儿童在参加本单元后的学习情况。（Vacca et al.，2021）

主题单元可以通过广泛使用文学作品来强化社会研究概念。儿童图书可用于提供信息基础，但一个主题或话题中个人和小组学习的基础将是根据儿童的兴趣和需求所使用的小说和非小说读物。各种各样的儿童文学作品，无论是富有想象力的还是信息性的，都可以帮助儿童深入地参与他们正在学习的话题。商业书籍、小册子、期刊、参考书、报纸、杂志和视听材料，可以作为儿童获取信息的补充资料（Vacca et al.，2021）。

儿童可以通过戏剧化他们的学习内容来探索社会研究领域。戏剧游戏可以被用来激励儿童进行探索、学习，并对学习主题产生兴趣（Shaftel & Shaftel，1967）。适宜的戏剧活动，有助于儿童在各种情况下发展其社交能力和认知能力（Tsiaras，2016；McKinney & Golden，1973）。表7.7提供了一个强调游戏活动的主题单元示例。

表7.7 社区主题单元

社 区

克罗恩（Krown，1975）描述了一个主题单元，3岁和4岁的儿童通过戏剧游戏、阅读书籍、与人交谈和实地参观了解他们的社区。社区主题单元的目的是研究儿童的生活和环境。儿童收集信息，总结信息，并整合他们学到的知识。社区主题单元持续了两个月，主要目标如下。

1. 查看社区里附近的建筑物并思考它们的用途。
2. 了解建筑物为何位于其所在的位置，以及它们如何满足该地区人们的需求。
3. 将社区的概念理解为，由住宅和为居住在住宅中的人们提供的服务组成的一个单元。
4. 了解附近发生的事情以及它们之间的关系。（p.139）

儿童将学习用词语（如"近""远""小""大""高""低""宽""窄""拥挤""前面""后面"）描述物体以及物体与其邻近事物的关系；了解社区里附近的人、企业和服务之间的相互关系，知道更多的房子和少数商店可以为很多人服务；发现代表一个社区的组成部分（如儿童之家、商店、市场、婴儿保健站、托儿所、学校、青年中心、道路、公共汽车、警察、理发师、木匠、工作场所）。

儿童一直在幼儿园里建造房屋、汽车、商店、公共汽车站和道路。他们被要求思考以下问题：

- 很多房子在一起的地方叫什么？
- 你家附近有哪些建筑？
- 为什么城市要修路？

教师不必要求儿童立即对这些问题进行完整的回答，但他们应该开始思考社区及其不同的建筑。这些问题促使儿童走出家门，看看周围的环境，学习事物的名称，然后在附近进行一次实地参观。

参观之旅

儿童进行实地参观，了解他们的同伴住在哪里。他们发现街道有名字，房屋有编号。他们了解到这是一个社区，以及是什么造就了一个社区。他们参观购物中心，看了各种各样的商店。他们讨论所有商店如何集中在一个区域以及每家商店的作用。社区旅行结束后，儿童在班级里讨论实地参观的经历。他们列出了他们所看到的东西，并决定在积木游戏中建构一个社区。

假装游戏

第二天早上，儿童回顾了实地参观之旅，规划了他们的社区，并决定建造自己的房子或社区里的建筑物。他们列出了房屋、道路和幼儿园。几名儿童决定建造汽车、一间杂货店、一家汽车修理厂和一间美发店。然后，儿童通过绘制草图来规划社区。他们用粉笔在街道和每栋建筑的位置上做了标记。

儿童开始搭建，并用完了积木。他们开始使用大盒子、木块、纸板箱和在幼儿园里能找到的任何东西。在接下来的两周里，儿童讨论了他们的建构物，以确保建构物不会相互干扰。他们还多次前往附近地区查看特定的建筑物及其特点，以便能够准确地再现社区。

关于建筑和计划的小组讨论仍在继续。以下是教师和两个女孩之间的讨论。

教师（转向一直在盖房子的达夫娜）：给我们讲讲你们的建筑。

达夫娜：我们盖了房子。我是妈妈，阿莉扎是宝宝。

教师：你们已经建好房子了吗？

达夫娜：是的，我们有一张床、一张桌子、几把椅子和窗帘。

教师：你现在在干什么？

达夫娜：我想喂宝宝麦片。

教师：你从哪里得到麦片？

达夫娜等儿童：杂货店。（达夫娜提着篮子去杂货店）

教师（对娜奥米说）：你建造了什么？

娜奥米：我建造了一家美发店。

教师：你在那儿做什么？

娜奥米：我（帮人）剪头发。

教师：你怎么知道该剪什么发型？

娜奥米：我问他们想要什么发型。

教师：孩子们，要记得告诉娜奥米如何剪你的头发，否则如果你想留长头发，她可能会把头发剪得太短。（通过这种方式，鼓励儿童说话，而且他们常常在交谈中扮演教师的角色）

（Krown，1975，p.141）

儿童进行了假装游戏。他们想象自己正在乘坐公共汽车去诊所、杂货店和理发店。幼儿园有迷你设备、挂在墙上的照片、桌子上的小块橡皮泥、一个挂衣服的地方、一间厕所、厨房和户外设施。后来，社区不断发展壮大，有了一家超市、几家食品店和一家非常热闹的、可以进行真实烹饪的餐厅，这些家庭住房和商店都有其名字的标志。儿童对那些坐公共汽车的人制定了一条规则："付钱才可以乘坐公共汽车。"然而，一些儿童会偷偷地溜到公共汽车的后面。

儿童继续游戏并讨论一些问题，如买卖的细节、挣钱和花钱的方式以及在游戏过程中出现的问题。他们还讨论了商店用品的需求情况和附近的地理位置，即社区道路和建筑物的确切位置，这导致了各种更多的参观活动。然后，儿童处理了社区的重要细节，包括水箱、电线和电线杆。他们观察了电线进入房屋的方式，并在积木建构中建造了一个微型社区。

社区模型

除了积木建筑之外，儿童还建造了社区的微型模型。克罗恩（1975）提供了儿童建造的社区模型的照片。

儿童把模型放在一个大沙盘上。他们用纸板、香烟盒、火柴盒、橡皮泥和小型互锁塑料积木建造了建筑物。他们建造的第一座建筑是幼儿园，位于盒子的中间。一群儿童看着幼儿园附近的建筑物（如青年中心）的细节。他们查看建筑物相对于幼儿园的地理位置，然后在桌子（使用湿沙）上调整了社区的形状，包含山丘和道路。儿童计算了他们建造的微型建筑的相对位置（例如：距离幼儿园近、远，幼儿园的后面，比幼儿园高或低）。他们建造的房屋更加细致，比如阳台上有微型的"人"。他们开始增加商店、诊所、消防站、公交线路、电线和其他细节。其中一组儿童在他们的房子前面增加了汽车，而另一组儿童增加了叔叔的卡车或教师乘坐的公共汽车。

社区模型被放置在教室的中间。孩子们在这里游戏，讨论模型，并为模型添加细节。例如，他们增加了由橡皮泥、木材和扭扭棒做成的人以及小型汽车、街道标志和树，并制定了一条规则：你如果玩模型，就必须说出你在做什么。

> 丹尼（手里拿着娃娃）：我要离开家了。我路过那家商店。现在，我要去公园的栅栏附近。这条路是上山的。
>
> 教师：上山感觉如何？
>
> 丹尼：热，我的腿疼。
>
> 教师：是的，上山会使人感觉更热，有时如果我们走得快，腿就会疼。你走路时还发生了什么？
>
> 丹尼：这里是青年中心。现在我要走进幼儿园的大门。
>
> 雅科夫从警察局开出一辆警车，并郑重地说他正在社区开车，现在在主干道上，要去哈达萨医院。
>
> （Krown，1975，pp. 144-145）

孩子们在摆弄模型。他们表演火灾和消防车、事故和救护车的故事，以及互相拜访对方的房子。在游戏中，他们意识到需要保持"社区"的整洁，并制作了反映社区主题的绘画和拼贴画。

在主题单元结束时，儿童对该项目表现出了浓厚的兴趣，这提高了他们提问和思考的能力。他们能够用语言交流自己的想法、行动和意图。即使是最害羞的儿童也参与了这个有趣的项目。他们在合作方面有着积极的经验，并在整个项目过程中保持着兴趣。他们了解了每栋建筑的用途、如何提问、如何寻找答案。儿童开始意识到他们是环境的一部分，环境影响着他们（Krown，1975）。

本章小结

在社会研究项目中，儿童学习理解社会过程并发展社会探究能力，还学习更好地了解自己与社会的关系。此外，在社会研究项目中，儿童学习理解和欣赏来自其他背景和文化的人。他们需要了解自己所处的物质世界，才能对生活中的情况做出合乎逻辑的决策（Saracho & Spodek，2007b）。

社会研究项目的成功需要教师关注儿童的想象力，将其与儿童的园外生活联系起来，并关注他们的已有知识。儿童也需要这样的经验来发展同情心，考虑自己和他人的情感反应，关心他人。他们需要学会对他人的感受、相关问题和历史事件做出反应，还需要发展社会性理解和智性推理能力（Fertig，2007）。当社会研究项目侧重于戏剧游戏时，他们可以很容易地学习上述内容，并在这个过程中，通过角色扮演或社会戏剧的技巧来了解历史事件并理解同龄人对自己的行为的解释（Odhiambo et al.，2016）。

第八章
语言——游戏学习经验

> 任何一种语言的力量和有效性的发展都源于为真正的目的使用语言,而不源自学习语言。
>
> (Walter Logan, 1978, p. 100)

教师需要意识到,语言的美存在于儿童的表达中。通常情况下,儿童在幼儿园阶段的特殊用语会被压制,因为它们似乎并不合适。一些亚文化群体的表达方式可以丰富儿童的语言,但教师经常将这些表达方式排除在课堂之外。教师不应试图消除它们,而是需要珍惜和支持这些表达方式。当交流是一种充满个性的陈述而不是一系列预先确定的短语时,语言的美就会得以强化。本章的目的是阐述口头语言的学习、语言与游戏的关系、语言经验、语言环境、书面语言的学习以及儿童在游戏中的书写等。

学习口头语言

口头语言需要一个分析的过程,儿童使用这一过程构建意义并监控他们的思想和活动(Antonacci & O'Callaghan, 2004)。儿童的口语发展对他们的学习至关重要。语言在儿童心理发展的过程中起着独特而重要的作用(Vygotsky, 1934)。

儿童的语言发展各不相同,如很早就开口说话或说话相对较晚、健谈或安静,其中一些差异可能与儿童的发展有关,而另一些可能是由儿童的环境和文化造成的。儿童所处的文化影响着他们的语言模式。当儿童进入学校时,他们的语言习得水平不同,但大多数儿童知道如何有效地使用他们所处文化中语言的基本句式。正常情况下，儿童的语言发展速度很快：大约从3岁开始，他们每天学习6~10个新单词（Saracho，2017a）。3.5岁的儿童已经完全掌握了语法正确的基本说话方式，6岁时在语言方面表现出色。他们的听说词汇量通常大约2500个，并且知道将这些单词组合成复杂句子和短语的基本规则。他们还具备了对语言结构的直觉。

儿童倾听语言并形成对语音的表征。婴儿听见许多声音，看见景象，并感受到照护者的情绪。最初，儿童将这些视为"嗡嗡作响、吵闹的困惑"，但他们慢慢会发展出清晰的认知（Handel，2005）。儿童学习语言并将声音与单词联系起来、将单词与词组联系起来、将词组与更大的逻辑思维联系起来（Baquedano-López，2003）。儿童会给他们听到的声音赋予意义，使其成为自己语言的一部分。

儿童在与他人互动中学习语言规则。例如，他们了解到在动词中加"-ed"能使其成为过去式。很多时候儿童会犯错误，因为他们对那些具有例外情况的单词使用了普遍的语言规则，但儿童通常会使用规则的正确形式。例如，儿童可能说，"He dided it"（他做过了），但不太会在名词的末尾加上"ed"。

语言学习是先天和后天共同作用的结果。儿童学习以可预测的顺序（先天的）说话，但也需要一个语言活跃的环境（后天的培养），才能获得适当的学习发展。通常情况下，儿童在11—12个月大时说出第一个有意义的单词。在没有任何语言指导的情况下，儿童的第一个单词通常是"妈妈"或"爸爸"。显然，尽管家庭成员没有真正地"教"儿童如何说话，但儿童学习了家庭成员的语言。他们通常也不会纠正儿童说出的发音错误的单词或语法错误的句子。一些父母和他们的婴儿在日常生活习惯、行为和对话中相互影响（Caulfield，2002），这在儿童语言发展中变得非常重要。

儿童利用他们的经验来发展语言结构。他们同时在一个互动的过程中学习语言、了解语言并通过语言学习。他们的口头语言表达了他们对世界、知识、解释和思维过程的看法。然而，语言"不仅是沟通现有意义的工具，也是产生新意义的工具"（Pinnell & Jaggar，2003，p. 895）。儿童使用语言来消除困惑、形成并分享兴趣和想法，这一过程使他们的词汇、知识基础和理解有所发展（Kalmar，2008）。他们使用口头语言进行探究，"与他人建立联系，试图建构理解或学习"（Pinnell & Jaggar，2003，p. 901）。

由于残疾、低自尊或遭受虐待，处于危机中的儿童在学习中存在困难。处于危机中的学龄前儿童在以下情况中可以有效地学习语言：当经常接触不同情境中的词汇时、当词汇的定义被整合到情境中时、当将内容材料（如科学、社会研究）中的词汇介绍给他们时。这些儿童通过联想概念和单词的关系来学习词汇知识。他们利用自己的背景知识来理解单词和概念之间的关系。他们需要通过主题（比如关于生活、自然、社会的广泛想法）学习语言。当他们把新信息和已经知道的东西联系起来时，他们就能学会这些新信息（Pollard-Durodola，2011）。

语言交流

在学习新概念时，儿童通过与提供反馈的他人互动来验证自己的想法（McGee & Richgels，2004）。他们也需要谈论一个新问题或新概念，以便理解它并在自己的语言中使用它。他们通过在自然环境中使用语言来学习语言，以满足他们的沟通需要。教师需要为儿童提供重点，帮助他们发展必要的语言技能，从而参与包含有目的的交流的自然语言活动。他们需要一系列的口头语言活动，构建对接受性语言和表达性语言的新理解（Kirkland & Patterson，2005）。世界各地的儿童出于不同的原因使用语言：获取信息（如问"为什么"的问题）、娱乐、消遣（歌曲和故事）、社交以及其他一些目的（Soderman & Farrell，2008）。儿童的语言可以在各种环境中发展（见表8.1；Hall，1987）。

表 8.1　不同环境下的儿童语言发展

- 儿童是语言的主要建构者。
- 父母、教师和照护者促进语言的发展，而不是语言的传播。
- 语言被融入儿童的日常生活中。
- 儿童在寻找与世界相关的意义和理解的过程中建构语言。
- 发展语言的情况与了解世界的情况相似。
- 社会互动是语言发展的基础。
- 当儿童使用语言澄清自己和他人的信息时，他们会理解语言的目的。
- 儿童是以自发的、整体的方式学习语言的。

在幼儿园教室中提供促进口语发展的机会十分重要，同时，发展儿童的词汇是幼儿园的一个主要目标。语言课程应该关注儿童自己发出的语言。

社会情境中的语言

社会行为与人们对"有意义的行为"的理解的发展相关。因此，使用早期语言的一个主要目的是培养和维持人际交往的能力。所以，可以用儿童的谈话来帮助他们学习那些形成社会交往基础的概念（Garvey & Hogan，1973）。杜威（1916）提出，语言课程需要包含儿童的社会互动和兴趣（如个人、小组和课堂探究）。他认为，儿童能积极参与真正的探究活动。维果茨基（1934）的观察表明，学龄前儿童能够使用口头语言制订计划、解释成果并描述探究结果。维果茨基报告了儿童如何使用私人语言，通过自我调节的方式计划、引导和监督自己的行为。

语言学习首先发生在社会情境中（Vygotsky，1978）。当两个或两个以上的儿童谈论他们的非正式的日常生活时，这些儿童共同建构了社会互动和他们的世界（Turnbull & Carpendale，2001）。杜威（1916）也认为，社会互动（如小组讨论和同伴对话）促进学习。正如海姆斯（Hymes，1972）所说，"在情境中理解语言的关键，不是从语言开始，而是从情境开始"（p. 57）。情境指的是环境和环境中的人以及他们在做什么、说什么、在什么地方做、在什么时候做。社会情境有助于儿童在口头和书面语言的互动、实验、使用和游戏中创造意义。

儿童会创造社会情境，让他们成为能够使用富有建设性的自然语言的演说者（Vygotsky，1978）。维果茨基的社会建构主义理论，阐释了儿童如何发展有关世界的具体的认识方式、思考方式和交流方式。他解释说，在社会情境中，当新信息与现有知识相互作用时，儿童就会创造意义。这种知识受到儿童的文化经历以及儿童与该文化中其他人的互动的影响。

文化影响儿童理解世界的方式（Coleet et al.，2010）。自然环境以及游戏这样的活动能够让儿童的认知技能和语言技能得到最好的发展。儿童通过好玩有趣的活动更快地掌握语言（Bruner，1983）。

语言与游戏

教师应该在强调语言的功能目的而非技能获得的自然环境中，为儿童提供语言学习机会（Saracho，2004）。在自然的环境中，这种方法可以通过游戏来促进。在游戏中，儿童会运用社交惯例和技巧，它们对语言发展和探究书面语言的含义至关重要。例如，纽曼和罗斯科斯（Neuman & Roskos）提供了一段游戏摘录，以说明语言和读写是如何在交流中相融合的。

杰基和埃丽卡（两名5岁儿童）正在游戏区玩药房的游戏。他们正在给假装的顾客开药方。

杰基（打电话说处方）：把这个写下来，埃丽卡。55个紫色。不，不，55个粉色和2个紫色。

埃丽卡（写在纸上）：好了，给你。（她把纸递给杰基）

埃丽卡从一名儿童的姓名标签上抄下一个名字，然后把它和一个小药瓶递给杰基。

杰基（读着这张纸）：你忘了名字。（埃丽卡指了指，然后把它和一个小药瓶递给杰基）

埃丽卡从一名儿童的名字标签上抄下一个名字，然后把它和一个小药瓶递给杰基。

杰基：好了，一位女士要过来了。叮，叮，叮。进来（埃丽卡和假想的顾客谈话）。你好！给你，女士。她把一切都准备好了。这是你的名字和药，55个粉色和2个紫色。

（Neuman & Roskos，1993，p. 15）

在这段游戏摘录中，儿童发展口头语言和书面语言。

儿童在游戏中与同伴的互动，促进了他们的口头语言和书面语言。当儿童游戏时，他们谈论着现在是什么、过去是什么以及将来可能是什么。他们暂停现实，用概念、思想和语言游戏。在游戏中发生的谈话、类似押韵的语言游戏（Soderman & Farrell，2008）以及游戏情节，都有助于他们的语言和读写发展。儿童怀着不同的情绪对物体和情境进行想象、期待、观察、感知、希望和回应，学习如何用词语来描述自己的情绪和经历（Turnbull & Carpendale，2001）。他们通常用语言和思维游戏，或验证读写的功能和应用（Saracho，2004）。

游戏的社会属性也促进了儿童的智力发展。儿童用物体和含义表现现实世界。他们用符号和工具创造思维模式。假装游戏有助于儿童获得更高层次的思维过程，这也使他们摆脱了现实世界的束缚。当儿童在游戏中与同伴互动时，他们会处理与他们的现有知识所不同的信息。当两个或两个以上的儿童扮演角色来再现现实生活中的情景时（Saracho，1999b），这一过程经常发生，例如，假装与家人或扑灭假想中的火灾的消防员共进晚餐（Johnson et al.，2005）。在游戏中，儿童逐渐获得谈论自己的心理世界、反思自己的经历的能力,这让他们具备洞察力并能加深他们的自我理解。当儿童通过社交过程掌握能描述自己内心经验的词汇时,他们将体会到,反思这一概念是有意义的(Vygotsky,1978,1986)。这种反思性的资源,使儿童能够回忆起记忆中的事或者想象与他们的心理状况相关的情景。

故事可以帮助英语语言学习者扩大词汇量。他们用故事分享他们的生活和回忆,这是新的学习的基础。分享故事有助于英语语言学习者的语言习得,因为他们注重口语技能。"习得"(acquisition)一词指的是"通过活动学会"(pick up),而不是以直接教授的方式学习语言。这是一种通过有意义的学习活动学习第二外语的非正式的、"自然的"方式。

语言是假装游戏的象征性成分之一。儿童使用具有象征意义的物体(比如,用娃娃象征一个婴儿或用一张纸象征毯子)和文字来表达自己。一开始,儿童通过操作物体来交流想法。后来,他们假定几个角色,将意义与实际物体分开(Vygotsky,1934)。在游戏中,他们学会区分意义和物体,并灵活地将符号与其所指物体联系起来。例如,在游戏中,儿童学习到他们可以随意地用一块木头(如一块积木)代表一辆汽车、一个人或任何其他物体。这块积木的意义并不是物体本身所具有的,而是基于儿童所赋予的含义的。这样的理解让儿童可以使用社会定义的符号(如书面文字)来表达自己的意思。在这些符号的组成部分中,儿童会对上述转化进行口头解释。

在游戏过程中,儿童通常通过参与言语游戏(speech play)来探索和实践语言中的许多原则,这些原则通过口头的描述指导着他们的行为。言语游戏促进元语言意识的建立,使儿童意识到语言规则。在假装游戏中,儿童用口头语言分配角色和物体的作用。例如,儿童在游戏中使用语言协商角色并定义物体(比如说:"不!你是妈妈,我是宝宝!")(Rowe,1998,p. 13),将物体和意义联系起来。儿童从日常生活中组织习惯性情境的表征,这让他们获得与行为和动作相关的知识。他们将自己对事件的了解组织成文字来传达他们的经历,这增强了他们对话中的一些要素。儿童的知识(如情境、轮流的社会规则、话题)决定了他们谈话(包括游戏中的互动)的质量。当儿童参与对话时,会产生一个进行推理的情境,从而在说话和计划如何反应之间建立有意义的联系。

儿童在假装的单人游戏、假扮成他者的游戏和其他象征性游戏中能学习到更多的单词,开始使用并记住他们在游戏中使用的单词。萨拉乔(2017)指出,参与社会性假装游戏的儿童比不参与这类游戏的儿童发展出更多的语言、语言形式和表达。当儿童进行假装游戏时，他们会假定角色并进行口头交流。他们也用语言计划、发展并维持游戏。游戏中的口头语言交流，帮助儿童从活动中学习新的单词和概念。当儿童游戏时，他们会使用大量更复杂的对话。

参与游戏的学龄前儿童拥有让他们能够参与结构更复杂、持续时间更长的对话所需的知识。例如，学龄前儿童可能会在沙箱里做假的生日蛋糕，而不是仅仅把沙子从一个桶倒到另一个桶里。当儿童知道他们在说什么时，他们的对话会更好。儿童通过明确地展现相互的知识来适应同伴的水平。为儿童提供相同的知识，可以增加儿童对话的数量，改善儿童对话的质量和初始状态。

为了帮助儿童提高对话能力，可以让他们一起玩一套符合他们的学习主题之一的玩具。玩具应该是适合儿童的大小的、可以通过商业渠道买到的日常用品，或是由硬纸板制成的物品。例如，一架"飞机"应该有足够大的空间，可以让儿童进入，坐在里面互相交谈。成对的儿童用儿童大小的玩具一起玩10分钟，他们可能聊到表8.2中的话题。

表8.2 儿童的对话话题

- 烘焙饼干：烤箱、油泥、饼干纸、搅拌碗、搅拌机、勺子、量杯、配料（如糖、牛奶、鸡蛋）、擀面杖、饼干刀、抹刀。
- 飞机旅行：飞机、售票处、机票、登机牌、旅行手册、行李、衣服、行李托运处、等候区。
- 牙医办公室：大椅子、夹式围涎布、牙刷、纸杯、X光片、带有表格的剪贴板、前台和椅子、电话、日历、纸、笔、有杂志的等候区。
- 洗衣服：洗衣机、烘干机、熨衣板、熨斗、衣架、衣服、洗衣篮、洗衣粉、织物柔软剂。
- 地铁出行：交互式地图、铁路时刻表、自动售检票机、地铁乘坐指南、小册子、带信息的出版物、地铁袖珍指南、地铁地图、车站附近的信息点以及关于时间、票价和通行票的系统信息。
- 木工/画家/建筑工人：安全帽、塑料工具、道具箱和工具、卷尺、午餐盒、设计图、空的油漆罐、管道配件、高尔夫球钉、用于捶打高尔夫球钉的泡沫塑料、人们建造房屋的照片、油漆帽、油漆棒、滚筒、滚盘、油漆样品、围裙、刷子、凳子。

刚出生时，儿童缺乏与他人交流所需的社交技能和语言技能。儿童之间最初以游戏为中心的交流，与控制物质环境有关。语言是在这种受行动和规则支配的游戏情境中发展起来的。随着儿童变得成熟且更有能力去维持互动，游戏活动变得越来越不重要，儿童逐渐发展出仅仅通过口头方式进行互动的能力。萨拉乔（2017a）提出，这些促进人际交往中言语习得和使用的早期活动，在生物学上是有用的，它们预测了儿童之后的思维、写作以及成年时期的对话。

语 言 经 验

许多课程为儿童提供了参与自发的社会戏剧游戏的机会。然而，语言课程不止需要这种活动。教师需要为儿童提供语言学习机会，以促进他们正常的语言发展。这些机会需要足够丰富以激发儿童的兴趣，并帮助他们增加词汇量，促进概念的发展。例如，如果提供了进行社会戏剧游戏的机会，那么就需要仔细设计，包括各种游戏话题、主题和活动（如实地参观、故事、电影），从而构建共享的背景知识。此外，还需要提供大量有趣的道具以及足够多的时间和足够大的空间。游戏可以提供最好的学习体验（Rajapaksha，2016）。

在学前教育课堂上，儿童收到来自各种渠道的口头信息。他们得到对于具体行动的指导，关于世界的信息，以及享受、审美和放松舒适的机会。儿童根据他们所收到的和所理解的信息做出反应。他们也向他人传达信息。麦克利德（MacCleod，2004）强调了，通过儿童熟悉且有意义的活动来学习语言的重要性。当教师提供如表 8.3 所示的适当机会时，儿童的语言会在游戏环境中发展。

表 8.3　教师在儿童语言发展中的作用

- 在班级中为游戏留出足够的时间和空间。
- 提供所需的物质资源。
- 丰富儿童有关游戏场景的背景知识。
- 为复述戏剧的排练提供鹰架。
- 参与游戏，通过示范和互动引导儿童的注意力与学习。（National Research Council[①]，1998，p. 184）

儿童喜欢口头语言，并会在班级中使用口语，因为他们有着社会性职责。教师可以为儿童提供许多学习口语的机会。其中一些是大型的小组活动，如小组讨论、故事阅读、故事分享及"展示和讲述"。然而，在这些活动中，儿童可能会花大量的时间等待发言的机会。在促进自然语言学习方面，小组活动和交流互动通常比班级教学更为有效。教师可以通过与儿童的单独对话，提供额外的机会来发展儿童的口语学习。

---

① 即美国国家研究委员会。——译者注

对话

口头语言可以在儿童深度思考、真正参与对话的环境中发展。这应该发生在一个无威胁且可预测的环境中,在这一环境中,儿童可以放心地用他们选择的方式表达自己。对话需要儿童在社交活动中合作,并培养对他人的信任。所有儿童的想法都必须得到重视、尊重和强化:儿童不应该对犯错误感到害怕。当教师以温和的态度公开接受儿童的想法,并给出慎重的回应时,他们就可以促进自己和儿童之间的对话。克莱(Clay)的观点如下。

> 如果儿童学习语言的速度很慢,或者很少有机会进行对话(出于许多原因),那么他们掌握的语法可能会有诸多缺陷,这可能意味着他们在理解口头语言和书面语言方面有困难。这类儿童可能无法掌握英语故事书中最常见的一些句子结构,因此他们在阅读文本的过程中无法预测句子接下来会发生什么。
>
> (Clay,1991,p. 38)

教师可以为小组中害羞和沉默寡言的儿童提供机会,让他们单独与教师或同学交流。他们可以参与以下对话:关于活动的对话、关于他们正在使用的材料的对话或者有关他人、他事的对话。对话会增加儿童的词汇量,教他们在各种情境中使用语言,包括在抽象思维中使用语言。对话可以通过开放式问题开始,这些问题可以引出语言表达,如"告诉我你那里有什么?"或者"你有没有其他方法可以做出类似的东西?"。这样的问题可以引出持续的对话。

英语语言学习者们可以用母语进行对话。教师需要支持儿童的母语习得。他们可以鼓励家长使用母语与儿童进行有意义的对话,支持在幼儿园内开辟母语教学空间,以及使用社区内的母语资源(Lenters,2004—2005)激励儿童的对话。

分享时间

分享时间有助于儿童的语言发展。分享时间也被称为"展示和讲述",是一个全班讨论的环节,它有很多好处。它是一个让每名儿童轮流对全班同学发言的共享时段。通常情况下,儿童从家里带来一件东西与全班同学分享。这些东西应该被直接展示给全班同学,而不是在同学间互相传递。儿童可能更喜欢分享、讨论一个事件。教师和其他儿童可以观察、提问和评论。所有的物品或事件都需要被接受。表 8.4 为教师提供了与儿童进行分享时间的指导原则（Brewer，2007）。

表 8.4　儿童分享时间的指导原则

- 详细描述全班儿童如何创造物品，如一个用黏土做的东西。也可以将有关烹饪和积木建构的经验作为有趣的话题进行讨论。
- 从家里带来与学习主题相关的物品，例如，在学习形状的概念时带来正方形的东西。
- 分享重要的个人经历，如一次特殊的旅行或有趣的家庭活动。
- 通过头脑风暴来解决班级问题或计划班级活动。

讨论

教师需要在班级中提供许多机会来引发讨论。教师与儿童或小组之间的非正式讨论可以在任何场合进行，并应得到教师的鼓励。儿童用语言表达的内容越多、成人和儿童之间的互动越多，儿童在班级中学习语言的机会就越大。

图片为讨论提供了很好的基础。当儿童讨论图片的内容时，照片或杂志图片可以刺激他们的口头语言。许多如《国家地理》（*National Geographic*）这样的杂志都刊登了优质的图片，这些图片可以在班级中被用于语言学习。《国家地理》杂志也有儿童版。

照片

从很小的时候起，儿童就为自己、家人和朋友的照片深深着迷。照片给人一种身临其境的感觉，为儿童的持续对话提供了语言激励。儿童会看着照片，谈论他们所看到的内容。照片、记忆表征或家庭物品可以在分享时间或讨论主题概念时被使用。照片提供了日常生活中的视觉形象，既表现了平凡，又表现了戏剧性。它们记录了一种可以用来激发故事创作的特殊记忆。儿童可以用这些照片创编在教室里讲述和复述的家庭故事（MacCleod，2004）。教师可以用照片了解儿童的园外生活，如下面的逸事。

米格尔在树林中间拍了一张覆盖着松针的汽车旧座椅的照片。通过照片和叙述，米格尔得以继续他与已搬回萨尔瓦多的爷爷奶奶的特别关系。他写道："这是我的爷爷。他不久前和我们住在一起。他在树林里发现了一个秘密的地方，那里有座位。爷爷在那里读书。我们在他那秘密的地方发现了他。他叫我来的。"米格尔爷爷的秘密地点的照片，是我们了解儿童园外生活中重要东西的众多例子之一。

（Allen et al., 2002, p.313）

照片有助于儿童的语言发展，因为它们将语言从儿童身上激发出来。"一幅画胜过千言万语"，当儿童观看和交谈时，就体现了这句话的字面意义。

教师可以在教室里放置几台照相机，并让儿童轮流将它们带回家（Allen et al., 2002）。或者，他们可以为儿童提供拍立得，让他们在家庭和社区中拍摄他们感兴趣的任何东西。不管是哪种情况，重要的是教会儿童如何使用照相机以及如何保管好它们。

儿童的照片表征了他们的世界，因为这些照片详细地描述了儿童经历中有文化意义的事物和事件。它们还引出了儿童对照片中图像的解读，从而激发和引导儿童的讨论。教师也可以利用家庭收藏的照片和社区内的历史档案。

儿童的照片可以被放置于教室中，供儿童仔细查看、分享或游戏。它们也可以被用作与语言相关的材料。儿童可以对照片进行匹配或排序，这对他们来说比购买来的卡片更有意义。教师可以将每名儿童在幼儿园拍摄或从家里带来的照片制作成幻灯片（Woods, 2000），并准备一台投影仪来观看照片。儿童可以收集、分类和解读来自不同地方各种各样的照片。小组或成对的儿童可以讨论照片，解释每一张照片，并让教师写下他们的解释，从而生成词汇表，用描述性词汇描述和解释照片（Schiller & Tillett, 2004）。当使用照片激发儿童的对话时，教师需要用适当的方式展示照片，可以参见表8.5中的指导原则（Woods, 2000）。

表8.5 通过展示照片来激发儿童对话的指导原则

- 在教室内引人注意且方便的位置展示集体照片。
- 用班级之前几年的集体照片创建照片库。儿童喜欢在这个照片库里看到他们的兄弟姐妹。
- 把每名儿童的照片放在一个展示柜里，倾听他们的独白和对话。
- 用儿童的照片制作图表，在照片旁边写一个关于每名儿童的句子（例如头发或眼睛的颜色或者最喜欢的颜色、食物或动物）。
- 为班级活动（如实地参观、庆祝活动、接待访客）拍照，并将照片放在相册里。也可以在教室里展示这些照片。例如，儿童可能会被一张里面燃烧着蜡烛的南瓜灯照片的恐怖效果吸引。南瓜灯的脸会发光，而它的顶部有一个反射了深蓝色的天空的蓝色色调。
- 创建一个相册，里面包含所有儿童与教师婴儿时期和当前的照片。
- 向家长索要一组展现所有家庭成员参加他们喜欢的活动的照片。每周展示不同家庭的照片。

照片可以作为课堂活动的一部分。伍兹（Woods，2000）建议了以下课堂活动。

- 照片可以作为顺序卡，按照顺序教授日常活动，比如烤饼干、理发、给小狗洗澡、雕刻南瓜或真实经历的故事。这类活动将激发儿童之间的对话并激励他们叙述故事。可以用照片作为口述作品故事的开端。
- 把成对的照片贴在卡片上，让儿童配对。由于这是一项配对活动，教师需要为每张照片冲洗两张。例如，在降雪后为不同的雪人拍照，并把每个雪人的照片都打印出来。或者给儿童拍两张相似的照片，用画框挂起来，在照片下面写上他们的名字。
- 体现不同季节中活动的照片，可以强化儿童关于某一科学单元的概念或关于天气的概念。儿童可以把这些照片分类。对儿童来说，分类照片不但重要而且富有挑战性。不同类别的食物、不同的交通工具、各种颜色的物品的照片也有类似的用途。

儿童可以用照相机进行讨论和游戏。摄影可以让他们的语言、视觉素养和读写技能得到发展。

儿童可以用照片记录在幼儿园周围发生的所有类型的活动。席勒和蒂利特（Schiller & Tillett，2004）展示了，儿童是如何使用数码相机记录幼儿园户外操场的建造进展的。他们看了操场的模型，听了专家的意见，设计出了理想的操场。他们投入新操场的建造中。

数字图像

信息和通信技术扩展了儿童探寻信息的能力，这些信息可以回应他们的疑问。通过使用强大的数字媒体和技术设备，儿童可以更好地理解他们正在学习的内容（如作者的故事或新闻事件）。新数字技术的互动性和互联网的使用，促进了课堂之外的交流。儿童可以看到作者通过图形、动画、声音和视频来表达自己的观点。

看电视、浏览杂志、阅读书籍、听故事、注意广告图像以及观察通过信息和通信技术获得的不同图像时，儿童都在与视觉图像进行互动。这些图像可以包括某些类型的剪贴画，如儿童通过绘画应用程序创建的图像、扫描的图像或使用数码相机拍摄的图像（Schiller & Tillett，2004）。

叙事故事

每个人都喜欢听好故事。当我们还是儿童的时候,父母或祖父母会给我们讲故事。讲故事或写记叙文是学习的重要部分。叙事故事可以是真实的,也可以是虚构的,但讲述一段与经历相关的故事往往更简单些。个人经历帮助叙述者记住具体的情景。个人叙事可以将叙述者的经历传递给听众(观众),因为叙述者会复述他们经历过的个人事件。叙述者行动的意义在他们的头脑中动态变化,因为当他们说话时语言刺激了听众的思考。此外,一个原创故事的结构是叙述者在创编故事时在无意识的知识中产生的,而听者会在想象这个经历中产生好奇、共鸣、情感和行为。同时,当叙述者使用语调、音调和不同的语速时,会增加口语意义的一致性,从而促进自然言语(spontaneous speech)的发展(Cevasco & van den Broek,2013)。因此,叙事故事标志着对个人具体事件的复述。叙述者无意识地讲述自发的故事,在故事中转换使用"故事-现在"(story-now)的语法,并直观地改变与现在和过去事件相关的时态、叙事角度和代词。他们叙述中的语法变化表明,叙述者在认知上沉浸于过去的情景中。故事中的顺序源自一种自发的口头叙述和时间顺序。

儿童天生就会讲故事。讲故事已经存在了几个世纪:它被用来与后代分享家庭的文化、信仰和传统。叙事可以传达并保存文化身份,也可以确立现实和发现经验的意义。儿童的世界充满了他们听到和讲述的各种各样的故事。儿童的叙事是基于他们的真实经历或幻想的。他们用叙事传达他们对世界的理解,使其具有现实性和情感性的意义,并发现自己在其中的位置(Nicolopoulou,2009)。

叙事可以被作为幼儿园常规日程安排中讲故事和表演故事活动的一部分。教师可以为儿童提供与同伴分享故事的机会。这些故事也可以由教师口述和记录(如本章描述的语言体验法)。然后,他们可以在以班级为单位的小组活动中表演这些故事。对此,阿恩和菲利彭科(Ahn & Filipenko,2007)的观点如下。

> 5岁的凯茜在想象游戏中经历了许多不同的角色。这些不同的角色让她建立了自我概念,也就是说,她尝试了不同的角色,体验了怎样当医生、收银员、母亲或女儿。这些不同的角色为她的社会世界提供了不同的视角。因此,通过叙述和想象中的游戏,凯茜建构了她对社会世界的理解以及她在其中定位自己的方式。
>
> (Ahn & Filipenko,2007,p. 282)

凯茜和她的朋友们继续玩了几天,其间凯茜探索了几个社会角色。她非常了解每个角色应承担的责任和期望。

> 在第一个场景中,凯茜扮演了一名医生。在这个场景中,她参与了一个婴儿的出生,并展现了她对医生参与分娩过程的方法的了解。在下一个场景中,凯茜扮演了销售人员,她把自己定位于商业世界。她仔细而精确地扮演角色。作为销售人员,她严格按照规定来决定要销售的商品和每件商品的价格。在这些例子以及其他假想游戏的叙事过程中,凯茜展现了她对权威、性别、家庭关系和经济的理解。通过扮演各种社会角色,她从不同的角度探索社会世界,也从融入社会世界的角度探索了身份。
>
> (Ahn & Filipenko,2007,pp. 282–283)

当儿童游戏时,他们会探索新出现的想法,并在他们的世界中创造出可被想象的角色(Bodrova & Leong,2015)。在游戏中,幻想和合作性的故事叙述自然而然地发生。儿童在游戏中使用语言描述其他的世界、事件和角色,也开始尝试脱离语境的语言,探索如何获得多重视角,探索如何解决所意味的内容、所说的内容和所理解的内容三者之间的矛盾冲突(Vygotsky,1934)。

儿童游戏特别关注对叙事场景的描绘。儿童的假装游戏和讲故事是对叙事活动的一种补充,包括讲故事中对叙事的话语解释以及假装游戏中的行为。表 8.6 提供了鼓励儿童创编更丰富的、更有目标的、更有意义的叙事故事的指导原则(Nicolopoulou,2009)。

表 8.6 鼓励儿童创作丰富而有意义的叙事故事的指导原则

- 讲故事是自愿的、自发的,本质上是心血来潮的。
- 故事不是由成人要求的,也不是由道具、故事脉络或隐含的主题所引发的。
- 儿童有选择角色、主题和情节的自由。
- 儿童在共享的公共场所向全班和彼此表演故事。
- 儿童讲故事和表演故事是课堂微型文化和儿童日常群体生活的一部分。
- 故事可以在儿童之间被借鉴和融合。他们可以用这些故事作为寻求或表现友谊、团体关系和威信的工具。

尼科洛普劳(Nicolopoulou,2009)观察了一个有三四岁儿童口述故事的班级。

同一天，儿童按照口述的顺序表演故事。教师大声朗读故事，然后儿童/小作者选择他们想扮演的角色，并给其他儿童分配他们要扮演的角色。

安排好所有角色后，教师再一次大声朗读故事，儿童/演员们则边听边表演故事。其余的儿童聚精会神地倾听。这一过程一直持续到表演完那天口述的所有故事。此外，还单独有一本故事书被用来写下所有的故事。

尽管让所有儿童都参加这个活动很重要，但是教师可能会发现，如果他们考虑儿童的注意力，这个活动将更有成效。也许，每天应当只让少数儿童讲他们的故事。讲故事儿童的数量应该取决于儿童的注意力。儿童可以按照字母的顺序排好讲故事的顺序并用一个图表展示，这样他们就知道什么时候轮到自己了。

故事和叙述让我们能深入了解儿童对社会世界的建构。叙事故事是儿童的自传：它们描述了儿童的过去、现在以及他们与彼此的关系。他们成为社会性的演员，通过那些帮助他们理解世界的故事来组织生活和经历。作为社会性的演员，他们复述自己的经历和生活。儿童能够根据自己的经历创作故事。当儿童讲故事时，他们会表达自己的经历的含义和他们的理解。他们在头脑中梳理情况并解决问题。他们的故事以人物和情境为基础，聚焦于他们的经历。他们组织这些事件和经历，并获得对它们的了解。他们通过讲故事来理解世界以及情感。故事可以帮助儿童从糟糕的情感体验中恢复过来。他们通过讲故事控制自己的情绪，理解消极的经历。当儿童讲述或表演故事时，他们会提供一个能帮助教师理解他们的"自画像"。他们的故事通常与真实或想象的事件、经历、想法及他们自己的不同角度有关。这些故事展示了儿童是如何体验这个世界的（Brewer，2007）。

创意戏剧

创意戏剧（见第二章）是一种由儿童自己创作，以自发的对话和动作进行表演的即兴戏剧形式。儿童从富有想象力的游戏开始，通过简单的表演反映他们对生活的看法。然后，他们会即兴创作对话，而不是死记硬背剧本台词。其目的是促进他们的成长和发展，而不是娱乐观众。如果他们决定与一群人分享他们的想法，自发的对话总会发生。创意戏剧可以培养他们的语言技能、社交技能、创造性想象力、对人类行为的理解以及与同伴合作和解决问题的能力。创意戏剧包括哑剧、即兴故事和小品、动作和身体意识活动、戏剧性的歌曲和游戏。创意戏剧包括三个基本组成部分：想象力、运动和即兴创作（Bontempo & Iannone，1988）。

- 想象力是创造性工作的基础。儿童需要有发挥想象力的活动。这些活动帮助儿童留意自己的感官、感觉和观点。想象力赋予儿童观察已接受事实的能力,以及以不同的新方式看待它们的能力。

  活动:教师把灯光调暗,让儿童闭上眼睛。教师让儿童想象自己站在附近最高的房子上,看着下面其他的房子、人和汽车,在空中飘浮以更好地观察(城镇的名字),在一架飞机旁边飞行。根据儿童的注意力广度,教师可以为儿童指明方向,让他们爬到足够高的地方,看到河流、山脉、其他土地、水的形态、世界和航天飞机。

- 运动需要儿童使用他们的身体。运动帮助儿童通过舞蹈或哑剧使用身体。当儿童对自己的能力充满信心时,他们会用身体交流自己的感受、情绪和想法。

  活动:儿童用床单把自己假装成床单里的虫卵,然后从中长出来,用床单把自己包起来,变成一条小毛毛虫,多次蜕皮,接下来变成蛹阶段的毛毛虫(茧),破茧而出,变成蝴蝶,最后用床单做翅膀,像蝴蝶一样飞。

- 即兴创作需要儿童通过言语和运动进行即时表达。教师或儿童创造一种情境。在儿童没有即兴创作经验的情况下,教师可以使用有对话的简单情景将其介绍给儿童。例如,儿童表达他们关于某些情景的想法和感受,如母亲发现他们的房间很乱或者第一天上学。

  活动:儿童从户外玩耍回来,发现他们的房间乱七八糟。让儿童谈谈当他们不能使用材料时的感受。让他们表演一下打扫房间的动作(Spodek & Saracho, 1994b, pp. 307–308)。

语 言 环 境

一般来说,儿童将受益于使他们沉浸其中的丰富的语言学习环境,表 8.7 呈现了创设良好的语言环境的指导原则(Dudley-Marling & Searle,1988)。

表 8.7　创设良好的语言环境的指导原则

- 促进互动的物质环境。需要提供如学习区或宠物（如沙鼠或鱼）这样能促进讨论的机会。实际的操作性材料（如玩具、磁铁、镜片）需要易于获取，这样可以帮助儿童在计划、观察和报告因果关系的过程中使用语言。
- 促进互动和学习的语言机会。儿童需要能让他们讨论和分享知识的学习活动。例如，《三只熊》（The Three Bears，Paul Galdone，1985）的故事可以让儿童讨论和分享自己有关熊的经验。可能也会有儿童分享他们和熊相关的经历：看卡通片、去马戏团或动物园、露营以及把食物锁在汽车里或悬挂在树上以防熊的入侵。
- 针对不同目的和受众设计的语言活动。所有学习活动都需要有一个目的（比如做决定、解决问题、做出预测）。儿童可以在没有教师的情况下在小组中分享他们的经验和感受。计算机软件可以提供不同类型的丰富的语言活动。
- 能激发儿童讨论的教师回应。当儿童参与一场私人的、满足自己需求的对话时，就会以最好的方式习得语言。教师需要仔细倾听儿童的谈话，鼓励他们主动展开讨论。如果一名儿童说："天呐，你真该看看马戏团里那些漂亮的东西。"教师的回应就需要鼓励儿童更多地谈论马戏团。他们可能说："你在马戏团玩得开心吗？"一场有关语言的"展示和讲述"活动也能鼓励儿童参与对话。

语言活动需要考虑到受众、环境以及交流的目的。儿童需要大量的机会使用广泛的语言形式发展他们的语言和学习。对物体自发的、实用的表达和对适当的句法结构的使用，能增加他们的词汇量。表 8.8 是发展儿童词汇的指导原则（Kirkland & Patterson，2005）。

表 8.8　发展儿童词汇的指导原则

- 教室需要展示能反映儿童语言和成果的印刷物。所展示的作品应该包括儿童自己选择的标题和任何其他相关的信息。
- 展示的印刷品需要有目的，并能体现儿童正在学习的概念。简单的日常任务（如签到、标记每天的午餐选择）和日常活动时间表在展示时需要使用图片和文字，以帮助儿童自主遵循。
- 班级中还可以展示有意义的图表、图形、符号、标识和语言体验活动。这些能帮助儿童增加词汇量。当儿童看到和听到自己及他人参与语言活动时，他们会在已有知识和语言使用的基础上，在认知课堂和世界时理解语言的目的与用法。
- 教室里的图书区需要以让儿童能选择、看管和使用的方式展示。
- 需要为儿童安排进行社交互动的时间，这将扩展他们对语言使用的知识。例如，儿童可以每天早上和下午进行一次班级讨论。在早上，他们可以分享家庭中的活动；在下午（15~20 分钟），他们可以在课堂上讨论一天的经历，包括他们在幼儿园里面临的挑战和获得的成功。下午的讨论还可以有一首仪式性的歌曲、诗歌或书籍，让儿童在回家后，语言仍在脑海中回荡。
- 应在教室中提供语言区域。这些区域提供让儿童复述自己喜欢的故事的机会，包括绒布故事板、化妆区、木偶、幻灯片放映的故事以及鼓励儿童反复试验和探索故事的倾听区。也应该在教室里提供能促进儿童语言发展的书籍。表 8.9 提供了有关儿童社会世界的信息性书籍示例（Zeece，2008）。

表 8.9 有利于儿童语言发展的书籍

- 《黛西回家了》(Daisy Comes Home，Jan Brett，2002；适合 4—8 岁儿童阅读)
- 《困困的小狗》(Sleepy Pendoodle，Malachy Doyle & Julie Vivas，2002；适合 3—6 岁儿童阅读)
- 《等妈妈》①(Waiting for Mama，Lee Tae-Jun & Kim Dong-Seong，2007；适合 3—8 岁儿童阅读)
- 《猜猜我有多爱你：颜色》②(Colors Everywhere: A Guess How Much I Love You Storybook，Sam McBratney & Anita Jeram，2007；适合 2—5 岁儿童阅读)
- 《猜猜我有多爱你：当我很大时》(When I'm Big: A Guess How Much I Love You Storybook，Sam McBratney & Anita Jeram，2007；适合 2—5 岁儿童阅读)
- 《河马的故事》(A Story for Hippo: A Book About Loss，Simon Puttock & Alison Bartlett，2001；适合 3—6 岁儿童阅读)
- 《叫醒温德尔》(Waking Up Wendell，April Stevens & Tad Hills，2007；适合 4—8 岁儿童阅读)
- 《我也有生气的时候》(Sometimes I'm Bombaloo，Rachel Vail & Yumi Heo，2002；适合 3—5 岁儿童阅读)

应该提供一个语言和读写环境，让充满书等印刷材料和书写材料的环境激励儿童通过看图片、假装读故事、与他人分享来喜爱书籍（Saracho，2004），这是一个可靠的学习基础。丰富的语言环境有助于儿童向正式的学校环境过渡。有意义的语言活动对他们的学习是最有利的。

学习书面语言

游戏可以促进儿童的口头语言和书面语言的发展，尤其是当他们运用象征性思维时。当他们理解符号（字母）代表什么时，如英文单词"cat"（猫）中的字母，象征性思维与儿童在阅读和书写中使用的思维方式类似（Soderman & Farrell，2008）。

从能拿住书写工具的那一刻起，儿童就开始了书写过程。起初，他们的绘画和文字看起来是一样的。随着时间的推移，当他们被文字包围，他们开始将绘画和书写视为两种不同的符号，并能区分二者。通过书写，他们知道文本的目的是让他人理解。他们还了解到，书面语言和口头语言并不完全一样，而且书面语言可以有多

---

① 该书的简体中文版已由江苏凤凰少年儿童出版社于 2021 年出版。——译者注
② 该书的简体中文版已由明天出版社于 2017 年出版。——译者注

种用途。他们通过区分清单、信件和故事中使用的不同类型的文字来表达这种理解（McGee & Richgels，2004）。例如，鲁伊斯（Ruiz）描述了一个说西班牙语的聋童的书写经历。埃琳娜在 13 个月大的时候感染了脑膜炎，双耳听力严重受损。在她生病之前，她的父母在家里说西班牙语。后来，他们在家里用英语和手语版的英语。

> 3.5 岁时，埃琳娜在祖母家拿起电话，把听筒放在耳边，开始在一张纸上乱涂乱画，边写边发出让人难以理解的声音。她在小本子上写了一页之后就挂了电话，然后又写了五页各式各样的东西。有些纸页上有竖线，而另一些纸页上似乎是她尝试写的自己名字的第一个字母。在最后一页的旁边，她为祖母画了一张画像，上面（或下面）有一些涂鸦告诉我那是祖母。
>
> （Ruiz，1995，p. 209）

儿童有着各式各样的书写概念，如表 8.10 所示（National Council of Teachers of English[①]，2016）。

表 8.10　儿童的书写概念

---

1. 儿童了解书面语言和不同类型的书写，如故事、清单和符号。书写指导需要体现他们的经验和知识。
2. 所有家庭都能参与与书写相关的活动。家庭和幼儿园的书写活动应该是相关的，从而确保更多的园内书写任务能被顺利完成。
3. 书写在变得标准之前会经过多种形式。
4. "语言艺术"是一致的，绘画支持书写，书写支持阅读。让儿童用多种方式进行语言表达的机会，可以让儿童的语言学习和语言能力有所发展。
5. 书写教学需要成为一种融入社会情境的社会性活动。
6. 某一特定类型中广泛的语言、阅读和书写活动，能增加儿童成功的表现。
7. 在整个课程中，书写能有效地培养儿童的思考能力和学习能力。
8. 儿童的书写和语言，与他们所在的社区和社会世界有关。

自然的字母书写始于婴儿期（Vygotsky，1978），婴儿的动作、手势、言语、游戏和绘画都是表现形式。幼儿会创造几个符号系统来创造意义。他们用书写来绘画、

[①] 即美国英语教师理事会。——译者注

讲述和表演故事。绘画是书写过程中的关键。他们通过绘画来组织和规划书写内容（Dyson，2006）。

儿童通常先画画，写下单词或标记符号，然后读他们记录的故事。他们所读的故事会比所写的故事更长。当他们阅读自己的故事时，他们会传达自己的信息（McGee & Richgels，2004）。

儿童的书写通常从家里开始。他们喜欢写自己的名字。他们的签名是他们对书面语言的第一次理解。起初，儿童认为图画、数字和字母都与书面文字有关，他们无法区分。随着儿童对读写的理解不断进步，他们开始分辨图画和字母的区别。例如，在一项关于儿童书写的研究（Saracho，1990）中，儿童被要求在22厘米×28厘米的白色复印纸上写下自己的名字。一个3岁的儿童一直在画画，因此被反复给予一张张白纸。最后，失望的儿童不耐烦地说："我想我得写下我的房子。"他在自己的简笔画像的周围画了一个房子。儿童有关文字方面的经验会让他们写下潦草的字迹来代表自己的名字，之后，他们会加上一两个形状，然后在名字中加上第一个字母，最后写下自己的全名。例如，表8.11和图8.1显示了3岁儿童的书写发展水平（Saracho，1990）。

表8.11　3岁儿童的书写发展水平

- 水平1——涂鸦：儿童试图通过在纸上移动书写工具来书写自己的名字。他们用胳膊和手做纵向和圆周运动。很多时候，他们是在画图，而不是写名字。
- 水平2——水平移动：儿童在纸上留下的标记有明显的水平趋势以及一些系统性的"上下"涂鸦。他们在纸上以上下的动作快速涂鸦，试图模仿成人的快速草书书写方式。
- 水平3——独立的符号单元：虽然水平移动（垂直笔画的规律性更强）仍然存在，但儿童倾向于制造离散的符号单元，其中的一些几乎无法被识别为字母。
- 水平4——被错误书写的字母：写错字母。模仿成人所写的草书，其波浪状几乎是不完整的。大多数的字母单元是可被识别的。字母的排列空间有更多的构造。被观察的儿童发现了分开的字母单元，并对书写这些字母符号产生了兴趣。
- 水平5——正确拼写名字：这时，正确的和错误的字母相混合。出现第一个完全正确拼写的名字。

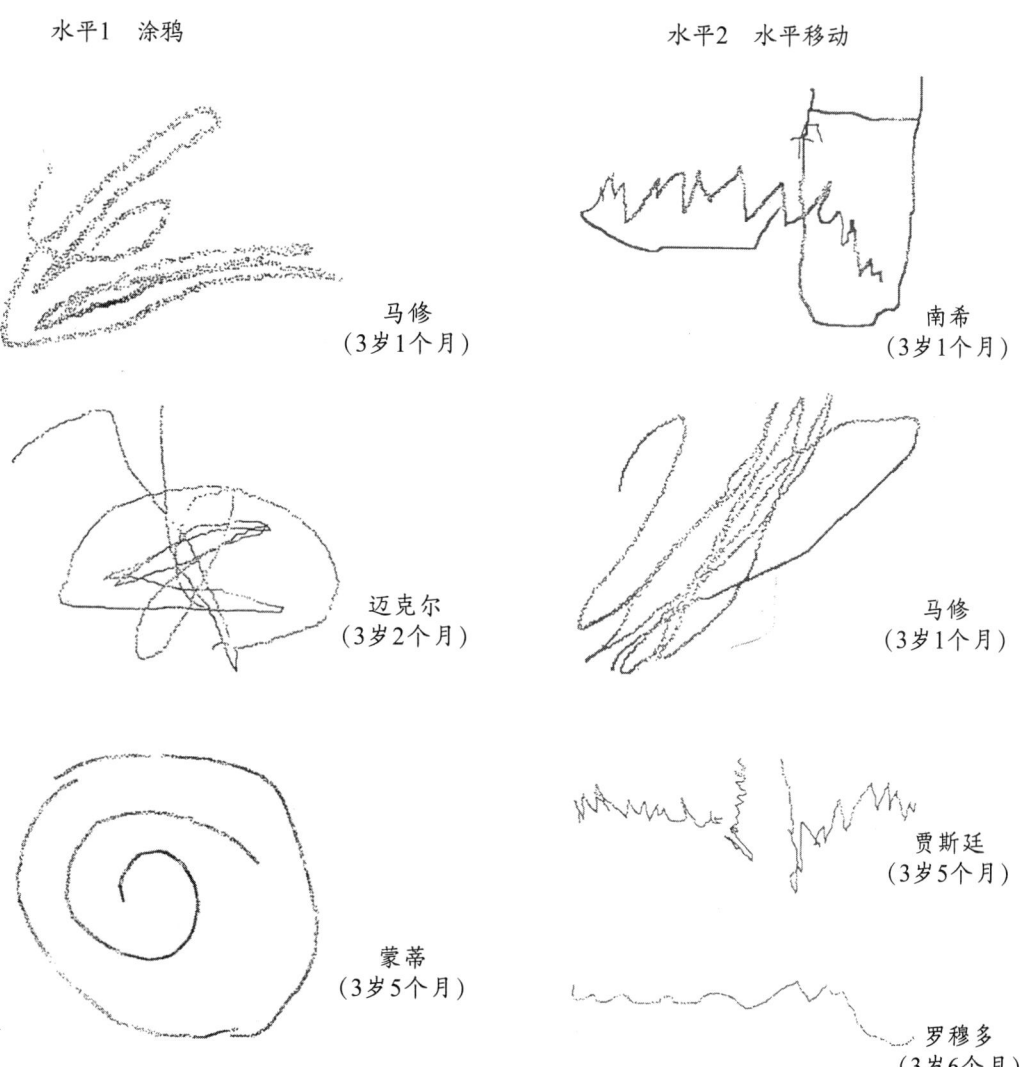

图 8.1　3 岁儿童的书写发展水平

水平3　独立的符号单元　　　　　水平4　被错误书写的字母

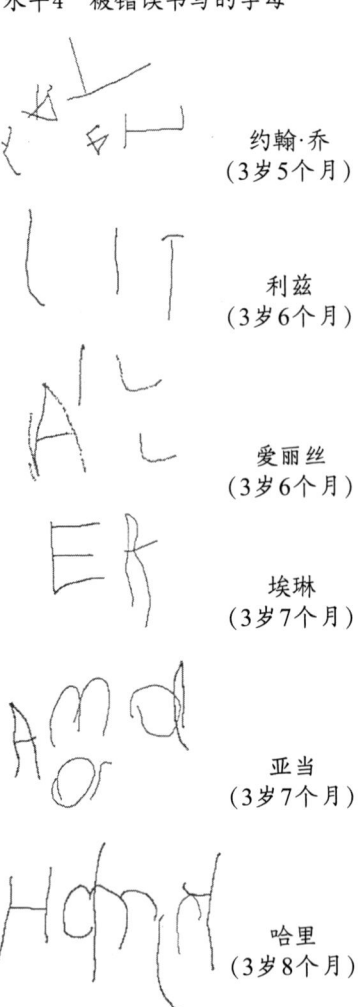

约翰·乔
(3岁5个月)

孙查
(3岁)

利兹
(3岁6个月)

爱丽丝
(3岁6个月)

简
(3岁1个月)

埃琳
(3岁7个月)

南希
(3岁1个月)

亚当
(3岁7个月)

威廉
(3岁2个月)

哈里
(3岁8个月)

玛丽
(3岁3个月)

水平5　正确拼写名字

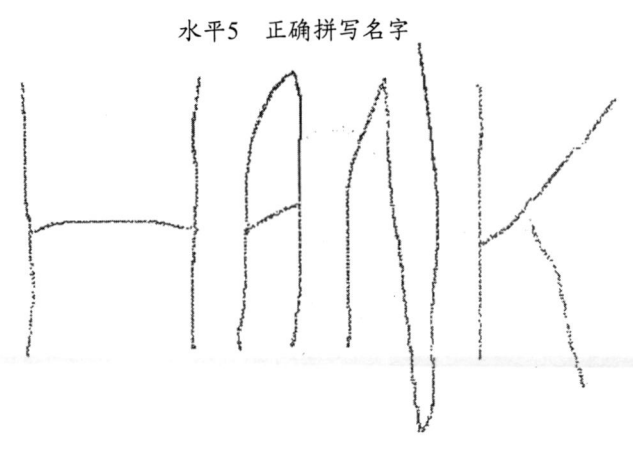

图8.1（续）

玛丽亚喜欢书写，因为她喜欢创造词汇，但她知道有些儿童宁愿玩耍也不愿书写。她喜欢用记号笔，在没人要求她时，她喜欢画画、做飞机、写数字和字母。

史蒂夫喜欢书写，以便学习如何写自己和其他家庭成员的名字。他也认为，有些儿童宁愿玩耍也不愿书写。比起铅笔，他更喜欢钢笔，因为它们"写得漂亮"。他喜欢画一个房子，里面有几个男孩和一只小狗与它的妈妈一起玩耍。他不喜欢别人告诉他应该写什么。

弗洛拉喜欢书写，因为如果她不学，她妈妈就会生气。她认为，所有儿童都喜欢书写，因为他们都喜欢在幼儿园里。她喜欢用记号笔写，因为它们有各种颜色。她喜欢画小丑，更喜欢写自己想写的东西，而不是教师让她写的东西。但教师可以协助，因为"他们知道该做什么"。

儿童可以适当地学习使用蜡笔和画笔，以帮助他们轻松地从绘画过渡到书写。他们需要获得各种各样的书写经验，如用计算机书写、写信、写关于自己或故事书中人物的故事。

一般而言，书写是一种视觉和运动相结合的活动，因此，视觉障碍儿童会受到一定的影响。盲童可以使用盲文，但他们必须学会使用其他交流方式（如帮助他们书写字母、拼写单词、签自己姓名的特殊装置）。视觉障碍儿童需要有深色横线的纸和大号的铅笔。在沙子和黏土上写字的经验，能帮助他们发展运动技能。学习打字也是一项有用的技能。身体残疾（如严重运动障碍）儿童可以使用电动打字机或带有文字处理程序的计算机。他们也可以使用带有操纵杆的计算机。残疾儿童的书写经验必须从有意义的经历中产生，并与其他具有明确书写目的的活动相结合。

书写活动

在书写活动中，儿童需要与他人互动，探索书写，尝试各种书写形式，形成读写能力。这些有意义的活动为儿童提供了有关书面语言在描述其周围环境方面的形式和功能的知识。事实上，能整合丰富的书面语言经验的环境（包括物质环境和人际关系），让儿童能够自然地参与与读写能力相关的情境（Pyle et al., 2018）。克里斯蒂和罗斯科斯（Christie & Roskos, 2013）认为，"游戏和读写能力之间存在着重要的认知联系"（p.2）。儿童通过游戏获得的象征能力可能会转变成其他符号形式，为理解书面符号奠定基础。社会戏剧游戏能促进这些联系的建立（Weisberg et al.，2013）。游戏情境可以提高"前读写技能，如对信件、文字以及书籍目的的意识"（Smith & Pellegrini，2013，p.3）。例如，儿童可以写生日派对的邀请函。这样他们就有机会一起讨论邀请谁参加晚会，写下他们想邀请的朋友的名单，在书写区写下邀请函，在卡片上签上他们的名字，在信封里放一张标有到他们家的地标的地图，然后把邀请函放进教室的邮箱里（Soderman & Farrell，2008）。书写活动应该成为儿童语言知识的一部分。他们需要探索、了解并练习书写。书写活动必须是自发的，如表8.12所示。

表8.12 自发的书写活动

1. 浏览目录购物。儿童可以浏览商品目录或商店宣传册。每名儿童在他们要订购的商品旁边写上自己的名字或名字的首字母。
2. 涂鸦布告栏。海报板或布告栏可以被用于展示儿童的留言、信息。儿童可以在这里张贴评论、插图或带有对话的卡通画，也可以用磁带或录音机记录故事或留下信息。
3. 设计信纸。儿童可以设计自己的信纸，比如在纸张的顶部或边缘使用土豆图案。他们可以在这种信纸上写下自己的留言。

表8.13为促进儿童书写提供建议（Spodek & Saracho，1994b）。

表8.13 能促进儿童书写的活动

- 造成中断的小插曲。在故事或电影的某个时间点，停止阅读或观看，问儿童接下来会发生什么，写下并讨论他们的回答。不需要一个正确的答案，而是讨论哪些回答是可能的。
- 故事插图。在介绍一个故事时，教师让儿童留意一个需要特别注意的角色。在讲故事的过程中，不给儿童看到插图。在故事结束时，让他们通过画画来描绘这个角色。然后，让儿童把他们的插图和书中的插图进行比较。用一张公告板将原始插图放在中间，将儿童的画围绕在其周围展示。
- 墨迹书写。将一大张新闻纸放在地板上。教师在墨水中加入玉米淀粉或面粉使其变稠。让儿童把墨水混合物扔到纸上，然后把纸对折再打开。让儿童识别并描述他们创造的斑点中所隐藏的图画。
- 神秘盒子。在鞋盒的顶部挖一个拳头大小的洞，在洞的边缘系上一只无趾袜子。（也可以用套着一只长袜子的咖啡罐。）把不同的东西放进盒子里。儿童将手穿过袜子放进盒子里，描述他们的感受。教师把他们的描述记录在图表上。应该鼓励儿童复习前几次活动中做的神秘盒子图表（Spodek & Saracho，1994b，p.325）。

语言体验故事

当儿童积极参与社会世界和文化世界时，他们将学习并理解书面语言。许多教师使用语言体验法。在这种方法中，儿童可以进行实地参观或参加另一项令人兴奋的活动。在体验之后，儿童和教师讨论活动，教师确保儿童理解了相关概念。在这种小组创作的故事中，每名儿童大声说一个句子。教师立刻把儿童所说的每一个单词写下来，然后马上读出来，注意从左到右的顺序。然后儿童一起读这个句子，同时教师在儿童朗读的时候从左到右移动手臂（指着每一个单词）。儿童讨论给这个故事起名字。他们将多次阅读故事，而教师将使用它来让儿童获得发展适宜的阅读技巧，比如识别押韵词、同义词、反义词、同音不同义的词以及其他词汇。可以将词汇表格和故事列出来，方便儿童在空闲时阅读，也可以复印给他们带回家读给父母听。

个人的体验故事应遵循与小组体验故事相同的步骤。儿童可能会因为个人经历，如生日聚会或家里刚出生的婴儿，而更喜欢个人的故事。所有的语言体验故事都需要对儿童个体有意义，因为他们把自己视为故事的作者。他们是用自己的经历和语言，以书面语言的方式表达自己的思想。

儿童在游戏中的书写

游戏帮助儿童发展沟通能力，在幻想游戏中表现真实或想象中的人物和事件，以及根据他们的日常经验准备各种各样的叙述（Cook，2000）。儿童的书写活动需要重构和再现他们的日常经验。维果茨基（1983）指出，书写和其他形式的象征性表达（如假想游戏和绘画）之间的联系是，其他形式的象征性表达是"书面语言发展的基本统一过程中的不同时刻"（p.116）。儿童的书写是从言语手势、他们听到和之后使用的语言以及当他们意识到书写语言就像口语一样代表现实时发展而来的。通过社会互动和许多与故事书相关的经历，儿童可以理解书写是为了什么以及书写是什么样子的（Wells，2009）。他们把别人的话语和故事书中的语言转换成自己的书写内容，并利用绘画和自创的拼写来表达意义，理解周围复杂的世界。

书写与戏剧游戏

当儿童参与可以拓展他们书写知识的对话时，当他们了解作者和读者的角色时，当他们遇到关于文字结构和含义的新想法或冲突时，游戏环境可以激励儿童书写。当儿童把书写作为个人生活和社会生活的一部分时，他们就会学习书写。

儿童发现戏剧游戏是一种非常令人兴奋的活动，因为它有一种与其他大多数活动不同的真实、严肃的感觉。当儿童游戏时，他们会接触到生活中的元素，这些元素经常要求他们像现实世界中的个体（成人、父母、儿童、婴儿）一样思考和行动。尽管游戏中的现实与虚幻有一种适应性的联系，但它是非常复杂的（Hall & Robinson，2014）。对此，希思（Heath）的观点如下。

> 现实的约束伴随着社会戏剧以另一种方式进入游戏。一旦儿童宣布暂停现实，宣布一个沙箱是一座城市、一块石头是一个小女孩，或一间游戏室的角落是一个厨房，他们就会似是而非地坚持严格遵守现实行为中的某些细节。在玩娃娃时，如果没有用别针将尿布固定在娃娃身上，女孩们就会坚持说娃娃没有穿好衣服。在游戏厨房里，儿童会打破洗碗的习惯，伸手去搅动炉子上锅里的东西。当被问到为什么要这样做时，他们回答说："拍一拍就会烧起来。"
>
> （Heath，1983，pp. 164-165）

儿童需要游戏活动来帮助他们区分世界中的现实和想象。即使是娃娃家，也可以提供机会来支持书写技能的发展。儿童可以写购物清单，也可以写食谱，并用图画代表一些他们不会拼写的东西。当书写融入游戏中时，儿童学习书写的功能，例如在办公室、杂货店和出版中心等游戏区中，如表8.14所示。

表8.14　书写游戏区

- 办公室。幼儿园教室内可以创设一个办公室游戏区，包括一台旧的打字机、电话、椅子和桌子。也可以根据需要增加其他办公设备和材料。儿童可以扮演办公室职员，打电话、写笔记并填写表格（Korat et al.，2002/2003）。
- 杂货店。在教室的一个角落创建一个杂货店。可以让儿童从家里带东西到杂货店，包括用于销售的空盒子和食品包装、纸和塑料袋、宣传用的印刷广告、收银机或计算器，以及用来做笔记的铅笔和纸（Korat et al.，2002/2003）。
- 出版中心。应该鼓励四五岁儿童成为独立的作者，鼓励他们把自己当成作者，并鼓励他们对自己的书写能力有信心。他们可以扮演不同的角色，如作者、插画师、印刷者、装订者和客户。
- 汽车修理厂。儿童可以把汽车修理厂建在教室的一个角落里，并决定如何在这个区域游戏，这个区域可能包括不同的工具和能被儿童安全使用的汽车部件。他们可以用大的空心积木建造一个坡道，用学校的三轮车作为需要修理的车辆，也可以去参观当地的修车厂，以便在教室里复制一个汽车修理厂。参观时，他们可以画出他们看到的东西，或者做笔记，以便回到幼儿园时用于参考。

汽车修理厂也可以作为一个主题单元。表 8.15 提供了一个以汽车修理厂为主题单元的示例，帮助儿童理解书写游戏活动是儿童现实世界的一部分（Hall & Robinson，2014）。

表 8.15　汽车修理厂主题单元

一群四五岁的儿童计划在教室的一个角落里建一个汽车修理厂。他们已经决定如何在这个区域游戏，但在这个空间之外，他们经历了与建造汽车修理厂的整个过程相关的几个"特殊事件"。其中，一个投诉事件发生在建造汽车修理厂的初始阶段。霍尔和鲁滨逊（Hall & Robinson，2014）对这一经历进行了完整描述。

小朋友们参观了当地的一家汽车修理厂，这样他们就可以在教室里复制。他们注意到汽车修理厂内外都有与环境相关的标志。他们对坡道（汽车升降机）特别感兴趣，儿童画下了他们看到的东西，在写字板上做了笔记，讨论了这次参观并分别给这家汽车修理厂的主人写了感谢信。为了获得建造汽车修理厂的许可，儿童写信给市政厅并索要规划申请表。一些儿童完成这些申请，画了计划图，然后寄了出去。虽然他们得到了开始建造的许可，但他们也收到了住在幼儿园附近的邻居鲁滨逊夫人的投诉信，其内容如下。

亲爱的布思老师班级的孩子们：

我听说你们要建一个汽车修理厂。我要对此进行投诉。汽车修理厂很吵，很脏，也非常危险。有人可能会因汽车而受伤。我认为，不应该允许你们建汽车修理厂。

你忠实的鲁滨逊夫人

（Hall & Robinson，2014，p. 78）

全班儿童开始讨论这封信。小朋友们对此感到震惊，认为需要拒绝鲁滨逊夫人的观点，继续建造汽车修理厂。他们进行了大量的讨论，但存在许多分歧。其中，一个解决办法是继续建造汽车修理厂，一旦鲁滨逊夫人参观他们的教室，他们就要把标志拿下来，诱使她相信他们已经停止建造汽车修理厂。他们写信给鲁滨逊夫人，想让她知道汽车修理厂不建了，但是鲁滨逊夫人发现汽车修理厂还在建造。于是，她再次写信给孩子们。他们不得不应对这种情况，在进行了更多的讨论之后，最终他们写了一份信，以说服她让他们建造汽车修理厂。他们的说服信很成功。

在修建汽车修理厂的过程中，小朋友们经历了一系列特殊事件，并参加了各种对他们有意义的书写活动，因为他们在这一过程中非常关注社区生活，举例如下。

- 他们写了感谢信。
- 他们在参观汽车修理厂时做了笔记。
- 他们写信索取申请表以获得建造许可。
- 他们完成了规划申请表。
- 他们读了投诉汽车修理厂的信。
- 他们用说服信回应投诉信。
- 他们了解了他人对自己信件的反应，并写了一封承诺书。
- 他们写下汽车修理厂中所需物品的清单。

（续表）

- 他们阅读了幼儿园的事故指南，制定了自己的事故指南、说明和规则。
- 他们为汽车修理厂里的工作撰写广告。
- 他们填写了在汽车修理厂工作的申请表。
- 他们编写了库存的清单，并制作标签和海报。
- 他们给报纸写信。
- 他们撰写了盛大的开幕邀请函。
- 他们制订了一个带有活动时间表的计划。
- 他们创造姓名标签。
- 他们为盲人女士写了一份汽车修理厂的描述。
- 他们为盲人女士编写了一本"可感"的书。
- 他们为盲人女士制作了一盘录音带。
- 他们读了其他幼儿园儿童写的信。
- 他们阅读其他幼儿园儿童的回信。
- 他们为幼儿园小朋友的自行车维修费做了预算。
- 他们写信解释修理费。
- 他们读了机场的来信。
- 他们回应机场并分享自己的观点。

这份值得关注的清单，仅代表许多具有丰富的文本形式的书写活动中的一部分。这些儿童在12周的时间里进行了有意义的活动。这种书写对儿童来说看似很难，但这些儿童似乎很喜欢挑战，因为他们想建造汽车修理厂，并想把汽车修理厂留在教室里。儿童的书写活动是基于特定的事件的，这些事件是社会建构活动，对他们来说是有意义的。

汽车修理厂由一些共同的活动组成，儿童通过这些活动在游戏中获得书写经验。如果没有游戏，书写活动就没有意义。游戏活动将儿童的学习置于情境中，并为儿童的学习提供了一个目的。汽车修理厂的活动与现实中社区里的日常生活息息相关。

本 章 小 结

语言发展发生在游戏情境中。当儿童游戏时，他们会与他人互动、做标记、组织一系列情境事件、谈判协商并参与"假装谈话"，这激励着他们与同龄人和成人交流。儿童计划游戏活动，协商角色和可用材料代表什么以及如何玩。他们的游戏是一种共同的意义创造活动。他们合作将一个有意义的故事戏剧化，同时依靠自己的游戏经验来理解世界（Löhfdahl，2005；Paley，2004）。儿童会制订行动计划，这是他们联系和安排行动与事件的蓝图。

在游戏环境中,儿童与他人互动,依次创造一系列游戏情境,并通过对话协商流程。他们讨论游戏流程,协商规则、关系和角色,比如说:"你做宝宝,我做妈妈。"在游戏开始时,儿童进行持续的显性和隐性协商,以共同进行有意义的游戏(DeZutter, 2007)。他们用眼睛和语言了解社会世界(Vygotsky, 1978)。游戏时,他们会意识到物质世界,并扮演社会世界中的一些角色,这会发展他们的语言。例如,儿童可能会假装在一家餐馆,用菜单点菜,并使用"假装谈话"。假装游戏是一种重要的活动,因为儿童有机会将他们的计划付诸行动,并扮演几个角色来传达他们有关社会世界的想法和感受。

游戏研究人员认为,通过社会戏剧游戏,儿童在娃娃家会有更多的社会互动和语言类型。社会戏剧游戏促进了他们的语言发展(McGee & Richgels, 2004),因为当给儿童介绍一个新词汇时,儿童就会在一定程度上理解这个词汇的意思。他们在玩玩具、吃饭和读故事书的时候通常使用"罕见词"。儿童基于动作或物体、对新词汇的解释、社会规范、对社会规范含义的解释来学习新词汇并获得意义(Tabors et al., 2001)。

儿童的书写,需要反映他们周围环境中日常生活的本质。教师需要对他们的社会需求和教育需求保持敏感并给予支持,帮助儿童将书写与生活、幼儿园文化和同伴文化活动联系起来。儿童会发现,书写是一个困难的过程。如果一个东西与儿童的个人需求有关,并围绕着与儿童的社会环境相关的幼儿园经历中的特定目的和主题逐步发展,儿童就会理解它的形态、规律和质地。书写是一种需要学习的东西,学习者由此能够"在有目的的社会活动背景下为行动、感觉和思维赋能"(Wells, 2009, p. 14),这可以帮助他们在学前阶段朝着掌握读写能力的方向进步。

第九章

文学——游戏学习经验

> 儿童读物"表面上看,是为了给儿童带来自发的快乐而印刷的文字"。
>
> (Darton,1932)

儿童文学将儿童的情感经验和智力经验与他们更广阔的世界联系起来。它为儿童提供审美体验,这样的经验对他们生活中语言等各个方面的发展都是有益的。向儿童大声朗读,有助于他们理解叙事结构,包括故事的开头和结尾以及人物行为等特征(Kiefer,2004)。

儿童文学含有文字和插图,它们能帮助儿童意识到事件的顺序、行动的统一性、事件的平衡性或对事件的新的参照框架。他们学习理解角色、背景、矛盾和问题。他们在故事的美妙、神奇和幽默中享受乐趣,或在悲伤、不公正和丑陋中体验痛苦。故事可以帮助儿童识别故事中的人物,为他们提供在其他地方、时间和生活方式中的替代体验。他们可以体验不同的视角、危机、神秘和痛苦,也从成就感和归属感中体会到快乐。文学给了他们去想象、思考和提问的机会(Galda et al.,2009)。本章的目的是阐述文学与游戏之间的关系、支持游戏的文学活动、儿童图书阅读指南以及儿童文学中的视觉素养等。

文学与游戏

文学应当成为儿童游戏的组成部分。文学为儿童提供了接触不同体裁内容的情境,它可以促进儿童的社会性发展,帮助他们发展不同的观点。当儿童读故事或听故事时,他们将听到的信息建立联系。在这些情况下,儿童彼此互动,以整合、建构知识，并将知识与文本联系起来（Vygotsky，1978）。这些文学活动需要经过精心策划，以帮助儿童理解和欣赏文学，但这些活动应该是儿童自发的、令人感到愉快和充满热情的，从而丰富儿童的生活，促进他们对语言和文学的喜爱。

支持游戏的文学活动

文学活动为儿童提供了用书籍和木偶等有趣的材料进行探索和实验的机会。通过创编剧本、参与讲故事以及扮演各种角色，文学活动为儿童提供了许多机会去诠释、即兴创作和假装。这促使儿童参与戏剧，戏剧内容可能与故事有关，也可能与故事无关，而是基于故事的主题、角色或想法。儿童可能会扮演其中一个角色，并按照他们在故事中对这个角色的理解来表演。儿童可能会把文学作为一种素材来源，用文学中的人物创编一个新的故事或确立一个相似的人物，然后进行即兴创作。给儿童提供各种各样的文学活动很重要，如阅读图书、讲故事、读诗歌、玩木偶戏和创意戏剧。

图书

对学校环境中儿童文学的研究表明，当儿童聆听他人朗读图书并被允许通过谈话、创意戏剧、艺术和写作对其做出反应时，这些儿童的阅读表现会有所改善（Kiefer，2004），这对他们的语言学习大有益处。儿童文学融合了许多体裁，包括字母书和计数书、童谣和诗集、图画故事书、小说和非小说。这些书的公认标准是为儿童提供文学、艺术方面的体验，也就是说，它们为儿童提供有意义的信息，并包含各种各样的媒介，使书对儿童富有吸引力。这些标准在美国纽伯瑞儿童文学奖和凯迪克大奖等久负盛名的奖项中得到体现（Association of Library Service to Children[①]，ALSC，2020）。

儿童图书中所使用的语言非常重要。儿童"储存"他们听到的所有单词、短语和故事元素，过了一段时间，这些语言就变成他们自己的语言。书籍可以用美好的词汇充实他们的词汇库。即使是简单的故事，也能做到这一点。儿童喜欢《100万只猫》[②]

[①] 即美国图书馆儿童服务学会。——译者注
[②] 该书的简体中文版已由南海出版公司于2021年出版。——译者注

(*Millions of Cats*),并重复这句话"几百万只猫,几千万只猫,几亿万只猫"(Brewer,2007)。需要仔细挑选书籍,以提供一个平衡的文学课程(Galda et al.,2009),例如从几个不同的类别中收集书籍(见表9.1)。从下列类别中收集少量书籍,可以形成一个平衡的文学课程(Spodek & Saracho,1994b)。

表9.1 不同类别的儿童书籍

类别	书目
鹅妈妈童谣图书	• 《鹅妈妈童谣集》(*Book of Nursery and Mother Goose Rhymes*,Marguerite de Angeli,1970) • 《鹅妈妈童谣集》(*The Real Mother Goose*,Blance Fisher Wright,2008)
字母类图书	• 《ABC兔子》①(*The ABC Bunny*,Wanda Gág,2004) • 《彼得·派珀的字母表》(*Peter Piper's Alphabet*,Marcia Brown,1959)
数数类图书	• 《我的第一本数数书》(*My First Counting Book*,Lilian Moore & Garth Williams,2001) • 《好饿的毛毛虫》②(*The Very Hungry Caterpillar*,Eric Carle)
概念类图书	• 《立方体、圆锥体、圆柱体和球体》(*Cubes, Cones, Cylinders, & Spheres*,Tana Hoban,2001) • 《符号及其意义》(*Symbols and Their Meaning*,Rolf Myller,1978)
拟人化的机器类图书	• 《小火车头做到了》③(*The Little Engine That Could*,Watty Piper, George, & Doris Hauman,2009) • 《迈克·马力甘和他的蒸汽挖土机》④(*Mike Mulligan and His Steam Shovel*,Virginia Lee Burton,2006)
动物故事类图书	• 《好奇乔治的冒险全集:70周年版》(*The Complete Adventures of Curious George: 70th Anniversary Edition*,Hans A. Rey,2010) • 《100万只猫》(*Millions of Cats*,Wanda Gág,2006)
搞笑和无厘头类图书图画书	• 《霍顿孵蛋》⑤(*Horton Hatches the Egg*,Dr Seuss,2004) • 《驴小弟变石头》⑥(*Sylvester and the Magic Pebble*,William Steig,2005) • 《乌鸦太郎》⑦(*Crow Boy*,Taro Yashima,1976) • 《灰姑娘》(*Cinderella*,Charles Perrault & Marcia Brown,2007)

---

① 该书的简体中文版已由甘肃文化出版社于2021年出版。——译者注
② 该书的简体中文版已由明天出版社于2017年出版。——译者注
③ 该书的简体中文版已由电子工业出版社于2014年出版。——译者注
④ 该书的简体中文版已由二十一世纪出版社于2009年出版。——译者注
⑤ 该书的简体中文版已由中译出版社于2017年出版。——译者注
⑥ 该书的简体中文版已由明天出版社于2013年出版。——译者注
⑦ 该书的简体中文版已由广西师范大学出版社于2018年出版。——译者注

（续表）

容易阅读的图书	• 《蚂蚱在路上》① （*Grasshopper on the Road*, Arnold Lobel, 1986） • 《小熊探亲》② （*Little Bear's Visit*, Else Holmelund Miniarik & Maurice Senda, 1992）
参与类图书	• 《布赖恩·怀尔史密斯的谜题》（*Brian Wildsmith's Puzzles*, Brian Wildsmith, 1996）
信息类图书	• 《动物城市》（*Zoo City*, Stephen Lewis, 1976） • 《风筝》（*Kites*, Larry Kettlekamp, 1959） • 《你的朋友，树》（*Your Friend, the Tree*, Florence M. White & Alan E. Cober, 1969）
诗歌	• 《冰雹和大比目鱼骨头：诗歌和色彩的冒险》（*Hailstones and Halibut Bones: Adventures in Poetry and Color*, Mary O'Neill & John Wallner, 1990） • 《嗨，虫子！以及有关其他小东西的诗》（*Hey Bug! and Other Poems About Little Things*, Elizabeth M. Itse & Susan Carlton Smith, 1972） • 《牛津儿童诗歌书》（*Oxford Book of Poetry for Children*, Edward Blishen & Brian Wildsmith, 1996）

每一间幼儿园教室都应该为儿童提供书写良好、插图精美的图书，包括故事集或选集，即使没有插图也可以。在教师需要的情况下，其他教师、主管、图书管理员、地方学院和大学可以为教师提供选择书籍的指南。每年，ALSC（2020）的一个委员会都会选出值得注意的、重要的、与众不同的且杰出的儿童图书。这些被该委员会选择的图书具有值得推荐的特定品质、展示充满冒险精神的创造力、来自不同的类别（如小说、信息、诗歌、图画书），会引起不同年龄段（从出生到14岁）儿童的兴趣。ALSC也会发现过去值得注意的儿童图书、录音以及用于儿童图书的视频和计算机软件（ALSC，2020）。

教师需要选择儿童感兴趣的各种图书。富有幽默精神的图书可以激励儿童，鼓励讨论，并提供活跃的情境。对幽默的诠释需要儿童运用洞察力、思维能力和批判性技能。图书为儿童提供了他们世界之外的信息，从而拓宽他们的视野。教师需要选择准确且权威的信息类图书。儿童图书需要将儿童的文学体验与幻想世界结合起来。

教师需要为处于危机中的学龄前儿童提供各种类型的书籍（如传统的故事书、信息类图书）。许多教师不相信，儿童能够理解信息类图书，并且会使用它们。但事实

---

① 该书的简体中文版已由贵州人民出版社于2021年出版。——译者注
② 该书的简体中文版已由贵州人民出版社于2015年出版。——译者注

上，处于危机中的儿童有能力学习文本格式，并通过阅读此类图书来获取信息。信息类图书利用某个主题，让文本非常适合被用于传递有关处于危机中的儿童的社会世界或自然世界的真实信息（Pollard- Durodola et al.，2011）。

天才儿童的图书需要能引起他们的兴趣，并激励他们在读完一本书后独立地寻找更多信息。他们可以在手册、传记、虚构故事和图画书中搜索信息。在这之后，天才儿童需要参加丰富的活动，以进一步了解他们正在阅读的主题。

阅读图书为儿童学习不同的学科领域（如语言、社会研究）打下了基础。图书和书中的图画传达了其文化中的道德观念、态度和价值观。例如，教师使用反映了墨西哥裔美国家庭和主题的儿童故事书。他们可以了解帕特·莫拉（Pat Mora），她是童书作者和诗人。儿童喜欢以家庭为主题的故事书，如《家庭照片》（*Family Pictures/Cuadros de Familia*，Carmen Lomas Garza，1990）。这本图画书是一个画册，记录了这位艺术家在得克萨斯州的一个小镇上长大时的回忆。她的墨西哥裔美国人社区生活在这本画册中得以展现，比如庆祝生日、采摘仙人掌、做玉米粽[1]。另一本可以使用的图书是《太多的玉米粽》（*Too Many Tamales*，Gary Soto & Ed Martínez，1996）。这是关于一个名叫玛丽亚的女孩的故事。她在节日时帮助家人做玉米粽，还试了试她妈妈的结婚戒指，但把戒指弄丢了。在寻找戒指的过程中，小朋友们吃掉了所有的玉米粽（Saracho & Martínez-Hancock，2004）。

真实且富有想象力的文学作品能激发儿童的好奇心，培养他们的兴趣。图书帮助他们学习语言，探索语言的意义，并刺激他们的高级心理过程：思考意义、发现关系、回忆类似的感觉和事件、发展概念、概括以及抽象。图书中的语言，有助于以充满支持性和创造性的方式增加儿童的词汇量。诚然，我们应该选择语言优美的图书（Brewer，2007），但图书也应该关注儿童的兴趣，且应该是有趣的。一个班级的藏书要体现出平衡性：当代作品和经典作品的平衡、现实性文学和幻想性文学的平衡、虚构性文本和非虚构性文本的平衡、流行的阅读材料和珍贵的阅读材料的平衡、昂贵的图书和廉价的图书的平衡、期刊和图书的平衡以及散文和诗歌的平衡。幽默的图书能鼓励儿童讨论，儿童需要运用洞察力和思维能力来诠释它们的幽默。

可预测内容的图书

以可预测的格式编写的图书具有节奏感和重复性，有助于儿童预测下一页的内容，《棕色的熊、棕色的熊，你在看什么？》[①]（*Brown Bear, Brown Bear, What Do You See?*，Bill Martin，1986）就是一个很好的例子。在阅读了几页整本书中不断重复的单词、短语和主题之后，儿童可以很容易地发现模式。以下来自书中的短语，就是这种重复模式的一个例子。

<blockquote>
棕色的熊，棕色的熊，你在看什么？
我看见一只红色的鸟在看我。
红色的鸟，红色的鸟，你在看什么？
我看见一只黄色的鸭子在看我。
</blockquote>

其他一些可预测内容的图书用了一种累积模式，将之前的想法融入后续的想法中，如《有个老婆婆吞了一只苍蝇》[②]（*I Know A Lady Who Swallowed A Fly*，Hoberman，2004）或《姜饼人》[③]（*The Gingerbread Man*，Kimmel，1993）。一些可预测内容的图书有相似的序列，如《好饿的毛毛虫》（Carle，2008），为儿童提供了一种感到有所收获的体验，以及一种可行的、极佳的方式来补充阅读指导。

大尺寸的图书

大尺寸的图书是儿童图书放大的版本，让儿童能看见文本，这有助于他们的视觉辨别能力、字母和单词的识别能力以及批判性思维能力。大尺寸的图书可能很贵，而且不是所有儿童书籍都有这种大尺寸的版本在售。教师和儿童可以把一个流行的故事制作成一本大尺寸的图书。制作的过程可以激发儿童的阅读兴趣，并且让他们对自己的大尺寸的图书形成拥有感和自豪感。表9.2为教师和儿童制作大尺寸的图书提供了操作指南（Meinbach，1991）。

---

① 该书的简体中文版已由明天出版社于2018年出版。——译者注
② 该书的简体中文版已由未来出版社于2015年出版。——译者注
③ 该书的简体中文版已由江西高校出版社于2017年出版。——译者注

表 9.2　制作大尺寸的图书

1. 选择一个最受儿童喜爱的故事。
2. 将每页的文字复制到一张 64 厘米 × 38 厘米的空白纸张上。
3. 用足够大的字书写文本，让孩子们都能看到。写完文本后，重读故事并讨论可能的插图。
4. 为文本制作插图。如果有一组儿童正在制作插图，那么教师需要协助他们。
5. 通过在黑板、公告板或绳子上展示带有插图的文本来确定它们的正确顺序。
6. 制作一个标题页，列出小插画家们的名字，放一张班级的照片，写上出版日期，以及以班级作为出版公司的名字，这对这本图书来说是极佳的补充。
7. 将所有页面汇集到一起制作成一本大尺寸的图书，添加封面和标题页。重型订书机、金属环或重缝线（牙线效果很好）都很适合用于装订。可以用厚的装订胶带加固书脊。
8. 塑封封面以增加其耐用性，并在封底内侧放置一个借书袋，以鼓励儿童借阅这本图书。
9. 为儿童提供阅读和重读这个故事的机会。

可以将儿童个人或群体创作的故事做成大尺寸的图书。这些故事可以源自儿童的经历，也可以是儿童图书内容的延伸。儿童将作为一本大书的作者进行合作。故事也可以被多次阅读、改编、讨论，以培养儿童的理解力，鼓励他们阅读这本书。还可以为儿童朗读故事录音。

阅读故事

当他人为儿童朗读故事时，儿童就是在进行一次文学之旅，这将扩展他们的经验、语言、情感和对世界的了解。教师需要预先了解故事，可以将书带回家并练习大声朗读。教师需要创设能为儿童提供愉快的阅读体验的环境，可以让儿童放松地坐在地毯上，这样他们就能看到教师和书；也可以用非正式的方式排列椅子。

在朗读故事后，可以进行讨论。这样的讨论有助于儿童的语言和思维能力的发展。在大部分情况下，教师亲自给儿童读故事，不过有时也会由助教或家长志愿者读故事。当班级里有更多的成人帮忙时，故事阅读可能会以小组形式进行。当故事阅读时间更加密集时，儿童的语言学习就越能被促进。小学低年级或高年级的儿童也可以被邀请阅读这些故事。

视觉障碍儿童比其他儿童更依赖听力。听故事对他们来说是能让他们有所收获的活动。当他们与教师和同学分享一本好书时，他们的文学世界就扩大了，他们间接地体验着故事中的人物的生活。视觉障碍儿童可能会对故事做出回应，也可能用盲文写故事。他们可以经常听他们最喜欢的故事录音。很多非常受欢迎的故事都有商业录音版本，如《彼德兔》（Beatrix Potter）、《鹅妈妈的故事》（Mother Goose

Stories）等童谣；《小象巴巴》(Babar)、《帕丁顿熊》(Paddington)、《好奇猴乔治》(Curious George)、《夏洛的网》(Charlotte's Web)以及《最大的熊》(The Biggest Bear)等故事。

所有幼儿园班级都应该有大量文笔优美、插图精美的儿童图书。即使是没有插图的故事集或选集，也是很有用的。教师可以从其他教师、主管、图书管理员和当地大学获得帮助。以下建议改编自米恩巴赫（Meinbach，1991）的图书阅读指南（见表9.3）。

表9.3　儿童图书阅读指南

1. 创设环境。让儿童坐在靠近教师的地板上，以便能够看到插图和文字。大尺寸的图书可以被放置在画架上，便于教师翻页并在阅读时指向文字。有时，可以让一名儿童来翻页。
2. 介绍故事。提供一个简短的介绍。讨论封面插图、标题、过去的相关经验和其他相关信息。以《下雪天》[①]为例，适宜的开场问题可以是：雪是什么样的？雪给你什么样的感觉？你在雪里玩过吗？如果没有，你认为在雪中玩耍应该是什么样子的？介绍的目的是吸引儿童聆听故事。
3. 朗读故事。要为了快乐而阅读，连续地朗读可以成为一种学习阅读的方法。教师在带着表情阅读时如果很难指向单词，那么可以暂缓指向接下来要读的内容。有些教师更喜欢用一根指示棒来帮助儿童看到所读的准确内容。当再次阅读大尺寸的图书时，教师可以指向单词并鼓励儿童参与。儿童喜欢反复朗读一个熟悉的叠句或者重复出现的句子，或做简单的手部动作或发出适当的声音。当教师指着词汇时，儿童会发现，文字排列是遵循一定的惯例的，他们开始认识到发音和符号的关系并了解词汇。
4. 讨论。在初步阅读后，讨论插图、人物或书中最喜欢的部分。讨论应该以自然的方式进行的。讨论作者提出的观点，并观察儿童的理解。因为故事会被阅读和讨论很多次，所以最初的讨论应该简短，并在儿童失去兴趣之前结束。
5. 后续活动。在最初一遍或几遍阅读后，实施适当的后续活动，例如让儿童独立阅读、编写戏剧以及创作艺术、音乐作品和书写。独立阅读是极其重要的活动之一，因为这一过程会让儿童成为阅读共同体中的一员。教师可以准备小版本的大尺寸图书，让儿童独立阅读以鼓励他们尽可能多地重复阅读自己喜欢的书。儿童通过参与与阅读相关的活动来学习阅读。
6. 评估。在阅读过程中和阅读后，对每名儿童的进步情况进行评估。

讲故事

讲故事可能是世界上最古老的艺术形式。它是第一种有意识的文学交流形式，直接吸引了儿童的想象力。讲故事可能比从书中读故事更好，因为同一本书的插图迫

[①] 该书的简体中文版已由明天出版社于2018年出版。——译者注

使所有儿童看到一模一样的图片，而不能让儿童自己想象画面。玛丽·L. 谢德洛克（Marie L. Shedlock，2004）是1890年英国伦敦的一位职业故事讲述者，她认为讲故事能带给儿童：

- 戏剧化的快乐，他们天生渴望这种快乐；
- 幽默感，这实际上是一种判断能力；
- 角色的行动结果；
- 对想法的诠释；
- 想象力的发展。

教师可以带一小群儿童，让他们闭上眼睛，给他们讲故事的时候注意用语调的变化来强调，从而保持儿童的注意力，让他们将注意力集中在故事讲述者的声音上，关注故事的戏剧性趣味。

讲故事是听众和故事讲述者之间的直接交流。当儿童听故事时，他们就成为积极的听众。他们参与故事，重复短语或单词，并为角色创造声音和手势。可预测内容的图书和故事中不断重复的语言模式和故事事件，能帮助儿童判断意思并预料之后的语言模式、情节和顺序。讲故事帮助儿童习得复杂的语言模式，并促使他们用书面语言和口头语言进行实验。教师需要对儿童保持敏感，并做出相应的反应。如果儿童变得焦躁不安，教师就要用手势和声音把故事变得更有戏剧性，或缩短故事的长度，甚至立即结束故事。在讲故事的过程中，教师需要使用儿童能理解的语言。故事应该与儿童感兴趣的主题和情景有关。教师通常使用儿童图书中的故事，并用自己的语言进行复述。在专栏9.1中，斯波德克和萨拉乔描述了一所幼儿园中的讲故事活动。

专栏9.1

教师和四名儿童坐在教室的角落里。她从一个袋子里拿出一个灰色的木偶。"你们知道这是什么吗？"

孩子们立刻就知道那是一头大象。"但是，"教师问，"这头大象和你们在书中或动物园里看到的大象有什么不同呢？"

卡丽萨跳起来说："它的鼻子很有趣。"

"没错，卡丽萨，"教师说，"看，它的鼻子是短短的。大象不是都有长鼻子的吗？我还有另一只动物想给你们看。"教师从书包里拿出一只绿色的动物。"你们认为，这个小生物是什么？"她问道。

"这是一只鳄鱼，就像《彼得·潘》①（Peter Pan）故事里的一样。"玛莎说。

"哇，太棒了，"教师说，"现在，这两个动物是木偶。我需要邀请两位小朋友在我讲故事时拿着木偶。"她把大象给了彼得，把鳄鱼给了吉尔。

教师说："我要给你们讲一个关于大象是如何得到鼻子的故事。我们说过，这头大象没有鼻子，但我即将要讲的故事将解释所有的大象是如何得到鼻子的。"教师开始讲故事，一个大象问了很多问题，但它问得最多的一个问题是："鳄鱼早餐吃什么？"

"彼得，"教师问，"你能举起你的大象来提问吗？"

彼得把大象举在空中，大声说："鳄鱼早餐吃什么？"

教师接着说："有一天，一只鸟叫大象去河边问问鳄鱼早餐吃什么。于是，大象出发了。你们猜他见到鳄鱼的时候说了什么？"教师问。"鳄鱼说：'靠近点，我就告诉你。'你能对大象这么说吗，吉尔？"

于是吉尔说："靠近点，我就告诉你。"

彼得把大象移近鳄鱼。

教师还在继续。"嗯，鳄鱼一直告诉大象靠近一点，再靠近一点，你们猜怎么着，它抓住大象的脸不放开。你能做到吗，吉尔？"

吉尔抓住了大象。孩子们一边笑一边扭动身体。彼得把大象拽走了。

教师说："大象就是这么做的。它拉啊拉，拉啊拉，最后鳄鱼抓不住了。但你们猜怎么着。当大象站起来往下看时，它的鼻子变得非常非常长。猜猜我们把那个长长的鼻子叫什么？"

"象鼻！"所有儿童一同喊道。

"你们认为大象喜欢它的鼻子吗？"教师问。"喜欢，"她继续说，"它非常喜欢。它可以用鼻子把水喷得到处都是，还可以用它抓虫子。它非常喜欢，所以回家去找其他的大象，告诉它们去河边问问鳄鱼早餐吃什么，这样它们也可以得到长鼻子。"

（Spodek & Saracho，1994b，pp. 310-311）

教师和儿童所讲的故事可以是充满幻想的当代故事，也可以是从民间文学中挑选的传统故事，还可以是从儿童的经历中延伸出来的故事。复述一次旅行中发生的事件

---

① 该书的简体中文版已由江苏凤凰文艺出版社于2018年出版。——译者注

或儿童经历中的另一件事，也是很好的故事资源（见表9.4）。

表9.4 用于讲故事的资源

选集
- 《故事讲述：艺术与方法》（Storytelling: Art and Technique，Ellin Greene & Janice M.Del Negro，2010）
- 《卡罗琳·费勒·鲍尔给故事讲述者的新手册：故事、诗歌、魔法等》（Caroline Feller Bauer's New Handbook for Storytellers: With Stories, Poems, Magic, and More，Caroline Feller Bauer，1993）
- 《给我讲个故事》（Tell Me A Story，Eileen Colwell，1983）

故事书
- 《吵吵闹闹的书》（The Noisy Book，Margaret Wise Brown & Leonard Weisgard，1995）
- 《问问熊先生》[①]（Ask Mr. Bear，Majorie Flack，1971）
- 《姜饼男孩》（The Gingerbread Boy，Paul Galdone，2008）
- 《金发姑娘和三只熊》[②]（Goldilocks and the Three Bears，James Marshall，1998）
- 《红色的小母鸡》（The Little Red Hen，Paul Galdone，2011）
- 《阿罗有支彩色笔》[③]（Harold and the Purple Crayon，Crockett Johnson，1998）
- 《太吵啦》[④]（Too Much Noise，Ann McGovern & Simms Taback，1992）
- 《小火车头做到了》（The Little Engine That Could，Watty Piper，George，& Doris Hauman，2009）
- 《布朗先生会学牛叫，你行吗》[⑤]（Mr. Brown Can Moo! Can You?，Dr. Seuss，1996）
- 《卖帽子》（Caps for Sale: A Tale of A Peddler, Some Monkeys and Their Monkey Business，Esphyr Slobodkina，2008）

用于讲故事的书：一些有好故事的书
- 《愉快的儿童故事：给男孩和女孩的幽默故事》（Merry Tales for Children: Best Stories of Humor for Boys and Girls，Carolyn Sherwin Bailey，2010）
- 《给小朋友的故事》（Stories for Little Children，Pearl S. Buck，1940）
- 《格林童话精选集》（Tales from Grimm，Wanda Gág，2006）

教师需要让儿童参与讲故事。利用他们喜欢的故事进行游戏，可以鼓励他们挑选自己喜欢的书，并能激励他们成为作者（Williams & Hask，2003）。以下活动可以与故事一起使用（Brewer，2007）。

[①] 该书的简体中文版已由北京联合出版公司于2015年出版。——译者注
[②] 该书的简体中文版已由长江少年儿童出版社于2016年出版。——译者注
[③] 该书的简体中文版已由接力出版社于2021年出版。——译者注
[④] 该书的简体中文版已由北京联合出版公司于2019年出版。——译者注
[⑤] 该书的简体中文版已由中国对外翻译出版公司于2009年出版。——译者注

- 儿童在讲故事的时候可以戏剧性地展现故事。
- 儿童可以在学习区使用材料复述故事。
- 材料可以包括绒布板片、木质角色或木偶。
- 儿童可以用多种形式讲述自己的故事，如滑稽短剧或绒布板故事。
- 儿童可以通过重复某些短语或声音来参与讲故事。

道具或图片在讲故事时有所帮助。此外，简单的图形可以用在绒布板上。用绒布制作角色很容易，可以用角色在绒布板上讲述故事。

儿童可以使用计算机，并通过团队合作共同发展计算机接口技术，这种技术能帮助他们搜索、浏览、阅读并分享电子书籍。国际儿童数字图书馆（International Children's Digital Library，ICDL）拥有至少100种语言的1万多册图书，儿童和教师可以通过互联网使用这些资源。儿童有能力详细阐述故事，并利用他们收集的故事创造游戏。种类繁多且具有多元文化的图书，有助于教师的语言教学。此外，儿童还可以参加以下活动。

- **寻宝游戏**：儿童可以学习如何浏览ICDL并搜索他们最喜欢的书籍。教师也可以提供一些儿童熟悉的故事，让儿童自己去找。
- **完成故事**：儿童可以给故事写结尾，或者通过画画来提出一个不同的故事结局。
- **创意写作**：儿童可以看一本用他们不懂的语言写的图画书，然后写或画一个故事来诠释图画（ICDL, n.d.）。

民间故事

几个世纪以来，人们和儿童分享故事，通常采用民间故事的形式。民间故事是一种传统文学，在有记载的历史之前就已经存在。最初，人们开始讲民间故事是为了尝试解释和理解自然世界与精神世界。民间故事还可以帮助儿童理解社会问题、历史和自然现象（Lynch-Brown & Tomlinson, 2004）。民间故事依赖每种文化口口相传的传统，通常通过趣说人们想要改变的事情，给人们提供一种安全感。这些具有珍贵的文化价值的故事都有着共同的情节：善战胜恶，正义得到伸张，结局是皆大欢喜的。

民间故事给儿童提供了丰富有趣的文学体验，还帮助儿童扩展他们对世界的理解。民间故事中有很多儿童喜欢的共同特点（Rupiper & Zeece, 2005）。快速的开头、有趣的情节、故事中的幽默感都能吸引儿童的兴趣。此外，他们还被民间故事中"善有善报，恶有恶报"的正义概念吸引。许多民间故事都有吸引人的押韵和重复部分，以及简短而具体的结局。儿童之所以能够了解故事中的人物，是因为民间故事回应了他们的基本问题，比如"我是谁""我该如何解决问题"以及"想这些事情是不是太可怕了"（Howarth，1989）。有几种主要的民间故事适合儿童阅读，如表9.5所示（Rupiper & Zeece，2005；Russell，2007）。

表9.5 民间故事的类型

> 不同类型的民间故事可能有所重叠，一些当代故事也有民间故事的成分。
> - 累积故事，是指重复之前已有的部分，然后添加其他内容的故事，如《杰克盖了个大房子》①（The House That Jack Built）、《姜饼人》《有个老婆婆吞了一只苍蝇》。
> - "为什么"的故事，是指解释某事为什么或如何发生，或者如何一步步发展成现状的故事，如《鸟儿是如何有颜色的》（How the Birds Got Their Colors）《大象为什么有个长鼻子》②（Why the Elephant Has A Long Trunk）。
> - 动物故事，是拟人化的故事，其中的动物就像人一样会穿衣服和说话，如《三只比利羊》③（The Three Billy Goats Gruff）、《三只小猪》④（The Three Little Pigs）、《金发姑娘和三只熊》。
> - 傻瓜故事，是指主角傻傻的，做了愚蠢的决定，惹上麻烦的故事，其中角色都很好，能在充满幽默的情况下有个很好的结局，如《三个傻瓜》（The Three Sillies）。
> - 策略故事，是指一个小生物使用智慧而不是力量或体积智胜一个更强大和更大的对手的故事，如《蜘蛛阿南希》⑤（Anansi the Spider）、贝乐兔故事集⑥（Brer Rabbit）。
> - 现实主义故事，是指角色是现实生活中没有魔法的人。
> - 童话故事，是指具有魔法和幻想的故事，如《灰姑娘》《白雪公主》⑦（Snow White）。

民间故事可以帮助儿童理解风俗和文化、恐惧和弱点、道德和信息。以适宜的方式将民间故事呈现给儿童，就会对儿童大有裨益。它们充满了道德意义，儿童从中了解到，他们可以在成长、克服困难和正直的行为中有所收获。民间故事的主题具有永恒的吸引力，且故事真实、打动人心。它们也是儿童财富的一部分，有助于他们在过

---

① 该书的简体中文版已由武汉大学出版社于2014年出版。——译者注
② 该书的简体中文版已由二十一世纪出版社于2015年出版。——译者注
③ 该书的简体中文版已由语文出版社于2015年出版。——译者注
④ 该书的简体中文版已由江苏凤凰少年儿童出版社于2018年出版。——译者注
⑤ 该书的简体中文版已由二十一世纪出版社于2013年出版。——译者注
⑥ 该系列丛书的简体中文版已由北京联合出版公司于2022年出版。——译者注
⑦ 该书的简体中文版已由国家开放大学出版社于2018年出版。——译者注

去、现在和未来的世代之间建立联系（Rupiper & Zeece，2005）

木偶戏

木偶戏是一种古老的艺术形式。木偶是一种视觉性隐喻：它可以象征一个人、一个物体或任何形态。木偶可以代表现实生活，也可以帮助儿童探索幻想世界。木偶可以成为儿童所读或所讲的故事中的角色，而其他儿童根据情节操控木偶。儿童也可以创编自己的故事，并操控木偶和替木偶说话。木偶让儿童轻松地进入一个奇幻的魔法世界，在那里他们可以解决自己的问题。当儿童参与木偶表演时，他们也展现了自己的内心世界。木偶戏帮助儿童抚慰他们的自我意识，让儿童更自由地表达自己的感情。例如，害羞的儿童可以通过木偶来交流，以避免成为关注的焦点。木偶对儿童有用的原因，如表 9.6 所示。

表 9.6　使用木偶的重要性

- 培养儿童的创造性思维和想象力。
- 让儿童有机会检验现实生活中的情况。
- 帮助儿童意识到自己的行为。
- 让儿童显露焦虑，释放紧张情绪。
- 发展沟通技能。
- 促进批判性倾听能力和批判性思维。
- 扩大儿童的注意力广度。
- 帮助儿童获得知识。
- 为儿童提供合作和分享想法的机会。
- 培养解决问题的能力。

在向儿童介绍木偶时，教师可以使用儿童熟悉的柔软玩具，用玩具即兴做出一些动作，并鼓励儿童探索木偶的动作。在商店可以买到各种各样的木偶，然而儿童更喜欢自己制作简单的木偶来分享故事。教师可以给他们提供材料，如丝带、蝴蝶结、麻线、布片、不同长度的旧纱线、纸袋、破旧但干净的袜子、手套、纸盘、各种纽扣和其他零碎物件。他们可以制作木棍木偶、手偶和粘纸木偶。木棍木偶的制作方法是将儿童的照片、杂志上的人物头像或儿童在纸上画的图画粘贴在一根扁平的木棍上。儿童可以在游戏场景中手持和操纵木棍木偶。

手偶可以由纸袋或袜子制成。儿童可以在纸袋上画一张脸，在袋子方形部分的折叠区域两边画上嘴巴，这样儿童就可以通过抓住这里打开嘴巴或关上嘴巴。为折叠部分的内部上色，使它看起来像一个嘴巴的内部。眼睛、耳朵、头发和其他人物特征都可以被添加到木偶上。用干净的袜子做成的手偶或手套手偶也是用类似的方法制作的，可以用纽扣做它们的眼睛，用一块毛毡布做嘴巴。

木偶戏在小组活动中可以得到最好的发展。教师可以让儿童分成小组，每名儿童制作一个木偶，然后以小组的形式创编一个故事，并把小组的木偶故事呈现给全班同学。虽然儿童不需要舞台就能表演木偶戏，但教师可以很容易地用纸板箱搭建一个木偶舞台，也可以拿一张桌子，把它翻过来变成一个木偶舞台。

皮影戏可以在没有舞台的情况下使用。它具有其他木偶戏所没有的魔力。儿童把木偶放在一个薄薄的帘子后面，让一束强光从木偶后面透过帘子照射出来。这些木偶看起来就像在黑暗屋子里的剪影。教师可以在教室里挂上薄薄的窗帘，把光线调暗，创设一个黑暗的房间，或者可能更喜欢用能呈现影子的屏幕。皮影戏经过改造，使儿童的艺术活动变得夸张，这就是木偶形式的目的。

儿童可以用木偶了解不同类型的残疾。木偶既可以代表残疾儿童，也可以代表正常发展的儿童，在展示中，它们可以互动并相互提问。儿童可以编写剧本来交流关于不同类型残疾的信息。木偶表演可以帮助正常发展的儿童消除误解和恐惧，同时理解和接受残疾儿童。剧本需要是现实的，且有着积极的对话，需要包括残疾儿童和正常发展的儿童生活中的相似之处（如家庭情况）。代表正常发展的儿童的木偶可能需要表明，残疾儿童也可以有充实的生活。专业的木偶戏表演者可以与儿童一起表演。木偶戏表演者需要了解班级里残疾儿童的情况，了解剧本以及应该如何呈现剧本以使其适合儿童的发展。他们也可以用木偶复述一个关于残疾人的故事。可以将下面的故事读给儿童。

- 《残疾之地中的连接》（*Connections in the Land of Disability*，Alan Brightman，2006）
- 《残疾之地》（*DisabilityLand*，Alan Brightman，2008）
- 《卡彭老大帮我洗衬衫》[①]（*Al Capone Does My Shirts*，Gennifer Choldenko，2004）
- 《我有个妹妹，她听不见》（*I Have A Sister, My Sister Is Deaf*，Jeanne Whitehouse Peterson & Deborah Kogan Ray，1984）
- 《坐轮椅的孩子们》（*Some Kids Use Wheelchairs*，Lola M. Schaefer，2001）

---

① 该书的简体中文版已由河北教育出版社于2022年出版。——译者注

- 《失聪的音乐家》(*The Deaf Musicians*, Pete Seeger, Paul DuBois Jacobs, & R. Gregory Christie, 2006)
- 《海伦·凯勒：从悲剧到胜利》(*Helen Keller: From Tragedy to Triumph*, Katharine E. Wilkie & Robert Doremus, 2002)

创意戏剧

儿童可以使用熟悉的、有着简单故事线的故事书中的特定情节来体验创意戏剧。当儿童表演一个故事时，他们是在非常个人化的层面上用书籍和故事的语言进行游戏的。他们由于"面对面"地见到书中的人物，因此能更好地理解文本。参与表演故事的儿童会发展词汇，使用复杂的语言，更好地理解故事（McGee & Richgels，2004）。

儿童可以用自己的语言复述故事，尤其是故事中的对话。儿童要选择角色和描述角色的方式，包括故事的文字，他们可能会不断地改变故事的文字，从而形成自己的剧本。他们可以决定，某些对话是在故事的不同时间重复出现还是由不同的角色重复。当剧本完成后，儿童可以得到一个故事的副本，这样他们就可以和家人一起阅读。剧本可以用较大的字体呈现，自己角色的说话部分用黑体字呈现。作为剧本的作者，儿童的名字应该被列出。

儿童能够以多种方式诠释他们听到的故事、诗歌和歌曲，选择角色并编出自己的对话。戏剧表演的创造性因素取决于儿童的诠释、儿童创造的对话以及儿童赋予角色的动作。儿童的戏剧表演也可以基于他们自己的原创故事，这让他们可以控制情节和人物。例如，3岁的乔伊和他的同学喜欢猪，于是选择了民间故事《三只小猪》，因为它在悬念、动作和戏剧性上都有着最佳水平。儿童建造了房屋，在这些房屋里咯咯笑着的"猪"躲避难以吹倒房子的大灰狼。在表演中，儿童收起了怀疑之心，假装他们在现实之外的一个时空中。他们运用想象力和幻想把这个故事表演出来。在《三只小猪》的社会戏剧游戏中，他们必须使用问题解决能力和运动技能用积木建造房屋，也要理解故事结构，以表演出故事的各个部分。这样的社会戏剧游戏给了儿童多次进入、复述和重现故事情节的机会（Moran，2006）。

儿童的创意戏剧表演只需要一些道具，不需要观众。他们可以用几把椅子代表一辆汽车，用一张桌子代表一座桥梁，用一块地毯代表一片海洋，用剩下的布料、裙子和软帽作为服装。

戏剧的剧本和内容必须是儿童的作品。教师介绍儿童听过几次后就会熟悉的故事，提出动作和顺序，引用原故事作为对话和动作的来源。通常情况下，诸如"接下来会发生什么"或者"他是怎么回应的"之类的问题是儿童需要的唯一指引。这种故事重演是非正式的，是由儿童发起的，且由儿童主导的。重演和角色游戏不一样，它的动作和对话是基于选定的故事的。在故事重演中，儿童可以在熟悉的环境中探索故事，可以有观众，也可以没有观众。莫拉多和凯尼格（Morado & Koenig，1999）提供了一个幼儿园班级进行故事重演的例子（见表9.7）。表9.8显示了儿童可以在迷你表演中使用的故事示例（Morado & Koenig，1999）。

表9.7　学前教育课堂上的故事重演

"从前有五只小猫，它们想要出去玩……"当叙述者开始讲述新版的《三只小猫》时，五名幼儿园小朋友面对着同学和家人站成一排，他们几乎抑制不住兴奋。这五个孩子戴着用毛毡布剪成的连指手套，脸上的胡须和发带上的猫耳朵表明他们扮演小猫。

"我们出去玩吧！"萨拉提出了建议。其他表演者一个接一个地插嘴，说出那些他们已经想好并排练过的台词。

"我要去滑滑板。"尼基莎说。

"我要去我的树屋。"凯文说。

"我喜欢在树叶中打滚。"克丽茜说。

"我要去打球。"戴恩说。

"我要去荡秋千。"阿尼塔说。

在钢琴的伴奏下，"小猫们"跳着出去玩耍。他们都假装玩着自己选择的活动，当然，也都丢了手套。音乐停止时，"小猫们"对从故事一开始就安静地站在观众的视野中的爸爸妈妈们唱道："五只小猫咪，丢了手套，哭起来。哦，爸爸妈妈，我们好担心，我们把手套弄丢了！"

场上的爸爸妈妈非常享受地扮演着他们很不赞成的父母的角色，他们几乎是大叫着说："什么！弄丢了手套？你们这些淘气的小猫！你们可没有馅饼吃了。"

又轮到"小猫们"唱了，他们悲伤地唱着经典的歌词和曲调："喵，喵，喵，喵。我们没有馅饼吃了！"

"我们去找手套吧。"阿尼塔喊道，钢琴音乐再次响起，五只"小猫"跳着转了一圈，然后戴上了他们的手套。

（Morado & Koenig，1999，p. 116）

表 9.8　用于迷你表演的故事示例

- 《谁在兔子家？以及其他非洲传统故事》（*Who's in Rabbit's House? and Other Stories from the African Tradition*，Aardema, Verna, Gail E. Hailey, Ann Grifalconi, & Gerald MCD ermott，2008）
- 《手套：一个乌克兰童话》（*The Mitten: A Ukrainian Folktale*，Jan Brett，1998）
- 《星月》①（*Stellaluna*，Janell Gannon，2006）
- 《三只小猫》（*Three Little Kittens*，Paul Galdone，2011）
- 《姜饼人》（*The Gingerbread Man*，Kimmel，1993）
- 《小呱穿衣服》②（*Froggy Gets Dressed*，Jonathan London，2007）
- 《小塞尔采蓝莓》③（*Blueberries for Sal*，Robert McCloskey，2010）
- 《太吵啦》（*Too Much Noise*，Ann MoGovern & Simms Taback，1992）
- 《谁在敲我的门》（*Who's That Knocking at My Door?*，Tilde Michels，1993）
- 《萝卜：一个古老的俄罗斯故事》（*The Turnip: An Old Russian Folktal*，Pierr Morgan，1996）
- 《卖帽子》（*Caps for Sale: A Tale of A Peddler*，E.Slobodkina，2008）
- 《吵闹的诺拉》（*Noisy Nora*，Rosemary Wells，2000）

儿童逐渐增加的成熟度和他们在故事上的经验，帮助他们发展出更复杂的戏剧表现。他们开始使用更广泛的故事和人物形象，以及更为精致的道具和场景。他们通常会用不同的方式把故事戏剧化。他们可以使用木偶或绒布板片，用创造性的戏剧诠释一个故事。他们也可以通过哑剧来表演故事，仅凭动作传达他们对故事的理解。

文学作品中的语言游戏

在幼儿园里，儿童喜欢他们听到的语言，并会自发地重复那些对他们最有吸引力的表达。他们也喜欢创新和通用的语言使用方式，比如在诗歌和动作游戏中。他们从语言游戏中受益，因为诗歌依赖韵律、节奏和语言规律使儿童从中获得乐趣。他们发现，一个词的语调和语气会影响它的意思，也会发现单词具有且隐含着含义。语言游戏有几种形式。它可能着重于语言的发音、语言中的规律、书面语言的视觉方面或者单词或短语的意义。图书能鼓励儿童玩文字游戏。例如，三四岁的儿童根据《晚安，月亮》④（*Good Night Moon*，Brown，2005）这本书创作了自己的诗歌。他们可以对任

---

① 该书的简体中文版已由河北少年儿童出版社于 2011 年出版。——译者注
② 该书的简体中文版已由上海少年儿童出版社于 2021 年出版。——译者注
③ 该书的简体中文版已由二十一世纪出版社于 2009 年出版。——译者注
④ 该书的简体中文版已由北京联合出版公司于 2014 年出版。——译者注

何对自己有意义的东西说"晚安",举例如下。

> 晚安,妈妈,
> 晚安,爸爸,
> 晚安,洋娃娃,
> 晚安,毯子,
> 还有,晚安,奶奶。

在语言游戏中,儿童体验到语言的音韵、句法或语义规则,比如那些他们在诗歌、动作游戏和童谣中发现的规则。这些经验将促进儿童的语言能力和儿童对建构意义的洞察(Labbo,1996),并促进儿童通过语言游戏对文学作品的反应,这能帮助他们组织思维。儿童通过在讲故事等语言游戏中进行谈话,将心理意象与文学经验相结合。他们通过以下方式利用语言游戏来创造语言:无视标准的说话规范,而使用倒转、替换、产生歧义的词、发音相似的词或押韵。他们的创造性语言是建立在传统语言使用方式的基础上的,但他们也会使用现有的、习惯的和民间的语言游戏(如民俗语言、带有隐喻的谚语)来整理思维。在表达意义时,他们可能会将自己的创造性语言游戏与传统语言相结合。

语言游戏的早期形式,如押韵和文字游戏,是作为儿童日常生活的一部分被习得的。语言游戏活动(如重复的童谣、动作游戏、诗歌、故事书分享)可以帮助儿童发展语言游戏形式,并开启音位意识发展阶段,这对学习读写而言至关重要。音位意识的发展,随着每个阶段的困难程度而有所不同。以下部分将着重介绍可以提高儿童音位意识的语言游戏活动中的主要因素。

儿童图书

儿童喜欢文字游戏。他们需要在丰富的语境中获得与词汇相关的经验。他们越多地参与文字游戏、和他人沟通,就会变得越好。可用于文字游戏的图书,如表9.9所示。

表 9.9　与文字游戏相关的图书

- 《100 万只猫》(*Millions of Cats*，Wanda Gág，2006)
- 《小红帽》①(*Little Red Riding Hood*，Brothers Grimm，2011)
- 《糖果屋》②(*Hansel and Gretel*，Brothers Grimm，2008)
- 《关于猪的小诗》(*The Book of Pigericks: Pig Limericks*，Arnold Loebel，1988)
- 《芭芭雅嘎奶奶》③(*Babushka Baba Yaga*，Patricia Polacco，1999)
- 《马克斯会说的第一个词》(*Max's First Word*，Rosemary Wells，1998)
- 《马克斯的骑行》(*Max's Ride*，Rosemary Well，2003)

诗歌

教师可以将诗歌介绍给儿童。儿童就像诗人一样，能利用事实和情感符号来探索并整理他们的经验。他们着迷于单词的发音和诗歌的韵律。他们以一种有节奏的方式协调并移动自己的身体，他们也着迷于时间、视觉和诗意的发音的表现力。给儿童的诗歌必须是有意义的，有着诗意的语言并且有着适宜和迷人的内容。儿童诗歌的选择标准，如表 9.10 所示（Coody，1996）。教师需要与儿童分享好的诗歌，以帮助他们形成对不同类型诗歌的终身喜爱。儿童需要各种各样的诗歌活动（见表 9.11）。

表 9.10　儿童诗歌的选择标准

- 有韵律的语言，词汇听起来悦耳且和谐。有韵律的语言使诗歌和其他文学作品有所区分。一首适合儿童的诗，其语言必须有节奏和韵律。
- 有情绪上的感染力，能激发儿童悲伤、喜悦、反思、同情或愤怒等情感反应。诗歌是能激发儿童的情感的。
- 有与儿童的生活经历相关、令他们感到熟悉的主题。儿童更喜欢讲故事的诗歌，例如关于动物、人或地方的诗歌，或者有趣的、幽默的、愚蠢的诗歌。
- 有感官上的吸引力，能激发儿童的触觉、味觉、嗅觉、视觉和听觉。

表 9.11　让儿童融入诗歌的活动

- 定期聆听诗歌，包括儿童自己创作的诗歌。
- 听一些与儿童熟悉的情况有关的诗歌，如季节、天气、假期以及有关科学、社会研究、数学或阅读方面的诗歌。
- 将诗歌改编成哑剧或戏剧。

---

① 该书的简体中文版已由未来出版社于 2015 年出版。——译者注
② 该书的简体中文版已由中国少年儿童出版社于 2011 年出版。——译者注
③ 该书的简体中文版已由广西师范大学出版社于 2020 年出版。——译者注

（续表）

- 用蜡笔、颜料、黏土、木头或铁丝等各种各样的媒介表现诗歌。儿童可以创作他们最喜欢的诗歌的壁画。
- 从报纸、杂志、书籍和儿童自己写的诗歌中挑选不同类型的诗歌。
- 聆听诗歌录音，可以有或没有音乐。
- 提供自己对诗歌的诠释。
- 写诗。
- 聆听涉及肢体动作或有幽默感的诗歌。

相比传统诗人，儿童可能对当代诗人更感兴趣，因为儿童或许能够更好地理解他们。可以邀请当地的诗人和儿童一起参加活动。这些诗人能够帮助儿童创作出惊人的诗歌。

诗歌的独一无二，体现在其独特的审美特质及其与艺术的联系。语言和艺术之间的关系被呈现于诗集中，帮助儿童通过丰富的诗歌更好地领会插图。轻声诉说的话语、深思的话语或巧妙的书写，都与儿童生活的各方面交织在一起，成为他们心中音乐的基石。儿童与语言互动的方式及其使用实际词汇的方式，帮助儿童定义他们所看到的生活。在《爬水管的小蜘蛛》（The Eensy-Weensy Spider，Hoberman，2000）和《母鸡潘妮》①（Henny Penny，Wattenberg，2000）中，语言游戏显而易见，它们都是经典的主题和著名的故事。瓦滕伯格（Wattenberg，2000）的诠释充满了令人难以置信的幽默和真实动物的照片，使这本书成为令人着迷的一个版本。仅仅是看到鸭子在背景是吉萨大金字塔的加氯消毒泳池里游泳，就足以让人发笑。

童谣

童谣是一种传统的歌曲或诗歌，其语言让儿童有节奏地学习、享受和参与。童谣中的诗句对儿童的语言和数学（如基本的计数技能）有益，并能鼓励他们享受音乐。其中的押韵通常是傻傻的，且对儿童很有吸引力。例如，《滴答滴答钟声响》（Hickory Dickory Dock）是一首迎合了儿童对傻傻的看法的经典童谣。幼儿园教室里通常以一大组或者整个班的儿童为单位唱多种多样的童谣（Opie & Opie，1959），因为在儿童集体吟诵的情况下，这些童谣对儿童的社会性有着切实的好处（Holdaway，1979）。儿童会自发地对童谣做出回应，因为童谣短小，充满乐趣，富有戏剧性，悦耳动听，

---

① 该书的简体中文版已由中国电力出版社于2011年出版。——译者注

易于记忆（Hopkins，1998）。

许多童谣曾被口口相传一代又一代。《鹅妈妈的故事》①（*Tales of Mother Goose*）是一本非常好的童谣集。童谣能引发语言游戏，因为它的诗句朗朗上口，通常富有幽默感，并能展示一系列的语言游戏。教师可以选择韵脚和头韵丰富的诗歌，如《嗨，滴答，滴答》（*Hey, Diddle, Diddle*），其中有"diddle / fiddle""moon/spoon"等多对押韵词汇；以及有在开头短语"Hey，Diddle，Diddle"中重复开头的辅音 /d/。教师可以朗读和背诵，儿童可以背诵《嗨，滴答，滴答》《这只小猪》（*This Little Pig*）、《给小马穿上鞋》（*Shoe A Little Horse*）并享受其中头韵押韵、节奏分明的语言的乐趣。

除了背诵和吟唱童谣外，儿童还可以将童谣演绎并改编成戏剧。例如，第一天，儿童可以读或听并背诵《玛丽有只小羊羔》（*Mary Had A Little Lamb*）。第二天，他们可以再背诵一遍。然后，儿童可以闭上眼睛，假装有一只小动物跟着他们去学校。儿童可以讨论他们希望哪一种动物跟着他们以及动物的大小、颜色和在学校会做什么（Scholastic，2004）。儿童对童谣的兴趣由此生发。在听了一本故事书中的几首童谣后，儿童可以明确童谣中主要人物的冒险经历，然后由此创作一本不同的童谣书。具体来说，他们可以选择自己最喜欢的童谣并创作续集，如《杰克和吉尔》（*Jack and Jill*）或《玛丽有只小羊羔》的未来冒险故事版本。当童谣里的人物不在故事中时，儿童可以描述它们的性格，并设计这些人物的未来冒险。他们可以考虑，"摔碎了的矮胖子②会做什么"（Evans，2000，p. 17）以及他未来的冒险会是什么样的？埃文斯（Evans）描述了肖恩的如下想法。

> 也许就像虫子那样，当矮胖子碎了之后，他的每一块蛋壳都会长出其他身体部分，然后变成完整的鸡蛋。

当矮胖子碎成碎片时，肖恩想出下面这个不同的版本。

> 把矮胖子粘起来。

---

① 该书的简体中文版已由译林出版社于 2015 年出版。——译者注
② 矮胖子是《矮胖子》一诗的主角，原诗为："矮胖子，坐墙头，栽了一个大跟斗。国王呀，齐兵马，破蛋重圆没办法。"——译者注

矮胖子坐在墙上，然后他摔碎了。

国王的手下没能把他组装起来，所以用透明胶带把他粘在一起，然后他继续看足球比赛。每一次曼联队都进球得分。

一旦曼联队得分，他就摔在地上，所有的蛋黄都出来了，然后他就死了。（p.21）

（Evans，2000）

埃文斯（2000）将这一活动应用于一小群儿童中。在此过程中，保持这一活动的趣味性是很重要的。一个主要的建议是，确保这些类型的活动对儿童而言是好玩、有趣的。应当避免死记硬背，这些游戏应当以一种让儿童相互交流，激发他们对语言的好奇心，并让他们自由地尝试语言的方式呈现出来（Saracho，2017a）。

肢体表演故事

一些故事、诗歌和押韵小诗中都有儿童可以表演的动作。在故事中，一个人可以既展现故事，又做出动作。《猎熊》（*Bear Hunt*）是一个动作故事的例子。儿童可以用动作展示猎人如何穿过草地、泥浆、山丘等地方。儿童可以创编包括动作、人物和常用词语的原创故事。可以让儿童中多个个体分别演出单词，也可以让一群儿童把特定的单词表演出来。儿童通常根据自己的经历创作肢体表演故事。他们也可以选择一个受欢迎的故事，如《龟兔赛跑》（Galdone，1962），并选择一段对话用行动表演出来。

人物：兔子、乌龟、狐狸

场景：森林

兔子：早上好，乌龟先生。哈！哈！哈！哈！

乌龟：什么事这么好笑？

兔子：哈！哈！哈！哈！

乌龟：什么事这么好笑！！

兔子：你的小短腿。哈！哈！你怎么能走路？

乌龟：我走得比你快，甚至跑得比你快。

兔子：什么？

对话一直持续到故事的结尾。三名儿童或三组儿童可以表演这个故事。他们可以一起大声说话，包括为一个角色设计一段台词，并让一群儿童一起说出商议一致的台词。例如，当轮到兔子说话的时候，选择这个角色的一组儿童将一起说话并表演这个角色。

肢体表演故事也包括身体/手指的动作游戏，其中的押韵可以保持儿童的兴趣。受欢迎的动作游戏，包括《我是一个小茶壶》（*I Am A Little Teapot*）《滴答滴答钟声响》和《爬水管的小蜘蛛》。动作游戏和押韵通常发生在圆圈时间和大组活动中，儿童通过简单的动作和身体活动传达单词的意思。儿童不断地唱歌和背诵歌曲、诗歌时，他们的记忆力和回忆能力也随之提高。动作游戏是将单词和肢体动作配对来背诵的，可以被用于介绍诗歌和新概念，这些新概念也可以通过主题活动来教授。例如，为了了解儿童所在社区的人们的工作，儿童可以表演以下故事。

邮 递 员

我看到邮递员开着两吨重的卡车，

他在口袋里找了一元钱。

他带着这个背包出来了，

他有信和明信片给你，

他也把它们放进了邮筒。

儿童文学中的视觉素养

我们使用嵌入在各种媒介中的多种信息传递方式。读写能力通常被认为侧重于指书面语言，但它也可以指其他的表现和交流系统。视觉素养是指通过视觉图像获得意义的过程。儿童会发现视觉图像无处不在，他们不断地利用和理解这些图像。儿童用各种方式交流。他们可能会融合多种象征性形式来表达自己。例如，他们会把画画和写作结合起来，或者一边说话一边做一些手势。他们通过结合不同的交流形式，如口头语言、书面和文字符号、图画和其他视觉元素，从而参与意义的创造。儿童会很自然地尝试控制各种不同的"素养"，或绘画、油画、手势、建造、戏剧和文字等象征性表现方式。大多数儿童通过各种形式（如歌曲、仪式、戏剧、游戏）进行交流。视觉图像（如照片、绘画、图表、油画）充溢在儿童的经历中：他们的世界充满了复杂的多种媒介。

儿童选择各种各样的媒介来传达他们的信息。他们利用自己的经验：在改变媒介时思考媒介，对每一种媒介的特质都很敏感。爱德华兹和威利斯（Edwards & Willis，2000）报道了以下事件。

> ……一个和朋友玩房子游戏的儿童，想要为这座房子画一幅画。当她使用画笔的时候，颜料在纸上流淌，形成了大胆的彩色线条。这名儿童重温了拥有"我自己的房子"的内心体验——一个又大又美的东西给了她强烈的归属感。当她停下来欣赏她的画时，她看着那扇关着的门，开始考虑该如何进入房子。现在，她遇到了一个问题——想要打开房门。她不知道如何画上一扇可以打开的门，所以她决定用黏土造一座新房子。她花了很多时间学习如何用黏土做一扇门，并在门的周围用黏土做一个"框架"。尽管每次关门的时候，黏土往往都会被挤进门框边的黏土里，但她很喜欢摆弄这扇门。她意识到，她现在想要建造一座房子，这座房子的门要能够很容易地打开和关闭，而且可以在人经过的时候自动打开。她与老师和朋友讨论了这个问题并得到了一个鞋盒。她剪出了一扇门和一些窗户，装饰了房子，并在里面摆满了家具和人。此时，这名儿童已经通过探索用三种不同的材料制作房子，获得了大量的经验。
>
> （Edwards & Willis，2000，p. 262）

这名儿童似乎意识到材料有不同的特质，可以用来传达特定的信息。儿童学习如何使用这些材料，也学习解读作者通过插图所传达的信息，并批判性地分析和思考这些图像的意义。美丽而富有创意的插图，为儿童提供了提升审美思维的机会（Giorgis & Glazer，2012）。

儿童绘本既要有引人入胜的故事，又要有令人着迷的艺术。这些元素应该相互补充，以帮助儿童获得意义。儿童将学习欣赏插图对文字的补充。当儿童看图画书时，他们会思考艺术家在每页或整本书的插图中对线条、颜色、空间、形状以及明暗属性的使用。儿童通过观察来理解每个艺术元素是如何传达意义的（Giorgis & Glazer，2012）。

儿童图书中的插图

儿童图书中的插图，特别是图画书中的插图，一直都在变化，体现了新的形式和创造性水平。儿童图书的插画家提供了令人兴奋和着迷的艺术，这对儿童视觉素养的生发有益。插画家们使用各种各样的技巧为儿童图书创作插图。艺术家可以用插图创作能对故事线进行补充或加强的视觉图像，改善或详细说明文本以传达自己对故事的解读，强调插图与文本的紧密关联以及使用角色来帮助儿童理解书中的故事。儿童喜欢"阅读"插图和文本（Giorgis & Glazer，2012）。

儿童可以学习插画家的技巧来表达自己。插画家的艺术是一种个人表达，当教师分享并展示能体现这一概念的儿童图书时，儿童就能意识到这一点。例如，《我看到的一切》（*All I See*，Cynthia Rylant，1988）讲述的是一个名叫查理的小男孩注视着在湖边作画的艺术家格雷戈里的故事。然后，格雷戈里停止了绘画，开始划起独木舟。查理看着格雷戈里的画，感到很惊讶。查理看到格雷戈里一直在画同样的东西——一头蓝鲸。查理和格雷戈里成为朋友后，查理问格雷戈里为什么总是画鲸鱼。格雷戈里回答说，这就是他所看到的一切（Giorgis & Glazer，2012）。

儿童可以发现，在这本书中，艺术家创作了他们"看到"的东西。教师可以让儿童回顾他们自己的画，看看他们画的东西对自己而言是否重要。然后，他们可以看一两幅著名艺术家的画，使用艺术家的画来发现对艺术家而言什么是重要的（Giorgis & Glazer，2012）。

另一些书则表现儿童是如何成为艺术家的。在海地有一个故事《画梦》（*Painted Dreams*，Williams，1998），主人公蒂·玛丽从垃圾中找出颜料和其他艺术材料，在她母亲卖蔬菜的摊位后面的墙上作画。她画她们卖的西红柿和洋葱。她的画吸引了人们的注意，而这些人成为了他们的顾客。在《清凉的阿里》（*Cool Ali*，Poydar，1996）中，为了给邻居们减轻炎热的不适，阿里在人行道上用粉笔画了湖、树荫和暴风雪（Giorgis & Glazer，2012）。

教师向儿童表明艺术是一种个人表达的另一种方法是，比较使用相同或相似主题的两位或更多艺术家的作品。教师可以使用歌谣和民间故事，因为它们通常有几个不同的插图版本。奥利弗·A. 沃兹沃斯（Olive A. Wadsworth）的《在那草地上》（*Over the Meadow*，2003）就有多个插图版本。埃兹拉·杰克·基茨（Ezra Jack Keats，1999）、保罗·加尔多恩（Paul Galdone，1989）、费奥多·罗詹科夫斯基（Feodor

Rojankovsky，1999）、路易丝·沃斯（Louise Voce，2000）、安娜·沃伊特克（Anna Vojtech，2002，2003）、迈克尔·埃文斯（Michael Evans，2007）等许多人都曾为这个故事画过插图。儿童可以念或唱这些儿歌或歌曲，看书中的插图，并通过把书放在一起来比对文本；比较不同插画家描绘人物和人物动作的方式，如埃兹拉·杰克·基茨用拼贴画描绘主题的方式与沃伊特克（2002）用柔和的水彩画描绘猫头鹰妈妈和宝宝的方式；选择他们最喜欢的插图，从而了解到艺术家们画插图的主题不同，人们对这些插图的反应也不同（Giorgis & Glazer，2012）。

一个适合儿童的游戏是让他们选择一种动物，并比较它在几本图画书中是如何被表现的。然后，教师可以选择对儿童发展适宜的书籍，并将其提供给儿童。例如，如果儿童选择一只猪，那么他们可以看到艺术家们使用不同的媒介和风格来表现猪的不同特点。教师可以给儿童提供关于猪的合适书籍进行比较，如《冒险之旅》（*Zeke Pippin*，William Steig，1997）中猪的插图、《哼哼》（*Oink Oink*，Arthur Geisert，1991）中的画、《哎呀！》（*Little Oops!*，McNaughton，2000）中的铅笔素描与生动的水彩画、《要是你给小猪吃煎饼》[①]（*If You Give A Pig A Pancake*，Numeroff，1998）中用铅笔和水彩绘制的画以及福尔科纳（Falconer）的《奥莉薇……玩具失踪了！》[②]（*Olivia and the Missing Toy*，2003）中的炭笔和水粉插图。刚开始的时候，儿童通常只能一次比较两本书。之后，教师可以添加第三、第四和第五本书，但一次应当只添加一本（Giorgis & Glazer，2012）。教师可以让儿童自己画小猪插图，从而延续这个活动。儿童应当被鼓励使用各种媒介来描绘猪，并创作一幅班级壁画。他们需要学习儿童图书中出现的大量艺术形式。在仔细观察儿童图书中的艺术之前，教师给儿童阅读视觉素养方面的图书是很重要的，如表9.12所示（Giorgis & Glazer，2012）。

表9.12　视觉素养方面的图书

- 《大草原》（*Safari*，Robert Bateman，1998）
- 《罗伯特·贝特曼：自然中的艺术家》（*An Artist in Nature*，Rick Archbold，2010）
- 《你好，红狐狸》（*Hello, Red Fox*，Eric Carle，2003）
- 《作者做什么？》（*What Do Authors Do?*，Eileen Christelow，1997）
- 《插画师做什么？》（*What Do Illustrators Do?*，Eileen Christelow，2007）
- 《与艺术家交谈》（*Talking with Artists*，Pat Cummings，1999）

---

① 该书的简体中文版已由接力出版社于2017年出版。——译者注
② 该书的简体中文版已由北京联合出版公司于2018年出版。——译者注

（续表）

- 《字母城》（*Alphabet City*，Stephen T. Johnson，1995）
- 《数字城》（*City by Numbers*，Stephen T. Johnson，2003）
- 《皇帝的旧衣服》（*The Emperor's Old Clothes*，Kathryn Lask & David Catrow，2002）
- 《消失的字母》（*The Disappearing Alphabet*，Richard Wilbur & David Diaz，2001）
- 《我叫乔治娅：一幅画像》（*My Name Is Georgia: A Portrait*，Jeanette Winter，2003）
- 《垃圾镇》（*Trashy Town*，Andrea Zimmerman，David Clemesha，& Dan Yaccarino，1999）
- 《挖！》（*Dig!*，Andrea Zimmerman，David Clemesha，& Marc Rosenthal，1999）

儿童需要学会在图画书和其他二维艺术形式中发现艺术的多样性。他们可以从在自己的艺术作品中运用不同的媒介和风格开始。分享并记录儿童观察到的插图绘制方法是很重要的。儿童可以用不同的媒介探索和比较与某几本书中的故事相关的插图（Giorgis & Glazer，2012）。

焦点研究（a foucs study）可以帮助儿童学习有关成为插画家的一切。他们可以选择一位为许多图书绘制过插图的插画家，并更仔细地研究这位插画家的插图。这可以帮助儿童学习和理解这些图书中的艺术技巧和风格。最好使用精装版的图书，因为软装的图书色彩强度通常不够高（Giorgis & Glazer，2012）。

可以鼓励儿童对图画书中的艺术表现做出反应并进行讨论。他们可以表达自己对这些插图的看法。重要的是，要从儿童一下子就会喜欢上的插图入手。儿童可以讨论，和单纯听故事相比，插图有没有让故事变得更好。他们可以讨论具体的图画，分享他们喜欢这些插图的什么地方，或者说明为什么这些插图对他们没有帮助。教师可以引导儿童仔细观看插图，但是不应该引导儿童该说什么（Giorgis & Glazer，2012）。

儿童需要以个人的方式参与艺术活动。当儿童看图书中的插图时，他们可以想象自己在插图中的某个地方。他们可以讨论，如果他们真的在插图里或者插图存在于他们的世界里会怎么样。他们需要参与许多活动，从而看到和接触各种艺术风格与媒介。他们可以使用插画家的绘画风格作画，也可以观察和讨论插画家的作品。他们需要了解到，艺术的多样性需要受到重视和喜爱（Giorgis & Glazer，2012）。

与图书有关的游戏

儿童使用与图书有关的游戏来应对社会情境，并用其探索图书和现实世界中出现的问题。在与图书有关的游戏中，儿童使用语言、手势、哑剧、服装和道具验证他们的想法和理解。在游戏环境中，他们能在验证自己的想法和临时的结论时感受到安全感。

游戏是学习读写的一种媒介。在一项针对两三岁儿童的研究中，罗（Rowe，1998）观察到读写活动中与图书有关的游戏的几个特征，包括连接、所有权、灵活性、开放性、多重符号系统、转换和共同体。表 9.13 显示了与图书有关的游戏的特征。显然，儿童能够将图书和游戏联系起来，这表明他们也可以使用戏剧游戏作为探索图书内容的一种方式。

表 9.13　与图书有关的游戏的特征

- 连接。通过戏剧游戏，儿童将图书与他们现在的经历和过去的经历联系起来。他们将虚构的人物带入书中的事件，并将书中的主题和信息融入游戏中，这有助于他们将自己的世界与虚构的世界联系起来。
- 所有权。由于儿童发起并发展了游戏事件和剧本，因此他们拥有游戏中事件的所有权。当儿童主导游戏事件时，他们会探索读写能力并操控游戏环境。在这种情况下，儿童将书中的经验与他们的生活经历联系起来，并理解图书与他们生活的相关性。
- 灵活性。游戏给儿童提供了了解图书和从书中学习的灵活性。儿童的游戏范围囊括了对图书做出回应以及解决自己的问题。儿童的后续游戏活动需要基于他们对某本特定图书以及与它相关的可用资源的兴趣和知识。
- 开放性。根据斯波德克和萨拉乔（2003）的观点，游戏需要从那些不是由儿童制定的规则中解放出来。游戏的开放性，使儿童能够在图书和生活经历以及知识领域之间建立联系。游戏允许儿童创造自己对图书的理解，而不是被严格地限制在别人的理解范围内。在游戏中，儿童会考虑与他们个人兴趣有关的图书中的元素。
- 多重符号系统。在游戏中，儿童通过口头语言、手势、动作、道具、服装和布景设计进行交流并解读意义，这使他们对图书有了一种多感官的、具体的、比图书本身更加真实的亲身体验。当儿童触摸物体、在空间中移动、表演游戏情节时，他们使用的是他们日常体验世界的方式，这有助于他们理解和探索书中的世界。
- 转换。在游戏过程中，儿童会想出方法，用一种新的符号系统来传达与图书相关的含义。戏剧要求参与者使用对话、动作、道具以及绘本的文本和插图中的部分元素。当儿童体验图书内容（比如操控道具或修改自身的角色对其他角色的肢体动作）时，他们意识到除了他们在书中读到或谈论到的方式，还有多种方式可以被用来解释意义，这教会了他们新的交流系统。
- 共同体。游戏是被整合进包括了学校和家庭的社会团体中的。儿童可能会为他们的同伴分配扮演观众或共同游戏者的角色。如果儿童自己玩耍，他们的戏剧性形象就能反映他们与他人的互动。社群也为儿童的想象力和创造力圈定了范围。由于儿童通常会让其他人参与他们的游戏，他们需要根据玩伴的理解和经验来创编游戏事件，因此社群将限制儿童，让他们使用一些符合传统的符号并要求他们形成共同理解。

有听故事经验的儿童，可以将戏剧游戏和他们在书中发现的意义联系起来。因此，与儿童文学相关的游戏，指的是那些传达了书中文本或插图的含义的游戏。儿童读故事，然后表演这些故事（Morrow，2020）。儿童在听故事时拿着玩具动物或木偶等道具，就可以重构故事。图书区可以提供故事书的道具，鼓励儿童将故事戏剧化。

图书区

在创设图书区时，需要考虑几个因素，包括物质环境、图书和材料。

物质环境

物质环境对儿童来说需要有吸引力且方便取用。它可以有地毯、各种枕头和一个有涂色或覆盖相纸的超大纸盒，从而营造出一种舒适、柔软和隐蔽的阅读区域的感觉。图书区可以有一张小桌子和一些椅子，让儿童阅读或创作自己的书。图书区也可以有一个摇椅，让儿童舒适地阅读，以及一些耳机，让儿童能听录制的故事。用耳机听故事，可以帮助儿童独自享受故事。图书区也可以使用书架、钢琴、文件柜或独立的公告板，创造出一个封闭的区域。儿童和教师可以一起规划和设计图书区。

教师需要根据儿童的兴趣和学习主题经常更换图书。教师和儿童也可以不断地评估区角，制定使用规则，爱护书籍，负责保持其整洁有序，并为这个区域起名，如"图书角""看看书"。

图书

应该将图书陈列在儿童能看到并可以根据兴趣进行选择的书架等架子上。要为儿童提供一个区域，让他们舒适地浏览图书，看书中的图片，阅读并与同龄人进行讨论。一把摇椅、一张桌子和一些椅子、地板上散落的一些枕头，甚至一块小地毯，都是浏览图书的理想场所。图书区应当有适当的照明和隐蔽性。反映了儿童背景文化的图书也应该被展示。例如，儿童可以通过合适的图书了解美洲印第安人。他们需要了解印第安儿童参与日常活动的一些现代故事（比如骑自行车、和父母是律师和工程师的人一起在餐馆吃饭）。他们可以通过书籍了解到，在历史或当代社会中发挥作用的部落。罗伯茨等人（2005）提供了以下例子。

- 《夜晚的彩虹：由纳瓦霍儿童创造的文字和图片中的世界》(*A Rainbow at Night: The World in Words and Pictures by Navajo Children*，Bruce Hucko，1996）展示了纳瓦霍儿童的艺术作品。每幅画或素描都有说明和创作者的照片。这些解释帮助儿童了解纳瓦霍文化。

- 《火舞者》(*Firedancers*,Jan Bourdeau Waboose & C. J. Taylor,2000)是一本关于奥吉布瓦人的图画书。诺科(祖母)对她年幼的孙子喊道:"慢一点,快小孩。"他们两人在深夜离开家,乘摩托艇前往一个岛,他们的祖先曾在那里跳舞。在火光中,祖母获得了青春活力,而孙子获得了对传统的了解和认知。
- 《红色是美丽的》(*Red Is Beautiful*,Roberta John & Jason David,2003)。纳什莎的皮肤比较粗糙,因此她害怕同学们的取笑。她的祖母告诉她关于"赤油"的信息,这是一种用红土和羊油混合而成的治疗霜。当纳什莎长大后,她向别人传授有关传统医学和使用自然资源的知识。
- 《天空姐妹》(*SkySisters*,Jan Bourdeau Waboose & Brian Deines,2000)中的两姐妹在月亮奶奶的照耀下爬上郊狼山时,感受着野生动植物、寒冷的空气和大雪。然后,他们等待天空精灵(北极光)的出现。

材料

图书区应该提供能鼓励儿童创作图书和故事的材料。儿童杂志(新的和旧的)和报纸都很便宜,教师可以获得。这些杂志可以与图书和其他资料一起被陈列于图书区。此外,图书区和文学活动需要包含各种类型的材料。

图书区还可以有儿童最喜欢的书中的故事人物,让他们在绒布板上摆弄。不同类型的木偶可以鼓励儿童表演他们最喜欢的故事。由书皮制成的活动物品和令人着迷的海报都十分吸引儿童,应该在这个区域展示。

儿童在听故事的时候可以抱着木偶和毛绒玩具,在看书时也可以轻轻地拿着它们。儿童喜欢假装为木偶和毛绒玩具朗读。与故事有关的木偶和毛绒玩具,可以和相应的图书一起陈列在图书区。例如:一个毛绒玩具熊或带有金色头发的娃娃可以与《金发姑娘和三只熊》(Galdone,1985)一起展示,一只毛绒猪可以与《三只小猪》一起展示,一只毛绒兔子可以与《彼得兔》一起展示。

本章小结

在经典著作《儿童文学批判史》(*A Critical History of Children's Literature*)中,儿童文学被如下定义。

> 儿童文学指的是那些将确立标准，使感受具体化，呈现许多替代经验，被长久铭记的图书。
>
> （Meigs et al.，1969，p. XXI）

儿童文学包括几类图书（如图画书、概念类图书、信息类图书和诗歌）。不管类别是什么，插图中的视觉元素和文本一样重要。儿童图书的文字和插图需要一起呈现，因为在儿童的知识获取中，儿童图书的文学性和审美性同样重要。希克丹兹和麦吉（Schickedanz & McGee，2010）补充道，文学活动（如讲故事、艺术创作、烹饪）可以促进儿童的学习。如果为儿童提供在文学活动中发言或谈论的机会，他们就会在词汇、语言发展和听力理解方面取得进步。加斯蒂丝、凯德拉韦科、范恩、索夫卡和亨特（Justice，Kaderavek，Fan，Sofka，& Hunt，2009）也报告说，文学活动有助于儿童获得书写知识和词汇，特别是那些低收入和语言滞后的学习者。他们认为，文学活动对有语言、发展和智力方面障碍的儿童是有益的。赛普（Sipe，2008）提出，儿童对图书的文学理解应该扩大到包括儿童的"文学意义创造"，他将其与低层次的标注、对情节的简单复述和回答问题进行了对比。他认为，在阅读故事时，思考图书的文学品质和儿童的反应很重要。

在阅读故事的过程中，儿童会根据自己的经验、背景等理解文本并解读文本。那些在经验、态度和家庭等方面有着差异的儿童会做出不同的解读。在假装游戏中，当儿童将书中的故事改编成戏剧时，他们可以探索一个社会问题。在戏剧性活动中，儿童讨论、探索并扮演故事中的角色。在角色扮演的情境中，儿童被鼓励去批判性地思考，分析故事中角色的生活。

假装游戏的主要特征是"对符号的同化操作"。儿童创作故事和剧本。然后，他们通过假装利用物体进行表演。在假装游戏中，儿童假设现实世界中的物体和人有其他的身份。将故事表演出来会对他们对故事的理解产生影响，这有助于他们发展对故事情景的心理回忆并发展成故事模式，这两种方式都可用于培养他们的故事理解能力。在表演一个故事时，儿童也可能会参与幻想游戏中。鲁道夫和科恩证明了当允许儿童模仿或表演他们想成为的样子时，幻想的重要性。

> 对儿童来说，幻想的世界几乎是真实的，他们可以在各种可能的行为中假装。他们可以随心所欲地将自己想象成任何东西并假装让其成为现实。他们可以

假装自己能说会道、有权有势，即使他们只是小孩子，实际上几乎没有什么权力。他们可以假装自己是愤怒的老虎、咆哮的狗或凶猛的狮子，即使事实上他们只是彬彬有礼、温文尔雅的男孩和女孩。他们可以试着感受做一个母亲、父亲、街道清洁工或卡车司机。他们可以回到婴儿期，也可以进入成年期，他们可以吓唬别人，或者成为他们自己害怕的东西。儿童的这种内心生活，我们称之为他们的幻想生活，它代表了儿童理解自己和周围世界时所做出的努力。

（Rudolph & Cohen，1984，p. 100）

故事中的假装游戏可能是很个人的：即使当儿童关注的是故事的事件、情节和角色，他们也可能调整自己的观点。

多听几遍故事，有助于儿童独立地把故事表演出来。一开始，他们可以假装跟着书中的插图读故事。最初，儿童的故事可能还没有成形，但经过练习，他们对故事中角色的扮演会与原来的故事愈发相似。在儿童学着讲故事这一过程中，把故事多读几遍很重要。他们逐渐熟悉故事，并掌握故事的结构，从而能够使用不同层次的文本。儿童会逐渐接手，假装自己读这个故事。当他们很好地掌握了故事时，就能够表演故事或假装自己一个人读故事。

儿童可能会发现，有必要利用他们的个人经验或从其他文本中获得的经验，使用新的符号系统为书中的角色创编对话和动作。例如，在玩"三只小猪"的游戏时，一名儿童扮演的是向三只小猪卖砖的卖砖人，他的角色不在故事的文本和插图之内。为了使角色生动起来，他使用了《卖帽子》（Slobodkina，1989）一书中所讲述的小贩使用的动作、对话和语调，这本书是儿童已经在课堂上读过的。古德曼（Goodman，1990）观察到，儿童在戏剧游戏区参与与书籍有关的游戏。她发现，儿童会使用熟悉的故事（如童话）来创作剧本。

儿童通过假装游戏来回应对图书的阅读。他们假装阅读，表演文本中的角色，并在游戏中创作剧本。他们可能自己创作剧本，从而作为互动的焦点（"我是妈妈"），而不是使用书中的文字和图片来创作剧本（Rowe，2017）。儿童解释故事，并以生动有趣的方式回应书中的故事，这超越了只是在文字方面重复或回忆故事。

注　释

[1] 玉米粽是一道由来已久的中美洲和南美洲菜肴,由玉米面团制成,里面装满各种肉、蔬菜,然后用玉米叶或香蕉叶包裹蒸熟。在吃之前,需要丢弃用于包裹的叶子。

第十章
读写——游戏学习经验

> 我吃力地读着字母表,仿佛它是一丛荆棘;我非常担心,会被每个字母划伤。
>
> (Charles Dickens,1861,p. 79)

读写能力是指那些与接受性语言(听、读)和表达性语言(说、写)有关的行为(Saracho,2004)。大多数儿童在很小的时候就开始阅读(Saracho,2002c)。对此,费雷罗和特贝罗斯基(Ferreiro & Teberosky)的观点如下。

> ……想象一下,四五岁的儿童在到处都有文字的城市环境中长大却不会对这些文化事物产生任何想法是荒谬的,直到他们发现自己站在教师面前。
>
> (Ferreiro & Teberosky,1983,p. 12)

儿童在很小的时候就形成了读写的概念,这发生在当儿童意识到文字并与读者和作者互动时,以及当他们尝试阅读和书写时。他们乱涂乱写、假装阅读、对别人读给他们听的书做出反应、阅读环境中的文字(Saracho,2003),所有这些都被认为是读写萌发(emergent literacy)的行为。读写萌发视角拓宽了读写能力发展的概念,将类似读写类的行为(比如假装阅读)视为真实的且有益的行为,社会环境成为向儿童介绍读写知识和实践的必要手段。这样的系统认为,儿童的语言能力和读写能力是通过日常社交活动发展的。在游戏活动中,儿童有机会以读写的方式使用语言,当他们看到读写是如何被实践的时候,他们有能力使用读写能力。在读写萌发中,游戏和读写能力之间的关系是显而易见的,因为游戏可以帮助儿童探索和理解二者之间的相互影响(Saracho & Spodek,2006b)。本章的目的是阐述读写萌发、儿童的读写能力发展水平、促进他们读写能力发展的活动、游戏与读写能力之间的关系、以读写为主题的游戏环境、读写经验丰富的游戏区（传统的和主题的）、读写游戏区的创设以及创设读写游戏区的指导原则等。

读 写 萌 发

读写萌发通常是指从出生到5岁的儿童发展阅读和书写能力。尽管研究人员还没有就"读写萌发"的定义达成一致，但他们思考了儿童非常规的涂鸦和早期阅读尝试（如假装阅读、图片阅读、基于自己的理解阅读文本）背后的丰富内涵。这表明，儿童的阅读和书写能力是同时出现的，书面的读写技能是在口头语言发展的背景下逐渐出现的。

读写萌发将儿童视为主动学习者、问题解决者和意义创造者。它承认，早期的读写行为和知识并不像"前阅读"（pre-reading）一词所暗示的那样是预先于任何事情的。读写萌发与儿童的阅读和书写行为有关，为正式的阅读教学提供了途径。因此，阅读、语言和书写是一个综合的事件。读写萌发是指从儿童的早期生活开始，读写能力最好被作为一个发展的连续体来学习，包括技能、知识和态度，它们被认为是标准读写方式（共读）的发展基础。读写萌发也考虑到在读写经验丰富的环境中进行社会互动的重要性。读写萌发能力取决于处于前阅读阶段的儿童的特征（这些特征为儿童将来的阅读和书写提供了依据）、有助于读写能力发展的活动以及促进处于前阅读阶段的儿童在读写环境中社会互动的实践。读写萌发的观点认为，儿童在接受正式的阅读指导之前就会开始学习阅读和书写。

儿童学习词汇、句法、叙述结构、字母、文本以及元语言方面的知识，有助于他们学习如何阅读和书写。读写萌发的基本原理让儿童知道，成为有读写能力的人所需要的技能。儿童可以了解文本的功能、用法、惯例和重要性。这类知识在涉及阅读萌发、书写萌发、阅读环境中的文本和常规书写动机的读写活动中显而易见。这些活动忽略了与解码、编码或理解直接相关的技能，而这些技能原先通常是通过无意义的训练和实践来教授的。相反，这些知识与儿童的阅读和书写意识有关，还与促进儿童读写学习的正式和非正式的机会相互作用（Whitehurst & Lonigan，1998）。

在阅读过程中，儿童识别单词，解释单词的含义，理解语法结构、措辞、语调、文学形式和手法以及文本的语境（National reading Panel[①]，2000）。优秀的阅读者通常能在社会上获得成功，受到高度尊重，并对社会和经济发展做出贡献（Saracho，2002c）。

儿童的读写能力发展水平

读写能力的发展在儿童生命的早期就开始了，并一直持续到他们成为有能力的阅读者和书写者。读写能力的习得通常出现在婴儿时期，并持续到7岁，但有些儿童在四五岁时才开始阅读和书写（Sulzby & Teale，2003）。儿童在很小的时候就发展了读写概念。当他们观察阅读者和书写者并与其互动时，他们就会对其现有的书面语言模式产生意识。然后，他们尝试阅读和书写，以探索语言、文本和意义。他们与文本的接触，有助于读写能力的发展（Saracho，2002c）。

当儿童与阅读者和书写者互动时，他们就会了解读写能力是如何发展的，尤其是当他们观察现有的书面语言示例时。随着儿童对语言、文本和意义的不断探索，这些知识也在变化。儿童对文本感兴趣的方式，决定了他们如何学习读写能力。当儿童学习一些概念、知道字母名称和形状、有语音意识、对读写感兴趣、与同龄人合作（National Research Council，1998）并理解字母表中的每个字母代表一个独特的声音时，他们就学会了如何阅读。

美国国家研究委员会（1998）制定了一套作为成功的学习者应当拥有的特定读写行为。表10.1列出了0—6岁儿童的成功行为。

表10.1　习得读写能力的发展成就

0—3 岁的成就
- 通过封面识别特定图书。
- 假装读书。
- 理解需要用特定的方式拿书。
- 与主要的照护者形成日常分享图书的习惯。
- 婴儿床上的发声游戏减少，押韵游戏、无意义的文字游戏等带来的乐趣增多。
- 标记书中的物品。
- 对书中的角色进行评论。

[①] 即全美阅读研究小组。——译者注

（续表）

- 看着书中的图片，意识到它象征着真实的物体。
- 听故事。
- 请求/要求成人阅读或书写。
- 可能开始注意具体的文字，如名字中的字母。
- 越来越多地进行有目的的涂画。
- 有时似乎能区分绘画和书写。
- 创作一些具有英语书写特点且类似字母的形状和涂鸦的作品。

3—4岁的成就
- 知道字母是一种特殊的、可以被单独命名的可视图形。
- 认出当地环境中的印刷标志。
- 知道人们读故事时，阅读的是书中的文字。
- 理解由于不同的文字功能，人们使用不同的文本形式（如杂货清单）。
- 注意语言中可被分离和重复的声音，如"Peter, Peter, Pumpkin Eater, Peter Eater"（彼得，彼得，吃南瓜的人，彼得是吃东西的人）。
- 在讲话中使用新的词汇和语法结构。
- 理解并遵从口头指示。
- 对故事中某些事件的顺序保持敏感。
- 对书籍和阅读感兴趣。
- 阅读故事时，将信息和事件与生活经历联系起来。
- 提问和评论，表明对所讲故事的字面意思的理解。
- 展示自己尝试的阅读和书写，让他人关注自己："看我的故事。"
- 能识别十个字母，特别是自己名字中的字母。
- "写"（涂画）信息，作为好玩的活动的一部分。
- 可能开始注意突出词的开头音或押韵音。

5—6岁的成就
- 了解一本书的各个部分及其功能。
- 当聆听一篇熟悉的文本或重读自己写的内容时，开始追踪文字。
- 初步"读"熟悉的文本，不一定是逐字逐句地阅读。
- 能够识别并命名所有大写和小写的字母。
- 理解书面单词中字母的顺序代表一个口语单词中发音的顺序（音素），即字母规则。
- 学习许多（虽然不是全部）字母和发音的一一对应。
- 能认出一些单词，包括一些非常常见的单词，如a（一个）、the（这）、I（我）、my（我的）、you（你）、is（是）、are（是）。
- 在讲话中使用新的词汇和语法结构。
- 适当地转换口头语和书面语。
- 能注意到简单的句子不通顺。
- 将文本中的信息和事件与生活联系起来，将生活与文本活动联系起来。

（续表）

- 复述、再现整个故事或故事的一部分，或将其创编为戏剧。
- 认真聆听教师在班级中朗读图书。
- 能说出一些书名和作者的名字。
- 展示出对某些类型或体裁的文本（如故事书、说明性文本、诗歌、报纸以及标志、通知和标签等日常文字）的熟悉感。
- 正确回答有关所朗读故事的问题。
- 根据插图或故事中的部分内容进行预测。
- 理解口语单词由一系列音素组成。
- 对于像"dan，dan，den"这样的口语组合，可以识别出前两个是相同的，而第三个是不同的。
- 对于像"dak，pat，zen"这样的口语组合，可以识别出前两个单词有着同样的音素。
- 可以用给定的语音片段合并成一个有意义的目标词。
- 可以根据给定的口语单词说出另一个与之押韵的单词。
- 独立书写多个大写和小写的字母。
- 运用音素意识和字母知识独立拼写（发明或创造性拼写）。
- 通过（非常规地）书写来表达自己的意思。
- 建立一些常规拼写的单词库。
- 意识到"儿童书写"和正式书写之间的区别。
- 写下自己的名字（名字的开头和结尾）以及一些朋友或同学的名字。
- 听写时能写出大部分字母和一些单词。

虽然这个行为指标被认为只是一个局部的列表，而且存在争议，但它关注的是儿童学习阅读的方式（比如听故事、假装读书、在书中标记）。然而，需要记住的是，这些行为取决于儿童的成熟度和经验。

读写阶段：0—3岁

在生命的最初几年，儿童可以有效地使用符号：2岁和3岁的儿童从看书中的文字发展到在尝试写字时涂画。在2岁结束或3岁开始时，大多数儿童会进行类似阅读的活动或如同画画的涂鸦，写下可辨认的字母或像字母的东西。2岁和3岁的儿童可能会在看《芝麻街》（Sesame Street）等电视节目时学习一些字母和发音，3岁的儿童通常知道金色的拱门"代表"麦当劳。他们可以在一些情况下使用符号，但他们需要大量的练习，才能在所有情况下使用这些知识。儿童开始理解如何使用这些符号：标记和数字概念，数字和字母之间的区别，自己名字和朋友名字中的字母使用，单词中字母及其发音是如何联系的（Saracho，2002c）。

读写阶段：3—8 岁

一些 3 岁和 4 岁的儿童开始识别单词中明显的发音，许多 4 岁的儿童可以根据单词开头的辅音来拼写单词。他们的书写有着潦草的字迹、随意的字母串和字母状的内容。3 岁的儿童通常认为阅读是一种神秘的活动，4 岁的儿童开始理解阅读的过程就像别人读给他们听东西，5 岁的儿童开始将阅读与文字联系起来，6 岁的儿童开始注意到文字的模式，7 岁的儿童将阅读视为学习，8 岁的儿童认为阅读就是读书和学习阅读（Saracho，1983）。4 岁的儿童可以书写和识别字母及单词。在他人的帮助下，儿童可以识别字母的模式，理解字母是阅读线索，并读出单词中的字母。这时的儿童有使用和摆弄带有字母、数字、好玩的字母发音和其他符号系统的玩具的经验。电视节目、光盘和计算机也可以帮助儿童学习字母、发音、单词和文本（Saracho，2001）。

成人经常为儿童阅读，儿童就可以通过记住书中的语言和模仿阅读者来"读"自己喜欢的书。三四岁的儿童表现出读写萌发的行为，如阅读图片、插图或标签。有些儿童会注意到书中的文字，而有些儿童读他们最喜欢的书。之后，大多数儿童会讨论图片，将动作与图片相结合，参与偶尔的问答对话或为图片中的角色配音（Justice et al.，2017）。儿童通常在 5—7 岁时开始"真正的"阅读。伦特斯（Lenters，2004/2005）认为，对年幼的第二语言学习者的阅读指导应该整合以下内容。

理解

- 使用语言体验法，提供儿童能够阅读的有意义的材料。
- 注意向年幼的第二语言学习者所提供的文本和插图中是否存在文化偏见。
- 当必须使用对学习者来说存在陌生文化的材料时，要为他们补充缺少的文化信息。
- 在可能的情况下，同时呈现儿童熟悉和不熟悉的语言，以提高其理解能力并支持母语阅读技能。
- 允许儿童用母语对文本做出回应。

支持母语阅读

- 与第二语言学习者的家庭建立牢固的家庭-幼儿园联系。
- 重视儿童的母语。

- 用任何可能的方法，确保儿童接受母语的阅读指导。（p. 332）

读写：开始阅读

儿童在接受正式阅读教育之前就开始了阅读。儿童把自己独特的背景、经验和能力带到学校（Vacca et al.，2018）。虽然大多数儿童已经在幼儿园里生活了几年，但是也有些儿童是第一次来幼儿园，因此他们的阅读能力水平是不同的。一些儿童是独立的阅读者，而另一些儿童才开始学习一些基本的读写知识和技能。这意味着，有些儿童可能已经具有典型的3岁儿童的能力水平，而另一些儿童可能有着典型的8岁儿童的能力水平（Molfese et al.，2011）。因此，幼儿教师在教授读写策略时需要采用发展适宜的方法。

读写能力发展

教师通过阅读鼓励语言交流的书籍来发展儿童的语言（尤其是词汇），帮助他们理解文本的概念，从而发展儿童的读写能力；也通过为儿童提供活动，让儿童关注口语中的发音规律，如有押韵、笑话的歌曲和诗歌以及在单词中转换声音的游戏（NRC，1998），发展儿童的读写能力。儿童可以通过帮助他们联系口头语言和书面语言的活动来学习如何阅读。他们需要学习直接有助于成功阅读的技能，如词义、字母的书写及其发音的知识，理解文本会传达意义，语音意识，以及识别字母、数字、形状和颜色。

大多数儿童可以学习这些技能，但他们在学习和兴趣上的个体差异必须与他们的所有读写经历一同被考虑。重要的是，读写活动应符合儿童探索并尝试书写文字的读写萌发水平（Vacca et al.，2018）。

促进初始阅读教学的项目，必须能反映儿童的兴趣、特点、发展水平以及他们有关概念的知识或对概念的理解。这样的阅读项目应该采用积极的体验活动和探索（Saracho，2017a），因为：阅读能力是通过社会互动和竞争性行为获得的；儿童在生活经历中获得阅读能力；当儿童了解阅读目的和阅读需求时，他们就能获得阅读技能；聆听他人阅读，对儿童阅读能力的获得起着重要作用（Morrow，2020）。

标记物品也可以帮助儿童发展读写概念。他们了解字母符号、字母发音和文字的用途，这是学习如何成功阅读的基础。学习阅读需要儿童了解字母的含义，画字母的形状，了解字母的发音以及它们与字母的关系。学习有意义的单词以及如何用眼睛跟随文字，也有助于为儿童提供学习阅读所必需的技能。儿童需要了解阅读的本质和目的。学习阅读有着深层次的意义基础，是由智力发展形成的。1958年，詹姆斯·李·海姆斯（James Lee Hymes）指出，阅读本身就很吸引儿童，因为文本信息本来就引人关注（Vacca et al., 2018）。

读写活动

儿童需要各种各样的读写活动来帮助他们了解文字和非文字的区别，理解字母和发音的作用。这些活动应鼓励儿童创编符号和信息，引导他们的读写能力发展，例如从左到右、从上到下阅读，以及对大写字母和标点符号的应用。读写活动和材料必须符合儿童的发展水平、兴趣和集中注意力的能力，包括：有声读物、木偶剧，计算机阅读、书写和故事书活动，玩棋盘游戏，浏览儿童杂志，以及各种个人和团体项目。组建一个阅读共同体并收集精心挑选的材料，可以对儿童的参与和成就产生积极的作用。

读写活动应包括阅读情境：整合儿童口述、书写和阅读故事的脚本，谈论字母表及其发音，阅读熟悉的标志和故事，并在图片、项目和个人物品上做出标示。应当鼓励儿童编写剧本，以帮助他们理解阅读的目的。儿童可以创编与阅读功能相关的剧本。他们需要涉及辨别和标记字母、喊出（读出）符号和标签、拼写短词等活动（Mason, 1980）。儿童通过识别字母和单词的相似之处、听故事、看书、写名字、给图片贴标签、边听光盘或磁带边看书或根据食谱烹饪等活动，形成关于字母特征的概念。这些活动要求儿童思考文字和物品之间的关系以及文字和语言之间的关系，并学习如何分析单词的发音和字母。当儿童从事上述活动时，他们就会形成关于字母特征的概念。这些读写活动有助于他们看到以下事物之间的联系：文字和物体、文字和语言以及字母及其发音。表10.2列出了适宜儿童的读写活动（NRC, 1998）。

表 10.2　具有发展适宜性的读写活动

- 促进接受性语言、表达性语言以及言语推理能力发展的口语活动。
- 与儿童一起大声朗读，培养他们对文本和语言的欣赏与理解。

（续表）

- 阅读和探索书籍，让儿童形成文字概念并了解基本的阅读知识和步骤。
- 书写活动，培养儿童对文字在交流方面的个人喜好，练习拼写能力。
- 主题活动（如社会戏剧游戏），让儿童有机会整合和扩展他们对故事的理解以及有关空间的新知识。
- 书写导向活动，培养儿童识别和书写字母表中字母的能力。
- 音素分析活动，发展儿童的语音意识和音素意识。
- 单词导向活动，帮助儿童掌握基本的词汇，理解字母规则。（NRC，1998，p. 189）

儿童的读写能力发展应聚焦于在有意义的环境中进行的口头语言和书面语言交流（Saracho，2017a）。他们的口头语言和书面语言学习可以体现为游戏和探索。阅读故事和诗歌、讲故事、听儿童自己的故事、让儿童参与故事的预测和排序、根据故事扩大儿童的词汇量、使用木偶复述故事、阅读诗歌、将故事改编为戏剧、讨论故事、写故事以及进行有关故事的互动，都能促进儿童的读写能力发展。本书第八章已具体讨论了这些文学活动，如表10.3所示（Spodek & Saracho，1994b）。

表10.3 促进儿童读写能力发展的活动

- 阅读故事和诗歌。儿童可以听故事和诗歌，分享图书世界的知识带给他们的喜悦和惊奇。儿童将喜欢听别人读故事和诗歌。
- 讲故事。儿童需要聆听故事，而不是机械地听念出的故事。有时可以修改故事的内容，使其更有意义，并保持儿童的兴趣。例如，可以用儿童的名字代替故事中角色的名字来让故事更具有个性化。
- 听儿童自己的故事。儿童可以分享关于某个重要事件的故事，比如拜访亲戚。教师可以听儿童讲故事，让他们参与对话，也可以把故事录下来，让儿童在将来进行讲解。可以阅读这些内容很多次，然后儿童将其带回家与家人分享。
- 让儿童参与故事的预测和排序。像《姜饼人》（Kimmel，1993）这样可预测内容的图书可以让儿童进行预测。他们可以预测接下来会发生什么，并在教师读故事时进行验证。例如，《驴小弟变石头》（Steig，1969）是一本可以用来帮助儿童预测下一个事件的书，讲的是驴小弟发现了一块神奇的石头，并经历了一系列幽默和悬疑的情景。另一本有助于预测的书是《椰子树上怎么了？》（What's Up the Coconut Tree?，Benjamin，1992），儿童每次都可以预测到椰子砸在动物的头上。当动物们向狮子（丛林之王）求助时，它们可以预测狮子会在椰子树上找到什么。儿童可以用棕榈树、椰子和不同的动物（如困惑的狮子、斑马）来讲述这个故事。
- 根据故事扩大儿童的词汇量。有些书可以用重复的短语来扩大儿童的词汇量，如《姜饼人》（Kimmel，1993）和《100万只猫》（Gág，1928）。儿童喜欢重复"我跑得越快越好，你追不上我，我就是姜饼人"这句话。他们也喜欢《100万只猫》中的话语，喜欢重复"几百万只猫，几千万只猫，几亿万只猫"，这种重复有助于儿童学习新词汇或巩固熟悉的词汇。

（续表）

- 使用木偶复述故事。可以用木偶扩展故事的意义，扩展儿童的兴趣。教师和儿童可以一起用木偶将故事改编为戏剧。教师可以为儿童提供商业制作的木偶（如瓢虫、蜘蛛或螃蟹），也可以和教室里的儿童一起制作木偶，包括木棍木偶、纸袋木偶、袜子木偶和用园艺工作手套制作的木偶。然后，儿童可以使用木偶以有趣的方式复述故事。
- 阅读诗歌。可以读诗歌给儿童听，鼓励他们参与语言游戏。儿童可以探索诗歌中的单词或自己造词。每次听到同一首诗歌时，他们可能会对诗歌做出不同的解释或使用不同的单词。每次听同一首诗歌时，他们的故事和插图可能都不一样。例如，《火车上》（*From A Railway Carriage*，Stevenson，1987）展现了火车在全国行驶时的速度和咔嗒声。下面的句子可能会提示儿童创编故事和插图。

  从火车车厢往外看，
  比仙女快，比女巫快；
  桥梁、房屋、树篱和沟渠，
  像战斗中的军队一样冲锋前进，
  马和牛在草地上跑来跑去。

  儿童的故事和插图可能表明，他们想象自己向窗外看的方式。一群儿童画了一幅从窗户望出去，看到桥、房子、沟渠、树，还有天空中飞翔的仙女和女巫的图画。儿童更喜欢带有具体的意象的诗歌，因为这些意象是看得见、摸得着的。有些诗人通过把具体的意象塑造成一幅画的形式来强调它的意义。例如，《观物：一本诗集》（*Seeing Things: A Book of Poems*）中的诗《枯木》（*Dead Tree*，Froman，1974）就是用枯木的形状书写单词。萨拉乔和斯波德克（1998b）观察到，教师在向儿童提供使用具体物体的经验并听一首关于它们的诗歌后，儿童自己创作了一些诗歌。
- 将故事改编为戏剧。教师可以给儿童机会，让他们表演他们最喜欢的或经常读的故事。儿童喜欢讲自己喜欢的且容易记住的故事，他们也经常学习或记住自己喜欢的一些台词。例如，在《金发姑娘和三只熊》（Cauley，1981）中，儿童会逐字逐句地讲述对话，如熊爸爸说"有人一直坐在我的椅子上"。他们还会使用即兴的动作和对话把故事表演出来，而不是把写好的剧本背下来。萨拉乔和斯波德克（1998）观察到，儿童通过哑剧、自创的故事和短剧来表演故事。此外，他们还使用动作和身体意识活动，以及戏剧性的歌曲和游戏。这些活动帮助儿童在描述故事或诗歌中的角色时，将书面语言带入他们自己的世界。当儿童扮演这些角色时，他们可以理解故事的戏剧性。他们用不同的方式诠释故事和诗歌。教师可以为儿童提供各种各样的道具、布料、衣服和帽子，让儿童在将故事改编为戏剧时穿着打扮。
- 讨论故事。教师和儿童可以讨论熟悉的故事、他们画过插图的故事、在最喜欢的书中找到的故事或者被复述过的故事。在讨论中，教师可以对动作、顺序提出建议，并使用原故事作为对话和动作的来源。在讨论故事时，教师可以询问"接下来会发生什么"或者"这个角色（比如丛林之王）会怎么回应"，也可以鼓励儿童提出问题、评论或进行观察。
- 写故事。教师和儿童可以写故事。通常情况下，儿童会口述故事，但教师仍然可以鼓励儿童在图画上做一些关于故事的标记，并尝试使用自己创编的符号和信息进行书写。

（续表）

- 进行有关故事的互动。教师可以让儿童参与阅读故事的许多互动中。此外，教师还可以与儿童交流，以支持儿童的读写发展，拓展他们的读写经验。

其他读写活动，还包括为儿童提供时间来分享字母、读书给儿童听以及探索书面语言。

字母分享时间

教师可以提供一个分享时间，让儿童分享他们最喜欢的字母。教师可以将塑料制作的字母或硬纸板做的字母放入透明袋中，在字母分享时间把这些袋子分发出去。儿童可以用这些字母写单词、句子和故事，也可以讨论他们最喜欢的字母和以相同字母开头的单词，还可以展示他们在某处看到的字母，比如在袋子、图书、麦片盒或其他标签上看到的字母。

阅读时间

教师可以花时间给儿童朗读故事，这有助于儿童理解阅读是为了获得乐趣和信息，并能让儿童了解阅读模式。儿童可以试着读别人读给他们听过的书。一个 4 岁的小女孩在听了《小火车头做到了》（Piper，1930）之后，说："告诉我哪里写着'我想我能行，我想我能行'，我想在书中看到它。"她继续浏览这本书的其余部分，每次看到"我想我能行，我想我能行"这句话时，她都充满热情地阅读。为儿童朗读，有助于他们从书面文字中获得意义。

读写能力，需要儿童具备可以帮助他们学习读和写的表达技能。写在纸上的单词，要求儿童理解这些符号的含义。文字的视觉特征帮助这些年幼的读者理解意义。儿童需要学习必要的技能，以识别用于获取意义的书面符号。因此，教师需要为儿童提供学习活动，以发展他们的表达技能（Saracho，2002c）。儿童需要以一种对他们有意义的方式来学习口头语言和书面语言。一个 5 岁的孩子问"那是什么意思"的时候，就意味着他对文字有丰富的知识。那些正在看电视广告或听图画故事书中的故事的儿童，可能会说："我不能读所有的单词，但我知道它们说了什么。"（Clay，1972，p.28）。这些儿童可能并不是在逐句阅读文本，但是当他们使用类似书面语言的模式，比如"从前……"或者"妈妈说，'你想要一块蛋糕吗'"而不是一般的"阅读是写下来的谈话"时，他们可以被视作在阅读一本书。一个范围广泛且有意义的词汇库，有助于儿童学习书面语言的其他重要组成部分。

书面语言时间

儿童发展书面语言的方式和他们发展口头语言的方式是一样的。里德（Read, 1975）和乔姆斯基（Chomsky, 1975）最早发现，儿童的书写是未经教授的、侧重于语音和音素分析的拼写。这些儿童已经知道英语口语中辅音和元音的概念分类。这种分类在语言学上是合理的，并且是儿童在书写中使用自创的拼写的基础（Read, 1975）。儿童在对他们有意义的环境中使用书面语言的经验，使他们了解到书面语言的重要特征。涂画、根据发音书写、拼写和复制是初期读写能力的体现。很小的儿童用涂画来模仿成人的文字。涂画和写字是综合读写能力的组成部分。当儿童以一种有意义的方式尝试书写时，他们就学习了书面语言的特点。当他们在熟悉的环境中使用书面语言时，他们就能以一种有意义的方式体验文字，并创建各种文本和书写系统。当儿童使用早期非常规的书写方式（如涂画和非语音字母串）时，他们就是在探索自己在文字中看到的特征。教师可以采用发展适宜的策略促进儿童的读写能力发展。本书第八章已对儿童书写能力的发展进行了详细描述。

当儿童在充满文本的环境中互动时，他们会学习识别文字符号。他们将文字符号从语境中分离出来，对它们进行分类和组织，并将它们整合或系统化到自己的语言系统中。儿童对书写的学习是基于他们的经验、探索和概念洞察力的。

环境中的文字

儿童在环境中到处都能找到文字。他们在玩具、衣服、书籍、电视、标牌、字幕、容器、商标和广告牌上看到文字，也会在周围的环境中看到文字，如停车标志和麦片的包装盒上、在潦草的字迹和他们的名字中以及在阅读熟悉的故事时。在所有的情况下，儿童都能发现环境中的文字，并观察到成人出于不同的原因使用文字。有时，成人和大一点的儿童会让小一些的孩子参与文字活动。他们给这些儿童读故事或在餐馆里读菜单。这样的经历给儿童提供了关于文字的信息，以及文字的原因和用途。儿童每天接触大量的文字，可以激励他们为了个人的目的和社会的目的而学习阅读。

环境影响儿童互动、探索和表达其读写行为的方式。教师需要为儿童提供各种与文字相关的活动。与文字进行有意义的互动以及与故事相关的活动被视作发展初期书面语言技能和口头语言技能的重要步骤，这比学习形状和识别颜色等更重要（International Reading Association，2005）。儿童通过沉浸在读写经验丰富的环境中，并与拥有读写能力的成人和年龄较大的儿童一起参加读写活动而成为有读写能力的人。他们通过聆听别人朗读或看到别人朗读来理解阅读的过程。在儿童能够真正阅读之前，他们学习了书写系统的组成部分、成品和目的，以及阅读和口头语言活动是如何相互关联又存在差异的（NRC，1998）。

儿童有很强的好奇心，并且喜欢模仿成人：当看到成人读书写字时，他们就想读书写字。教师需要展示一套儿童感兴趣且合适的文学书籍。他们可以读给儿童听，并且整个学年都在图书区中展示。这种展示应该有足够的吸引力，以激励儿童浏览或阅读他们力所能及的东西。教师可以精心挑选适合儿童心理年龄和兴趣的书籍，这有助于儿童养成对书籍和阅读的积极态度。教师可以和一小群儿童坐在一块地毯上或坐在图书区里，给他们读一些简单的故事。儿童会发现，故事和书籍是珍贵的财富。他们会对发生在自己生活、家庭、社区和世界上的情况感兴趣，也喜欢聆听关于新的经历的故事。

教师可以尽快为儿童提供阅读材料。例如，在开学的第一天，教师可以制作一个公告板或在门上进行展示，标题是"来自25号教室的星星"。公告板或展板上可以为每名儿童指定一个星星，星星里面有他们的名字或图片。教师可以以家庭为主题开启整个学年。他们可以给儿童读有关家庭的故事，如《家庭的多样性》（*Diversity in Families*，Scholastic）或《爸爸，我要月亮》[①]（*Papa, Please Get the Moon for Me*，Eric Carle，1986），也可以鼓励儿童扮演家庭成员中的不同角色，还可以编写关于这些角色的故事并为其绘制插图。例如，5岁的阿曼达用插图和口述的方式讲了下面的故事。

> 当我过生日或其他人过生日时，我们通常会得到一个蛋糕和一些冰激凌。我得到了一个像宝嘉康蒂[②]那样的皮纳塔[③]，我哥哥得到了其他东西。
>
> 当我们去公园的时候，我的爸爸、妈妈、哥哥、阿姨和我在单杠上玩。我弟

[①] 该书的简体中文版已由明天出版社于2011年出版。——译者注
[②] 美国动画电影《风中奇缘》（*Pocahontas*）中的主人公。——译者注
[③] 一种包裹着玩具和糖果的礼品，儿童可以将其戳破获取里面的东西。——译者注

弟赫克托经常和我一起玩。爸爸、妈妈和特雷莎阿姨一边玩，一边吃雪糕。

我们还一起去看电影。看完电影，我们回到家，订了比萨在家吃。

我们去达拉斯看望祖父母，我的叔叔贝托通常带我们去公园烤鱼。他喜欢做饭。

这些故事可以被展示在墙上。如果教师为儿童打印卡片或句子条，他们就可以将这些句子条与原故事的文本相匹配。教师可以在游戏环境中提高儿童的读写能力，鼓励儿童使用物品（如纸、铅笔、书）和事件（如故事）来理解书面文字的含义。在游戏环境中，教师应该关注的是读写的目的和使用，而不是技能的习得。儿童的读写行为可以在与读写有关的游戏环境中发展。自然情境或有助于强化读写能力的环境，强调在游戏环境中的阅读、书写、口语、听力和认知。最近，在读写能力方面出现了一种"社会转向"（Gee，2000），读写逐渐被视为一种社会活动，其重点转为关注儿童在与他人互动的过程中如何发展读写能力（De Zutter，2007）。

读写与游戏

游戏为儿童提供了许多机会，让他们利用阅读和书写能力参与社会活动。游戏是读写萌发的一种媒介。儿童通过游戏来探索和验证他们的想法。在游戏中，尤其是在假装游戏中，儿童以许多种方式练习并尝试书写书面语言（比如给假宝宝读故事、和假装的或真实的儿童玩在幼儿园的游戏、写处方、写看起来没完没了的潦草笔记）。例如，5岁的克劳迪娅在玩旅行社游戏时，说："你不能在票上乱涂！你需要拼写你的名字！"（Roskos，1988a，p. 26）儿童通过这些游戏活动开始读写。在一个以戏剧为基础的读写课程中，儿童专注于现实生活中的现场表演，并用戏剧的形式将它们表演出来。戏剧游戏提供了一个丰富的背景环境，让读写行为得以萌发，如下面的例子所示。

埃丽卡从邮箱里拿出一个信封，说："看，是我的！"然后，她打开它，浏览了纸上潦草的字迹。"妈妈（一个玩伴），你看，我们8点钟要去开会。"（Roskos，1991，p. 46）

在这一片段中,埃丽卡假装读潦草的文字。她为纸上潦草的文字赋予意义、假装是在阅读真实的文本并浏览纸张,这是一个假装阅读的例子(Roskos,1991)。当儿童游戏时,他们会使用融入社会-身体游戏情境中的语言和身体动作进行读写对话。儿童在丰富的游戏环境中使用读写语境和"工具"来交流他们对书面语言的目的和特点的理解。同伴也能帮助他们增长知识(Neuman & Roskos,1991),例如,以下两个4岁儿童之间的互动。

> 杰里米有一个里面装着塑料恐龙的箱子。当他摆弄它们时,阿什利加入了。
> 杰里米:我在玩这个。不要把箱子关起来。它上面有字。
> 阿什利:我也能玩吗?
> 杰里米:只拿一个,好吗?看这儿(指着箱子上的字),这上面写着"剑龙"。
>
> (Neuman & Roskos,1990a,p.214)

这些类型的读写互动在游戏环境中得以促进,有助于儿童读写能力的习得(Neuman & Roskos,1990a)。当儿童有充足的阅读和书写材料,并愿意将读写能力融入游戏情节中时,他们就可以在读写游戏情境中参与戏剧创作(Christie & Roskos,2013)。文字与儿童戏剧游戏的融合通过以下方式支持儿童读写能力的习得,如表10.4所示。

表10.4 戏剧游戏支持儿童读写能力的方式

- 儿童聚在一起,展示他们在日常使用文字方面所学到的知识。
- 儿童在丰富的情境中探索潦草书写、拼写和发展中的阅读能力。
- 儿童在创作和表演自己的故事剧本时,会获得有关故事结构的知识。
- 儿童在有意义的情境中使用读写词汇(如读、写、铅笔、纸、书)。(Christie & Roskos,2013)

儿童需要足够的时间来计划和启动游戏。在开始游戏之前,他们需要招募其他游戏者,分配角色,安排每个物品假装什么并协商剧本,将其戏剧化。如果游戏时间较短,他们就会转向较低水平的游戏类型。儿童至少需要30分钟才能参加丰富的、连续的游戏。但如果期望游戏中出现读写行为,那么儿童需要更多的时间。需要适当地布置教室,以成为对儿童有意义的读写环境。

以读写为主题的游戏环境

在很小的时候,儿童就能意识到文字的意义。因此,当他们在熟悉的情境中不断接触文字时,他们会利用自己的能力推断出常见标签、标志和物体的含义。儿童"阅读"环境中的文字以获得意义。扎马尼(Zamani,2015)认为:"……自然的……环境通过其多样性、复杂性和不可预测性,在刺激各种认知游戏机会方面是强有力的。"

因此,当教室环境中的一部分被创设为代表现实生活中的读写情境(如办公室)时,儿童就可以与环境中有意义的文字进行互动,将文字与意义联系起来(Neuman & Roskos,1993a)。

只需使用少量材料,儿童就会自发地将读写融入游戏中。但仍然有必要为他们提供一个丰富的读写游戏环境,包括读写材料(如书籍、海报、标志、小册子)、各种纸张和书写工具,以促进他们的读写能力发展。主题游戏为儿童提供了一个完美的环境,让他们练习、阐述和发展初期的读写能力(Christie & Roskos,2013)。他们会发现读写技能的功能性用途,并将其融入游戏主题中。在游戏中,他们处理纸张、讲故事并尝试阅读和书写。创设读写游戏环境以促进儿童读写能力的获得,还需要考虑到他们的观点和兴趣,如下面的游戏情境所示。

> 在一个幼儿园班级中,儿童将图书馆定为下个星期的游戏场景,并负责创设环境。他们把书分类并贴上标签,把卡片和信封放在每本书里。他们还创建了一个登记中心,里面有日期戳和记事本,还有一个牌子,上面写着"在这里借书"。他们把图书管理员加到了班级工作表上。他们悬挂"嘘"和"安静区"的标志,还把毛绒玩具放在这里,这样他们就可以读故事给这些毛绒玩具听。也许这里传递的信息是:让儿童帮忙促进环境的发展。当他们来到现实生活中的场景时,他们会随时注意与文字相关的活动。
>
> (Vukelich,1990,p.208)

武科利希(Vukelich)还报告了,儿童是如何对学习和安排联合包裹运送服务(United Parcel Service,UPS)的戏剧场景产生兴趣的。

> ……一天,当儿童在外面玩耍时,一辆UPS卡车驶进了幼儿园的车道。杰

> 茜卡大叫："迈克叔叔!"然后，全班同学去参观这辆UPS卡车和里面许许多多的包裹，这是一个"教育契机"。儿童看到包裹上的标签、迈克叔叔的衬衫和帽子上的徽章、包裹收件人的签名剪贴板以及通过UPS邮寄包裹时需要填写的表格示例。
>
> （Vukelich，1990，p.206）

这一事件促使儿童建立了一个UPS戏剧游戏场景。有关本地收发局的内部工作情况，可从UPS所在地查询。读写材料（如邮件、重量秤、用于计算不同重量的包裹成本的图表、邮票和垫子以及诸如"在这里填表"和"在排队前填写所需的表格"之类的标志）都可以被收集并放置在教室的UPS戏剧游戏场景中。在这种场景中，儿童认为教室的大木车上应该有标志，他们的帽子上也应该有标志。读写道具在游戏开始前就已经被展示了出来，大家讨论如何使用这些道具。于是，发生了如下游戏片段。

> 迈克尔安排了包裹的处理流程。贾森收到乔纳森寄来的包裹（他已经准备好了标明包裹的收件人和发件人的邮寄标签,），迈克尔问："你是不是在包裹上盖了章，然后收他的钱了？一定要开一张收据。"贾森在包裹上不停地贴邮票。迈克尔说："够了！看，你挡住了队伍！把收据写一下！"贾森不知道乔纳森的名字怎么拼。艾伦让乔纳森转过身来，这样贾森就可以从他的名牌上抄写。称重包裹，将其重量记录在收据上，并将金额记录在收据上。迈克尔喊道："嘿，司机，把这个包裹送走，是去加拿大的。"杰茜卡驱车向"加拿大"驶去。
>
> （Vukelich，1990，p.207）

在这个片段中，儿童用口头语言和书面语言进行阅读、书写和交谈，这一切都发生在一个收发包裹站的场景中。在包装和发送包裹的过程中，儿童了解了文字的目的（如收据、邮寄标签）。他们运用自己的知识和对文字的理解（比如从左到右书写、用大写字母和小写字母组成单词、需要不同的字母组成单词）在收据和标签上书写。在UPS戏剧游戏场景中，儿童参与了各种相关的学习活动。

在主题游戏场景中，儿童有机会使用鼓励他们书写、使用文字、阅读和参与读写的材料。当儿童计划、协商、创作和开展游戏时，社会戏剧游戏发展了儿童的口头表达能力。儿童还练习口头语言和叙述语言。在戏剧游戏中，儿童精心创作能提高读写能力的剧本。教师为儿童创作语言剧本提供适宜的材料（如纸张、记号笔、铅笔和打印台），鼓励儿童进行书写。教师可以引导儿童辨认游戏环境中出现的文字。

儿童与教师的互动可以通过在游戏中使用读写材料来得以促进，并通过以有趣的方式使用具体的读写对象来支持和扩展儿童的读写能力。教师可以使用表 10.3 中的策略和活动，将游戏和读写结合起来。他们可以通过以下做法，采用基于游戏的读写教学帮助儿童发展语言和读写能力。

- 在班级中为游戏留出足够的时间和空间。
- 提供所需的物质资源。
- 丰富儿童有关游戏场景的背景知识。
- 为复述戏剧的排练提供鹰架。
- 参与游戏，通过示范和互动引导儿童的注意力与学习。（NRC，1998，p. 184）

在社会戏剧游戏中，教室环境或物品的摆放很重要，儿童可以通过阅读和书写来使他们的游戏合理化，表达自己，并在游戏事件中记录信息（Roskos，1988b）。教师需要为儿童提供经验，帮助他们理解书面语言的目的。儿童在游戏中可以创建和使用购物清单，用食品券购买商品，并从医生那里得到处方。儿童的读写行为出现在一个游戏场景中，在那里他们学习文字的目的和特点，这对他们早期的读写能力发展很重要。当儿童游戏时，他们会假设书写文字是一种"创造意义"的活动。在读写经验丰富的环境中，他们也会成为"意义创造者"（Wells，2009）。

游戏环境中的读写互动对儿童的读写能力发展有益且能起到促进作用。这些游戏环境必须考虑到儿童的兴趣和发展水平。当儿童参与与读写能力相关的游戏活动时，他们会探索环境、与他人互动、表达自己、确认事件、参与文本建构（Neuman & Roskos，1989）、选择和使用在某种社会情境中读写学习所必需的能力。游戏有助于儿童探索他们对文字的使用和对各个方面的认知（Saracho，2002c）。

读写经验丰富的游戏区

儿童的早期读写经历通常发生在自然情景中。有读写材料的游戏区,为儿童提供了促进他们读写的绝佳机会。戏剧主题游戏区为儿童提供了宝贵的自然读写机会。班级环境应该包括读写经验丰富的游戏区。在学前教育课程中,促进阅读的活动可以被纳入游戏区。可以在儿童游戏活动中融入语言或读写,从而促进儿童在书写中创造符号和发出信息。教师需要创设一个读写环境,这样的环境需要包括自发的游戏,以促进儿童的读写能力发展。教师需要记住,儿童的游戏必须是儿童自发和自愿的,且由游戏者自愿选择的(Spodek & Saracho,2003)。

在不同的学习区,儿童都会表现出读写行为。不同的学习区都应该有灵活的活动,让儿童有机会参与自发的游戏和与他人的互动。自发游戏存在于操作性游戏、身体游戏、戏剧游戏和积木游戏中。教师可以在教室里设立重点关注语言和读写能力发展的游戏区,如假装阅读、阅读图片、学习字母表中的字母和写故事。读写游戏区还可以包括语言区、图书区和书写区。读写活动同样存在于积木区、数学区、戏剧游戏区、书写区和图书区等。后文有关读写经验丰富的游戏学习区的部分,将讨论萨拉乔(2001)、萨拉乔和斯波德克(1996,1998b)观察到的一些具有代表性的读写游戏活动。由于本书第五章已阐述了不同的学习区,因此此处仅谈及观察。在幼儿园班级中可以观察到两种学习区:传统区角和主题区角。主题区角与学业领域(如科学、数学及语言)相关,重点呈现儿童在环境中发现的主题(如邮局、杂货店和银行)。

传统区角

传统区角由积木区、操作区、数学区、书写区、图书区、计算机区、科学区、戏剧游戏区等组成。

积木区

在积木区,儿童可以建造他们想要的东西。例如,在一间教室里,观察到五个男孩在用积木建构建筑。其中三人用积木建造了一条道路,另外两人建造了一个双层车库结构。在建造过程中,儿童对他们的建构物有了概念。在积木建构过程中,他们将这些概念(关于车库和道路的想法)转化为具体的现实(Saracho & Spodek,1996)。积木区中的自发游戏,可以鼓励儿童发展解决问题的能力和与读写能力发展相关的合作行为。萨拉乔(2001)描述了自发游戏的两种不同情境。

情 境 1

一群男孩用一套废木料建造了一座大楼。在他们玩的时候,教师问他们在建造什么。

"一个房子。"一个男孩回答道。

"一个房子吗?"教师问。

"是啊!"对方回答说。

在建构的剩余时间里,男孩们要么合作要么独立工作,几乎没有交谈。

在这种情况下,儿童发展了词汇概念以及与他人进行讨论的能力。

情 境 2

一群男孩用三角形积木代表汽车。在积木区,一名儿童假装在停车,一名儿童拿着屋顶,另一名儿童在看着。儿童检查了车库的内部。他们把一块帆布铺在地板上。这块帆布上有街道的图片和交通信号的标志,让儿童在玩交通玩具时可以按照指示走。儿童开着车在街上转来转去,阅读挂在帆布上的信息并做出反应,比如,在十字路口停车,然后再继续开车。

当儿童遵循口头指示和书面指示时,比如阅读和遵循标志上的指示,他们就会发展读写行为。这些读写行为代表了社会中的功能性阅读。

操作区

操作区包括规则游戏、几何板和图片多米诺骨牌。表10.5展示了这些活动中的读写行为。

表10.5 儿童游戏中读写行为的构成

游戏活动	读写行为
拼插积木	1. 运用分析思维。 2. 使用记忆。 3. 阅读图卡上的形状,拼出与之匹配的形状。

（续表）

游戏活动	读写行为
宾果和乐透游戏	1. 将一个书面的单词与图片和字母相匹配（在准备好的情况下）。 2. 将口语单词与图片开头的声音相匹配（在准备好的情况下）。
几何板	1. 探索字母的几何形状。 2. 使用触觉材料创造字母的形状。 3. 将字母的书面形态或形状与其发音相匹配。 4. 将单词与其首字母和发音相匹配。 5. 在几何板上写字母。
图片多米诺骨牌	1. 匹配相同的图片。 2. 学习顺序。 3. 遵守并建立规则。 4. 通过沟通接受他人的观点。 5. 根据具体例子进行归纳。
序列游戏	1. 配对相关物品。 2. 学习故事中顺序的用法。 3. 学会寻找字母识别过程中出现的相同点和不同点。 4. 口头描述图片。
故事写作	1. 通过图片创作故事。 2. 学习故事中的语法。 3. 学会表达顺序。 4. 以书面形式讲述自己的故事。 5. 回忆故事的细节。 6. 将标题与故事文本联系起来。

数学区

在数学区，教师可以贴一张印有数字 1—100 的图表。可以让一名儿童指出一系列数字，让其他儿童坐在地毯上读出儿童所指的每一个数字。正确阅读阿拉伯数字，需要儿童使用阅读行为（Saracho & Spodek，1996）。

在一次观察中，萨拉乔和斯波德克（1998b）发现，在阅读区旁边的数学区，有五名儿童从事不同的读写相关活动。一个女孩用一把约 1 米长的尺子指着挂在金属框架上的计数表中的数字，另外两名儿童读出这个数字。他们按 1 到 100 的顺序读数字，然后倒着数（100 到 0），有些儿童在读数字时前后摇晃。这些观察结果说明了数学区对培养读写能力是多么有用。

书写区

在书写区，儿童按照顺序写故事和他们自己的经历。首先，他们画画、上色，并试图用图画的形式写下故事。然后，他们向教师口述故事。在这个活动中，儿童模仿教师的行为，假装写字，在纸上涂画。写完时，他们读出自己写的东西。每次他们把写好的信息读给别人听时，在纸上涂画的内容都不一样。对他们来说，自己的文字是他们唯一能准确阅读的文字。因此，书写这些符号对儿童来说非常重要，而书写在他们的读写能力发展中也变得非常重要（Saracho & Spodek，1996）。

图书区

图书区有多种阅读材料，比如曾给儿童读过的简单故事书、图画书以及儿童自己写的书和故事。萨拉乔（2001）描述了三个女孩如何共用一张舒适的椅子。其中一个女孩读了《三只熊》的故事，她在读的时候充满了活力且有着丰富的表情。她一边翻动书页，一边模仿成人的阅读行为。她似乎在读这个故事，但经过仔细观察就能发现，她读的是她自己的版本。阅读图画和模仿阅读行为是儿童读写萌发的标志。

图书区有多种文字材料和非文字材料，包括几本儿童图书和一块供儿童坐着听故事的地毯。教师可以读故事，儿童舒服地坐在地毯上听故事。教师可以在读故事的同时向儿童提问。另一种倾听活动可能是听磁带里的各种故事。儿童边看书边听磁带里的故事，并按照录音带的指示翻页。在这种读写活动中，儿童有机会跟着磁带读故事，使用书中的图片和文字以及听磁带中的录音（Saracho，2001）。一小群儿童听着一段购买的录音带里的故事。他们听着磁带，看着书，每次听到音乐声就翻页（Saracho & Spodek，1996）。

计算机区

随着计算机在教室里出现，幼儿教师发现自己拥有了一项新技术。他们可以在教室里创设一个计算机区，开始使用高质量的、适宜的计算机程序，包括有声书。有声书可以作为儿童参与故事的另一个载体，支持他们的读写能力发展。教师应该使用有声书，因为它们是互动的、数字版本的故事，这种版本的故事使用多媒体功能，如动画、音乐、音效、突出的文本和流畅阅读模型（Labbo，2000）。有声书提供了一种新的方式来吸引儿童对故事的兴趣。有声书中颇受欢迎的故事，包括《字母书 ABC》①（ABC，Dr. Seuss，1995）、《绿鸡蛋与火腿》②（Green Eggs and Ham，Dr. Seuss，1995）和《星月》（2018）。《在旅途中》（1990）是一本可以用于共读的大尺寸图书。这本书讲述了儿童早上是如何上学的。儿童可以在计算机上创作自己版本的故事。他们输入自己的名字和尽可能多的声音来完成余下的信息。这些故事可以被打印出来，并被展示供再次阅读。文本也可以用软件编写，让计算机将文本大声朗读出来。年幼的儿童喜欢听到他们的名字和用各种声音大声朗读的集体故事。还有一些软件可以鼓励儿童在尝试使用图形和特效的同时进行书写（Eisenwine & Hunt，2000）。他们可以书写或尝试写一些与他们的插图相关的东西。

艾森瓦恩和亨特（Eisenwine & Hunt，2000）与一小群儿童一起使用计算机。他们使用软件为儿童制作有声读物，包括有插图的动作、声音和音乐。例如，当文字写着"我能走路"时，一个人在音乐的伴奏下沿着道路行走。在另一个故事中，一只青蛙在一页上跳，而另一页上有一只鸟在飞。青蛙在蛙鸣声中跳过草地。教师需要使用各种高频词汇介绍故事。儿童可以在计算机区自己读这些有声书。他们将喜欢这些动画故事并跟随计算机阅读。有的软件还可以被用来创建某个主题单元的有声书合集。

科学区

在科学区，儿童按照指示进行实验并写出实验结果。教师可以给尚不能阅读的儿童提供图片来帮助他们遵循指示。科学区陈列着与研究课题有关的书籍。

儿童可以播种或从家里带来一棵植物，以观察和记录它的生长。他们可以给它浇水、观察它并在图表上记录它的生长，还可以用图画、符号或发明的拼写来写一份关于植物进化的报告。他们也可能希望将这个报告口述给教师，这样教师就可以在他们的插图或图表上写下报告（Saracho & Spodek，1996）。

戏剧游戏区

戏剧游戏区可以包括娃娃家或其他角色扮演活动，这些活动鼓励儿童表演过去的

---

① 该书的简体中文版已由接力出版社于 2022 年出版。——译者注
② 该书的简体中文版已由中译出版社于 2017 年出版。——译者注

经历和不同的角色。教师为儿童提供适当的道具，以发展故事和活动，增加他们在读写能力学习中的词汇量。儿童使用适当的道具，重现他们在环境中观察到的社会互动和先前的经验或图式（Saracho，2001）。戏剧游戏区可以根据儿童的兴趣和生活定期更换主题。也可以将主题区角设置在娃娃家旁边。

主题区角

主题区角扩展了儿童读写游戏活动的范围，包括基于儿童生活环境的道具和家具，如医生的手术室、餐厅、银行、邮局、冰激凌店或杂货店。例如，关于医生手术的主题区可以分为以下两个区域。

- 候诊室，配备接待员桌子和患者座椅。
- 检查室，有一张桌子、几把椅子和一些医疗道具（如医生的工具包、磅秤）。

适合主题的读写材料能鼓励儿童进行与读写相关的游戏。例如，医生的手术室可能有铅笔、接待员用来记录预约的笔记本、供病人在候诊室阅读的杂志、处方表格和供医生查阅的参考书。

娃娃家

娃娃家为儿童提供了扮演母亲、父亲或婴儿的机会。他们可以参与家庭游戏主题活动（例如，父母照顾婴儿或一家人一起吃饭），这是他们日常生活的一部分，举例如下。

> 科林和帕特里克在幼儿园教室的戏剧游戏区玩过家家的游戏。科林打开冰箱，说："帕特里克，冰箱里没有食物了；这房子里没有食物了！"帕特里克回答说："我今天没时间去杂货店。哪里有纸，我把你想要的东西列个清单。"（Vukelich，1990，p.205）

家里通常有阅读材料（如书籍、电话簿、杂志）。娃娃家可以配备一些道具，让儿童想起自己的家，这样儿童就会参与他们在家里经历过的读写活动。一个精心布置的娃娃家会有各种各样的家庭道具，如微型的厨房家具、器具、厨房用具、玩偶、玩偶配件、电话、熨衣板、扫帚、婴儿车和摇篮（Johnson et al.，2005）。娃娃家应该通过提供许多阅读材料（如钢笔、铅笔、记事本、日记、烹饪书、电话簿、图画书、杂志、目录、报纸）来鼓励读写活动。当娃娃家提供这些材料时，儿童会被鼓励将阅读和书写融入他们的游戏情节中（Christie & Roskos，2013）。娃娃家可以定期更换主题或材料，或者与另一个戏剧游戏区结合，如杂货店、医院等令儿童感兴趣的场景。

当儿童在娃娃家表演有关家庭的主题时，他们会参与一些家庭中的读写活动，包括给家庭成员及亲戚写笔记、写信、写购物清单、记电话留言、看食谱准备假装的饭菜、浏览报纸和杂志以及给假想的婴儿读故事（Christie & Roskos，2013）。

鞋店游戏区

鞋店游戏区为儿童提供了许多参与读写活动的机会，里面有给顾客用的椅子、展示鞋子的架子和用于顾客购买鞋子的收银台。儿童可以扮演销售人员、收银员和顾客。在这个游戏区中，他们可以使用读写能力重新创造个人体验。在阅读展示各种鞋子的广告海报时，他们就会体验读写。鞋子被分类、贴上标签并摆放在货架上，根据产品和尺码为女性、男性和儿童分类。儿童能够阅读标签来挑选和购买鞋子，或者扮演销售助理，找到货架并进货，还要用尺子或其他测量工具测量并读出客户的尺寸。销售助理需要写销售单，而客户需要阅读销售单并写一张支票或使用游戏钱币购买（Campbell & Foster，1993）。

花店游戏区

花店游戏区可以为儿童提供令人兴奋的创造性学习体验。它可以有不同种类和颜色的塑料或用丝线"裁剪"的花，这些花被摆放在花瓶中，花瓶上标有花的颜色和种类（如红玫瑰、粉色和白色的康乃馨）。为此，可以使用空咖啡罐、牛奶盒，或者从花店借来的或请花店捐赠的一些真正的鲜花容器。花瓶里可以展示人造植物和插花。花店游戏区还可以展示活的植物和玻璃容器，以供儿童将它们与人造植物进行比较。可以将塑料碎片粘在塑料花瓶、碗和盘子上。容器底部可以放有大理石。儿童可以戴手套和围裙，将花店的名字写在纸上，然后贴在围裙上。新剪的鲜花和插花可以用薄纸、包装纸或带丝带的玻璃纸包裹。写有对不同花卉简短的描述性文字的海报和图片，可以被挂在接待处的墙上。在一张小桌子上放置关于花卉的杂志、书籍、小册子和剪报。接待员的办公桌或桌子上可以放置一部电话、城市电话簿、一本课程目录、铅笔、记事本和一个用来写订单的日历。还可以放订单表格，表格上有空白的地方用于写名字、地址、订单的顺序、发货日期和时间。订单可以被保存在剪贴板上，以便收货员监控交付情况。在前台的上方可以放置写有花店的名称、地址和电话号码的广告牌。装花的容器都应标有花的名字和颜色。花卉图片可被用于区分花卉并将其放置在正确的存储容器中（Campbell & Foster，1993）。

露营游戏区

露营游戏区可以包括一个公园、一个营地区域和一个小纸湖。道具可以包括露营用品和设备、公园管理员的徽章、在湖里用回形针挂着的几种纸鱼、带有磁铁"钩"的鱼竿以及标记营火边界的石头。儿童可以阅读车站张贴的公园规则，阅读湖中能捕到多少种不同种类的鱼的信息，填写申请表以获得捕鱼许可证并登记，从而在公园里露营。可以将杂志和书籍放在背包里，供儿童在钓鱼时、徒步旅行休息时或篝火旁放松时阅读（Campbell & Foster，1993）。

旅行社游戏区

旅行社游戏区为各个年龄段的儿童提供多个学习单元（如其他地域和文化的人、交通方式、地理位置）。旅行社游戏区可以有用于前往不同目的地的小行李箱或旅行袋，如温暖的地方（美国的佛罗里达州和夏威夷州）或寒冷的地方（挪威、美国的阿拉斯加州）。手提箱里适合在温暖气候中使用的物品，包括短裤、草帽、毛巾、沙滩玩具、防晒霜和太阳镜。相反，手提箱里适合在寒冷气候中使用的物品，包括雪地靴、手套、围巾和厚外套。适合在所有气候条件中使用的随身物品，包括旅行必需品（如牙膏、牙刷、用作睡衣的超大T恤、洗发水、拖鞋）。关于旅游目的地和各种交通工具的海报、照片和杂志图片，可以被挂在墙上供儿童阅读。地球仪和地图可以被展示在同一个地方，儿童通过看它们来找到自己的旅行目的地。桌子上可以摆放旅游杂志、书籍和小册子，供旅行者借阅。在入口处，可以有一个写着旅行社名字的标牌。门上挂着一些标志，让儿童知道旅行社什么时候"营业"，什么时候"关门"，什么时候是"办公时间"。旅行社的桌子上放着时钟、计算机、电话、铅笔、笔记本和用于预定旅程的日历。打印出未填写的机票和火车票，让儿童填写乘客的姓名、从_____到_____、日期、出发时间、到达时间以及航班或列车号码。剪贴板上可以留存票证的复印件。旅行社在游客旅行结束并支付完费用后，将票交给他们（Campbell & Foster，1993）。

修理店游戏区

修理店游戏区里到处都是破损的物品（如盘子、玩具、电器、钟表）。考虑到儿童的安全非常重要，因此应将电线从电器上拔下，并将旧电视或边缘锋利的物体从修理店游戏区中排除。破损的物品（没有锋利的边缘）、工具和黏合剂可以被分类放在架子上，架子上贴着标签，供儿童查找和更换物品。这些道具包括一个工作台、一个座位、一个供顾客使用的柜台以及一个带有工人可以按照指示维修破损物品的说明的笔记本。当顾客拿着要修理的东西去商店时，儿童可以给他们写收据，阅读修理说明或者决定收取多少费用。商店里有重要的标志，这类标志会标明特定维修工作的价格和安全措施（比如需要护目镜）（Campbell & Foster，1993）。

戏剧游戏也可以包括能引发在现实生活中读写的主题。需要在这些主题中加入现实生活中的道具，以使它们更真实。这些主题需要代表儿童的现实生活和与读写相关的经历，以激发他们进行创造性阅读和书写目的。无论主题是什么，在该游戏区中投放许多读写材料都很重要，如表 10.6 所示（Neuman & Roskos，1990b）。

表 10.6　不同主题戏剧游戏区应使用的读写材料

- 在快餐店、冰激凌店或面包店放置菜单、点菜簿、收银机、当天的特色产品列表、食谱以及口味列表或产品清单。
- 在餐厅放置儿童编写的菜单、展示各种膳食的海报以及供服务员写下顾客订单的铅笔和便笺簿。
- 在报社办公室放置纸张、电话、名录、地图、打字机、计算机，也包括被分为体育、旅游、一般新闻和天气等主题的区域。
- 在超市或当地杂货店放置贴有标签的货架和分区、食品容器、收银机、电话、购物收据、支票簿、优惠券和广告宣传单。
- 在邮局放置纸张、信封、通讯簿、钢笔、铅笔、邮票、收银机和邮箱。邮递员需要一顶帽子和一个袋子，通过阅读儿童的姓名和地址来递送邮件。
- 在机场放置通知"到达"和"离开"的标志、机票、登机牌、行李标签、等候区的杂志和书籍、飞机上的安全信息以及乘务员的姓名标签。
- 在积木区可创设加油站和汽车修理厂。玩具汽车和卡车可以被用作道具。此外，该区域还需要提供销售收据、协助指示各种目的地的路线图、修理小汽车和卡车的维修手册、宣传汽车设备的海报以及在车站销售的各种产品的空罐。
- 在厨房放置电话簿、紧急电话号码贴纸、食谱、食品券和杂货店广告。
- 在办公室放置日历、预约簿、标志、杂志和各种表格。
- 在邮局放置文具、信封、邮箱、计算机、地址标签、海报、邮政编码标志以及用于邮寄的手提包。
- 在图书馆可提供图书归还卡、儿童图书、借书章和归还 / 出借单。

主题区角的选择应该基于所有儿童都知道的场景以及那些可以扩展他们经验的场景。为了尽可能地促进与读写能力相关的游戏活动，儿童应为游戏区的规划和创设做出贡献。此外，儿童和教师都可以讨论材料及其使用。

读写游戏区的创设

读写经验丰富的游戏区在教室中很重要，但教室环境的组织方式影响着游戏区的有效性。接下来描述了在教室里观察到的日常活动。

> 教室宽敞、整洁。墙壁和公告板上都有趣且整齐地贴满了学习材料和儿童的作品。班级环境和教师与儿童之间的互动，似乎能激励儿童进行读写学习。班级环境还包括学习游戏区，这些游戏区可以丰富读写活动。游戏区在教室的各个位置且贴有清晰的标签，儿童可以随意使用这些区域。
> （Saracho & Spodek, 1996, p. 12）

当读写游戏活动有助于发展任何类型的交流时，它们理应得到重视。游戏活动可以被调整以适应儿童的听力、语言、书写和读写能力发展水平。读写活动需要为儿童提供发展和使用读写能力的机会。在儿童进入读写经验丰富的游戏区之前，教师需要设定一个计划期。本书第五章已为教师使用计划程序提供了建议。儿童被安排进入自己选择的游戏区。在游戏区完成工作后，他们会去另一个游戏区。教师在游戏区中与儿童自发地互动。

读写经验丰富的游戏区根据儿童的实际表现影响他们的读写行为。需要考虑这些游戏区的空间布置、对儿童阅读和书写的一般作用以及儿童的观点。表10.7呈现了创设读写游戏区的指导原则（Neuman & Roskos, 1990b）。

表 10.7　创设读写游戏区的指导原则

- 所有游戏区应明显分开,并用半固定的物品(如橱柜、屏风、桌子和悬挂饰品)加以标明。
- 在物质环境中标记物品很有帮助。例如:储物箱可以帮助儿童收起积木和配件,图画和文字标志可以很容易地让儿童识别艺术材料。
- 儿童熟悉的游戏区(如邮局、图书馆、办公室、厨房)需要开展儿童知道的活动,以促进其读写能力的发展。
- 物理空间需要足够宽敞,以便儿童在读写游戏区之间移动。同时,相关的主题游戏区足够靠近,也可以鼓励儿童扩展游戏主题。
- 每个游戏区中的读写道具必须是适宜的(儿童能够使用)、真实的(来自环境中的真实物品)和实用的(儿童能够在尝试模仿读写中使用)。

这些游戏区中的读写游戏主题需要能影响儿童的游戏活动,让他们在更长的时间里参与读写游戏。在游戏情境中,书写活动可以将读写游戏与一个合乎情理的主题联系起来,如下所示。

> 迈克尔和斯科特在办公室游戏区。他们在玩"登记"游戏。他们希望人们为无家可归的人"登记"。斯科特拿着一个小写字板和一支铅笔,在教室里走来走去,请不同的教师和儿童在他的写字板上签名。迈克尔仍在办公室里的办公桌旁"书写"。他不时地抬起头,指示斯科特去询问别人。最后,斯科特带着一份签名列表回来了。两个男孩假装把名单"输入"计算机。斯科特指着名单上的名字,迈克尔将名字打出。完成后,斯科特把纸从写字板上拿下来,再次被派去收集更多的名字。
>
> (Neuman & Roskos, 1990b, p.182)

在读写经验丰富的游戏区中,儿童以一种更有用、更有目的、更有组织的方式使用读写能力。他们用它来获取和交流游戏计划中重要的信息(比如报名参加活动、"阅读"食谱以准备饭菜)。儿童的游戏变得更加确定。精确的游戏情境(如办公室、邮局)暗示了一个明确的结构,同时读写道具为儿童提供了使用读写能力的具体方式。情境和读写道具有助于确定能支持并引导儿童游戏结构的游戏主题。除了增加互动之外,儿童还扮演角色(如邮政工作者、办公室经理、社会问题倡导者、图书管理员),为角色定义并获得知识(如图书管理员的职责)。在游戏活动中,儿童参与读写经验丰富的游戏环境变得更加有益且坚定。因此,游戏赋予了读写更多的意义:当儿童游戏时，他们探索并验证自己的想法，以了解环境和读写的意义。在读写经验丰富的游戏区中，游戏与读写之间的关系变得更加明显（Neuman & Roskos，1990b）。

儿童通过其社会世界中与读写能力相关的游戏活动学习如何书写和阅读（Spodek & Saracho，1987），这些活动可以由读写经验丰富的游戏区提供。表 10.8 提供了在这些游戏区中发展的读写行为示例。

表 10.8　在游戏区中发展的读写行为示例

游戏区	读写行为
图书区	1. 学习读书规则。 2. 学会使用阅读声音。 3. 学习文本的书写惯例。 4. 享受读写。 5. 学习文字和图片之间的区别。
倾听区	1. 遵循指示。 2. 将口头单词与书面文本相匹配。 3. 学习故事中的语法。
科学区	1. 遵循指示。 2. 验证想法。 3. 遵循说明。 4. 阅读图片。 5. 讨论想法。
戏剧游戏区	1. 用物品代替实物，进行象征性游戏。 2. 与儿童互动，发展词汇。 3. 利用先前的知识创编活动。 4. 为事件排序。 5. 在烹饪活动中写配料表。 6. 在购物中使用货币。
积木区	1. 利用以往经验中的先验知识。 2. 使用语言。 3. 使用故事进行后期写作。 4. 标明结构。

这些游戏区可以包含各类活动，并被合理安排以促进读写能力，也需要被不断充实以对学习和交流做出贡献，如书写区、角色扮演区和图书区。每个学习区都应该在儿童读写萌发行为中发展基本的交流功能。儿童的阅读应该像他们学习口语一样自然地发展。

本 章 小 结

读写与游戏之间存在互动,这种互动促进儿童读写能力的学习。在游戏期间,儿童参与阅读和书写活动,培养正式阅读教学所需的阅读能力。他们需要结合口头语言和书面语言的游戏活动来理解文字的作用(Saracho & Spodek,2006b)。语言和读写能力可以通过基于游戏的读写教学(NRC,1998)来发展,在这种教学中,儿童可以获得与发展相适应的读写游戏活动。儿童可以在读写经验丰富的游戏环境中成为"意义创造者"(Wells,2009)。在社会戏剧游戏环境中,儿童通过阅读和书写使他们的假装游戏合理化,表达自己,并在游戏事件中记录信息(Roskos,1988b)。当儿童在早期读写发展中了解有关文字的作用和特征的知识时,他们的读写行为就会出现在游戏环境中(Saracho & Spodek,2006b)。他们的读写能力可以通过游戏和与游戏相关的不同读写方式(如学习区、创设游戏环境、各种读写游戏活动)得以发展。

第十一章
科学——游戏学习经验

> 就像游戏一样,科学也是在不完美的世界中寻找秩序。面对纷繁复杂的日常现实,它提供了一种暂时且有限的完美。它能施展魔法,把我们从显而易见的混乱中解放出来,带进一个理想化的虚幻世界。
>
> (Chet Raymo,2007)

过去,幼儿园很少对科学教学感兴趣,因为几乎没有教育研究表明儿童能够理解具体的科学概念。然而,在过去的十年中,研究人员(如 French,2004;Gelman & Brenneman,2004)对这种观点提出了挑战。他们已经证明,从出生的那一刻起,儿童就开始利用感官接触他们所处的环境,以获得关于世界的信息。随着儿童的成长,他们的经历增加,并创造了关于世界的物质概念和社会概念。他们也从经历中积累知识,并发展新的理解能力(Spodek & Saracho,1994b)。因此,幼儿教育者已经意识到,儿童有能力参与科学活动,学习科学概念。这也激励着更多的研究人员探究,儿童是否能够学习科学概念。本章的目的是阐述儿童的学习、标准与期望(如科学基准)、游戏、学习区以及在社会背景下进行的科学学习等。

学 习 科 学

多年来,幼儿教师和科学教育工作者一直试图了解儿童是如何获得科学知识的。科学教育帮助儿童了解他们所处的世界,并通过自己的身心活动探索答案。儿童有一种独特的学习和发现概念的方式(Zimmerman,2005)。儿童(甚至婴儿)在生理上已经准备好去获取关于周围世界的知识,且他们天生就有这样做的动力。婴儿利用个人经验以及任何相关的角色或道具来发展他们对于日常世界的理解,并逐渐参与其中。他们能够识别规律,了解日常活动,预测他人在不同情况下的行为,发展适当的行为(French,2004)。儿童在3岁时就会学习概念,在四五岁时会通过倾听来学习心理表征。他们会以问题的形式提出假设,并解释他们是如何理解世界的,正如马尔科姆(Malcom,1999)对她4岁女儿的如下描述。

> 我的孩子很早就告诉我,他们在寻找——或者在必要的情况下,他们创造——对世界及其运作方式的解释。他们从不认为物质世界里的任何事物是理所当然的。为什么会下雪?云是由什么构成的?我女儿凯莉4岁的时候,对打雷的恐惧让她在某个时刻开始了科学推理。当我们在暴风雨中飞奔回家时,她在后座上宣布,她知道为什么"云层会相互碰撞并发出雷声"。"为什么?"我问。"因为他们没有眼睛。"凯莉回答。
>
> (Malcom,1999,p.16)

儿童需要发展适宜的科学活动,这种活动需要能帮助他们创造和完善他们的理论。他们需要拥有发展适宜的学习机会,以帮助他们不断调整对不同自然现象的理解和认知。儿童对科学学习的态度是非常重要的。当儿童对这个世界有一种好奇心、亲近感和迷恋感时,他们就会学习科学。他们需要体验到新奇感,才能在科学上变得富有创造力(Osborne & Brady,2002)。他们还需要体验新的或独特的科学活动。这一切的关键是要为他们提供"发展适宜的"科学活动,从而促进儿童对科学的认知(Hadjigeorgiou,2001)。美国海洋生物学家蕾切尔·卡森(Rachel Carson,1956)的观点如下。

> 儿童的世界是新鲜的、新奇的、美丽的,充满了惊奇和兴奋。不幸的是,对我们大多数人来说,在成年之前,我们就已经逐渐淡去或彻底失去了那种清晰的视野以及对美丽和令人敬畏的事物的真正本能。如果我能影响到为所有儿童洗礼的善良的仙女,我就应当请求她赠予这世界上每一名儿童对事物的新奇感,这种感觉应当是坚不可摧且持续一生的。它会成为一剂解药,能帮助儿童对抗今后生活的无聊和失望、对抗人造事物的枯燥乏味以及对抗力量源泉的丧失。
>
> (Carson,1956,pp.42-43)

儿童天生就是好奇的，且天生就希望了解周围的环境。他们渴望了解自己以及他们所处的世界。他们的热情促使他们花很长时间专注于自己的兴趣。这种热情对任何教育事业都是重要的，因为儿童需要被激励去不熟悉的领域充满热情地坚持，并从丰富的科学活动中获得学习（Henniger，1987）。谢尔（Sher，2003）认为，科学教学需要"将探究科学研究成果和进行实验的机会结合起来，支持'科学内容和科学过程是不可分割的'这一观点"（p. 191），强调科学与现实世界中问题的联系。她继续指出："科学的本质包括探究和探索。因此，科学教育应当鼓励好奇、观察和推理，以及分享想法的沟通技巧。"（Sher，2003，p. 205）能培养这些品质的学校环境通常能让儿童更有动力地参与解决问题，并将学习视为乐趣，这可以帮助儿童培养科学的思维习惯（Bergen，2009）。

科学学习需要结合儿童的语言和文化活动，使科学学习对他们更有意义且更息息相关。语言和文化活动也能促进他们对英语语言的学习。儿童在科学方面的学习需要将科学现象与他们在家庭和社区环境中的经验（如烹饪、天气条件、花园里的植物）之间的不同关系联系起来。

对一些英语语言学习者来说，他们必须通过英语这门陌生的语言来学习科学，有限的英语知识会让他们感到沮丧。他们可以通过基于自然现象的直接活动来学习科学概念，这并不需要很多科学经验和英语知识；也可以通过独立的、合作的以及小组的活动，在实际讨论和学习科学知识的环境中提高英语水平。他们还可以参与头脑风暴活动，进行讲述以及阅读科学类图书，从而激发他们对科学的已有认知。

当教学适应儿童的残疾特点时，残疾儿童也可以获得科学知识。他们可能需要更多的教学时间和实践时间，且需要更多不同的活动来学习科学概念。例如，听觉障碍儿童可能需要更多的时间学习科学方面的技术词汇。教师可能需要用不同的方式（比如用图片、翻译）教授词汇。在进行科学实验时，需要为听觉障碍儿童提供一些能帮助他们识别每次实验中的材料的书面标签或语言卡片；也需要在讨论或演示期间展示词汇卡，并在适当的时候加以引用。

视觉障碍儿童可能视力有限，但他们能够使用其他感官来体验世界。为了让肢体障碍儿童参与科学活动，可能需要调整物质环境以适应他们的需求。学习障碍儿童需要经过简化的活动，且教师需要向他们提供线索，以便让他们知道将参加哪些活动。天才儿童通常对一切都很好奇。他们在解决问题上很执着，想要一直尝试。这些儿童可以一直专注于任务，并一直执着于一个特定的任务，直到他们熟练掌握为止。通过这样的调整，所有儿童都能获得科学知识。残疾儿童的科学学习机会不应受到限制。有亲身实践和解决问题的活动似乎更适合他们，且应当将科学整合于包容的环境中。

科学领域的标准与期望

科学是一个探究的过程（National Research Council，1996），"在这个过程中，可以发现知识，提出和回答问题"（Malcom，1999）。因此，儿童需要参与能帮助他们了解科学探究本质的学习活动。1990年，美国科学促进会（American Association for the Advancement of Science，AAAS）设立了"全民科学"的目标，这其中也包括对于儿童的目标。"美国科学促进会强调儿童对过程的实践，同时把现象和概念视为工具。另一个不同之处是，美国科学促进会的项目尝试比其他项目更系统、更详细地对儿童的进步进行评估"（Ius & Thier，1967，p. 8）。

《科学素养的基准》[①]（Benchmarks for Science Literacy，AAAS，1993/2009）表明，儿童必须学习科学的世界观、科学的探究方法以及科学知识。这些基准建议儿童通过探究的方法学习，从而成为积极的探索者。对于科学的探究方法，琼斯等人（Jones et al.，2008）建议，儿童应当参与可以观察、分类、测量、交流、估计和预测以及推断的活动。发展适宜的科学学习应当以一种基于简单原则的模式进行。

观察

儿童运用五感从自己的角度进行观察：他们知道如何观察。即使婴儿也能观察并适应环境。1个月大的婴儿在看不到对方的情况下也能模仿手势（Patzwald et al.，2020）。12个月大的婴儿观察别人并学习新的行为。2岁的儿童在内心观察情境，创造心理意象，记忆物体的心理意象。当儿童游戏时，他们可以测试自己的观察，但是需要通过玩道具和玩具来验证他们的想法（Jones et al.，2008）。

分类

观察是分类的基础。儿童根据某些特征把物体分成不同的组，通过分类来理解

[①] 该书的简体中文版已由科学普及出版社于2001年出版。——译者注

世界，这需要他们进行逻辑思考。他们能够将对象分组，但可能还无法解释其整理的依据。学龄前儿童根据单一的特征分类物品。他们分类物品的能力随着年龄的增长而发展。例如，两三岁的儿童可以把积木、玩具汽车或毛绒玩具等分类并组成不同的小组。学龄前儿童可以将石头、贝壳、种子、叶子、彩色形状或贴纸等物品分组。对这些物品进行分类，可以鼓励儿童寻找相似和不同之处。在教室里，任何年龄的儿童都可以将自己进行分组，比如那些带午餐的儿童和那些吃幼儿园提供的午餐的儿童（Jones et al.，2008）。

测量

当儿童观察和分类时，他们通常用数量进行描述或比较。例如，儿童可以将物品整理成不同的小组，数一数，比一比。通过测量，儿童可以学习数字、距离、时间、长度、面积、重量、体积和温度。一般来说，儿童会测量长度、体积、重量、时间和温度，可以在对观察内容进行量化时学习测量概念，比如当他们使用"大""小""高""短""长""宽""重""轻"等字词进行描述时。他们可以开发自己的测量系统，利用手指、手、脚、身高等身体部位来测量距离，还可以称弹珠、回形针、豌豆、塑料熊或钉子等物体的重量。儿童需要在班级中进行日常测量活动。

交流

儿童需要交流他们的科学经验，分享他们的想法或讨论他们的发现。交流为儿童提供了对所完成的事情进行反思的机会。这需要他们表达自己的想法和思考。他们可以通过口头语言、图片、模型、音乐、动作和表演进行交流。展示图片、图表的班级环境，可以促进儿童的交流。有更多经验的儿童，可以使用图表来交流他们的结果。他们需要有解释、讨论、分享、描述和提问的机会。他们可以画画、创造人工制品或者建立模型来交流他们的想法。描述会激励他们使用科学概念的术语。不管采用了哪一种沟通模式，儿童都需要在自然而有意义的情境中体验（Jones et al.，2008）。

估计和预测

估计和预测都需要儿童利用已有经验进行想象，想象未来的事件或想象一个数量。儿童都有能用于预测日常事件的日常经验，如吃饭、洗澡和睡觉。他们也知道在游戏中可预测的事件。他们知道如果推玩具车，它就会动。或者，如果他们把球扔在一个坚硬的表面上，它就会弹起来。儿童也能预测自然界中发生的事情，如日出、日落、海潮或四季。虽然很难预测天气，但儿童可以通过看看户外来判断是不是要下雨了。例如，一个年幼的女孩观察到云朵又暗又黑，预测到可能会下雨，于是她在外出游戏之前穿上了雨衣（Jones et al., 2008）。

预测对儿童的日常生活和他们的科学学习都有帮助。他们需要许多能支持估计和预测能力发展的科学活动，这些活动可以很容易地融入他们的日常游戏过程中。例如，如果儿童在积木区搭建一座塔，他们就会预测在塔倒塌之前他们可能使用多少块积木。他们需要的游戏活动，应当能为他们提供预测事件的宝贵机会（Jones et al., 2008）。

推理

当儿童推理时，他们从自己的经验中得出结论，并根据自己的观察使用逻辑进行推测并得出结论。

> 如果一名儿童闻到厨房里烤面包的香味，说"我闻到在烤东西"，这意味着他进行了观察。但是，如果儿童说"妈妈一定是在面包机里烤面包了"，那么他就进行了推断。显然，第一种说法可能比第二种说法更准确。如果观察是通过某种感官获得信息的，它就可能更准确。从另一方面来说，推理是对观察结果的一种解释，因而更容易出错。
>
> （Jones et al., 2008, p. 28）

儿童在很小的时候就需要日常活动，这样他们才有机会进行推理。儿童可以观察一株植物，然后意识到它快枯萎了，并推断出它需要水。当儿童在操场上注意到草地是湿的时，他们就可以推断出之前下雨了。

整合科学策略

当儿童进行简单的、让他们有机会探索和验证自己的想法的科学探究时，他们会学习到观察、分类、测量、交流、推断、估计和预测的科学策略。在这些简单的探究中，儿童会发展出一套学习计划。他们会思考自己的探究，问适当的问题，并完成探究。然后，他们会解释自己的发现。这个过程需要在社会背景下的具体活动中发生（Jones et al., 2008）。这些科学策略是在儿童参与解决问题和进行科学探究的动态社交互动中发展起来的。儿童的游戏有助于他们学习这些策略。

与科学相关的游戏

科学家研究世界。他们提出假设，收集数据，并在实地或实验室里进行测试。他们收集和记录关键证据的信息，并提出和解释理论。他们使用特定的实践和工具来回答日常自然世界中的特定问题（Eberbach & Crowley，2009）。科学家也检查材料和过程，研究关于材料和过程的观点，提出假设，并验证这些假设。

儿童是通过这样的方式学习科学的：受到鼓励以提出关于科学现象的尝试性理论，测试这些理论，并根据观察修改理论。因此，当儿童看到新的证据与他们现有的理论相矛盾或显示出新的观点时，他们会修改自己的理论（Harlen，2006）。根据赖利和萨维奇（Riley & Savage，1994）的研究，儿童通过游戏体验科学的不确定性，因为游戏可以提供不具威胁性的环境，让他们围绕着科学试验自己的想法。他们边玩边探索，这有助于他们学习科学。游戏体验会激发他们的兴趣，并建立一个具体的、充满着经验的现实世界，在这样的现实世界中，儿童可以学习复杂和抽象的科学知识（Henniger，1987）。

> 两名儿童正在建造沙堡，他们遇到了一个困难：墙壁总是倒塌。他们试验了好几种方法，才知道用沙子混合水就会成功，这证明了耐用的墙壁需要一定的沙水黏稠度。这两名儿童正在练习对科学学习至关重要的问题解决技能。
>
> （Henniger，1987，p.168）

游戏和科学探究似乎有着天壤之别。游戏是幻想的、发散的和主观的，而科学探究是有逻辑的、线性的、系统的、客观的。但研究人员表明，游戏和科学在解决问题方面是互补的。当科学家们以一种游戏性的方式寻求解决方案时，他们通常能有效、渐进地解决问题。在"成为科学家"的角色扮演任务中，教师可以帮助儿童学习更多东西并让他们意识到自己也有能力成为科学家（Howes & Cruz，2009）。

科学影响系统性行为，而游戏促进创造性行为。因此，为了有效地解决问题，这两个组成部分都是必需的。爱因斯坦（Einstein，1954）在解释解决问题的方法时，将科学和游戏联系了起来。他指出,当儿童被允许对他们所在的世界及其运作方式感到好奇时,他们就能成为高效的思考者,但枯燥或缺乏启发性的教学方法是无法激发出好奇心的。他具体提出了以下观点。

> 事实上,现代教学方法还没有完全扼杀人们神圣的好奇心,这简直是个奇迹。认为通过强迫和责任感可以促进人们观察与搜索的乐趣,这是一个非常严重的错误观点。
>
> (Einstein, 1949, p. 17)
>
> 渴望最终获得逻辑上关联的概念,是这种模糊游戏的情感基础。这种组合游戏似乎是有效思维的基本特征。
>
> (Einstein, 1954, pp. 25-26)

游戏和科学都有创造性且经过深思熟虑的因素:两种因素都需要达到平衡。塞弗里德和皮齐尼(Severide & Pizzini, 1984)将儿童游戏与科学进行了比较(见表11.1)。

表11.1 班级中的游戏和科学

游戏	科学
• 培养对进行有效思考至关重要的技能和态度。 • 假想游戏让儿童想出更多解决问题的方法。 • 帮助儿童发展灵活的问题解决策略和广泛的解决方案。 • 减少失败的风险和挫败的感受。 • 增强所有年龄的儿童,尤其是年幼儿童的积极学习态度。 • 在成人给予指导之前进行观察的情况下,游戏是最有效且最具创新性的。 • 开放式教学策略可以促进富有成效的游戏。	• 提供有关某个主题的各种各样的游戏材料,并让儿童有时间用它们进行实验。 • 在科学活动中使用想象的故事、场景和角色扮演进行假装游戏。 • 让儿童在了解活动的结构之前熟悉材料。在教师开启活动之前,让儿童想象一下他们将要做什么。 • 包括新的和/或有挑战性的游戏课程。 • 在幼儿园开始引导性游戏,并始终保持。 • 注意游戏活动的重复开展,重新引导,从而拓展或细化游戏的主题。 • 成为具有开放性思维的榜样,问开放式或更高层次的问题,善于接受自发的想法,在游戏阶段结束后再做判断。

大多数科学学习都可以是游戏。霍金斯(Hawkins, 1965)把这种现象称为"厘清"(messing about, p. 8)。科学课程中的"厘清"是一种游戏形式,儿童借此体验没

有指导的探索工作。教师为他们提供材料和设备来建造、测试、探测和实验，而没有附加的问题或指导。首先，儿童探索事物的属性。然后，他们会对自己所接触的材料和面对的现象提出合理的问题。之后，他们寻找回答这些问题的方法。根据甘斯乔等人（Ganschow et al., 2006）的说法，"科学与提出问题有关，而嬉闹在适当的地点和时间可以促进这个过程。最棒的是，参与科学发现是科学家们热爱的事情。还有什么比充满乐趣更好玩的呢？"（p. 459）

与让儿童用死记硬背的方式学习特定的科学事实相比，对科学学习的游戏性态度可以让儿童了解更多的科学知识。对此，埃尔金德的观点如下。

> 幼儿时期是数学、科学和技术学习最重要的时期，但这一切的前提是我们要根据幼儿独特的需求、兴趣和能力来调整教育。
>
> （Elkind, 1999, p. 70）

儿童的操作、探索、有趣地寻找答案等自然活动是科学学习的基础。鲁道夫和科恩生动地展示了儿童的自发活动。

> 在看到一个园丁挖掘灌木的根之后，4.5 岁的达留斯找到了一块尖利的石头，然后也开始挖掘。"看！这里有一个根。"他兴奋地说，一手拿着一根细细的草根，一手拿着石铲。他全神贯注，以至于不愿意离开去吃午饭，他一直谈论着不同种类的根。
>
> 后来，从海滩回家后，达留斯立即走进后院继续挖，但这次他更喜欢用铲子挖。他一直费力地挖，直到挖出了一个相当大的洞，并且有了新的发现。他冲进教室，宣布道："我发现洞里有许多蚂蚁！"在下午的剩余时间里，他继续全神贯注、饶有兴味地观察蚂蚁。
>
> 回到教室，根这一主题仍然萦绕在他的脑海里。
>
> "根有什么用？"
>
> "根把植物固定在地里。根是很牢固的。"
>
> "是啊！根很牢固。我得使劲拉，使劲挖，才能把它们挖出来。"
>
> 晚饭后，达留斯又去挖掘，而且第二天早上的第一件事也是挖掘。达留斯对洞的深度和尺寸很满意，这次他想要得到一些水来做泥巴。他觉得泥巴太好了！

他的热情逐渐消退，他放松了下来，他的激情似乎已经耗尽。

（Rudolph & Cohen，1984，p. 174）

虽然达留斯的游戏可能不会被认为是正式的科学探究，但他对于挖掘树根、对于创造空间以及对于爬行的蚂蚁的专注，引领着他走向科学。像其他儿童一样，他也能从紧张地尝试中平静下来。当儿童操作、探索和发现时，他们被视为自然科学家。他们通过感官来学习；被好奇心驱使，并尝试着测试；可以观察、分类、识别和描述。他们想要解决问题并得出结论。他们将继续练习这些技能和其他技能，尤其是好奇心，这些都与科学家所具备的特征相似（Rudolph & Cohen，1984）。

在游戏中，儿童体验的是一种想象活动，这种活动与日常生活相比有着更精细的组织且更富有意义。游戏世界是儿童的普遍现实世界（Raymo，1973）。就像游戏一样，科学也是在不完美的世界中寻找秩序。面对纷繁复杂的日常现实，它提供了一种暂时且有限的完美。它能施展魔法，把我们从显而易见的混乱中解放出来，带进一个理想化的虚幻世界（Chet Raymo，2007）。

15名学龄前儿童和2位教师在户外的操场上。4名儿童在大沙箱里玩着水桶、瓶子、勺子、铲子和各种各样带轮子的玩具。其中1位教师和3个小朋友正在园地里挖土，为春季播种做着准备。2个小朋友发现了一座蚁丘，正聚精会神地看着那里发生的活动。在大仓库附近，另外2个小朋友正在用五颜六色的塑料积木建造堡垒。带轮子的交通工具在幼儿园操场上一直都很受欢迎，2个小朋友正骑着它们玩"跟我学"（follow the leader）游戏。最后，还有2个小朋友躺在草地上，盯着天空，谈论着他们看到的有趣的形状。

（Henniger，1987，p. 168）

这样的游戏情境为儿童提供了了解世界的绝佳机会。通过游戏活动，儿童可以发现基本的科学关系，这对他们日后的学习是有益的（Henniger，1987）。当游戏与儿童的科学经验相结合时，儿童就会解决问题、发展并完善技能。这正是科学家所使用的过程，且这些过程也可以被儿童使用。

儿童可以在游戏中扮演科学家。当他们烤制泥巴馅饼或建造蠕虫的游乐场时，他们就在进行有趣的实验。他们可能会咯咯地笑，与玩伴讨论观察结果或深思熟虑地思考某些想法。儿童关于自然和实物的早期体验，有助于他们对自己的世界产生想法。由于他们喜欢探索自然，因此需要为他们提供充足的时间、空间和设备，以帮助他们探索世界（Ross，2000）。亨尼格（Henniger）描述了儿童的科学游戏活动，如下所示。

> 花园里的儿童也有类似的学习机会。当一铲泥土中露出两条胖胖的蚯蚓时，教师和儿童就会花时间观察和讨论蚯蚓有着怎样的生命周期以及它们为什么是重要的。去年种植的一些植物被留了下来，儿童把种子摘下来，按大小和形状分类。当为了给新的植物腾出空间而将死去的植物移走时，教师将根系指给儿童看，并与他们讨论植物如何获得健康生长所需的营养。
>
> （Henniger，1987，p.168）

儿童能够用种子、块茎和插枝来种植。对于那些没办法接触花园的班级，儿童可以在窗台的盒子或花盆里种植。儿童可以描述植物的生长方式以及他们认为能帮助它们成长的东西。当植物发芽时，儿童可以在一张图表上记录植物的生长（Spodek & Saracho，1994b）。例如，一个星期六，我去打扫幼儿园的教室，注意到小朋友们放在罐子里用于研究的土豆中有一个快要死了。我不想让他们失望，所以我去超市买了一个土豆。不幸的是，因为店里只有红土豆，所以我只好买了一个。我本以为它会长出不少嫩芽，小朋友们可能不会注意到区别（原来放在罐子里的是白土豆）。星期一早上，当我在收午饭钱的时候，注意到科学区发生了一场骚乱。小朋友们有的看着图表，有的跑向图书区，他们激烈地讨论。我用完午饭后去科学区了解了情况。原来，小朋友们正试图弄清楚土豆是如何变红的。当我坦白我所做的事情时，他们变得很沮丧，因为我干扰了他们的探究。

儿童对大自然的兴趣可以在一日生活中得以培养。雨天为儿童提供了研究蚯蚓和水坑的机会。在暴风雪期间，儿童可以裹得严严实实的，去探索雪花中的晶体。海滩、森林、公园、后院和空地都是这些小小科学家的乐园。如果在公园散步，他们可能会发现藏起来的毛毛虫或闪闪发光的岩石。儿童需要得到鼓励，需要得到许多材料和工具。如果他们种植花园或收集小动物带回班级，他们就是在经历冒险（Ross，2000）。

儿童可以在日常生活中观察并假装成科学家。他们可以观察到实际的、自然的经验，比如知道"毛衣可以保暖，但放在桌子上的毛衣并不比周围的房间更热"（Chinn & Malhotra，2002，p. 339），或者意识到有些物体会沉下去，有些物体则会漂浮在水面上。儿童可以像科学家一样学习观察并进行逻辑性思考，但他们需要支持性的学习环境和工具。教师可以给他们提供实验服和其他实验材料，以帮助他们扮演科学家。听诊器可以帮助儿童听到他们用耳朵听不到的声音。放大镜可以帮助儿童看到放大后的东西，或者让他们看到单凭眼睛无法看到的东西（Eberbach & Crowley，2009）。

当儿童选择帮助他们专注于某个特定方面的合适工具时，他们将进行探索。例如，儿童会选择一面镜子来进行光线实验，或者使用放大镜近距离地观察事物（Ross，2000）。根据赫尔曼（Herman，1987）的说法，放大镜可以帮助儿童探索光的性质。他们能够看到光线透过放大镜的双凸透镜弯曲的方式，或者看到物体是如何上下颠倒的，以及如何确定与物体的特定距离来确保放大镜的适当聚焦。他们能够比较通过眼睛、放大镜、透明的水容器（如玻璃或养鱼缸）所看到的事物是什么样的。可以将鱼以及其他的小动物放在适当的容器中，供儿童研究。

游戏可以帮助儿童对他们观察到的信息进行区分和分类，如收集的秋叶、橡子和坚果、岩石、种子或贝壳。儿童需要检查和摆弄这些材料，并对任何可能性进行假设。鲁道夫和科恩（1984）描述了一位教师如何把一个装有各种贝壳的盒子带到教室里，以促进儿童的兴趣。儿童把贝壳加入他们的收藏中，玩这些贝壳，按照大小和形状进行排列，对它们进行区分，讨论并提出了如下问题。

"这种紫色的壳是什么？"

"蛤壳。"教师回答。

"这个看起来像一个碟子，我想用它喝水。"乔伊斯说。

"哦，我看过几百万个这样的贝壳。"哈莉说。"你叫它们什么？我忘记了。"

"蛤壳。"教师热心地说，并允许迪娜用这些蛤壳在娃娃家"喝茶"。

"这个叫什么名字？这个真好看！"当教师给哈莉看一个复杂的蜗牛壳时，她问道。

"让我看看书里有没有。"教师回答。

让我也看看。我想看看照片。教师打开图画书《海滩上的鲍比》（*Beachcomber Bobbie*, Florence Bourgeois，1935），哈莉仔细观察着贝壳的形状和中间特殊的"眼睛"图案，很快认出了那是她的贝壳。她把贝壳直接放在那张照片上。另外三名儿童也跟着捡起了月亮螺壳、扇贝、蛤蜊和鸟蛤。让他们印象特别深刻的是，真实的海星壳与图片上的海星壳多么相似。在几分钟的时间里，儿童聚精会神地使用着这本书，就像使用实验室手册一样。那一年，二十二名儿童中的大多数人都对贝壳表现出了好奇，有时他们会把一些贝壳放在口袋里，有时他们会打碎一些贝壳，或者用它们做盘子或作为积木建构物的装饰。有几名儿童不断地提到贝壳的图片，询问它们的名字，并询问以前住在贝壳里的动物的下落。

（Rudolph & Cohen，1984，pp. 181-182）

一组岩石也可以提供类似的经验。儿童可以观察、触摸、感觉，并进行富有智慧的探索。对此，鲁道夫和科恩的观点如下。

一名儿童使用一块沉重的石头，想弄明白当它被用于碾压时它的重量是如何使一颗特别坚硬的黑胡桃破裂的，他想知道："一块石头能打碎另一块石头吗？"他花了相当长的时间测试石头的大小、重量、硬度和耐用性。另一名儿童被收藏中的一块甜甜圈形状的石头迷住了，这促使其他几名儿童思考它为什么有奇怪的形状。教师接受儿童自发为石头起的富有想象力的名字，如因它的形状和颜色而命名的"土豆石"，或因为特别适合儿童的手而命名的"手石"。这种自发的、富有个人色彩的石头命名方式，使儿童的观察和感知更加敏锐。然而，在某些情况下，教师也可以恰当地介绍正确的名字，这不仅能帮助儿童发展科学词汇，而且能引发他们进一步的兴趣。教师必须判断在什么时候应该说："你指着的这块石头（或这棵树）有一个真正的名字。"这样就可以向儿童介绍这块石头或这棵树。

"我以前见过这种闪闪发光的石头。"德尔玛说，她在短途旅行中仔细观察了一块很好的石头。

"它有名字。"教师说。

"什么名字？"德尔玛问道，这时又有一名儿童加入了他们。

"它叫云母。"

"云母。"德尔玛重复道。

"这个呢？"另一名儿童从口袋里拿出一块易碎的石头。

"嗯……这一定是页岩。"现在其他儿童也想知道他们的石头的名字，但教师无法确定他们的石头叫什么，于是答应去查一查。

（Rudolph & Cohen，1984，p.183）

当儿童亲身接触自然现象时，他们的好奇心和求知欲就会受到激发。适合儿童的书籍和杂志，可以帮助他们理解并引导他们对知识的追求。儿童可以浏览图书，听他人朗读故事，观看插图（Rudolph & Cohen，1984）。需要为儿童提供游戏活动，这种游戏活动可以让他们有机会通过活动发现属性和关系，以及如何处理这些属性和关系。当他们在积木区使用滑轮系统建造一个结构时，他们可以学习力的知识以及如何增加力或改变力的方向。这样的经验有助于儿童了解，滑轮可以让他们更容易地提起东西。

可以在娃娃家放置由电池驱动的门铃和蜂鸣器，以便儿童每次进入该区域时使用。他们可以了解电的作用，以及操作电子设备时对电路的需要。用电池供电且带开关的电灯，可以被连接进游戏屋。可以将灯泡、电池和几根电线放在一个盒子里，供儿童操作和探索。儿童的游戏活动还可以包括磁铁、放大镜和其他让他们"厘清"的东西。

在所有的科学探究中，都需要允许儿童对看到的东西提出问题，找到答案。有些问题可能没有答案，如"什么是电"，在这种情况下，教师需要对儿童保持诚实。教师可以回答："我不知道，但我们知道电可以做一些事情。"这样的回应可以帮助儿童对未知的事物感到放松。

科学学习区

游戏为儿童提供了许多学习基础科学概念的绝佳机会。儿童需要用新的经验诠释基于他们过去的经验和现在的观察而发展出的各种奇妙的认知，这是儿童参与科学的极佳方式（Hawkins，1983）。这意味着，他们的环境需要能鼓励他们的解释和理解。科学是有趣的、多方面的、多学科的、有特定条件的和不断浮现的。为了促进儿童对科学概念的理解，应该给他们创造在反映科学本质的环境中游戏的空间。这种游戏环境应该向儿童表明：科学具有创造性，可以通过许多方式被激发。当儿童游戏时，他们在想法、行动和与事物的互动中拥有自由。教师需要这样布置教室：让教室环境鼓励儿童在他们可以识别的独立区域中进行学习。这些区域为儿童提供能促使他们验证自己的想法的活动和材料。可以在教室的周围创设活动区域或学习区，以提供科学活动。

需要将学习区设置于靠近封闭的、存放着目前还没有使用的科学设备和材料的存储空间（如橱柜）的地方。此外，需要为儿童提供一些开放的货架空间，以便他们接触一系列科学设备和材料。儿童也需要空间来解决问题。可以在那些位置相对孤立的区角列出一个问题，让儿童尝试单独解决它或以小组的形式解决它。科学探究是一个重要的目标，需要个人或小组完成大部分的科学工作。

科学区需要以这样的方式来安排：它需要能鼓励儿童学习和对比丰富的自然资源。在游戏中，儿童通过收集和分析科学材料来了解自然。儿童对当地环境中有意义的材料的愉快探索，为他们提供了重要的概念理解（Henniger，1987）。

可以建立多个学习区来推广科学概念。在每个区域，儿童将进行实验并测试他们的想法，也将操作物体、进行搭建、参与对话且根据自己的节奏进行学习。科学区、图书区、沙水区、木工区和烹饪区，能够为儿童提供学习科学概念的机会。儿童可以描述他们在科学项目中所做的观察，也可以写故事（有些可能是涂鸦或标记），或为他们的描述画画。由儿童创设的展示板或公告板可以被放置在适当的科学区域。这个展示包含了儿童对他们正在研究的话题的想法和行动。这样的展示让儿童更容易集中注意力，拓展他们的兴趣。关于创设一个展示板的建议，如表 11.2 所示（Lewin-Benham，2006）。

表 11.2　关于创设一个展示板的建议

1. 在活动开始时，用结实的大卡纸或插图板做成一个大的展示板来作为背景。
2. 展示板上的标题可以是一个问题、一名儿童的评论或者一个合适的标题。可以添加能激发儿童开展科学项目的照片、图画或者物体。
3. 随着活动的继续，向展示板中添加信息。这些信息可以通过儿童的语言、绘画、照片或者一系列照片或物体来记录。它需要显示出一个可以引发接下来步骤的关键时刻。卢因－贝纳姆（Lewin-Benham，2006）观察了一个正在研究金鱼的班级。展示板上有一张在项目开始时全班的照片，在儿童的评论中心有一个鱼缸的照片，以及两名儿童提出的问题。在整个项目中，儿童都在思考可以用哪些方法清洗鱼缸。
4. 每当挂起一块展示板，或在展示板上添加文字或照片，参与的儿童就可以向全班复述或朗读有关内容，包括到目前为止所发生的事情。儿童可能每天至少要回顾一次展示板。

（续表）

> 5. 科学项目可以以在展示板上添加照片、评论或问题的形式结束。卢因-贝纳姆（2006）观察到，当班上在清洁鱼缸的时候，儿童发现名叫"大眼睛"的金鱼死了，每个人都哭了，他们为金鱼做了坟墓。最后，两名儿童提出的新问题被添加到展示板中，这促使之后新项目的展开，问题是"我们要怎么处理这些脏水？"和"鱼死了会怎样？"。

用展示板完整地记录，这一做法表明是什么激发了活动、活动是如何发展的以及发展的原因、儿童发现了什么、活动引发哪些开放式问题。当儿童回顾这些展示板时，他们会向自己、同伴、父母或班级参访者复述经历。回顾这些展示板有助于推进活动，让儿童保持专注，加强他们对经验的理解（Lewin-Benham, 2006）。

科学学习可以在各种各样的区域中进行。例如，科学区非常强调科学概念，同时其他区域将科学概念融入各种学习领域中，包括图书区、木工区、烹饪区和沙水区。接下来，将阐述科学区和其他区域。

科学区

游戏为儿童提供了许多学习基础科学概念的机会。科学区可以促进这种学习。教师需要创设科学区，让儿童能够在这里学习、比较并对比那些来自大自然的珍宝。当儿童在收集和分析材料时，他们有着理想的机会学习自然和其他科学概念（Henniger, 1987）。科学区需要让儿童有合理的方式获取并使用水。它可能同样包括植物和动物展示区，以及放置放大镜和磁铁的架子。可以将不同大小的容器和一系列测量设备放置在浅托盘中，让儿童有序地整理它们。塑料盒与成套的科学材料也可以被放在这一区域。例如：一组物品可以由电池、灯泡和几段电铃线组成，另一组可以由磁铁与一些有磁性和一些没有磁性的小块材料组成。

需要展示一系列材料来鼓励儿童进行探索。科学区的材料和工具需要放在一起，便于儿童取用它们。这里也应当有用于存储的开放式货架以及展示着正在进行的项目的陈列区。其他材料包括：一个半装满水、包含着滴管且覆盖有橡胶膜的塑料瓶；一小盆水、一些在水中会浮起的材料和一些在水中会沉下去的材料；还有一盒不同材质的材料。科学区的材料应该根据儿童正在学习的科学概念而适时更换。例如，一个科学区可能基于以下目的。

1. 儿童运用所有感官以各种各样的方式进行观察。
2. 儿童被鼓励进行提问，寻找答案，验证自己的想法以及了解世界。

3. 儿童观察并照顾正在生长的植物及宠物。

4. 材料可以包括表 11.3 所示的物品。

表 11.3 科学区的物品

• 科学图片	• 计算机	• 电煎锅	• 岩石
• 干电池	• 显微镜	• 卷尺	• 叶子
• 手电筒的灯泡	• 镊子	• 天平盘	• 鸟巢
• 灯泡和电线	• 量杯和勺子	• 计时器	• 植物、花盆、土壤和洒水壶
• 放大镜	• 标尺	• 脸盆	
• 小棒和马蹄形磁铁	• 码尺	• 漏斗	• 透明的塑料软管
• 玻璃棱镜	• 天平	• 动物的笼子	• 带盖子的透明塑料容器
• 滑轮和齿轮	• 温度计	• 水族箱和玻璃容器	
• 手持式镜子	• 电炉	• 贝壳	

图书 - 书写区

邻近的图书区/书写区需要有可以让儿童搜索并记录关于科学概念的信息。儿童应当能接触到一些与他们正在学习的科学概念相关的儿童图书。该区域可以包括视听辅助工具，以帮助儿童理解他们正在学习的科学概念的含义。例如，如果儿童正在学习毛毛虫如何变成茧和蝴蝶，那么就可以在区域里放置各种各样的儿童科学图书，如《好饿的毛毛虫》。儿童可以制作一些表示毛毛虫、蝴蝶和其他道具的木偶来复述这个故事，还可以创建一个图表，在分享时间展示。这个图表所呈现的可以是被儿童复述的一个故事，可以是一个显示毛毛虫的生命周期的故事，也可以是任何符合儿童发展水平的书面故事。

故事写作

儿童可以写下关于他们学习的故事。在这个区域里，纸张、蜡笔、记号笔、铅笔和其他书写材料应该可以被找到。例如，儿童假装成毛毛虫，并写下毛毛虫的日记。儿童可以以个体或小组为单位，书写关于他们对一些真正重要的事情的科学探究的报告。很小的儿童可能只会在报告中涂画。儿童可以使用图表，创作图书，并将想法戏剧化；可以在科学日记上记录自己的观察；也可以组成一个研究小组，并就他们的科学探究撰写书面报告。例如，科尼齐奥和弗伦奇（Conezio & French, 2002）描述了三四岁儿童如何在教室里"用绘画和文字记录毛毛虫在变成彩色母蝶的过程中所发生的成长和变化"。科学是一种活动，它有一个探究的过程，包括建立理论、实践探究和讨论。

科学书籍及材料

可以在这个区域展示科学书籍（见表11.4）以及与书籍一起使用的材料。材料（如木偶、毛毛虫、茧、树叶、动物）需要能对书籍和儿童在班级中学习的科学概念进行补充。

表11.4 科学书籍

- 《莉拉与下雨的秘密》（*Lila and the Secret of Rain*，David Conway & Jude Daly，2007）
- 《我的牙齿》（*My Teeth*，Dr. Richard & Michele Steckel，2007）
- 《全世界的奶牛都说"哞"》①（*Everywhere the Cow Says "Moo!"*，Ellen Slusky Weinstein & Kenneth Andersson，2008）
- 《关于昆虫：儿童指南》（*About Insects: A Guide for Children*，Cathryn Sill & John Sill，2003）
- 《神奇的恐龙骨骼》②（*Dinosaur Bones*，Bob Barner，2001）

木工区

木工是为儿童提供科学知识的另一个领域。当儿童在木工区玩耍时，他们能够发展许多科学技能，如观察、推理以及了解大小、形状和平衡，并开始对物质世界产生意识。安德森和胡特（Anderson & Hoot，1986）提供了以下例子。

> 一个4岁的男孩在"木工车间"用钻具和钻头在一块木头上钻了一个洞。他大声说："看我弄的锯末！"钻完洞后，他取下钻具和钻头，他想刷掉木屑，于是把手指伸进洞里。他猛地收回手指，惊呼道："哇！下面好热啊！"（Anderson & Hoot，1986，p. 13）

木工有助于儿童的学习，例如理解部分与整体（就像一整块木头和它的部分）、因果关系以及解决问题（Stowe，2020）。儿童在处理木材的过程中获得了感官感受，并学

---

① 该书的简体中文版已由贵州教育出版社于2012年出版。——译者注
② 该书的简体中文版已由湖北少年儿童出版社于2014年出版。——译者注

习了安装、紧固、连接、切割等基本步骤。他们发现木纹并了解锯末产生的原因，还学习各种材料的物理特性，如粗糙度、柔软度和锐度（Rudolph & Cohen，1984）。儿童也会了解材质，如粗糙与光滑、坚硬与柔软。在接触木材时，他们会利用嗅觉、触觉、听觉和视觉。最重要的是，儿童可以做出决定并解决问题。这些过程是科学学习中所不可或缺的。下面的例子说明了，打开橡子是如何激发儿童的好奇心的。

> 一个4.5岁的男孩正在玩一个装满他在上学的路上收集的橡子的罐子，他决定打开一颗橡子看看里面的坚果。教师支持了他的想法，并建议他使用工作台上的锥子敲击橡子。男孩没有在壳里找到坚果，而是在里面发现了一些软的、干的棕色物质构成的橡子和一些苍白的、脏兮兮的小虫子。
>
> 看！这真是一个大新闻。不仅是发现那个橡子虫的小男孩，教室里的每个人都对橡子中虫子的样子、动作、饮食和家庭生活深深着迷起来。每个孩子都抓着橡子，急切地敲开它，想要寻找虫子。一连几天，孩子们都在收集橡子，挖出蠕虫，给它们吃橡子肉。当唐娜发现她的三个橡子都是空的时，她十分失望，她请求有很多虫子的、幸运的J. W.给她一只虫子。
>
> （Rudolph & Cohen，1984，pp. 183-184）

安全规则

有必要向儿童进行有关木工的重要且有趣的介绍。此外，他们还需要知道使用这一区域的规则以及如何使用这些工具。儿童有强烈的冲动、好奇心和大量的精力，这就要求教师对他们进行监督和引导，以确保他们在这个区域的安全。有效的监督可以保护儿童的安全，为他们提供有趣的个人体验，让他们发现自己的能力，提高自己的技术水平，并让他们参与大量令人兴奋的学习（Rudolph & Cohen，1984）。

在木工工作中，安全是极其重要的。儿童需要看到并感觉到锯齿状的锯片边缘和钉子的尖端（Rudolph & Cohen，1984），从而理解务必要小心使用这些工具。他们需要知道，如何正确使用和保护每一件工具。例如，他们需要知道锤子是用来钉钉子之类的工具的，不可以用它别别人。他们还需要知道，当他们看到或敲钉子时，必须始终戴着安全眼镜。额外的安全指南，如在敲击肥皂之前将钉子的尖端扎入肥皂，将大大降低风险（Anderson & Hoot，1986）。儿童需要了解安全规则。这些规则应该被张贴在木工区。在张贴的规则中，可以使用简单的文字并配以图片，让儿童阅读和理解。

烹饪区

烹饪活动也可以支持儿童的科学学习。所有年龄段的儿童在观察食物在不同温度下的变化或混合食物时都能学习科学概念。烹饪刺激儿童使用他们所有的感官，引起他们的好奇心，这使他们思考"究竟发生了什么"。儿童的观察和描述让他们产生一些推测，这些推测需要被认可，儿童也需要被鼓励进行进一步测试。

教室中的烹饪区可以放置桌子、椅子并有工作空间和储藏空间，也需要有关于味觉和嗅觉的元素。食物在加热、冷却、冷冻、搅拌和混合时会受到影响。当添加增稠剂（如酵母或发酵粉）时，面粉、水和其他成分的组合会导致明显的变化。烹饪活动也为儿童讨论营养知识和讨论怎样才能健康成长提供了极好的机会。

烹饪区可以放置有简单的文字和图片的配料表及说明，供儿童参照遵循。食谱可以包括水果沙拉、蔬菜汤、营养饮料，或儿童可以很容易操作的其他简单食谱。

做蔬菜汤

教师可以让每名儿童从家里带一份新鲜的蔬菜（如胡萝卜、芹菜茎、土豆、西红柿）来做蔬菜汤。教师可以提供牛骨、牛肉、鸡肉或蔬菜。从早上开始，在电炉上用一个大锅烧水。把不同的蔬菜择洗干净，然后用塑料刀将其切成小块。如果有足够的蔬菜，那么儿童可以在把它们放入锅内之前品尝一下。在把蔬菜放入锅内之后，可以用勺子加入调味料。到午餐时间，儿童就可以喝蔬菜汤了。一整个上午，儿童都可以观察锅里的情况，在打开盖子的时候观察蒸汽上升和扩散。他们可以讨论汤有多热、热量的性质、产生热量的原因以及热量会带来的危险。午餐时，可以用勺子舀汤，等汤冷却后食用。喝完汤后，儿童可以讨论汤的制作过程以及蔬菜的变化。可以将汤的配方写下来做成墙上的挂图，也可以将儿童的观察结果写在一张图表上，然后挂在墙上。

做蔬菜汤将是儿童持续一整天的项目。这个活动在那一天的班级里占据主导地位，因为它需要几小时的准备和讨论。在烹饪项目进行的同时，儿童也可以使用其他学习区。所有儿童都将参加这个大型的烹饪活动，并分享他们的热情、惊讶和强烈的好奇心。

教师可以提供来自不同文化的烹饪经验。例如，墨西哥裔美国人的食物里可能有斑豆、墨西哥汤和鳄梨酱。将花豆、水、盐和胡椒粉放在一口锅里，在电炉上放置几小时。凉菜（如鳄梨酱或墨西哥辣酱）可以成为儿童烹饪活动的一部分。制作鳄梨酱需要儿童将鳄梨捣碎，和其他成分（如洋葱、盐、香菜）混合在一起（Saracho & Martínez-Hancock，2004）。

沙水区

儿童很喜欢玩水。玩水使人内心平静，而且会让儿童有动力去"做一些东西"。它既可以是一项户外活动，也可以是一项室内活动。一般来说，虽然天然材料（如沙子和水）不被包括在操作区，但它们是重要的游戏辅助材料。斯波德克和萨拉乔（1994b）描述了以下事件。

> 儿童跑进操场。埃米莉和伊丽莎白立刻朝沙箱走去。他们每人都拿了一个桶和一把铲子，然后挨着坐了下来。
>
> "我们做泥巴蛋糕吧。"伊丽莎白说。
>
> "好啊。"埃米莉说。
>
> 女孩们安静地工作着，挖沙子，装桶。不久，伊丽莎白站了起来，走到教师面前问："你想要一块泥巴蛋糕吗？"
>
> "哦，真漂亮！"教师回答，并假装尝了尝泥巴蛋糕。
>
> 当伊丽莎白回到沙滩上时，埃米莉不在这里。在她原来的位置上，克丽丝滕坐在沙盒的中间。
>
> "克丽丝滕，走开！你挡道了。"伊丽莎白说。
>
> 克丽丝滕不理伊丽莎白，在沙子里搓着手。伊丽莎白看向攀爬区，她看到了埃米莉，然后朝埃米莉跑去。
>
> （Spodek & Saracho，1994b，p. 275）

虽然市面上有专门设计的沙桌和水桌，但也可以使用镀锌浴缸或塑料洗手盆。儿童需要自由使用这些材料，也需要学习如何保管这些材料，并知道使用这些材料的限制。沙子可以用于装载、倾倒、挖掘和挖出隧道。儿童可以坐在沙子上，轻拍沙子，用沙子做馅饼，还可以用手指抚摩沙子。也可以过筛干沙，同时用湿沙与干沙相比。可以使用温度计比较沙堆深处和沙堆表面的温度。儿童可以在沙子上画画并用沙子做出图案。

在水桌旁边的儿童可以给洋娃娃洗衣服，用水画画，还可以试验下沉或漂浮的物体。他们可以把水从一个容器倒入另一个容器里，用管子做吸管，用打蛋器搅拌水。当儿童玩腻了水的时候，教师可以在水桌添加食用色素或洗洁精来激发儿童的兴趣。有水和沙子的地方要带一些附件，包括容器、勺子和铲子。可以用湿沙子塑造许多形状，用干沙子过滤以及用漏斗倾倒。清洁用具，如海绵、地板刷和簸箕，应随时提供给儿童使用。在存放玩具之前，需要找个地方先晾干它们。表11.5提供了有关这方面的一些建议。

表11.5　有关水桌的建议

- 在水桌上铺放大毛巾或旧地毯。
- 准备好海绵，让儿童擦去溢出的水。
- 将水桌放在户外，这样即使水洒出来也不会有什么影响。
- 将旋转搅拌器放在盛有肥皂水的洗碗盘旁边，这里有杯子和额外的平底锅，用来把成型的肥皂泡沫舀出来。
- 提供软木塞、球、船、棉球、石头和钉子等材料，供儿童做漂浮实验。
- 在户外提供绘画材料（如颜料、画笔）。
- 准备好可以用来倒水的材料（如杯子、筛子、塑料瓶、漏斗、盘子、一桶水）。
- 这个区域还可以提供如表11.6所示的其他材料。

表11.6　水桌的材料

塑料池	玩具汽车	塑料瓶	漂浮物体和下沉物体
金属桶	玩具船	过滤器	肥皂水
购买的沙水桌	塑料容器	打蛋器	食用色素
勺子和铲子	水罐	吸管	软管
玩具卡车	洒水壶	肥皂	漏斗
雨衣或塑料罩衫	不同大小的碗	筛子	量杯

在水桌上讲故事

在水桌上进行的对话是有益的。可以用玉米粉装满水桌，大米、通心粉、混合的豆或雪也是可用的填充物。玉米粉有美丽的颜色、奇妙的气味和光滑的质地，儿童喜欢触摸它们。它可以被压缩，这使得它很容易用于塑形和建造结构。它能积累静电电荷，会使单个颗粒不停地跳跃，或者在桌子底部产生有趣的旋转图案。儿童会对这一切十分着迷，他们会查看玉米粉的属性，并用它进行富有想象力的幻想游戏。他们可以用它做饭、建造房屋和景观。在游戏过程中，儿童会通过自发的对话讨论他们的活动和发现。奥斯本（Osborne）参与了其中一场儿童的对话。

我在自己玩。早上，我布置好教室之后，坐了下来，开始尝试用灯泡形的滴油器吸玉米粉，然后再把它吹出来。如果操作足够小心，就会产生一团烟雾状的颗粒。发现这一切的并不是我，是达留斯。奈莎和蒂法妮正在用漏斗把玉米粉从一个容器倒入另一个容器中。我让他们回去穿上工作服，回来后，他们就开始专注于这项活动：把小罐子和小碗里的玉米粉倒进大罐子和大碗里，把大罐子和大碗装满，然后把大罐子和大碗里的玉米粉倒进桌子上的盆里，她们这样做的时候感到十分满意。蒂法妮拿起一根管子，开始搅拌玉米粉，并把它放进一个罐子里。她正在谈论着做汤，奈莎插话了。我问她们："你们喜欢什么汤？"这开启了一场漫长的对话——关于每个人喜欢和不喜欢的东西。与4岁儿童的对话包含了他们所做所知、所见所闻以及简单的幻想。我对蒂法妮很好奇——她真的会为她的小妹妹做晚饭吗（她是这么告诉我的）。我知道她曾一直照顾那个婴儿，直到她酗酒的母亲抛弃了她们。后来，她的姑姑拥有抚养权，但是她也抛弃了她们。另一方面，奈莎对我来说是个谜。她来幼儿园的时候，头发被扎成一个卷曲的马尾辫，是用发夹精心梳好的。她的衣服很干净，她也很干净。获得"为处于危机中的儿童服务"的资格涉及多个方面。

当谈话继续进行的时候，安德鲁和杰克来了。奈莎和蒂法妮继续进行着她们幻想的烹饪计划，而安德鲁和杰克已经开始用玉米粉建造一座建筑。由于空间和玉米粉有限，两组之间有了一定程度的竞争。实际上，男孩们已经开始从女孩们那里悄悄拿走了一些玉米粉并引起女孩们的愤怒和抱怨。不过，也不是很多，两个女孩都很自信。最后，女孩们也开始建造城堡。她们的做法是把罐子和碗摆在一起，然后把玉米粉从边上筛下来。偶尔，她们会在顶部堆一些玉米粉，用其塑形，然后再次刷掉。

孩子们的话题转到了家庭装修方面。和蒂法妮一样，杰克也4岁了，玛丽·乔称他为小妹妹的主要照顾者。他的母亲经营着一家酒吧，工作很忙，一家人住在当地的拖车公园里。杰克对建筑业十分着迷。此时，桌上的谈话是关于建筑原理和电气线路的复杂讨论。你怎么给用玉米粉做的城堡装电线？这是个有趣的问题。我问："你打算安装什么样的灯？"杰克说："五颜六色的树。"我问："你从哪里学的布线？"安德鲁说："在我和那些很好的大男孩们第二次轮班时学习的。"

(Osborne & Brady, 2001, pp. 7-8)

儿童在水桌上的活动是事实和虚构的混合体，是对"真相"的解读，这正是他们生活的一部分。游戏中的社会情境有助于他们与同龄人建立重要的关系，形成必要的理解，如关心和友谊。在幻想游戏中，儿童参与了现实生活的一部分。他们在这个背景下以及在每个场景中重构现实（Osborne & Brady, 2001）。

社会背景下的科学学习

儿童的科学经验在社会情境中得到丰富，在这里，他们参与社会互动、反思已有经验的意义并完善自己的科学策略。正是通过社会交流，儿童发展和完善了自己的科学加工技能。简而言之，儿童是通过口头语言来理解科学概念的。儿童在社会情境中发展和完善他们的科学策略。当儿童直接观察科学现象时，他们与材料和同伴进行互动。在社会情境中，儿童发展解决冲突的技能，反思互动的意义并理解科学概念。因此，应该给儿童提供足够的机会，让他们在小组中与同伴一起使用科学加工策略。此外，儿童同伴关系的特点可能影响他们对科学观察、分类、测量以及科学现象所含有的意义的理解（Jones et al., 2008）。儿童的科学知识和社会生活经验之间有一种特殊的联系，儿童在社会生活中自发地积累学习。

科学道具箱

在学习区展示的材料可以被收纳进主题活动道具箱中，如一个空的计算机盒子或纸盒。道具箱类似于学习区，为儿童提供了参与戏剧游戏的机会。当儿童使用道具箱进行戏剧游戏时，他们就能够学习和记住有难度的科学概念。例如，"关于天气的一切"道具箱可以包含多个适合不同天气情况的物品，如表 11.7 所示（Hommerding, 2007）。

表 11.7 道具箱中适合不同天气情况的物品

• 短裤	• 沙滩巾	• 棒球棒
• 吊带衫	• 围巾	• 冬天的帽子
• 太阳镜	• 连指手套	• 冬天的外套

在小组时间，儿童可以讨论一些适合不同天气的衣物，如下所示。

- 外面多云，天气预报员说可能会下雨。你会怎么穿？
- 天空万里无云，阳光灿烂。你会怎么穿？
- 根据你最喜欢的天气来选择穿什么。（Hommerding，2007，p. 44）

此外，"预报员的物品"道具箱可以包含多种物品，如表11.8所示。

表 11.8 预报员的物品

- 饼干纸
- 塑封地图
- 背面有磁铁的天气形状（如太阳、云、雨滴等）塑封图标
- 从报纸上剪下的塑封气象图

儿童可以看气象图进行预报，也可以使用一张真实的天气预报图，并利用在空白地图上的天气形状来重新预报。儿童可以在晴天的地方放太阳，在要下雨的地方放雨滴。他们可以使用饼干纸作为背景以固定地图，并用有磁性的气象图标。儿童可以将报纸上的气象图放在饼干纸上来重新预报天气并和同学们分享。当儿童使用报纸上的气象图时，他们意识到了解气象图对他们的园外世界来说是很重要的（Hommerding，2007）。儿童图书也可以被放在"关于天气的一切"道具箱中（见表11.9）。

表 11.9 "关于天气的一切"道具箱中的小说类和非小说类书籍

- 《雪》（*Snow*，Marion Dane Bauer，2003a）
- 《风》（*Wind*，Marion Dane Bauer，2003b）
- 《云》（*Clouds*，Marion Dane Bauer，2004a）
- 《雨》（*Rain*，Marion Dane Bauer，2004b）
- 《龙卷风真的会转吗？关于龙卷风和飓风的问答》（*Do Tornadoes Really Twist? Questions and Answers About Tornadoes And Hurricanes*，Melvin Berger & Gilda Berger，2000）
- 《神奇校车之穿越飓风》（*The Magic School Bus Inside A Hurricane*，Joanna Cole，1996）
- 《神奇校车之掀起一场风暴》（*The Magic School Bus Kicks Up A Storm*，Joanna Cole，2000）
- 《神奇校车之探索感官世界》（*The Magic School Bus Explores the Senses*，Joanna Cole，2001）
- 《神奇校车之迷失太阳系》（*The Magic School Bus Lost in the Solar System*，Joanna Cole，2010）（音频图书馆版）

（续表）

- 《天气早知道》[①]（*What Will the Weather Be?*，Lynda DeWitt，1993）
- 《只是一场暴风雨》（*Just A Thunderstorm*，Gina Mayer & Mercer Mayer，2003）
- 《天气奇观》（*Wonders of Weather*，Frances Nankin，1998）
- 《孩子的书：云和天》（*The Kids' Book of Clouds and Sky*，Frank Staub，2005）

当儿童玩道具箱里的主题材料时，他们就是在学习。道具箱鼓励儿童将他们所知道的内容表演出来，在有意义的情境中强化和实践有难度的概念，并在戏剧表演和与材料的互动中与同龄人一起学习。

实地参观

儿童可以在园外进行长期或短期的科学实地参观。当儿童在园内和园外附近的街道进行短途实地参观时，他们能了解并欣赏大自然。他们会发现各种各样的石头和生长在各种无人看管的地方的植物，比如围栏周围和人行道的裂缝中的植物。他们可以把植物、岩石和其他自然元素带到教室里仔细观察并进行收集和研究。这些自然物可能会被放在科学区的桌子上，供儿童继续观察。儿童可以用在野外旅行中收集的材料以及一个罐子或大玻璃容器来制作一个生物育养箱。他们可以观察不同环境条件对植物的影响，例如，当使用不同的材料（如沙子，而不是土壤）时会怎么样，以及当它们被以不同的方式（如更多的光，或者更多或更少的水分）照顾时会怎么样。到公园、林区和自然保护区进行实地参观，可以为儿童提供学习和练习观察技能的机会，并培养他们对自然的好奇心。

儿童也可以通过参观幼儿园户外学习科学。他们可以记录自己观察到的信息。记录者可以是班上的儿童、大一点的儿童的教师或者父母。可以在远足中寻找环境里的形状。儿童将识别椭圆形、球形、方形、新月形等物品。另一次远足可以以触摸为重点。儿童将调查那些摸起来软的、硬的、粗糙的、光滑的、凹凸不平的、油腻的或粗糙的物品。在其他的远足中可以关注不同的主题，如数字、颜色或声音。回到教室后，儿童将讨论并记录他们观察到的情况。可以将他们的观察记录张贴在公告板上。

实地参观也可以被延展为一段长时间的活动。当儿童去农场或公园短程旅行时，他们可以观察季节的变化。他们可以参观农场、动物园或动物收容所以观察动物。实

[①] 该书的简体中文版已由北京联合出版公司于2014年出版。——译者注

地参观取决于幼儿园附近的可用资源。在专栏 11.1 中，斯波德克和萨拉乔描述了在操场或公园的实地参观旅行中可以开展的活动。

> **专栏 11.1　到社区里的操场或公园中进行实地参观**
>
> 带儿童到社区里的操场或公园，在那里他们可以观察和收集材料。给每名儿童一个纸袋来储存和携带收集到的东西。为每次旅行选择一个关注点，例如，一次旅行可能是为了观察和收集岩石，而另一次旅行可能是为了关注树叶。在出发之前，和儿童讨论一下出行目的，以及在收集物品时应该怎么做。此外，还应设置一些条件和限制，例如只能收集比儿童的拳头小的石头，或者每种物体只能收集一个样本。因此，儿童就可能寻找形状不同或颜色不同的叶子。他们可能会选择不同大小、形状、纹理或颜色的石头。
>
> 回到教室后，让每名儿童按照全班统一建立的类别对他们的样本进行分类和排列，例如将收集的岩石按照大小、形状、质地或颜色进行整理，或者按照从最大到最小、从最平滑到最粗糙进行排序。儿童如果想要创建一个不同的类别，就应当得到允许，但他应该向全班解释他的理由。孩子们应该讨论他们收集到的信息。可以从每名儿童的材料中选择一件在班级中展示。儿童还可以用他们收集的材料制作一些艺术品。他们可以沿着树叶的边缘画画，或者用树叶制作泼墨画。他们可以用小石头做拼贴画，或者用它们做一个小型的石头花园。教师可以用合适的书籍，告诉儿童观察到的植物或岩石有什么名字。

儿童博物馆

儿童需要在各种安全的、可进入的、有启发性的、得到正式认可的游戏环境中玩耍。儿童博物馆或大型博物馆中的儿童展览逐渐出现，成为儿童科学游戏中的新空间。当儿童参观博物馆时，他们通常会记住特定的社会背景和特定的内容（Anderson et al., 2006；Sealy，2019）。博物馆通过各种各样的材料和科学项目帮助儿童了解科学家。在博物馆里，儿童可以玩那些真实的物品。许多博物馆为儿童提供了教育环境。博物馆的理念是让儿童体验"用真的东西游戏"。因此，它们为儿童提供了探索博物馆的亲身实践活动和展览的机会。他们的理念重点是动手学习、与真实材料的互动以及社区环境中的代际参与。儿童博物馆关注以下与科学相关的目标（Mayfield，2005），如表 11.10 所示。

表 11.10　儿童博物馆中的科学学习

- 学习：丰富儿童的生活，扩展他们的文化经验，并提供一个创造性的空间来让他们了解他们所处的世界。
- 互动 / 动手：帮助儿童在互动的学习环境中更多地了解自身和他们所处的世界。
- 乐趣 / 快乐：激发儿童的学习。
- 游戏：鼓励儿童和家人一起学习。
- 创造力 / 想象力：促进儿童的创造性行为。
- 探索发现：激励儿童发现事物运行的奥秘。
- 儿童 / 家庭 / 代际参与：鼓励儿童和家庭通过互动性的展览和教育性的项目进行学习。
- 多元文化 / 跨文化：允许儿童游戏，并享受不同的文化信仰和多样化的生活庆祝活动。

现有的儿童博物馆已经增加了展品和项目的多样性。有些博物馆创设了大的工作室，便于儿童在里面涂色、画画和创建许多项目。在博物馆的剧院里，儿童用道具创编故事并将其表演出来。在博物馆的玩水区，儿童可以在游戏的同时探索科学概念。博物馆提供展览和活动，以强化儿童在园内所学的内容（Mayfield，2005；Sealy，2019）。当儿童在博物馆遇到"真实的东西"时，他们能够将自己看到和已经知道的东西与自己的日常学习联系起来。表 11.11 提供了有助于让儿童喜欢博物馆并在博物馆中学习的信息和建议（NAEYC，1999）。

表 11.11　有关让儿童喜欢博物馆并在博物馆中学习的信息和建议

- 儿童博物馆支持儿童的亲身学习和互动体验。儿童可以触摸、感觉和操作材料。一些儿童博物馆为儿童提供机会，让他们创建微型城市模型、进行科学实验、演奏乐器或者从消防滑竿上滑下来。儿童也喜欢听专业人员讲故事。
- 儿童博物馆有特别的收藏和珍品。动物园和水族馆可以培养儿童对自然世界的兴趣。他们可以直接看到动物和水生物种以及它们的栖息地和生活方式。植物园和树木园中的玻璃房子和周围的场地，向儿童展示了他们熟悉的植物和花卉以及他们不熟悉的、奇异的植物和花卉。
- 当儿童参观博物馆中修复过的遗迹或历史住宅时，他们对历史的兴趣也会随之发展。有的地区已经被恢复、重建成完整的村庄，就像几世纪前一样。历史悠久的房屋让儿童看到过去不同群体的生活方式。文化遗产博物馆收藏了某些文化群体的专门藏品，并让人们了解他们的文化和历史传统。例如，儿童可以参观展览恐龙骨骼的博物馆。
- 带儿童参观博物馆是需要提前计划的。应当提前收集好博物馆的入场费、营业时间和到达路线的相关信息。最好是在博物馆最不拥挤的白天或免费、折扣时段前往。选择参观的博物馆应当是发展适宜的。例如，拥挤的凡·高展览可能不适合 2 岁的儿童参观。
- 儿童博物馆设有为游客提供楼层平面图的问询处，以便游客找到展品、博物馆的礼品店、洗手间、轮椅坡道和休息区的位置。问询处也可以提供操作室、儿童表演、特别演讲、音乐活动和讲故事活动的时间及地点。

（续表）

- 如果想让儿童一次性看完所有展品，那么大型儿童博物馆可能会让儿童不知所措。因此，不应该期望儿童一次就看完所有东西。幼儿在10~15分钟内的学习效果最好。
- 儿童博物馆将激发儿童的思维能力。儿童需要有机会讨论他们所看到的东西，并提出问题。讲解员或导游可以回答儿童的问题。

科学博物馆

有的博物馆是与科学相关的，如表11.12所示（Greene，2001）。大城市的博物馆不同于其他博物馆，如表11.13所示（Danilov，1986）。这些博物馆展示的展品是为所有年龄段儿童设计的，让儿童有机会探索科学现象。许多较小的社区也有博物馆，展示着适合儿童的展品，并为儿童提供活动。博物馆管理者应该展示既有趣又有教育意义的展品（Ault，1987）。

表11.12　科学博物馆

- 自然历史博物馆有鱼、鸟、植物、爬行动物和其他自然物（如岩石和矿物）的标本。它们还帮助儿童了解地球是怎样随时间变化的，又是如何保持不变的。儿童可以亲身体验恐龙有多大，了解如何辨别海龟的年龄或者巨型乌贼是如何改变它们的颜色和纹理的。他们可能会看到生活在几世纪以前的人被制成的木乃伊。
- 科技博物馆描述了科技的过去、现在和未来，以及事物是如何运作的。这些博物馆展出了发明的操作模型，一些博物馆通过张贴指示标志来鼓励儿童测试科学定律（比如这里按一个按钮，那里拉一个杠杆，看看重力是如何发挥作用的）。儿童可以转动曲柄自己发电，看看引擎是如何工作的，或者在宇宙飞船里行走。当他们看到宇航员的宇航服时，他们可能会想象在月球上行走或飘浮在太空中的感觉。
- 动物园激发儿童对自然世界的兴趣，并向他们介绍动物以及它们的栖息地和生活方式。
- 水族馆让儿童看到海洋和湖泊中的生命。在观察过程中，儿童能了解珊瑚礁、海星、电鳗、巨型章鱼和水生植物等展示的大自然平衡的微型世界。
- 植物园和树木园通过在玻璃房子里和周围的地面上进行展览，向儿童介绍那些他们日常熟悉的或外来的植物和花卉。
- 自然中心帮助儿童了解蝴蝶、海狸、牛蛙和爬虫等自然生物，让儿童了解当地的植物和野生动物。
- 天文馆向儿童展示完整的夜空和星光。儿童可以在用望远镜观察土星环，或用磅秤称自己在月球或火星上的体重时，了解天空的奥秘。

表 11.13　大城市的科学博物馆

- 美国菲尔德自然史博物馆和芝加哥科学与工业博物馆
- 美国纽约自然历史博物馆
- 美国国立自然历史博物馆
- 美国旧金山探索博物馆
- 美国波士顿儿童博物馆
- 美国印第安纳波利斯儿童博物馆

展览

如今，儿童博物馆里有各种各样的展览，有永久的，也有临时的。一些博物馆为儿童的作品提供空间，并经常展出儿童的作品。每家博物馆的展览范围各不相同。

班级参观

班级可以到博物馆中进行参观，但这类参观必须事先经过计划和安排。格林（Greene，2001）认为，幼儿园和家庭在引导儿童进入博物馆并将其作为学习资源方面扮演着重要角色。幼儿园和家庭需要共同努力，帮助儿童从参观博物馆中获得最大的收获。各方都需要承担一系列责任，如表 11.14 所示。

表 11.14　幼儿园和家庭对班级参观博物馆的责任

幼儿园与家长－教师组织
- 组建一个负责计划参观博物馆的家长委员会。
- 了解博物馆中哪些展览与课程有关，以及展览时间表（包括永久的和临时的）。
- 与当地博物馆建立合作关系，这样博物馆就可以在儿童在园期间和离园后为他们服务。博物馆工作人员可以来到班级，为教师提供研习会，回答儿童的问题，帮助儿童创办园内展览，并以多种方式分享他们的专业知识。

教师
- 告诉儿童家长这次参观的目的以及此行与儿童学习内容的关系，从而帮助他们做好在此行中作为监护人的准备。
- 邀请家长一起对实地参观进行策划。家长可以在当地社区寻找适合儿童的学习机会。他们可能找到当地的收藏品、收藏家和研究人员。
- 参与当地博物馆主办的研讨会和项目。寻找由博物馆准备的合适的课程，以便在班级中使用。
- 加入博物馆的邮件列表，了解博物馆的活动。许多博物馆有教育部门或教师服务办公室，这些博物馆会举办讲习班，并分发免费或低成本的材料，如海报、课程协调信息、监护人手册和视听材料。

> **家长**
> - 在放学后、周末和夏天，在家庭去博物馆参观时再度强化儿童在班级所学的内容。
> - 志愿策划并帮助监护人陪同参观博物馆。
> - 在报纸、广播电台或电视频道中搜索特别公告和项目，它们要与展览和能加强儿童的班级学习或他们感兴趣的话题相关。
> - 关注有关收藏家和业余爱好者的电视节目。
> - 加入博物馆的邮件列表，成为喜欢博物馆的成员之一。

儿童博物馆各不相同。但人们一致认为，博物馆是可以让人亲身体验的，并提供鼓励儿童一起学习和游戏的丰富的物质环境。儿童博物馆尊重、滋养并支持儿童。博物馆承诺提供展览和项目，满足所有儿童（婴儿、幼儿、小学儿童）的需求和兴趣，并激发他们的好奇心和学习动力。儿童博物馆是以儿童为中心的机构，关注儿童的需求、兴趣和学习动机，并通过提供接触和直接体验的机会（这与展览主题或重点内容同等重要）来赋予他们权利。美国儿童博物馆协会（Association of Children's Museums，ACM）自成立以来已经与多个早期儿童组织建立了关系，以继续倡导儿童学习和游戏的重要性（ACM，2007）。儿童博物馆是为儿童设计和创办的、友好的、互动的、支持动手实践的、有吸引力的、不具威胁性的和富有启发性的场所。

本 章 小 结

科学教育是课程的一个重要组成部分，它要求儿童通过探究来学习。在简单的科学探究中，儿童使用观察、分类、测量、交流、推断、估计和预测等科学策略来探索并测试他们的想法。科学向儿童介绍了一种理解世界的方式——一种思考事物的方式。这样的视角要求儿童学会积极地思考他们参与的活动，而且他们对物理现象和自然现象的思考过程需要与他们获取科学信息的过程相匹配。此外，班级环境需要有丰富的活动，让儿童根据材料和经验推断并得出自己的结论。这意味着，教师需要不断地给儿童提供机会去探索，测试他们的假设，并发展出自己的概念。在科学学习中，儿童进行科学探究，对概念进行分类并得出结论。这一过程的重要之处是得出结论的方式、确定分类方法的原因以及行动的方式。因此，早期科学课程需要教师在班级中创设可供儿童探究的环境（Spodek & Saracho，1994b）。

在不同的年龄阶段，儿童以不同的方式进行科学学习。年幼的儿童探索着不可预测的科学带来的魔力。随着儿童年龄的增长，他们对科学的学习从动手操作家用材料发展到更抽象的象征性操作。新的发展（如主题的、基于活动的学习）为不同年龄段的儿童提供了更多有趣的学习过程（Kean，2006）。儿童有能力对科学过程的本质产生丰富的理解，通过有趣的活动认识到有许多了解科学概念的方法（Osborne & Brady，2001）。

当教师在儿童游戏中提供科学经验时，他们创造的情境将激励儿童参与科学探究以获得科学理解。儿童参与霍金斯（1965）所说的"在科学中厘清"的活动，使用材料调查他们的假设；进行测试；观察、收集、分类和记录数据；检查假设，评估发现，并反思他们的调查。在游戏过程中，儿童通过直接的亲身体验来获取信息并发展概念。

科学应该与儿童的日常生活相联系。儿童需要通过有趣的学习来习得科学概念。例如，烹饪活动有助于儿童学习营养知识。在社区周围的实地参观，有助于儿童学习生态学。儿童可能无法理解均衡饮食或保护环境背后的所有原理，但他们能够了解哪些食物是最有营养的，也可以欣赏和保护物质环境并保持环境的整洁。

对儿童而言，科学需要变得具象化。教室可以设置区角，以帮助儿童在一个他们能够识别并具有一定区分度的区域里学习科学概念。区域内或附近需要有一些封闭的存储空间，如一个柜子，以存储目前不会被使用的科学材料。此外，在学习区还可以设置一些材料来激发儿童对某些特定科学概念的学习。

可以通过游戏来增加儿童的科学学习，因为儿童会把他们无法理解的概念和想法付诸行动。与科学的有趣互动，有助于儿童更好地理解并记忆有难度的概念。在游戏中，儿童将参与自选活动，这样的活动会促进他们的批判性思维和学习（Hommerding，2007）。

第十二章

数学——游戏学习经验

> ……儿童早在上学之前就开始学习了……因此,儿童拥有自己的学前算术能力,只有目光短浅的心理学家才会忽视这一点。
>
> (Vygotsky, 1978, p. 84)

儿童天生就是数学家。他们与人和环境的关系及互动为数学概念的发展奠定了基础(Geist, 2001)。例如,在婴儿出生的第一天,他们就可以将一组两个物体和一组三个物体区分开(Antell & Keating, 1983)。6个月大时,他们可以将一组三个声音与一组三个物体联系起来(Starkey et al., 1990);5个月大时,婴儿能够预见小集合的变化。例如,当他们看到屏幕后放置了两个木偶,而当屏幕升起时,他们只看到一个木偶时会感到惊讶。当婴儿成为学步儿时,他们与生俱来的量化能力会有所发展。4岁的儿童能够比较数量和计数(Griffin & Case, 1997);五六岁的儿童能够将数字与数量相匹配。他们可以在不借助物质实体的情况下对数量做出判断。例如,他们可以确定如果他们有4个物体但收到3个物体,他们总共有多少个物体(Griffin, 2004)。对此,金斯伯格等人(Ginsburg et al., 2008)的观点如下。

- 0—5岁时,儿童发展非正式的数学概念(如更多还是更少、拿走、形状、大小、位置、规律)。他们的数学概念既是具体的又是抽象的,并且可以自然地扩展。
- 儿童可以学到比教师通常预期的更多、更深的数学知识。
- 儿童在游戏中解决非正式的加减法问题。

当儿童进入幼儿园时,他们就已经拥有了广泛的数学学习经验,这类似于他们对口头语言和物质世界的学习。儿童的经验发生在一个充满数量的世界里,在这个世界里，他们不断地确定某样东西是"太小""太大"，还是"全没了"。儿童可能已经在家里学会了数数，对数学过程和解决简单的数学问题的方法有了直观的理解（Spodek & Saracho，1994b）。

儿童在入学前就已经掌握了大量的非正式数学知识。在进入幼儿园时，他们已经有了大量与数学相关的程序性知识和概念性知识，包括几何、数字、金钱和测量的知识。他们可以识别数字的名称，找出序列中的下一个数字，形成三个一组或七个一组，在卡片上数出 5 个物品，识别一组不超过 8 个的物品总数，指出一个序列中第一个和最后一个物品，并比较每组有 4 个物品的 2 组物品的数量。他们还能区分硬币，如 1 美分[①]、5 美分和 10 美分硬币，以及 1 美元[②]、5 美元和 10 美元纸币（Rea & Reys，1971）。他们会数数和解决简单的加法问题。

入学后，儿童会使用自己的直觉策略来理解标准算法。他们在入学前对数字和数学过程非正式的理解，可以作为正式、完整的数学课程的基础。这样的课程可以是基于儿童对直觉和非正式策略解决数学问题的使用（National Research Council，1998；Carpenter，1986）。他们与成人的关系和互动，为更正式的数学概念的发展奠定了基础。儿童有很多机会去数数，这有助于他们理解一一对应关系和数量。当儿童比较一组物体或数量时，他们开始理解"更多""更少"和"同样多"的概念（Geist，2001）。本章的目的是阐述数学领域的班级日常活动、标准与期望、儿童的游戏、学习区和游戏主题。

班级日常活动中的数学经验

儿童可以通过班级日常活动学习数学。然而，教师需要系统地规划这些活动，以整合数学概念。儿童通过比较事物来学习数量，并找出一个物体比另一个物体大还是小、长还是短。在小组活动时间，他们可以添加或拿走一个、两个或三个物体，以了解加减法的过程。儿童在分享糖果时就能理解"除法"，例如，当给一群儿童等量分配糖果时，他们会轮流给每名儿童一块糖果，直到没有了为止。他们还了解到，当物

---

① 美国货币中最小的使用单位，请根据实时汇率进行换算。——译者注
② 美国的官方货币，请根据实时汇率进行换算。——译者注

体被切割成多个部分时，每一个整体会变得更小。许多数学活动都可以被融入班级日常活动中，如表12.1所示（Spodek & Saracho，1994b）。

表12.1 儿童处理数量问题的班级活动

- 零食时间：可以在零食边摆放餐巾纸、杯子和其他需要的东西。（1）给每名儿童放一张餐巾纸、一个杯子和其他所需物品；（2）数一数坐在每张桌子旁的儿童数量；（3）检查每名儿童的零食份额是否相等。一段时间后，每张桌子旁的儿童数量可能会发生变化，这样儿童就可以将物品的数量与每张桌子旁儿童的座位数量相匹配。如果将午餐包括在一日生活中，那么同样的程序也可以被用于午餐时间。
- 出勤：一个带挂钩的出勤板可以用于陈列预先做好的每名儿童的标签。可以将钩子放成两排，每个钩子之间的距离相同。在学年刚刚开始时，标签上可能只有儿童的照片，或者可以有儿童可能认识的其他图片或符号。一段时间之后，儿童的名字也可以被写在标签上。当儿童进入教室时，他们可以拿上自己的标签并把它们挂在钩子上。女孩们可以把标签放在一排，男孩们可以把标签放在另一排。教师可以问："今天有多少小朋友来园？""有多少小朋友没来？""是女生多还是男生多？""你怎么知道的？""来的人多还是没来的人多？"他们可以每天在图表上列出这些数字。随着时间的推移，一些儿童可以独自参加这些计数和比较活动，并向班级报告。他们也可以自己记录出勤情况。
- 准备活动：许多活动区每天都需要放置大量的物品。儿童可以通过数出应该从架子上拿下来的油漆罐或蜡笔盒的数量，并将它们放在桌子上来帮助教师完成这些任务。儿童可以互相检查，以确定他们选择了准确的数量。
- 计划好的活动：烹饪是一项可以练习非正式数学知识的极佳活动。儿童在班级中烹饪时可以遵循食谱的指示。他们需要熟悉将使用的不同测量工具，如杯子、勺子等；学会仔细填满这些工具，并根据菜谱判断出需要多少份工具且准确数出。儿童可以制作吃的东西，也可以制作橡皮泥、手指画和其他东西。

一旦儿童有了日常的数学活动，他们就能学到比成人所期望的更多的数学知识。当他们思考这些过程时，他们可以学习广泛的内容（如数字、操作、形状、空间、测量和规律）。儿童数学教育的元素，包括从游戏到有组织的课程（Ginsburg et al.，2008）。NAEYC和美国数学教师理事会（National Council of Teachers of Mathematics，NCTM，2010）指出，数学教育应该利用儿童日常游戏（如建造不同高度的塔）和日常活动（如排队或分发零食）中出现的教育时机。当儿童看到成人使用数学概念时，他们也将开始理解数字概念（Geist，2001）

对儿童进行有效的数学教育是至关重要的，特别是对3—5岁儿童而言。然而，许多幼儿教师很难理解幼儿园数学的有效组成部分（Ginsburg et al.，2008）。

残疾儿童在学习数学方面有困难，因此需要根据他们的残疾类型对数学学习进行一些调整。智力障碍儿童需要学习比正常发展的儿童更简单的数学概念和技能。当数学概念与他们的日常生活状况相关时,他们就能学得最好。学习障碍儿童在学习概念上存在困难,学习概念需要他们使用智力、空间能力和语言推理能力。他们可能在阅读数学符号(如数位、数字、运算符号)、口头标记数学术语(如物品的数量、数字、运算符号)或理解数学概念和关系时存在困难,需要使用心算。他们没有能力做加法,也不能清楚地读出或写下数字。有学习障碍、情绪障碍、肢体障碍或视觉障碍的儿童可以使用操作性材料,因为这些材料可以为他们提供即时反馈,同时独自工作会限制他们与其他儿童的竞争。视觉障碍儿童可以使用盲文算盘解决数学问题。如果没有盲文算盘,那么可以用细线把中间有孔的珠子串起来制成记忆辅助装置。可以用三根或更多的细铁丝串珠子,每根都串 10 颗珠子,然后将细铁丝放在木框里或固定在纸板箱的边缘上。视觉障碍儿童可以使用珠子记住数学运算中的中间步骤。可以将这些珠子与特定的数字对应,也可以使用夹子将同一根铁丝上的珠子分成几组。

由于残疾儿童在数学方面有困难,因此教师可以将有效教学的基本原则应用于所有儿童(包括残疾儿童和正常发展的儿童)。斯波德克和萨拉乔(1994a)提出了以下针对残疾儿童的教学原则。

- 如果按照儿童的水平进行教育,那么所有儿童都能够学习。
- 学习应该是有计划的,以确保取得一定的成功。即时反馈是很有效的。
- 积极的自我概念会影响儿童是否能成功。儿童必须认识到自己对自己和他人都很重要。
- 实践对儿童发展具体概念很重要。在实际情况中提供的实践机会,允许儿童将所学转移到新的情况中。
- 应该计划不同的教学策略。如果一种策略失败了,就可以尝试其他方法。感官策略可以满足每名儿童的个性化学习风格。
- 有数学学习障碍的儿童往往学习得缓慢且处于具象化水平。他们可能无法完成抽象的作业,因此需要充分发展他们的具象化水平。
- 应该仔细分析儿童的错误,以了解他们的思维过程,并获得帮助他们厘清概念的线索。
- 所有儿童的学习方式都不一样,应该根据仔细的分析和评估,计划数学课程。

(Spodek & Saracho, 1994a, p.365)

在美国，处于危机中的儿童或有语言和文化差异的儿童需要在很小的时候就学习数学概念。一些跨文化的或某一文化内部的数学成绩差异，源于儿童在幼儿期发展中的非正式数学知识的基础。斯塔基和克莱因（Starkey & Klein，2008）在早期项目〔如"开端计划"（Head Start）〕与低收入的不同文化家庭（如非裔美国人家庭、拉丁裔美国人家庭）中使用了非正式的数学知识。他们利用这些信息开发了一套学前数学课程（Klein et al.，2002），并发现该课程在提高低收入家庭儿童的数学认知方面非常有效。以下是这些非正式数学活动的例子。

- **一一对应**：儿童将一组物品平均分配给两个木偶。
- **加减法**：儿童在两只猴子之间平分一组香蕉。
- **测量长度**：两名儿童从一个盒子里拿出两根木棍，将其两端对齐，看看哪根木棍更长。

斯塔基和克莱因（2008）认为，他们的数学课程可以提高儿童的数学认知。它有助于教师提供数学方面的早期丰富知识，这是保证所有儿童，不论其社会经济情况或文化状况如何，都能得到平等教育机会的重要步骤。

数学领域的标准与期望

儿童有兴趣和能力参与重要的数学思考与学习。儿童数学课程应该以儿童早期标准为基础，这些标准源于儿童的个体需求和数学知识，包括行动、思考和学习（Clements，2004）。NCTM建议，从幼儿园到二年级为儿童提供扎实的数学基础。

> 处于这些年级的儿童正在建构理念，包括数学是什么、了解和做数学意味着什么以及作为数学学习者的自己。这些理念会影响他们有关数学的思考、表现和态度，以及日后与学习数学有关的决定。
>
> （NCTM，2010）

儿童作为学习者，会产生对于数学的意义、功能和益处的理念。他们的理念会影响他们的思考、表现、对待数学的态度以及之后的数学成绩。儿童学习的数学概念将为他们长大后成为数学家、统计学家、工程师和科学家打下基础。他们需要学着理解数学的力量和美好，并获得完整的基本数学技能，从而顺利地计算，并创造性地解决问题。"教师若想实现高质量的学前教育，就必须知道儿童能做什么、能学什么以及具体的学习目标是什么"（Clements，2004，p.9）。教师需要在计划能帮助儿童学习数学、理解数学的游戏活动中利用自然的班级事件，如表12.2所示（Spodek & Saracho，1994b）。此外，数学主题（如测量、分数、图表、钱）是儿童数学课程中的重要元素，如表12.3所示（Spodek & Saracho，1994b）。

表12.2　班级中自然发生的数学活动

- 分组。当儿童将所有的铅笔放在一个盒子里，将所有的红色珠子放在一堆珠子里，对拼图块、牛奶罐和班级里的儿童进行分组，并匹配物品（如图片、表格等）以学习意义对应时，就会发展数量概念。甚至在开始计数之前，他们就能将两组物体各排成一行，使它们彼此匹配。
- 计数。当儿童能按照顺序说出数字却不能将其与实际数字匹配时，这不是计数。儿童需要学会将数字的名字、符号和数量与它们所代表的数字联系起来。
- 记数制。一旦儿童开始数数并写出超过9的数字，他们就需要知道记数制是以10为基数的，每个数字都代表其数值。
- 运算。儿童需要学习基本的数字运算，如加、减、乘、除。他们需要经历各种各样的情况，在这些情况中，他们把一组物体放在一起，以获得对事实和适当语言的直观理解。不恰当地引入正式的数学教学，会影响儿童对概念和运算的直观习得。
- 几何。婴儿发展对空间关系的理解，并开始在直觉中理解拓扑几何学的基本概念，举例如下。

    两个学步儿在教师用胶带把两个纸板箱粘在一起做成的隧道中互相追逐；他们正在探索空间关系，这是他们将来有一天理解几何和数字的基础（Koralek，2009，p.10）。

    儿童学习的一些基本的拓扑概念包括：邻近，即物体之间的距离；分离，即逐渐远离；排序，即物体在空间中的排列；围合或环绕；以及连续。他们通过使用积木、珠子或其他能说明这些概念的操作性材料来学习这些概念。

表12.3　儿童的数学主题

- 测量有助于儿童理解数量概念和空间概念。当儿童测量时，他们就会增加与世界相关的数学知识。当儿童根据既定标准比较事物和确定事物的数量时，他们会直观地学习测量。
- 儿童在测量距离的过程中会学习测量。例如，当儿童在积木区玩耍时，他们要确保积木结构两侧的高度差不多，以便建构屋顶。他们会对测量地板、墙壁、家具、材料和人充满动力。此外，他们还可以比较口头和书面短语中的测量。这些测量经验有助于儿童练习加法和减法等数学运算。

（续表）

- 测量重量可能理解起来较为困难。儿童需要学习单位之间的复杂关系。例如，1磅①羽毛让人感觉比较轻，而1磅铅会让人感觉很重。儿童可以用幼儿园环境中的许多物体进行称重和比较。当儿童在天平盘上称两个物体的重量时，他们能够看到哪个物体更重，哪个物体更轻。
    - 当儿童装满不同大小和形状的容器或将填充物转移时，他们将学习测量体积。然后，他们学会用标准体积的容器来测量体积，如一杯②、半杯、品脱③、夸脱④和加仑⑤。沙水区最适合儿童学习测量体积。
    - 儿童在学习测量时间方面有困难，因为时间是被间接测量的。此外，儿童在理解时间概念方面也有困难。最好让儿童学会阅读测量时间的仪器（如日历、时钟）。儿童可以使用模拟时钟来设定时间，看到时针和分针的运动关系，从而理解时间的概念，并练习识别钟上的时间。
- 分数。在理解了整数之后，儿童可以把简单的分数作为将一个单位分成相等的部分来学习。他们的生活经验和直觉可以帮助他们理解1/2、1/4和1/3的含义。例如，当儿童吃了1/2三明治或花了1/4美元时，他们就能体验到分数的用法。与分数有关的班级活动，发生在儿童分享零食、分发艺术材料或在积木区工作的时候。
- 图表。儿童可以使用图表表达他们对数量信息的想法。地理学使用地图进行对地形信息的书面交流。儿童可以使用许多图形进行表征。例如，可以将班级儿童分成两列进行比较，如男孩和女孩的人数、回家吃午饭的儿童和留在幼儿园的儿童的人数或者住在房子里的儿童和住在公寓里的儿童的人数。最初，图形可以用三维物体表示。一排积木或木质立方体可以代表每一组，其中每块积木或立方体代表一个人。之后，儿童可以使用二维图像进行表征。儿童可以学习使用更复杂的图表来表示儿童的生日（按月份）、身高、体重、头发的颜色或兴趣。这些活动可以帮助儿童理解，图表是沟通信息的一种实用方式。
- 钱。儿童可以认识到，货币系统就像记数制一样。在了解了硬币和纸币的价值后，他们就可以发展计算货币的技能。用钱进行游戏，可以帮助儿童学习记数制。儿童主要需要识别不同价值的硬币，并能正确地交换硬币。尽管游戏钱币有同样的作用，但也可以让儿童使用真实货币。儿童可以在假装的游戏场景中使用游戏钱币，比如，在超市里练习购买、制作和销售物品。

任何数学课程中都存在着这样的挑战：如何使用一种能让儿童从自己的直觉知识延续到更正式的数学知识的方法来介绍数学。卡拉德米尔和阿克曼（Karademir & Akman, 2019）建议根据学龄前儿童的发展特点、兴趣、需求和期望，采用基于探究

---

① 质量单位，1磅约为454克。——译者注
② 欧美国家中的一种计量单位。——译者注
③ 一种体积单位，1品脱约473毫升。——译者注
④ 一种体积单位，1夸脱约946毫升，1夸脱=2品脱。——译者注
⑤ 一种体积单位，1加仑约为3785毫升。——译者注

的数学活动。皮亚杰（1951）认为，儿童可以积极地发展新知识。他的研究成果被用于阐明儿童的数学能力，因为数学运算与皮亚杰及其同事所研究的正式的心理运算非常相似。

这些运算是由每名儿童的动作和这些动作的逻辑意义构成的，因此是由每名儿童自行建构的。皮亚杰的儿童学习方法表明，儿童在环境中通过亲身体验进行学习。儿童可以用与解决数学问题的心理运算类似的方式操作物质材料。在《学校数学教学原则与标准》（*Principles and Standards for School Mathematics*）中，NCTM（2010）指出，"所有从幼儿园到小学二年级的学生都需要足够的时间和机会来发展、构建、测试和反思他们对数学的理解"（p. 76）。数学教学需要基于教师对数学本质的理解和对儿童在特定教育环境中学习能力的理解。NCTM出版了《学校数学课程与评估标准》（*Curriculum and Evaluation Standards for School Mathematics*，1989），该标准建议所有儿童学习理解数学过程，而不仅仅是记忆数学过程。此外，该标准建议儿童通过解决问题的方法学习数学，在这样的方法中，他们讨论日常事件、操作性材料、图形表现以及数学思想和符号之间的关系。NCTM（2010）提出，"儿童的计算策略在将不太正式的知识与更复杂的数学思维联系起来这一方面起着重要作用"（pp. 85-86）。当儿童将两个集合合并起来计算总数，以及将较小的集合从较大的集合中分离出来以找出差异时，他们就能发展出许多策略。当他们直观地使用项目－整体而不直接关注集合中的单个项目时，他们就会发展出这样的策略。在"全部计数"策略中，儿童对两个指定集合中的所有项目进行计数时，他们会发现一个总集合。当他们使用这种策略时，他们会将注意力集中在集合中的所有物品上。他们将几个较小的集合合并成一个整体（Becker & Miltner，2002）。

在儿童的环境中使用实际物体来提供发展适宜性活动，可以帮助儿童理解数学与生活之间的关系。当儿童去商店为家人购买生活用品，付钱给杂货商，计算找零并确保交易无误时，他们就会理解数学（Spodek & Saracho，1994b）。即使最小的儿童也可以在数量经验和语言丰富的环境中发展数学知识。他们需要高质量的课程，这些课程会激励儿童成为积极的学习者、激发儿童的思维、重视儿童的独特性并鼓励儿童探索（NCTM，2010）。发展适宜性活动可以扩展所有年龄段儿童的知识（Saracho & Spodek，2008a）。

数学与游戏

在数学知识中,概念性知识和程序性知识是必不可少的(Heibert,1986)。概念性知识包括数学概念和认知,而程序性知识指的是数学过程,即如何应用概念性知识。这两种数学知识都是儿童需要学习的。当儿童与物质环境和社会环境互动时,他们会积极建构数学知识,并学会在解决环境中的问题时使用程序性知识。儿童对物品的数学行为会发展他们关于数学顺序的图式,这将引领儿童建构或"发明"数学(Spodek & Saracho,1994b)。

儿童在游戏中从直觉的知识水平发展到明确的知识水平。也就是说,他们从自己所认为的知识过渡到正式的知识。在入学之前,儿童在数字和几何学方面就已经显露出了能力,从数物品的数量到画图形。他们在日常生活中运用数学思想来发展非正式的数学知识。教师可以提供发展适宜性活动,帮助学龄前儿童在习得重要的数学认知和数学词汇时,将直觉中的数学思想发展到明确的意识水平(Clements,2004)。

随着词汇量的发展,儿童逐渐开始陈述,让我们知道他们所获得的有关数学概念的知识。他们的游戏和陈述,展现了他们以自然的方式学会的数学概念。能够吸引儿童的实践活动和问题解决情境,有助于他们的数学学习。当儿童通过亲身体验和讨论来学习数字概念和其他数学知识时,他们就能对数学有充分的理解。游戏活动激发并培养着儿童的好奇心。

每天,儿童都会发觉并思考他们所处世界中的数学维度。他们比较数量、找到规律、在空间中穿行并处理真实的问题,例如,如何平衡一座高大的积木建构物或如何与玩伴公平地分享一碗饼干。他们利用数学了解幼儿园以外的世界,并为未来成功的学校学习打下坚实的基础(NAEYC & NCTM,2010)。数学帮助儿童思考事物、组织经验、尝试获得秩序、寻找规律。它需要儿童思考并解决问题。很小的时候,儿童就开始尝试探索大小、数量和形状的概念。他们知道,有些物体可以被移动并连接在一起,这就是数学知识的起点。

幼儿教育工作者已经充分意识到,游戏对儿童数学学习的价值。儿童需要获得材料和长时间有趣的活动机会,以促进计数、测量、搭建积木、玩棋类和纸牌类游戏以及参与戏剧、音乐和艺术活动。儿童对游戏的兴趣可以成为班级范围内或衍生的研究或项目的基础,从而建构丰富的数学学习。游戏不断激励儿童探索并学习数学(NAEYC & NCTM,2010)。

儿童的日常游戏活动可以激发他们对数学的思考和运用。三四岁的儿童在游戏活动中使用数学概念的同时也在学习这些概念。如果他们在玩积木，那么教师可以问："你有多少块积木？""你还需要多少块积木？"（Guha，2002，p. 17）。儿童喜欢数物体并建立数学性关系。在分享零食或帮忙摆餐具时，他们在完成任务的同时也形成了自己解决数学问题的能力（Geist，2001）。

在游戏中，儿童操作物体，与同伴互动，探索周围的世界，这使他们能够发展非正式的数学认知并为正式的数学学习奠定基础。游戏可以作为教师将数学教给儿童的工具（Seo，2003）。游戏和日常活动为他们提供了学习数学的宝贵机会。他们可以分类、比较数量、了解形状和规律，也可以验证数学思想和过程（NAEYC & NCTM，2010）。儿童还会认识到，数学是他们日常生活的一部分（Guha，2002）。

在数学中，关注基于游戏的自然活动是发展适宜性课程的核心。一些组织（如NAEYC、NCTM）强调，能让儿童学习数学的自然游戏需要成为幼儿园的重点（NAEYC & NCTM，2010）。当游戏被用于教育情境中时，儿童通过游戏学习的效果最好。游戏不能完全确保儿童数学能力的发展，但它可以为儿童数学能力的发展提供丰富的机会。当教师通过让儿童参与思考和表达在游戏中出现的数学思想而对游戏进行跟进时，更有可能获得显著的好处。数学游戏经验需要经过事先计划以实现所预期的学习（Uttal，2003）。当教师提出的问题能澄清概念、拓展知识并促进新的认知时，他们便可以提高儿童的数学学习能力（NAEYC & NCTM，2010）。

数学学习区

幼儿园教室的大部分学习区都为儿童提供了对物品进行分组和计数的机会。这些学习区可以将学习数学的机会整合到班级的日常活动中。当儿童在学习区（如积木区或木工区）游戏时，他们需要使用数学知识。音乐、舞蹈和游戏都能鼓励儿童计数和配对。教师必须明智地选择活动、方法、策略和材料，以支持儿童在这些区域内的数学兴趣和能力。

学习区里的材料应当能在较长的时间中始终吸引着儿童的兴趣，以便他们有机会通过有趣的活动学习数学。他们可能积极参与计数、测量、搭积木、玩棋盘和纸牌游戏以及探索戏剧、音乐和艺术。在木工区，他们可以比较木块的长度或数钉子的数量。在艺术区，他们可以比较所用黏土的体积，或者根据形状和其他属性对拼贴材料进行分组。在沙水区，他们可以使用不同的容器比较几种测量体积的方法。即使是在图书区，儿童也可以数一数图书或其他文学作品（Spodek & Saracho，1994b）。在使用整合性游戏课程时，教师可以提供各种各样的活动，以促进儿童进行数学学习。这些学习区应当提供丰富多样的材料和机会，帮助儿童学习数字以及数字之间的关系。接下来，将讨论学习区示例，如数学区、积木区、操作区、烹饪区和戏剧游戏区。

数学区

教室里需要有一个数学区，以保存与数学相关的材料，便于儿童取用。它可以被设置在教室的一角，以便定期使用。这里应该有能鼓励儿童解决数学问题的材料，如计数棒、几何板、用于测量的容器和用于比较的毛毡数字。可以使用简单的文字和/或图片提供发展适宜的操作指南，供儿童在使用材料时遵循。数学区可以为儿童提供无数机会让他们参与计数、比较和测量的数学活动。材料应当是易于获取且被合理摆放的，以确保清理起来不会过于麻烦（Spodek & Saracho，1994b）。表12.4提供了数学区的物品示例。

表12.4　数学区的物品

- 玩具汽车。儿童可以用玩具汽车练习停车。可以在一张大的海报纸上画停车场，停车位要充足。停车位的编号与可用的车辆数量相等。让儿童为每辆车找到一个停车位（York，1998）。
- 天平。数学区可以有一个天平和一些需要被称重的物品。例如，在秋天，儿童可以给南瓜称重，并根据大小和重量进行比较。他们也可以拿一根纱线或绳子测量南瓜的周长。儿童可以预测南瓜的大小，剪下一截绳子来代表他们预估的南瓜的周长。然后，他们可以用码尺测量绳子，并将其记录在学习区展示的图表上。在小组时间，教师可以用绳子测量南瓜的圆度，用码尺测量绳子的长短，然后将测量出的实际长度告诉儿童。儿童可以将图表上他们估计的数值与实际数据进行比较。
- 游戏钱币。其他类型的操作性材料包括能代表儿童世界并鼓励儿童学习数学概念的物品，如游戏钱币（硬币、纸币）、一个将钱币分类的托盘、一桶用来练习计数的硬币、商店和金钱拼图、购物车以及能鼓励儿童购物或算钱的棋盘游戏，都会激发他们使用数学概念。
- 塑料动物。可以为儿童提供一套塑料动物和相同数量的小篮子，让他们进行比较。他们可以测量和比较动物宝宝与成年动物的身高及体长。儿童可能会形成对动物进行分类的方法。可以展示一个玩具谷仓或一个由鞋盒制成的谷仓。儿童可以对动物进行计数，并预测谷仓能容纳多少动物。他们可以用图表记录自己的预期，然后把动物放进谷仓并记录正确的数字。在小组时间，儿童可以比较他们的预计与图表上的正确数字，看一看谁的预计最接近正确数字（York，1998）。

（续表）

- 数学工具。可以为儿童提供促进数学概念学习的工具，让儿童探究该如何使用这些工具。这方面的工具包括：用于测量时间的计时器、滴漏、闹钟和秒表；用于测量长度的尺子、手杖和卷尺；用于称重的天平和秤；用于测量温度的温度计，可以测量一盘冰和一壶热水的温度；其他有用的工具，如带有动态数字以显示不同日期的日历（Stone，1987）。
- 一袋被分成两半的物品。将被分成两半的物品（如纸盘）的两个部分都放在袋子中，以便儿童将两个部分进行配对（Stone，1987）。
- 塑料杯和容器。儿童可以用几个塑料杯等容器装满或倒出干豆子之类的东西。例如，让儿童在一个杯子里装满干豆子，第二个杯子空着，在第三个杯子里装一部分干豆子，然后让他们比较。这样，儿童就能学习"空的""更多"或"半满"的概念（Guha，2002）。
- 图书。儿童图书能非常有效地帮助儿童在各种上下文、格式和文本结构中体验数字。表 12.5 按照数字的复杂性列出了儿童数学图书示例（Dickinson，2003）。

表 12.5　儿童数学图书

数的概念	• 《十、九、八》[①]（*Ten，Nine，Eight*，Molly Bang，1983） • 《安诺的计数书》（*Anno's Counting Book*，Mitsumasa Anno，1977） • 《再添七颗星》（*Seven Stars More!*，Kathy Mallat，1998） • 《布赖恩·怀尔史密斯的1、2、3》（*Brian Wildsmith 1 2 3*，Brian Wildsmith，1995） • 《十个小黑点》（*Ten Black Dots*，Donald Crews，1992）
数学问题故事	• 《快乐的野餐会》[②]（*Monster Math Picnic*，Grace Maccarone，1998） • 《我妹妹吃了一只兔子》（*My Little Sister Ate One Hare*，Bill Grossman，1996） • 《门铃响了》[③]（*The Doorbell Rang*，Pat Hutchins，1986） • 《嘎嘎嘎学数字》（*Quack and Count*，Keith Baker，1999） • 《宠物大甩卖》（*The Great Pet Sale*，Mick Inkpen，1998）
倒着数、跳着数、数到更大的数字	• 《从1到100》（*From One to One Hundred*，Teri Sloat，1991） • 《第100天的担忧》（*100th Day Worries*，Margery Cuyler，2000） • 《汉娜的收藏》（*Hannah's Collections*，Marthe Jocelyn，2000） • 《艾米莉上学记》[④]（*Emily's First 100 Days of School*，Rosemary Wells，2000） • 《100是一家》（*One Hundred Is A Family*，Pam Ryan，1996）

[①] 该书的简体中文版已由外语教学与研究出版社于2018年出版。——译者注
[②] 该书的简体中文版已由河南大学出版社于2021年出版。——译者注
[③] 该书的简体中文版已由北京科学技术出版社于2022年出版。——译者注
[④] 该书的简体中文版已由贵州人民出版社于2012年出版。——译者注

（续表）

其他	• 《太大、太小和正好》（*Too Big, Too Small, Just Right*, Frances Minters, 2001） • 《斑点黄青蛙：用图案、颜色、立体图形和动物玩折叠》（*Spotted Yellow Frogs: Fold-Out Fun with Patterns, Colors, 3-D Shapes, Animals*, Matthew Van Fleet, 1998）

儿童可以在数学区发展数学概念。数学区应当有一些物品，能促使儿童进行反复地互动并产生能引导他们学习数学词汇和概念（如等式、分数和零）的对话（Guha，2002）。

积木区

本书第十五章将对积木进行更详细的讨论。积木可以促进儿童的思维发展：操作积木这种简单的活动，需要儿童发展一些复杂的学业技能（Adams & Nesmith, 1996）。积木可以帮助儿童学习数学。他们可以使用积木作为操作性材料进行计数和分组，这也是一种展示空间的方式。在积木游戏中，儿童可以探索拓扑几何学中的概念。当用积木建构时，他们会发现二维和三维空间都可以被表现出来（Spodek & Saracho, 1994b）。

积木建构可以促进儿童的智力学习，尤其是数学。在搭建积木时，儿童会比较物品，这有助于他们发现相同和不同的关系。例如，当儿童建造双轨或双车道公路时，"二"的概念就变得具体起来。当他们搭建一个矩形时，也会意识到它的四条边，即使他们不知道"矩形"这个词。当儿童要求得到更多积木去建造一个大型建筑，或者当他们说"没有足够的积木供杰丽、简和我使用"（Rudolph & Cohen, 1984, p. 147）时，或者当他们觉得囤积某一种积木是他们唯一要做的事情时，儿童的数学学习就可以被观察到。大多数儿童都有数字经验，尤其是当他们提到手指、脚趾、电视频道、地址或电话号码时。因此，当他们用积木进行搭建时，他们就有机会用数字测试自己的知识，练习数的定量概念（Rudolph & Cohen, 1984）。

儿童对积木的不同形状感兴趣，这是数学的另一个特点。例如，鲁道夫和科恩讲述了积木区中的以下情况。

"看呀。"伯纳德一边说，一边滚动着一块小的圆柱体积木和一块大的圆柱体积木。"这些都是一样的，只有这块大一些。"而没有合适积木建构谷仓的沃伦拿起了几块三角形积木，在手里试验性地旋转，也许是想看看它们是否能代替他需要的矩形积木。这时，他的脸上闪烁起一种代表着发现的光芒，他看到了一块大小合适的四边形积木，这块积木由两块相邻的三角形积木组成。将两个三角形组合成一个矩形的魔法如此迷人，以至于沃伦放弃了完成谷仓的搭建，并在接下来的时间中继续研究他的发现。第二天，他也没有忘记这件事。

（Rudolph & Cohen，1984，p. 147）

儿童通过匹配一个建筑的两堵墙的高度，然后盖上屋顶，来比较并显示一一对应的关系。这些经验成为大量数学概念的基础，这些概念不仅仅是简单的排序和序列化。在积木建构中，儿童根据日常生活经验创造物体和结构，并通过控制模式、对称性和其他元素来构建抽象的图案。

儿童会意识到积木中的几何概念（比如两块正方形积木可以组成一块矩形积木），以及他们所建造的结构中的几何概念（比如有平行边的对称建筑）。他们将从直觉性的理解转变为对更明确的数学概念的理解（NAEYC & NCTM，2010）。儿童通过测量、计数、创造模式、加、减、比较和讨论积木来习得数学概念。如果他们建造了塔和桥，他们就会学习重力和平衡的概念（Adams & Nesmith，1996）。积木对儿童来说是既有吸引力又熟悉的材料，儿童经常在积木区使用积木及其配件进行搭建。

积木配件

为了激励儿童建构积木，他们需要有机会使用一套质量较好的硬木单元积木作为游戏材料，这能促进建构类游戏的开展。儿童还需要各种各样的积木配件，以丰富他们的积木活动（见第十五章）。当儿童用卷尺和其他测量工具测量积木时，教师可以帮助他们学习如何测量，也可以用更小的积木对大块的积木进行比较测量，从而发现哪块更长或者更厚（Guha，2002）。

操作区

操作性材料帮助儿童通过游戏来学习，或者至少以一种好玩的方式来学习。这些材料能帮助儿童学习数学概念，且不要求他们使用或理解这些概念的书面表征。可操作的材料是可以促进儿童数学能力发展的具体物品（如木棍、积木）。正式的操作系统（如多层算术积木、古氏积木）可以专门用于教授数学（Uttal，2003）。

操作帮助儿童通过游戏和探索自然地学习。儿童需要这些经历，通过实际应用所学内容的具体例子来理解概念和过程。操作性材料可以促使儿童单独地或以小组为单位参与数学活动。学习区里需要有丰富多样的操作性材料，以帮助儿童学习数字、大小、形状等。儿童可以使用带有几何嵌件、木钉、珠子和线的拼图进行计数、显示数字和图案。他们还可以使用一些结构化的数学材料，如古氏积木或蒙台梭利珠。然而，也可以使用一些非正式的操作性材料，包括家用物品（如回形针、硬币）和糖果或谷类食品。

数字化的操作性材料

儿童通过操作性材料学习数学，如形状积木片（pattern blocks）、积木、几何板、可拼插的方块积木（unifix cubes）、古氏积木、硬币、时钟，因为这些操作性材料为他们提供了进行具体的、亲身的探索以及表达数学概念的机会。最近，在线的资源提供了这些常见的操作性材料的虚拟版本。在这个科技时代，儿童可以使用数字化的操作装置。

虚拟操作包括交互式的、基于网络的、计算机生成的物体图像。儿童可以在计算机屏幕上操作它们：就像用手滑动、翻转、旋转和转动一个具体的操作杆一样，儿童可以使用计算机鼠标执行相同的动作，并将动态视觉再现成一个三维物体。他们可以通过虚拟操作来对数学概念进行应用，并探索表达概念的方法（Rosen & Hoffman，2009）。

不同的数字图书馆有各种各样的虚拟教具，如来自美国马里兰大学、国际儿童数字图书馆、美国犹他州立大学的国家虚拟操作图书馆。它们用英语和西班牙语展示学龄前儿童的数字和运算、代数、几何、测量及数据分析和概率。

计算机科学家已经设计出一种系统，它结合了传统手持式操作装置和先进的电子技术的特点。这种"数字化的操作"能为儿童提供电子反馈，让他们知道他们是否以预期的方式正确地组合了操作方法。例如，当儿童按特定顺序放置物品时，在加法问题中代表"10"的操作符可能会变成红色，而代表"1"的操作符可能会变成蓝色。操作性材料只要能帮助儿童通过自然探索和游戏进行学习，就都可以被认为是适合儿童发展的（Uttal，2003）。斯波德克和萨拉乔（1994b）提出了以下操作性材料。

- **堆叠和嵌套玩具**：操作性材料也是可以堆叠和装配在一起的玩具。即使最年幼的儿童也能按照大小摆放玩具。操作玩具是指那些可以被堆在一起、被穿在木钉上，或者被安装在一起的玩具。它们帮助儿童学会根据大小区分零件，并按照零件的大小进行排序。因为儿童能够看出来他们有没有把零件按照正确的顺序摆放，所以这些材料被认为是具有自我修正功能的。

- **拼图**：拼图也是一种有自我修正功能的操作性材料。操作性游戏区可以包括这种便于儿童使用的、简单的益智游戏。这些简单的形状由正方形、圆形、三角形和梯形组成，儿童需要把它们放到相匹配的空缺中。

具体的操作性材料与虚拟的操作性材料

目前，儿童生活在一个有着丰富技术设备的世界里，教室里配备了计算机且有互联网。结合使用虚拟的操作性材料和具体的操作性材料对现实世界的探究，可以激励儿童参与讨论并进行批判性思考，这将促进他们的数学教育。例如，教师史密斯读了安·格雷法科尼（Anne Grifalconi）的书《圆房子和方房子》[①]（*The Village of Round and Square Houses*），这本书激发了儿童对房屋的几何结构的讨论。然后，史密斯班上的儿童发起了一个关于房子和家的项目。他们将虚拟的操作性材料和具体的操作性材料与对真实世界的探究结合起来，以寻找表现形状和测量形状的方法。在这种活动中，儿童将可操作的形状与实际房屋中的形状联系起来。例如，他们计算自己家里的矩形窗户和椭圆形水槽的数量，并创建一个班级图表来展示结果。他们用木质积木等三维物品建造房屋结构（Rosen & Hoffman，2009）。

操作性材料帮助儿童探索数学概念，并将抽象的数学概念转换为具体的模型。大多数幼儿园都有办法使用虚拟的操作性材料作为适合儿童发展的数学教育的补充手段，并从中获益。

烹饪区

烹饪区可以为儿童提供参与数学活动的机会。这一区域需要提供烹饪材料，如量杯、勺子、食谱和其他适合儿童使用的材料。当儿童遵循烹饪食谱的时候，他们也在学习数学。食谱卡片上可以有文字和图片的说明，从而确保儿童容易理解。儿童可以根据图片量出适当的材料，如这个食谱需要多少勺子和多少杯子（Guha，2002）。

儿童可以根据食谱中需要的勺子和杯子的数量来测量。食谱可以包括一些简单的文字和适当的图片，以便儿童能够轻松地阅读和理解。例如，穆尼（Mooney，2008）提出，儿童可以使用一种叫橙子霜的甜点的食谱。

---

① 该书的简体中文版已由花山文艺出版社于2018年出版。——译者注

戏剧游戏区

戏剧游戏区为儿童提供与现实活动相似的游戏活动，让儿童可以使用金钱、进行计数和测量。这些活动可以帮助他们思考并运用数学。在戏剧游戏中，儿童可以扮演来源于他们所处环境中的各种各样的角色。戏剧游戏区为儿童提供了学习和运用数学的绝佳机会，包括玩商店游戏或驾驶公共汽车。数学概念将会通过购物主题活动得以发展（Spodek & Saracho，1994b）。可以将戏剧游戏区创设为一个餐厅，儿童制定购物清单来计算他们需要为菜单上的菜肴购买的商品的数量。在这个过程中，他们还需要遵循食谱，测量需要多少配料。在餐厅主题的游戏区中，儿童可以假装接受顾客的订单，确定食物的价格，把账单（可能写在纸上）给顾客，接受顾客支付的游戏钱币，并给顾客找零钱。在决定价格时，儿童有机会思考加减法（Copley，2010；Guha，2002）。他们还可以假装成在看菜单（可能有图片和表示价格的数字）上的价格的顾客，决定点什么菜，然后用游戏钱币支付并计算出要找的零钱。

数学游戏的主题

当儿童在现实世界运用所学的数学知识时，他们就能学习数学。他们所获得的知识使他们成为独立的终身学习者。例如，沃尔夫和怀默（Wolff & Wimer，2009）描述了儿童是如何创设游戏杂货店的。儿童正在参加一个到消费者之城进行"实地参观"的幼儿园活动，这个活动是在一所高中的前厅举办的。那里的杂货店有着用硬纸板制成的墙，有1米多高。杂货店展示的不是实际的物品，而是不同待售物品的图片。幼儿园儿童走进这个杂货店，发现他们班的两名同学正在收银台前结账。首先，他们在镇上逛了逛，看了看商店橱窗内的商品，然后才购物。如果他们发现了想买的商品，他们就会告诉店主，支付商品的费用，然后把图片从店面上拿下来（图片是用尼龙搭扣粘住的，以便下次使用）。儿童在交易过程中进行计数。当4岁的肖恩在购物时，别人帮他慢慢地数钱，他知道了3美元是什么样子的。然后，肖恩又买了3美元的东西，并在没有帮助的情况下按照正确的金额付了钱。同时，发生了以下互动。

- 乔希（3岁）指着五金店里的一个工具，问道："这个产品是做什么用的？"
- 塞姆希索（4岁）在名为"舒适角落"的餐厅，问："今天的特色菜是什么？"

- 肖娜（5岁）问："能帮我把我的母亲节礼物包起来吗？"

然后，下课铃响了，儿童回到教室吃零食、如厕。

数学活动的主题可以基于儿童的自然兴趣。卡特（1985）对建造汽车修理厂、机器人、火箭和其他感兴趣的建构项目的儿童进行了观察。当这些儿童在建构时，他们互相谈论自己的项目。他们的谈话表明，他们对每个结构都有一个明确的方案和设计计划。卡特（1985）建议教师利用游戏情境，让儿童成为建构大师和建筑设计师。在这个过程中，儿童将需要足够的材料来建构。当儿童成为建构大师时，建构项目（比如制造一个机器人或建造一个俱乐部）将有助于他们使用数学概念。

成为建构大师

当儿童建构时，他们在参与以探索数学以及亲手实践为重点的活动中发展测量概念和几何学概念。建构项目帮助儿童学习数学原理和概念，如使用基本的线性测量、理解和创建比例表现形式、探索周长和面积。当儿童设计他们正在建造的结构时，他们会确定、比较和分析二维及三维图形的特征，并在他们成为建构者的现实世界中学习几何词汇。在规划和建构过程中，儿童需要玩、购买并使用材料，从而在做预算、测量几何形状和使用几何学原理方面获得丰富的知识（Suh et al., 2003）。

确保项目的创建是真实的，并让儿童参与真实的环境，是十分重要的。需要允许儿童解决出现的问题，而不是告知他们该做什么。儿童可以合作探索几种可能性，并就解决方案进行合作。项目的重点是解决问题和探索（Suh et al., 2003），以及儿童的兴趣。例如，卡特（1985）观察到一个小男孩正在用魔法笔画出一个色彩鲜艳的机器人。他小心翼翼地把画放在乐高盒子旁边，开始组装一个类似于他的画中的机器人。当卡特（1985）询问起这个项目时，男孩说："哦，我用乐高积木做这个机器人。"（p.9）然后，卡特问他为什么要先画这幅画，男孩回答道："嗯，霍斯老师告诉我们，总要先制订一个计划，所以我计划让这个机器人有这样宽的头。"（p.9）

卡特（1985）预测了在她的教室里可以建造的各种结构。她认为，儿童能够建造很大的建构物，如摩天大楼。为了鼓励班上的儿童动手搭建，她准备了一张桌子，在上面放着剪刀、纸和蜡笔。她还为这些结构设计了一些配件，如纸、娃娃、恐龙和士兵。其他材料包括黏土、纱线、泡沫塑料、木棍、修补用品、布、硬纸板和美术纸。这种类型的项目适用于任何年龄段的儿童。儿童变得兴奋起来，开始计划诸如为军队建造堡垒、为泰迪熊建造洞穴和学校以及为恐龙建造家园之类的活动。他们一起绘制模型,卡特为他们的作品拍照。在建构区,卡特张贴了儿童需要遵循的步骤提示。这些提示由简单的单词和图画组成,便于儿童阅读,如表 12.6 所示。

表 12.6　用于建构的步骤提示

1. 思考。
2. 画画。
3. 裁剪。
4. 搭建。
5. 说话。
6. 阅读。

1. 想象一下,你建造了什么。
2. 想想它的细节(颜色、形状、大小)。
3. 画出来。
4. 剪下来。
5. 粘起来。
6. 搭建它。
7. 把它和你的计划比较一下。
8. 做出调整。
9. 讲一个关于它的故事。
10. 读一读你的故事。(Carter,1985,p.10)

- 你需要:
  - 积木
  - 胶带
  - 蜡笔
  - 剪刀
  - 纸
- 问一问:
  - 细节
  - 功能
  - 大小、形状、速度
  - 装饰
  - 居民
- 你可以搭建:
  - 房屋
  - 学校

(续表)

> 堡垒
> 机场
> 动物园

儿童有能力成为建构大师，这可以发展他们的思维、运动、数学技能和读写能力。在建构过程中，他们变得富有创造力，并利用问题解决能力、比较和对比能力、估计能力、评估能力、预测和适应能力（Carter，1985）来承担建筑设计师的角色。

成为年轻的建筑设计师

儿童可以成为小小建筑设计师，并以自然的方式发展数学概念。作为建筑设计师，儿童可以设计俱乐部，并使用测量技术以及几何学概念。表12.7展现了开展一个项目的各个阶段（Suh et al.，2003）。

表12.7　开展一个项目的各个阶段

1. 计划项目。第一天，教师介绍这个项目以让儿童产生兴趣。教师阅读有关建筑的书籍，如《盖房子》①（*How A House Is Built*，Gibbons，1986）和《建造房屋》（Barton，1981），以展示书中建筑的用途和差异。儿童讨论建筑的结构，识别建筑的各种几何形状、对称性和一致性。《现实世界建筑中的数学》（*Math in the Real World of Architecture*，Cook，1996）是可被用于研究这些概念的一个优质资源。当地的建筑设计师可以被邀请到教室来，和儿童谈论他们的工作以及数学对他们工作的重要性。儿童观看建筑设计师用于绘制蓝图的测量工具以及各种建筑的图片和模型。当儿童准备好创建俱乐部项目的计划时，将儿童分成多个小组并为俱乐部选择一个主题，然后列出俱乐部需要的物品清单。主题可以包括运动、动物爱好者、艺术以及舞蹈。
2. 专注于立体几何图形。教师给儿童看那些可以在他们日常生活环境中找到的立体几何图形，如牛奶盒、麦片盒和燕麦片容器。儿童用牛奶盒代表联排别墅，用麦片盒代表公寓大楼。他们打开牛奶盒和麦片盒，沿着容器的边缘剪切，然后对二维的物体和三维的物体进行了解。
3. 周长和面积。儿童开始理解大小的含义，以确定他们的俱乐部相对于真实俱乐部的比例。当教师在教室的地板上放不同尺寸的矩形来代表不同的房间大小并用卷尺围绕其四周时，儿童就会获得空间概念。为了比较房间的大小，儿童测量长度和宽度，以确定卷尺所围绕的总长度，这引入了周长的概念。儿童可以通过数地砖来确定每个房间的大小，然后用方格纸绘制家具的比例图。
4. 二维图纸。教师给儿童看几张不同建筑公司的设计图纸。儿童在纸上设计俱乐部的比例图，其中包括门、窗户和墙壁，然后在平面图上添加家具的图画。

---

① 该书的简体中文版已由译林出版社于2014年出版。——译者注

（续表）

5. 构建三维模型。教师充当建筑检查员，对儿童俱乐部的设计进行检查。一旦建筑检查员批准了设计，儿童就在海报板或硬纸板上构建三维比例模型。他们根据图纸上的计算和绘画来测量并切割墙壁（这项任务对儿童来说非常具有挑战性，教师可能需要有所调整以确保其适合儿童的发展水平）。
6. 装饰俱乐部。在决定如何装饰俱乐部时，儿童要考虑面积、周长和钱。他们看商品目录或去商店比较价格，如油漆的价格和数量。教师给儿童10美元的预算，并提供纽扣、彩色吸管、玻璃纸、墙纸样品、牙签、布料样品和铝箔等物品供儿童购买。儿童用色彩鲜艳的按钮做门把手和装饰品，用玻璃纸做彩色玻璃窗，用布样给窗户做窗帘，用铝箔做太阳能电池板和卫星设备（例如为了看体育频道）。
7. 俱乐部展示。儿童向同学们展示俱乐部。教师鼓励他们在展示中使用尽可能多的测量及几何概念和术语。然后，儿童在教室中走动参观，欣赏同学们展示的其他俱乐部。

作为建筑设计师，儿童在真实的情境中解决问题，学习建筑知识。他们对预算和成本进行分析，这有助于他们掌握许多数学概念。此外，他们学会用口头语言交流自己的想法，接受同学的观点和不同的解决方案。扮演小小建筑设计师激励着儿童，因为他们沉浸在真实的体验中，这样的真实体验包括在现实生活中使用的数学知识。此外，儿童通过自己的好奇心并亲手解决问题来学习重要的数学概念。虽然苏（Suh，2003）和他的几位同事提出了创建这个项目的几个特定阶段，但是教师应当考虑到班级儿童的情况并根据他们的兴趣和发展阶段来调整项目。

本 章 小 结

NCTM（2010）提倡为学龄前儿童打下一个坚实的数学基础。学龄前儿童正在形成以下认知：数学的意义、数学的作用、数学对他们作为数学学习者的好处。这些认知影响着他们将来的思想、表现、态度和在数学方面的成就。

儿童凭直觉发展出许多数学概念。婴儿能自动理解和区分较少量的物体，学龄前儿童有大量的非正式数学知识。即使是最年幼的儿童也在充满数学经验的环境中学习着数学知识。他们的思维需要被激发、个性需要被尊重、探索需要被鼓励。接受正规学校教育的儿童，通常具有一定的数学理解能力（NCTM，2010）。

所有儿童都能从高质量的数学课程中获益，这些课程既考虑数学的本质又考虑儿童的本质。它们需要建立在儿童直觉和非正式的数学知识的基础上，建立在儿童发展原则和实践的基础上，提供一个使儿童有动力成为积极的学习者并迎接新挑战的环境。这些课程还需要有一个强有力的概念框架，鼓励并发展儿童的数学技能和他们解决问题的天性（NCTM，2010）。

一个由各个领域的专家组成的综合小组制定了学前数学教育的标准，并提出了下列建议（Clements，2004）。

- 数学教育需要考虑儿童的个体差异。儿童在发展和社会文化方面存在差异，这将影响他们日后在数学方面的成就。这种社会文化和发展差异表明了"儿童知道什么"和"他们给教育环境带来了什么"。
- 学前教育的教学和评估标准需要是灵活的，以当前儿童数学学习的研究和实践为基础，制定发展适宜的指导方针。
- 儿童的数学活动需要与其日常生活相关。
- 针对儿童的高质量数学课程，需要包含数学内容、一般数学过程（例如问题解决、推理、证明、交流、连接、表示）、特定数学过程（例如组织信息、仿照规律、组合）和思维习惯（例如好奇心、想象力、创造力、毅力、对实验的意愿、对规律的敏感性）。
- 课程开发与教学需要以研究和实践为基础。教育工作者和决策者需要使用已经被开发出并在儿童中得到广泛测试的教学、学习、课程和评估方法。
- 儿童通过游戏学习数学，因为它通过经验、兴趣和问题将学习与日常生活联系起来。
- 教师需要为儿童提供数学环境和大量的机会，让儿童进行反思并将他们的数学知识扩展到日常经验、对话和游戏中。教师需要用实际活动来介绍数学概念、方法和词汇。
- 教师需要将计划好的一系列数学活动整合到一天之中，并将其和教学策略结合，以促进儿童的学习。
- 教师需要考虑儿童的非正式知识、日常经验、文化背景、语言、数学思想和策略。
- 儿童的学习可以通过适宜的科学技术来促进，特别是能丰富并扩展数学经验的计算机。
- 教师需要理解每名儿童的数学思想和策略，并且用它们调整课程中的教学。
- 教师需要培养儿童的概念基础，以帮助其理解概念和技能之间的关系。

- 评估应被用于理解儿童的思维，以及计划指导他们的数学学习。实用的、能提供信息的评估形式，包括访谈、表现性任务和持续观察。
- 持续、连贯的专业发展，需要整合研究以及专家实践。它需要使用多种策略和各种专业发展模式，这种模式关注教师领导者和高校支持团体的重要性。
- 为了提高教师的教学、职前和职业发展水平，教师专业发展项目需要包括要教的数学知识、儿童的思维以及培养儿童数学技能所需的方法和知识。
- 教师专业发展项目需要讨论高质量的数学课程材料和课程内容。
- 需要以各种形式向不同的受众传播来自《幼儿园和学前班数学教育标准会议》（The Conference on Standards for Prekindergarten and Kindergarten Mathematics Education）的信息解读。
- 各州的政府机构需要联合起来，制定明确的、符合本州情况的、有关儿童数学教学的州指令和指南。政府需要提供适当的资金和框架，为所有儿童提供高质量的数学教育，并为教师提供高质量的专业发展机会。（Saracho & Spodek，2008b，pp. 315-316）

在《学校数学教学原则与标准》中，NCTM（2010）建议，所有儿童都需要接受严格的、高质量的、发展适宜的数学指导。他们需要知道，数学与他们的个人生活息息相关。他们还需要感受到数学的力量和美好，以获得新的基本数学技能，使他们能够轻松地计算，并富有创造性地、机智地解决问题。这意味着，儿童需要学习他们能理解的重要的数学概念和程序，也需要接触能够拓展和加强他们对数学的理解的科学技术。

现存的一个主要问题是，是否有必要在学前教育阶段教授数学。儿童对数字和数学运算有一种直觉，这是他们从日常生活经验中获得的。教师需要在游戏这样的自然情景中教授数学。在游戏过程中，儿童自然地学习数学，而不是死记硬背。动手实践的方法，可以帮助他们理解数学概念和过程。他们需要操作具体的材料，并思考需要做什么。数学课程应涉及许多主题，这些主题会在整个课程中为教师提供机会让儿童阐述和实践他们的数学学习（Spodek & Saracho，1994b）。儿童数学教育不仅包括算术或"计算能力"，还涵盖了丰富的理论，如几何、测量、代数以及模式。

第十三章
音乐与肢体动作——游戏学习经验

> 音乐是人类的通用语言。
>
> （Henry Wadsworth Longfellow，1807—1882）

1987年10月，美国得克萨斯州米德兰市2岁的小杰茜卡·麦克卢尔（Jessica McClure）登上了全国头条新闻，让人们看到了音乐对学龄前儿童的重要性。当时，杰茜卡从一个井口掉了下去，在一个黑暗的废弃井中被困了两天半。她被发现时已经疲惫不堪、遍体鳞伤、饥肠辘辘，却在那样孤独的环境中唱着歌。她本能地意识到了音乐的力量。她知道有一首歌，而歌唱也许会拯救她的生命。音乐似乎安慰并支持了处于痛苦中的杰茜卡，这说明音乐在儿童的生活中起着至关重要的作用。本章的目的是阐述儿童生活中的音乐、音乐课程、音乐鉴赏、音乐审美活动、音乐游戏、开发基于游戏的音乐课程以及音乐区。

儿童生活中的音乐

儿童从出生那一刻起，就能体验到世界的脉搏和节奏（Zur & Johnson-Green，2008），从而开启他们的乐感（Trevarthen & Aitken，2001）。婴幼儿发现，音乐和游戏是两种相关的活动。随着儿童的成长，音乐进一步发展成他们生活的重要部分（Dissanayake，2000），他们会对这个世界的声音和模式做出反应并从中学习（Custodero，2002）。儿童参与的音乐表达会发生在不同的地点，有时是偶然发生的，且通常与其他活动有关。格卢斯钱库夫（Gluschankof，2004）描述了以下自发的音乐表达方式。

N，一个 5 岁的男孩，在操场上一边荡秋千一边唱歌，唱的是在祖母家听到的一首 20 世纪 50 年代的歌曲。第一句唱得很响亮，有些词的发音含混不清。

Y，一个 4 岁的男孩，在幼儿园老师大声朗读故事的时候，先拍拍手接着拍拍大腿，重复这个规律几次。

S，一个 4 岁的女孩，在玩娃娃。她描述着自己摆弄娃娃时让它做的动作。S 把娃娃举起来，然后放下，重复着这个动作和一句口令（用希伯来语）："向上跳，向下跳，然后从头再来一遍。"这句话让人想起幼儿园老师教的一首歌。

（Gluschankof，2004，p. 328）

音乐探索和表达在儿童的日常生活中出现得很频繁（Moorhead & Pond，1942），也是儿童游戏的基本组成部分（Bjorkvold，1992）。音乐每天都"发生"在儿童身上。他们利用音乐进行社交、表达情感以及自娱自乐。

儿童有节奏地伸展、弯腰、踏步、跳跃和滑行，声音也跟随节奏一会儿高一会儿低，由快到慢，从大声到轻声。他们既投入自己创作的音乐，也参与电视、广播和录音里听到的音乐（Campbell，2000）。儿童会有一些未经预演的、自发的音乐表达，这对他们来说很常见（Campbell & Scott-Kassner，2006）。儿童的自发发声有时是普通歌曲，有时是改变了普通歌曲的节奏或旋律，以及一些自由流动的、含蓄的哼唱、歌唱或吟唱（Young，2002）。

音乐行为也包括以有节奏的方式进行肢体动作（如单脚跳、跳绳、双脚跳）或利用物体、玩具和乐器来探索或传达声音（Littleton，1998）。儿童不断地创作从日常生活（如说话、肢体动作、唱歌）中生发出的音乐，这成为个人实践的外在展示（Moorhead & Pond，1942）。儿童改编他们所学的音乐，以适应所在地区或幼儿园的文化标准（Marsh，2005）。在幼儿园里，儿童每天自发的音乐是由他们唱歌、吟唱、哼唱和探索节奏组成的，即使在走廊里散步、进行班级项目或吃午餐时也是如此（Campbell，1998）。

相比于音乐（如唱歌、演奏乐器），儿童更喜欢肢体动作（跳舞）（Denac，2008；Yim & Ebbeck，2009）。由于舞蹈和肢体动作是学龄前儿童最喜欢的音乐活动，所以识别和确定儿童的音乐偏好以鼓励他们积极参与音乐学习非常重要（Temmerman，2000）。音乐活动为儿童提供了音乐表达的机会，并为他们成功有效地理解生活的转变奠定了基础，包括接受正式的学校教育的关键过渡在内，此前奠定的基础有助于他们顺利地适应学校生活。儿童在社会性、情感和认知发展中需要时间和空间，这些受到他们日常参与音乐活动的影响（Zur & Johnson-Green，2008）。

近些年来，人们在日常生活中接触音乐的方式引起了人们对音乐教育的兴趣。音乐教育的重点已经从实验室转移到儿童生活体验的复杂性和音乐在他们生活中的重要性上（Lamont，2006），例如将3岁儿童的现实生活体验与音乐相结合。儿童喜欢听音乐。儿童利用音乐进行的具有创造性和反应性的自然游戏表现为以下四个特征。

1. 令人惊奇的探究，以及对所有可能性的想象。
2. 因体验到音乐美学中强烈、直接的情感而产生对最初交流的非言语性与音乐理解之间关系的探究。
3. 用于进行亲密体验的表现形式（换位思考）。
4. 根据感知的可能性做出反应和即兴表演的自由。

举例如下。

> 4岁的塞缪尔拿起两个小沙槌，开始随着弗吉尼娅·罗德里格斯的桑巴舞表演的录音卖力演奏，他的动作体现了音乐的节奏。旁边的一面镜子吸引了他的注意，他一边摇动着沙槌，一边尝试做出各种表情。然后，他加入了另外8名儿童和3位教师组成的群体，他们也在随着录音摆动肢体并演奏，他在同学中穿梭，同时随着音乐的节拍摆动，不断摇动着沙槌。在4分多钟的录音中，塞缪尔尝试了几个动作，与音乐互动，与伙伴们互动。他把沙槌靠近教师的脸摇晃，但很快意识到这不是最好的诠释动作；对他的朋友做同样的动作，结果也是如此；在他的肚子上演奏两个沙槌；回到镜子前，把它们放在自己的两个耳朵上。他最后尝试了最新颖的动作，即在裤子后面的每个口袋里放一个沙槌，然后随着音乐的节奏摇晃腿和屁股。
>
> （Custodero，2005，p. 40）

作曲的过程和用乐器即兴演奏桑巴舞曲之间有着明显的区别。当塞缪尔有节奏地改变沙槌的轻重、镜子中自己的表情并且得到来自同伴和教师的反馈时，他收获了无数的可能性（Custodero，2005）。

儿童的音乐表现在他们游戏的音调和节奏中，表现在他们唱的歌曲中，表现在他们如何踏步、摇摆、蹦跳并乐在其中，这些都是听得着和看得见的。儿童通过他们发出的或周围的音乐来表达和自娱自乐，并与人沟通和交际。他们在探索、尝试和响应音乐时，就会被音乐吸引。音乐是他们获得成就感和远离幼年生活问题的避风港（Campbell，2002）。在幼年时期，儿童的音乐经历也会影响他们的乐感、情感和创造力的发展。这种音乐体验对儿童的健康、"全面发展"是不可或缺的（Kenney，2007）。因此，幼儿园为儿童提供有效的教育性音乐活动是非常重要的。

音 乐 课 程

在幼儿园里，音乐既存在于儿童的自发表达中，也存在于成人指导的活动中。教师指导的活动是很常见且很容易被识别的，包括轮流唱歌、随着音乐跳舞，或一边演奏小的打击乐器一边唱生日歌。

儿童的音乐活动是用来发展和完善他们对音乐的感知的。儿童需要有机会聆听如今生活中各种类型的音乐，也需要聆听传统音乐（如蓝草音乐、蓝调音乐、爵士音乐、西部摇摆音乐、新世纪音乐、古典音乐）。儿童聆听音乐的能力和愿望，为其音乐审美体验奠定了基础。适合儿童发展的音乐课程的基础内容包括：音乐的基本组成部分、人类活动中的音乐、音乐曲目和技能（Woodson & Johnston，1989）。

- **音乐的基本组成部分**包括音乐的节奏、速度、旋律、音色和强度。
- **人类活动中的音乐**来源于音乐的独特创造和使用。它在儿童的生活中发挥着重要作用，特别是因为它代表着爱国主义以及文化价值观等。
- **音乐曲目和技能**是适合儿童发展的音乐课程的一部分。曲目是他们听过、感动过、创造过、演奏过或唱过的音乐经验的积累。他们有能力听音乐、演奏乐器，或在唱歌时带着曲调。适合儿童发展的技能，包括随着音乐活动身体、唱熟悉的歌曲、学习新的歌曲、创作歌曲、玩节奏和音调游戏以及使用一些传统的节奏乐器和一些自制的实验性乐器。

在许多幼儿园中，适合儿童发展水平的音乐教育常常被忽视。儿童音乐活动的一个主要目标是发展和完善他们的音乐意识，特别是理解所听到的音乐。伴随着儿童对基本的音乐元素的注意，他们会对各种风格的音乐有所了解，并增强对音乐的情感反应。儿童在倾听和区分各种音乐元素及风格的过程中，学着身心投入地欣赏音乐，这成为他们音乐审美体验的基础（Woodson & Johnston，1989）。

音乐领域的构成包括：有关音乐的概念；歌曲、模式和音质的总和；以及音乐技能，如听、唱、弹、跳以及读谱和作曲。儿童的音乐课程需要为他们提供丰富的机会听音乐，学会理解音乐的组成部分，通过歌唱和演奏乐器重现音乐作品，将身体动作和音乐表达（包括音乐作品）结合起来（Aronoff，1979）。音乐课程需要整合其他课程领域，如语言艺术和社会研究。例如，社会研究可以帮助儿童了解音乐在诸多文化中的应用。音乐课程需要帮助儿童批判性地加工音乐、重新创作音乐，并用它进行交流（Wolf，1992）。歌词的一个特点是帮助儿童了解口头语言和书面语言之间的关系（Barclay & Walwer，1992）。

皮尔斯伯里基金会于 1937—1938 年的研究（*Pillsbury Foundation Studies of 1937–1938*，Moorhead & Pond，1942）被用于促进儿童对音乐的理解，激励他们进行自由的音乐表达，并研究儿童与音乐关系中占主导地位的准则。研究发现，儿童与音乐的关系有四个明显的特点。

1. 音乐主要是对声音的发现。
2. 音乐必须包含有目的的行动或参与。
3. 音乐要求考虑社会、环境和操作条件。
4. 音乐应该是自发的。（Spodek & Saracho，1994b，p. 473）

肢体动作是儿童对音乐的初始反应之一。不过，许多教师未能将肢体动作作为让儿童参与音乐活动的机会（Stamp，1992）。创意音乐和肢体动作是比较吵闹的活动，可以安排一个特定的时间让儿童试试打鼓的声音，允许音乐噪声，并让儿童参与肢体动作活动。在这个过程中，可以在教室里留出一块地方用于肢体动作活动。可以安排一个多功能厅、一个游戏场、一个礼堂或一个体育馆来进行音乐活动（Spodek & Saracho，1994b），因为这些活动都很吵闹，也需要比较大的空间。

在幼儿园里，集体音乐活动通常包括歌唱、聆听、演奏乐器、跳舞和肢体动作（Yim & Ebbeck，2009）。儿童可以参与比较大规模的音乐和肢体动作活动，但要允许他们以个人或小组的形式参与。音乐可以帮助儿童发展感知运动技能。儿童在打手鼓、培养节奏感、随着音乐行进以及在舞蹈中达到平衡和优雅时，能够发展眼－手协调能力（Poest，Williams et al.，1990）。部分儿童可以使用乐器或音乐玩具，其他儿童则可以使用耳机听其他音乐设备，也包含数字设备。

音乐课程需要提供许多将音乐融入儿童学习的机会。儿童需要的音乐活动，包括唱歌、演奏简单的乐器、听音乐以及创意肢体动作活动。通常，创意肢体动作活动包括儿童哑剧和创意戏剧。

唱歌

大多数儿童喜欢唱歌，而且唱得很大声，他们大多疏于技巧但充满活力。他们会把自己听到的歌曲尽其所能地唱出来，有时会反复唱一个短句，有时还会发错音或只记得部分歌词。他们的调子可能会有偏差，但这并不影响他们唱下去。

和儿童一起唱歌，是一段愉快且宝贵的经历。教师与儿童一起唱歌时，会调整自己的速度和音量来配合儿童的能力。儿童喜欢唱歌，他们看到教师很有唱歌的热情时，就会跟着唱（Ringgenberg，2003）。教师需要利用这种热情。经验和重复能够使人更好地理解旋律及歌词。儿童唱歌的准确度各有差异，有的儿童无法模仿旋律唱出来，但有的儿童可以在没有任何帮助的情况下完全不出错地唱完一首歌。儿童最终能够正确地模仿旋律（Raut，1985），通常是在8岁之前做到的（McDonald，1979）。儿童唱歌从一开始的婴儿发声发展到与语言结合，再到对歌声的运用（Custodero，2006）。儿童的自发唱歌本质上是单一的，他们的旋律和节奏很自由，在社交场合的表现是比较具有韵律性和重复性的（Moorhead & Pond，1942）。与成人不同，儿童在幼儿园中自己发声唱歌通常与他们想象的世界有关。这种形式被整合到他们的功能性、建设性和戏剧性的游戏中（Littleton，1998）。唱歌为儿童带来了许多影响人际关系和人际交往的好处（Custodero，2006）。教师需要选择对儿童有吸引力的歌曲。歌曲需要有重复旋律的短句、重复的词组以及适合儿童特定发声阶段的适宜音域（Smith，1970）。

唱歌一直被认为是音乐课程中必不可少的，这就有了发声的问题。在儿童早期培养良好的发声习惯很重要。通常情况下，唱歌是通过模仿的方式来教学的，但音乐教育家建议通过肢体动作和共鸣铃来加强。儿童需要形成音域等音高概念，并强调旋律的方向，这意味着音高知觉是发展儿童声乐准确性的基础。歌唱中的音高和节奏能力可以通过音调模式来培养。儿童可以使用直接取自他们所唱歌曲的旋律模式来学习音高的概念（Reifinger，2009）。

教师需要帮助儿童探索歌声、掌握发声技巧以及扩展音域，让他们独唱或分小组唱，还要多学习一些歌曲来优化歌声。当然，一位能够有效示范歌唱热情的音乐教师是必不可少的。唱歌可以与激发感官的动作或视觉辅助相结合，这样儿童将不仅能够听到音乐，还可以感受节奏并随之活动肢体，并且能够看到、接触和演奏乐器（Ringgenberg，2003）。

儿童的歌唱具有重要的游戏元素。儿童游戏时会表现出一系列的音乐和语言行为。大多数自创歌曲都是在儿童投入游戏时创作的。儿童在游戏中的社交互动，也促使他们通过唱歌来进行交流（Mang，2005）。学龄前儿童自发地即兴创作歌曲和吟唱，能够反映出他们梳理环境中音乐信息的方式（Burton，2002）。儿童根据他们掌握的歌曲创作新的歌曲，把这些歌曲（如歌词或旋律主体）重组并整合到自己的歌曲中。因此，自创歌曲被认为是歌曲习得的一个关键组成部分（Mang，2005）。自创歌曲是对环境中的音乐现象和儿童文化中的歌曲进行变化的表现。例如，在下面的例子中，一个孩子把她知道的两首歌曲结合起来，创编了自己的歌曲。

> 在 2 岁 3 个月大时，克莱尔唱完儿歌《宾果》（Bingo）的第一句后，下一句唱的竟是《老麦克唐纳》（Old McDonald）的第一句。
>
> （Mang，2005，p. 11）

组合曲体现了儿童如何将他们知道的两首歌的旋律融合起来。当一个 3 岁的小女孩准确合拍地演唱《生日快乐歌》（Happy Birthday）的大部分时，很明显这首歌她知道。许多儿童从他们知道的歌曲片段中创编出自己的歌曲（Mang，2005）。

教师可以通过多种方式使用歌曲来促进儿童在其他学科领域的发展。儿童对某些歌曲的兴趣可能与某个学科领域相适应，并有机会将歌曲整合，以促进儿童在其他学科领域的发展。

音乐资源

教师上课可以使用各种资源，如表 13.1 所示（Spodek & Saracho，1994b），包括儿童音乐课本、书籍和录音带等。对于在班级中亲自教授音乐感到害羞的教师，可以使用录音机或光盘播放器等。有数以千计的磁带和光盘可以被用于音乐活动和音乐鉴赏（Bryan，2005）。不识谱的教师可以从光盘中学习儿童歌曲。有些音乐教科书附带歌曲录音。可以使用各种各样的儿童歌曲，如专门为儿童编写的歌曲、流行歌曲以及民歌。民间传统会在儿童歌曲中生动体现，如童谣。许多民歌都很简单，有大量重复的短句和词汇，儿童学习起来毫不费力。儿童需要探索许多类型的音乐。现代音乐在歌词、和声和寓意上都很吸引人。爵士乐、民谣和摇滚乐也可以被纳入唱歌和听歌活动。

表13.1 音乐资源

音乐书籍	• 《这位老先生》（*This Old Man*，Pam Adams，2007） • 《伴随成长的歌曲：美国儿童歌曲合集》（*Songs to Grow on: A Collection of American Folk Songs for Children*，Beatrice Landeck，1950） • 《我的这盏小灯》（*This Little Light of Mine*，Raffi & Stacey Schuett，2004） • 《拉菲的唱歌书：拉菲前三张儿童歌曲唱片中的51首歌曲合集》（*The Raffi Singable Songbook: A Collection of 51 Songs from Raffi's First Three Records for Young Children*，Raffi & Joyce Yamamoto，1988） • 《美国儿童歌曲》（*American Folk Songs for Children*，Ruth Seeger，2002）
唱片	• 《鹅妈妈童谣集》（*Mother Goose*，Sharon, Lois, & Bram，1989） • 《令人惊奇的音乐律动》（*Amazing Musical Movements*，Kathy Poelker，1985） • 《歌曲合集》（*Singable Songs Collection*，Raffi，1996） • 《跳华尔兹的虫子沃尔特》（*Walter Waltzing Worm*，Hap Palmer，1982） • 《鹅妈妈童谣集》（*Mainly Mother Goose*，Sharon, Lois, & Bram，2008） • 《你喂我的奶牛了吗？》（*Did You Feed My Cow?*，Fred Koch，2007）

文化中的大多数传统都对音乐资源有影响。例如，儿童可以学习墨西哥人、墨西哥裔美国人的音乐作品，也可以学习熟悉的艺术家和音乐家的作品。他们可以一边听音乐，一边学习跳顿足舞（La Raspa），这种流行的舞蹈是歌曲《一起来》（Hokey Pokey）与民间舞蹈的结合，可以从音乐商店买到有关的唱片。教师也可以向孩子们介绍耳熟能详的墨西哥裔音乐艺术家，如乔斯·路易斯·奥罗兹科（Jose Luis Orozco）或玛丽亚奇·阿兹特卡（Mariachi Azteca）（Saracho & Martínez-Hancock，2004）。可以在公共图书馆中找到不同族裔的音乐，应该将其提供给儿童。不同族裔的音乐都可以成为曲目资源的一部分。最近，教授多元文化或世界音乐已经成为音乐教育者心目中的潮流。音乐可以用来让儿童了解不同的文化。然而，教师需要避免承担专家的角色。他们可以邀请客座音乐家来介绍儿童不了解的音乐，这样才更专业可靠。例如，可以邀请一位日本家长或社区成员来介绍日本歌曲，帮助儿童发音，并让儿童了解对歌曲意义非常重要的背景信息（Peterson，2006）。如前所述，歌曲应该有重复的押韵短句、重复的短语以及适合儿童特定发声阶段的适宜音域。歌曲可以是一个学习单元

的一部分，如黑人研究单元中的非洲歌曲或庆祝节日的歌曲。儿童在多次重复后，应该会发现它们很有吸引力。

一边唱歌一边活动

儿童会将唱歌与肢体动作结合起来（如《我是一个小茶壶》）。他们唱着歌，慢慢加入肢体动作。有时，儿童会被自己的肢体动作吸引而继续唱歌。他们的肢体动作传达了对歌曲的理解，而演唱旋律和歌词变成了次要角色。在这种情况下，儿童会对歌曲的含义更加着迷，并使用肢体动作来表达。

瑞士作曲家雅克-达克罗兹（Jaques-Dalcroze）尝试使音乐成为一种表达方式。达克罗兹方法的来源是音乐和肢体动作的协调，他的目标是增强节奏感，他的方法融合了自我表达的方式。在达克罗兹教学法的基础上，德国作曲家卡尔·奥尔夫（Carl Orff）认为，对儿童的音乐教育应该培养他们创作或即兴表演的能力，要鼓励他们根据自己在说话、唱歌、运动、跳舞和演奏方面的个人经验来创作音乐。奥尔夫相信，儿童可以自己发现音乐。他们需要逐渐被引导，从自然的语言模式到有节奏的活动，再到从这些节奏模式中生成旋律，然后到简单的和声（Thresher，1964）。

一些幼儿教育者建议在音乐教学中教儿童节奏和肢体动作（Wheeler & Raebeck，1985）。卡尔·奥尔夫的音乐因其对节奏的创造性处理而闻名，他在其音乐教育中也强调了这一点。他的节奏元素自然、恰当且合乎逻辑。节奏是与人体密切相关的音乐元素。儿童理应发展和完善节奏感（Frank，1964）。语言和肢体动作的节奏会激发儿童对音乐的探索，儿童可以发展出对节奏的意识。当他们听自然语言、诗歌、韵词时，会学着寻找节奏规律。他们可以拍出听到的节奏，并即兴表演肢体动作以伴随它们。奥尔夫的儿童音乐教学法有一个基本前提，即以情感为主，知识理解次之。个性化的歌词能激发儿童的想象力和乐趣。儿童通常会记住一些有详细内容的歌词，如《有个老婆婆吞了一只苍蝇》。

简单的歌曲《老麦克唐纳有一个农场》（*Old MacDonald Had A Farm*）有一种鼓励参与的欢快情绪。这首歌的节奏可以用和声演唱出来，而且歌词提供了一个场景，儿童可以轻松地表演出来，不同的儿童可以扮演不同的动物角色。他们可以先用身体当作乐器（拍手、跺脚、拍膝盖等）为节奏规律"Ee-i-ee-i-o"伴奏；再用肢体动作表达、讨论和修改自己的想法，例如，在第二小节（"o"之后）增加一个打响指的动作。这里可以使用原始旋律"Ee-i-ee-i-o"，但孩子们也可以创作一个不同的旋律

（Nichols，1970）。

演奏乐器

儿童知道乐器主要是为唱歌、跳舞和朗诵诗歌伴奏的（Bacon，1969）。乐器（如钢琴、竖琴、吉他）可以为儿童唱歌伴奏，不过也有一些音乐教育家认为应该避免为儿童唱歌提供乐器伴奏。达克罗兹、奥尔夫和匈牙利的柯达伊（Kodály）等作曲家对儿童的音乐教育做出了贡献。例如，柯达伊认为，应该使用人声为他人的声音伴奏。歌声是基础的，是有人性的，而乐器不像人的声音或身体那样有生命力。通常来说，使用乐器为儿童的歌声伴奏时，儿童会想演奏乐器而不是唱歌（Bacon，1969）。柯达伊提出了一种连续的方式，让儿童通过视唱来理解音乐符号。

应该为儿童提供演奏各种乐器的机会。他们可以参与集体演奏，但应该独立探索乐器的使用。对儿童来说，需要避免僵化的音乐创作模式。他们需要体验自己感兴趣的乐器活动，并被激发产生关于声音的新想法。即使是非常年幼的儿童，也需要有机会通过使用乐器来探索和发现音乐的重要性。

儿童需要有尝试乐器的自由，而不是被成人要求去敲打特定的节奏。锣鼓、铃鼓、节奏棒、沙槌和音砖都是适合儿童的简单乐器。简单的音调乐器也需要与节奏乐器一起使用，但用嘴演奏的乐器除外。需要给儿童提供小套的音砖、木琴和马林巴琴，它们可以促进儿童对音调和节奏关系的探索。

儿童通常自己开始演奏简单的曲子（Spodek & Saracho，1994b）。奥尔夫认为，儿童应该从用手打节奏（如拍手、拍膝盖、打响指）发展到用乐器打节奏。奥尔夫为儿童设计了一系列吸引人的乐器，如各种尺寸的三角铁、钹和古钹、各种类型的铃、椰子壳、铃鼓、不同尺寸的手鼓（包括单头和双头）、木块、摇铃、响板、定音鼓和低音鼓（Thresher，1964）。

儿童可以自己制作乐器。例如：可以用牛奶盒或塑料盒装着豆子或沙子做成摇铃等简单的乐器，盒子里的不同物品可以创造不同的音调；另一种合适的乐器由砂纸制成，将砂纸固定在相互摩擦的木块上；其他的乐器可以用房子周围闲置的或废弃的物品制成（例如，用锅盖和汽车制动鼓制作打击乐器）。不过，孩子们也需要体验商业化的乐器，因为它们的音质比较好。无论乐器是购买的还是自制的，孩子们都要尊重它们。

儿童需要体验来自多个文化和国家的各种乐器，可以鼓励每个家庭借出他们的乐器并向儿童演示如何使用，也可以从音乐教师或当地大学的音乐系借来乐器。除了乐器之外，还可以在公告板上展示每种乐器来源的照片和地图。《世界乐器》（*Musical Instruments of The World*，The Diagram Group，1997）可以作为灵感来源。儿童将尝试使用这些乐器，他们可以对比各种乐器的外观和音色（乐器特有的声音）。儿童乐于比较改变乐器声音的各种方法（Kemple et al.，2004）。

可以随着儿童的歌唱或动作演奏乐器，以再现节奏或旋律，或创作原创作品。乐器还为儿童提供了一个自由探索音乐的机会。有时，仅仅在桌子上面展示乐器就能激发儿童对其声音的探索；有时，儿童能够从周围的世界中提取声音模式（如他人跑步的声音、复印机的噪声、街道上的噪声）。儿童可以用打击乐器重现故事中某些名字、物体或单词的节奏模式。他们听歌曲时，可以提炼出节拍或重音并进行重复，也可以感觉和创造节奏的变化。他们的个人探索最终会在一个小组中进行，在这个小组中，孩子们可能会和谐地演奏，也可能会相互对立，就像在对话一样。

儿童演奏乐器时，应该告诉他们关注每种乐器能发出的声音范围。例如，用手敲鼓和用木棍敲鼓的声音是不同的。敲鼓的中间和边缘的声音是不同的。儿童将学习用同一种乐器发出各种各样的声音。

听音乐

儿童倾听周围的世界，并利用声音了解世界。他们也听音调、强度、节奏、模式和主题等音乐元素。听音乐对儿童有以下帮助。

- 区分音乐并感受其表达的情绪，这为他们唱歌或发展创造性的肢体动作提供基础。
- 认识不同的音乐特征，如大声的、柔和的、节奏的快速或缓慢、起伏不定的音高。
- 理解和识别音乐的元素、构思和质感。（Spodek & Saracho，1994b）

儿童可以了解不同的乐器和它们的声音，之后还可以学习不同的乐器种类（如铜管乐器、木管乐器、弦乐器、打击乐器）以及每一类乐器之间的区别。儿童可以听音乐录音，并在观看带有不同乐器的图表时集中注意力。音乐教师可以为儿童现场演奏，并回答他们的问题。

儿童通常听音乐的热情很高，会通过肢体动作、乐器或声音对节奏和旋律做出回应。儿童的积极倾听会提高他们的创造性表达能力。他们聆听音乐就像听故事一样。班级讨论可以提高他们的注意力,让他们更严肃、认真地聆听。儿童可以讨论他们听到音乐时的感受及其衍生出的活动种类,还可以讨论音乐的用途。例如,当儿童听音乐时,他们可以休息、跳舞、放松、调整心情或听一个故事。为了实现有效聆听,需要让儿童听自己最喜欢和最吸引人的音乐。创造性的肢体动作活动需要儿童聆听音乐并做出反应,这能够促进儿童对音乐的聆听。

儿童可以听音乐录音,但也需要听现场演出。可以邀请音乐家到班级中演奏。有才能的教师、家长或年长的儿童,也可以在班级中表演。一些当地社区的管弦乐队或团体会在幼儿园里表演。儿童可以从这种活动中受益。如果演出有大量的观众,那么儿童就应该学习成为文明的观众。

为有不同需求的儿童提供音乐活动

在音乐教学中,了解儿童的学习能力很重要。残疾儿童的音乐成就通常比教师的期望值更高、更有深度。音乐活动有助于他们发展社会关系。基本的音乐元素(如唱歌、演奏乐器、听音乐、有节奏的肢体动作)可以扩展他们的能力边界。

音乐可以吸引那些腼腆和孤僻的儿童进入群体,鼓励脑瘫儿童控制自己的活动,通过唱歌增加英语语言学习者的词汇量。英语语言学习者通过歌曲来学习词汇和发音。在唱重复的副歌时,他们会发展听觉辨别力、发音技巧、听力技巧和语言意识。

智力障碍儿童和肢体障碍儿童也能够在节奏乐队中演奏。许多音乐作品〔如《鞋匠舞》(Shoemaker's Dance)、《木琴舞》(The Xylophone Dance)、《铃鼓圆舞曲》(Tambourine Waltz)〕需要教师有效地为这些儿童进行调整。残疾儿童在为他人表演时,也在分享自己快乐、满足的体验。

残疾儿童的音乐目标与正常发展儿童的相同,他们可以参加所有类型的音乐活动,欣赏音乐,并且发展音乐能力。残疾儿童可以根据他们的能力和局限实现这些目标。爱德华兹等人(2009)提供了适用于残疾儿童音乐活动的以下原则。

1. 用创造力进行教学。
2. 通过多感官的感知进行教学。
3. 教学要适合儿童的发展水平及速度。

4. 以多种方式重复。

5. 避免剧烈变化。

6. 排除干扰。

7. 循序渐进地提供指导。

8. 提供可确保成功的活动。

9. 避免用太大声和/或节奏强烈的音乐进行过度刺激。

10. 考虑儿童的社会性和语言发展水平。

11. 考虑儿童的注意力集中时间短和/或残障等问题。

12. 不断重复歌曲,直到儿童学会,再尝试其他变化。

13. 期待小成功,做好迎接变化的准备,要有灵活性。

14. 等到儿童学会了一首歌后,再用乐器为其伴奏。

15. 与其他从事残疾儿童工作的人互相交流学习。

由于音乐中没有竞争也没有对错,所以残疾儿童会感到很放松。他们喜欢唱关于熟悉的人或物(如家庭成员、宠物)的歌曲或者流行歌曲,如《生日快乐歌》《早安,我很高兴见到你》(Good Morning, I'm Pleased to See You),以及电视广告歌。他们还喜欢唱童谣,玩动作游戏、圆圈游戏(circle games),听有幽默感或有惊喜元素的音乐,以及唱会用到道具(如围巾、木偶)、有重复的单词或短语且有指令的歌曲。

肢体障碍儿童

需要适当调整肢体障碍儿童的音乐活动,以帮助他们用可能的方式做出反应(如爬行、翻身、拍手)。他们也可以听音乐、唱歌、哼唱以及演奏节奏乐器。有节奏的活动让他们随着音乐摇摆,挥动手臂,并让他们的身体来回转动。在舞蹈活动中,他们可以观看并拍打出节奏,或者让同伴随着音乐的节奏移动轮椅——前后、左右和转圈。能够自己移动轮椅的儿童,可以随着音乐前进。

肢体障碍儿童可以在理疗期间观看体操活动并进行有节奏的活动。有节奏的活动可以锻炼他们的肌肉、协调能力和控制能力。在音乐活动中,他们可以根据自己的协调程度和活动能力来使用乐器。可以将沙袋、节奏棒或雪橇铃绑在肢体障碍儿童能够使用的身体部位。有大肌肉运动技能的儿童,可以打鼓或使用铃鼓。

视觉障碍儿童

视觉障碍儿童的音乐活动也需要调整。这些儿童通常缺乏安全感,在有节奏的肢体动作活动中协调性和平衡性较弱,有节奏的活动可以锻炼他们的行动能力。在音乐活动中,他们将使用大动作,这些动作会逐渐变得精细。他们可以参与有节奏的肢体动作活动(比如滚动石头、摇晃、摇摆、在雨中漫步等)。圆圈游戏,如"伦敦桥"(London Bridge)可以培养他们的安全感。

视觉障碍儿童的节奏能力,帮助他们理解和创造使用打击乐器产生的节奏模式。在肢体动作活动中,班级成员可以佩带铃铛、铃鼓或其他能发声的乐器,让视觉障碍儿童知道同学的位置,避免撞到他们。

听觉障碍儿童

听觉障碍儿童在使用耳机或音乐声音被放大后,可以聆听和享受音乐。他们也可以演奏和感受许多乐器,还可以在与其他儿童一起哼唱和拍手时享受乐趣。他们能察觉到几米范围内的节奏,并通过拍手或演奏乐器来复制这些模式,还能用肢体动作学习节奏。体感法是教授节奏的有效方法。

童谣能帮助听觉障碍儿童感知节奏。他们可以通过触觉感知来学习节奏,将手指放在鼓上或其他乐器上演奏童谣。大量的重复是他们感受节奏的必要条件。此外,童谣还能帮助听觉障碍儿童掌握语言节奏。

有特殊的呼吸方式、声音发育不良和语言问题的儿童,在唱歌方面存在一定的困难,但他们可以使用肢体动作或乐器进行有节奏的活动。听觉障碍儿童在参与行进、跳跃、滑行和其他剧烈的节奏活动时,可以锻炼语言节奏和身体协调能力。肢体动作和音乐活动都能提高听觉障碍儿童的能力和身体素质,改善他们的姿态。

智力障碍儿童

包括节奏在内的音乐活动能让智力障碍儿童产生自发的兴趣,还可以锻炼他们的听力、提高注意力广度,并增强协调能力。4岁以后,他们就能唱简单的歌曲。他们可能有音准问题,但通常能够在短时间内专注听自己感兴趣的音乐。

智力障碍儿童往往是单调的歌手,注意力持续时间短,缺乏听觉感知,对自己在音乐中的作用存在误解。如果他们参与唱歌,这些情况会得到改善。他们在反复听简单的歌曲和各种说明性材料之后，是能够学会这些歌曲的。如果用彩色插图和动作教学，他们也能学会歌曲（如《我是一个小茶壶》《爬水管的小蜘蛛》），因为这些程序可以提高他们的记忆力和注意力。动作歌曲，如《划呀划呀，划小船》（Row, Row, Row Your Boat）可以帮助他们学会伴着音乐扭动身体、拍手、轻快地迈步。他们在动作歌曲中使用大肌肉动作时，记忆会得到强化。

智力障碍儿童的音乐活动需要有乐器演奏，斯波德克和萨拉乔（1994a）建议教师和他们一起演奏乐器的步骤如下。

1. 儿童独自探索乐器。
2. 教师和儿童一起演奏乐器，标记声音（"这是鼓声！这是铃铛声！"）。
3. 教师让儿童闭上眼睛并询问他们（"这是什么声音？"或"这是鼓吗？"）。
4. 教师轻敲一个节奏，让儿童跟着节奏一起弹奏。
5. 教师弹奏或演唱一个简单的节奏，然后让儿童敲出节奏。
6. 教师弹奏越来越难的节奏，并让儿童弹奏。（p. 257）

由于智力障碍儿童的发育速度通常不规律或较缓慢，因此他们的音乐活动需要以多种不同的方式重复。

天才儿童

天才儿童需要具有挑战性且适合他们智力水平的音乐教育。他们的音乐活动需要考虑个体的特点、实践和社会情况、知识的结构以及当前关于这些儿童学习条件的文献。其中一种活动是分析音乐。首先，儿童听各种各样的录音，其次讨论成功传达每部作品的音乐元素，可以讨论使每首音乐作品成功的节奏、音乐模式和乐器，接着讨论不同的音乐类型（如电视广告、宣传）。

儿童可以为他们感兴趣的广告创作和添加音乐。例如，关于儿童的广告可以激发他们的想象力。然后，他们可能想要制作带有音乐的商业广告（如卡通片）或带有音乐的宣传广告（如班级活动、马戏团、儿童博物馆等）。儿童为他们的广告创作一段旋律（如30秒），他们可以哼唱、吹口哨或使用乐器进行试验。在整个过程中，需要鼓励儿童创作富有表现力的音乐，使其与广告的节拍和广告语保持一致。

有语言和文化差异的儿童

儿童的身份与他们的家庭和文化密切相关。有语言和文化差异的儿童的音乐活动需要融合他们的语言和文化。可以使用基于这些儿童的语言和文化的录音带、音乐视频以及其他合适的交互式媒体等。

教师可以在班级中整合各种音乐文化活动,使用来自不同文化的音乐、歌曲和舞蹈,还可以向儿童介绍与各种语言和文化相关的音乐资源。以下是来自两种语言和文化的音乐活动范例。

康久图音乐

康久图音乐(Conjunto Music)起源于美国得克萨斯州南部,在音乐中融合了不同的文化。教师可以为儿童提供大量的康久图音乐,通过听录音和观看视频向教室里的孩子们介绍康久图音乐,还可以让他们了解和聆听音乐艺术家[如被称为"康久图音乐之父"的近代艺术家娜西索·马丁内斯(Narciso Martínez)]的早期录音。他们可以一边听歌,一边识别乐器(如手风琴、贝斯、鼓)的风格特征,可以学唱并随着康久图音乐跳舞,还可以假装成一个乐团。可以在网络上查找已被翻译好的康久图音乐的歌词(Soto, 2008)。

韩国民间音乐

可以在班级中介绍韩国民间音乐,让儿童学习和演唱韩国民歌,比如可以轻松学唱的《月亮》(Moon),这是专辑《一起唱韩国民歌》(Let's Sing Korean Folk Songs Together)中的一首曲子,还可以听不同的乐器(如来自韩国的一种竹笛)。

教师应该为有语言和文化差异的儿童提供机会,以分享包含他们的语言和文化的音乐,这一点很重要。可以在音乐学习中融入一些录音、书籍、网站和活动,帮助有语言和文化差异的儿童更好地了解班级中大家的语言和文化。

音 乐 鉴 赏

儿童需要体验适宜的聆听活动,以培养音乐鉴赏能力。他们需要教师通过非正式的方式向他们介绍各种音乐,并鼓励他们探索。接触高质量的音乐作品,可以改善他们对不同类型音乐（包括古典音乐）的接受和欣赏态度（Edwards et al.，2009）。

古典音乐

古典音乐有多种形式，但最为人所熟知的是交响乐、歌剧、合唱、室内乐等。具体来说，古典音乐是指18世纪末19世纪初的音乐，但一般都是经过时间考验、超越艺术水准的音乐（Funke，2006）。古典音乐可以通过多种方式被自然地融入学前教育课程中，从在安静的活动中演奏巴赫（Bach）的《前奏曲》（Preludes）到在教室里走来走去，再到赫伯特（Herbert）的《玩具乐园宝贝》（Herbert's Babes in Toyland）中的《玩具进行曲》（March of the Toys）（Edwards et al.，2009）。

儿童在古典音乐方面的经验存在差别，他们可能是在经常播放和欣赏古典音乐的家庭中长大，也可能是在摇滚乐、说唱音乐或"老歌"的音乐品味中长大。儿童有能力聆听和欣赏复杂的音乐，他们需要有机会培养自己的音乐经验和对古典音乐的欣赏。儿童早期接触古典音乐，能够促使他们将音乐作为一种艺术和审美享受（Cecil & Lauritzen，1994）。儿童接触古典音乐会增强他们的音乐体验，提高他们的表达能力。年幼的儿童对伟大作曲家的音乐很敏感，如意大利的帕莱斯特里纳（Palestrina）、德国的贝多芬（Beethoven）、奥地利的施特劳斯（Strauss）和俄罗斯的普罗科菲耶夫（Prokofiev）。教师需要向儿童介绍这些伟大的古典作曲家及其音乐，以培养他们对各种音乐的鉴赏能力（Edwards et al.，2009）。一个好方法是通过儿童图书向他们介绍，这些儿童图书通常在艺术或音乐博物馆展出，在书店里也能找到。

有助于教师向儿童介绍古典音乐的图书示例如表13.2所示，而表13.3列举了向儿童介绍古典音乐的方法。一些作曲家创作了受儿童欢迎的音乐作品，如《天鹅湖》（Swan Lake）、《彼得与狼》（Peter and the Wolf）、《睡美人》（Sleeping Beauty），其中一部分如表13.4所示（Funke，2006）。

表13.2 教师可以用来介绍古典音乐的图书示例

- 《不可思议的管弦乐队的故事：乐器与交响乐团》（The Story of the Incredible Orchestra: An Introduction to Musical Instruments and the Symphony Orchestra，Bruce Koscielniak，2000）
- 《我生活在音乐中》（I Live in Music，Ntozake Shange，1994）
- 《沃尔夫冈·阿玛多伊斯·莫扎特》（Wolfgang Amadeus Mozart，Mike Venezia，1995）
- 《路德维希·凡·贝多芬》（Ludwig van Beethoven，Mike Venezia，1996）
- 《约翰·塞巴斯蒂安·巴赫》（Johann Sebastian Bach，Mike Venezia，1998）
- 《弗里德里克·肖邦》（Frédéric Chopin，Mike Venezia，1999）

表 13.3　向儿童介绍古典音乐的方法

1. 伴着古典音乐听故事。儿童可以一边听故事,一边听与故事情感和动作相协调的古典音乐作品。故事需要与音乐同步,每个故事都应该有固定搭配的古典音乐。例如,儿童每次听《小火车头做到了》(Piper,1930)时,都可以伴随着奥地利作曲家海顿(Haydn)的《第九十四交响曲》(Symphony No. 94)(第二乐章的欢快节奏给人一种舞蹈的感觉)。
2. 通过舞蹈诠释古典音乐。儿童随着自己对古典音乐的理解跳舞时,可以专注于古典音乐。音乐可以被组合在一起,他们可以听不同的音乐并做出反应。他们需要知道曲名、作曲家以及其他相关的信息,从而更容易记住曲子。
3. 在游戏中听古典音乐。儿童可以挑选古典音乐作品及其作曲家,在游戏时听这些音乐。儿童选择一首乐曲时,可以了解作曲家的一些情况。儿童会形成个人的古典音乐偏好和对作曲家的基本认知。让他们从大量的音乐中学习和选择是很重要的。
4. 在艺术活动中解读古典音乐。儿童可以在参与艺术活动时聆听和诠释古典音乐。他们可以在参与艺术活动时听对比鲜明的古典音乐作品,还可以边听音乐边画出音乐带给他们的感觉,等完成之后再听一遍音乐并描述他们的艺术作品。儿童需要知道古典音乐作品的曲名和作曲家的名字。
5. 通过聆听游戏识别古典音乐。儿童每周听三首从他们知道的音乐作品中挑选出来的作品,每次听时都要辨认出歌曲的名称和作曲家。

表 13.4　儿童喜爱的音乐作品

- 《胡桃夹子》(The Nutcracker)是俄罗斯作曲家柴可夫斯基(Tchaikovsky)的一套芭蕾舞剧,他还写了《天鹅湖》和《睡美人》。这是关于一个12岁女孩和她魔法般有了生命的胡桃夹子娃娃的一段冒险故事。小听众都对这部作品非常着迷,因为它有战斗、仙女和异国人物。这首曲子有着稳定、欢快的节奏,使它特别适合儿童跳舞。
- 《彼得与狼》讲述了彼得如何和他的动物朋友们一起抓住农舍周围森林里的狼。这部音乐作品对传统管弦乐队中各种乐器的音色做了一个很好的介绍。
- 《动物狂欢节》(The Carnival of the Animals)是一部有关动物的作品,从《序奏及狮王行进曲》,到对大象和驴("有着长耳朵的人")的描述,再到重复之前的许多模式。它是法国浪漫主义作曲家卡米尔·圣–桑斯(Camille Saint-Saëns)创作的由十四个乐章组成的组曲。它的所有乐章都有完整的录音,由钢琴家尼尔(Neil)和南希·奥多恩(Nancy O'Doan)以及维莱姆·索科尔(Vilem Sokol)指挥的美国西雅图青年交响乐团演奏。
- 《青少年管弦乐队指南》(Young Person's Guide to the Orchestra)是英国作曲家本杰明·布里顿(Benjamin Britten)创作的引导儿童在管弦乐队中参观的乐曲。在这一过程中,儿童探索乐队里每个主要部分的声音以及各种乐器一起发声以产生完整合奏的方式。

音乐审美活动

儿童的审美活动代表着艺术品质,这种品质推动着他们探索和发现。审美活动能够创造出一种奇妙的感觉,并为想象、发明和发挥创造力提供条件。儿童的创意世界为他们提供了艺术开端的源泉,作曲家、表演者、心理学家和教育家都是如此(Dewey,1934)。科布(Cobb,1977,p.1)指出:"童年的想象经验可以在人类最高阶的思维形式的基本内核中找到。"

儿童关注环境中可用的材料和人力资源。当儿童和艺术家对这些资源做出反应时,他们就成为审美的主体,对经验和环境保持敏感(DeNora,2000)。游戏促进儿童的想象力和创造力(Singer & Singer,1998)。在美国研究者库斯托德罗(Custodero,2005)的采访中,作曲家们描述了这些元素是如何相互作用并在儿童音乐游戏中发挥作用的。研究者们也证实了学龄前儿童音乐游戏的重要性。

音 乐 游 戏

音乐教育研究者提出:儿童的音乐能力能够在音乐游戏中得到发展(Smithrim,1997),音乐游戏在儿童发展中的重要性,以及提供和促进音乐游戏的几种方法(Taggart,2000;Tarnowski,1999)。在皮亚杰的发展理论基础上,英国音乐教育家斯旺威克(Swanwick,1988)提出,音乐代表游戏。参与游戏的儿童会表现出自发的行为,这些行为可以反映关于他们自身的重要信息。

游戏是人类的一个重要特征,它与所有的艺术活动,如绘画、演奏音乐、创作和表演戏剧以及阅读等都有内在联系。皮亚杰(1951)描述了展现儿童如何发展和理解他们所处的世界的基本过程。幼儿期的游戏与探索和掌控环境的绝对乐趣有关,皮亚杰将其称为"一种技艺或能力强大的感觉"。这种对掌控的渴望,影响着儿童的音乐活动。在音乐中,掌握的情况体现在儿童使用声音和乐器、发展一系列的能力、适时使用符号或欣赏他人的高超技艺时。例如,婴儿在学习重复发声或连续摇动拨浪鼓后体验到快乐时就可能达到了掌控的程度(Swanwick,1988)。

皮亚杰(1951)和维果茨基(1967)等理论家以及利特尔顿(Littleton,1991)、穆尔斯黑德与庞德(Moorhead & Pond,1942)和塔格特(Taggart,2000)等研究者也赞成儿童在音乐中需要游戏的观点。皮亚杰首先描述了认知游戏,确定了儿童游戏的三种类型,包括练习游戏、象征性游戏和规则游戏,这与他的智力发展阶段理论相似,即感知运动思维、前运算思维和具体操作思维。练习游戏包括婴儿和学步儿的操作性游戏。象征性游戏是在他们的戏剧游戏中观察到的。进入幼儿园后,儿童从戏剧游戏发展为更多地玩非正式游戏。后来,斯米兰斯基(Smilansky,1968)对皮亚杰(1951)认知游戏的类型做了调整,用以研究学龄前儿童的游戏。她将功能游戏描述为对游戏材料的常规使用或模式化使用,或者是一种体育运动活动。建构游戏的特点是顺序性和目的性,最终形成一个完整的产品。戏剧游戏与主题角色游戏有关,在这种游戏中,情境或物体会进行转化(Spodek & Saracho,1994b)。具体来说,这些类型的游戏定义如下。

- **功能游戏**是指儿童通过跑、跳或重复操作物体来了解自己所在的世界。
- **建构游戏**是指儿童操作物体以建立结构或形式(如绘画、用积木建造、玩沙)。
- **戏剧游戏**是指儿童参与角色扮演或物体的转化(如儿童假装成成人或动物,纸巾芯代表麦克风)。
- **规则游戏**是指儿童创造和/或使用规则来建立游戏程序的活动(Tarnowski,1999)。

利特尔顿(1991)使用斯米兰斯基(1968)提出的其中三种游戏类型来分类儿童的音乐游戏行为。儿童在探索声乐、乐器和环境声音时进行的是功能音乐游戏。建构音乐游戏是功能音乐游戏的延伸,例如,当儿童探索声音时,他们通过节奏、旋律、速度、力度或音色来感受音乐结构。戏剧音乐游戏是指儿童在音乐或非音乐主题的游戏中唱歌或演奏乐器。例如,4岁的彼得戴上牛仔帽,拿起一根节奏棒用作指挥棒,喊道:"我是指挥家!"于是其他孩子急忙跑到乐器箱前挑选乐器,以便能在彼得的乐队中演奏(Tarnowski,1999)。这样彼得就引入了一段戏剧音乐游戏。表13.5比较了改良过的皮亚杰(1951)认知游戏阶段和对应的认知音乐游戏阶段。

表 13.5　改良过的皮亚杰（1951）认知游戏阶段与认知音乐游戏阶段

认知游戏阶段	认知音乐游戏阶段
• 功能游戏是指儿童通过跑、跳或重复操作物体来了解自己所在的世界。 • 建构游戏是指儿童操作物体以建立结构或形式（如绘画、用积木建造、玩沙）。 • 戏剧游戏是指儿童参与角色扮演或物体的转化（如儿童假装成成人或动物，纸巾芯代表麦克风）。 • 规则游戏是指儿童创造和/或使用规则来建立游戏程序的活动（Tarnowski，1999）。	• 功能音乐游戏是指儿童探索声乐、乐器和环境声音的游戏。 • 建构音乐游戏是功能音乐游戏的延伸，例如，当儿童探索声音时，他们通过节奏、旋律、速度、力度或音色来感受音乐结构。 • 戏剧音乐游戏是指儿童在音乐或非音乐主题的游戏中唱歌或演奏乐器。 • 无规则游戏是指儿童将游戏和音乐结合起来的活动，比如"杰克很灵活，杰克很敏捷，杰克跳上跳下"[①]（Bridges，1994）。

儿童能从与音乐相结合的游戏中找到乐趣。许多儿童最初通过肢体动作将游戏与音乐联系起来。无规则游戏也可以成为音乐游戏的一部分（Maxim，1997）。由于儿童主要通过游戏来学习，伴随动作游戏的歌谣就是一出完美的剧目。歌曲和游戏为儿童提供了体验音调及节奏的机会，同时动作游戏支持节奏反应和具有想象力的游戏。儿童听歌和玩游戏时，会将新的歌曲整合到他们已有的曲目中，这成为他们许多音乐创作和声音探索的源泉（Turner，1999）。

儿童可以参与的各种形式的音乐游戏如表 13.6 所示，可以将其运用到音乐游戏活动中（Littleton，1998）。

表 13.6　音乐游戏的形式

- 合作音乐游戏：儿童进行社交性、互动性的音乐探索。
- 功能音乐游戏：儿童探索各种材料的可能发声并尝试不同的技巧。
- 建构音乐游戏：功能游戏的延伸，儿童探索创造性的即兴表演和创作。
- 戏剧音乐游戏：儿童将音乐创作与戏剧游戏或假装游戏结合起来。
- 动觉音乐游戏：儿童专注于肢体动作或舞蹈，对音乐做出游戏性反应。
- 规则游戏：儿童参与面向群体的、结构化的音乐游戏，如唱歌游戏或拍手游戏。（Littleton，1998，转引自 Morin，2001，p. 25）

研究者观察了儿童在游戏环境中的行为。他们有自主游戏的自由，可以自己控制

---

① 引自儿歌《杰克好身手》（Jack Be Nimble）。——译者注

游戏的特质和方向。穆尔斯黑德与庞德（1942）在开放的幼儿园环境中陈列了一系列乐器，记录了儿童在其中自发的音乐游戏。他们为期十一年的纵向研究，描述了学龄前儿童在设备完善且具支持性的环境中的音乐游戏活动。

儿童处于良好的滋养性环境中时，他们对音乐的反应能力会很强（Temmerman，2000）。学龄前儿童的音乐行为是在游戏环境中出现的。他们会独自或者和别人一起探索声音。在音乐游戏中，儿童通过陈述、请求、手势以及动作来向成人和其他儿童表达他们的需求。教师要在游戏环境中为他们准备适当的材料，还要有长时间且持续的音乐游戏时间（Berger & Cooper，2003）。在音乐游戏中，三四岁的儿童会探索声音、长时间专注地活动、教授同伴音乐、自发地进行游戏以及用意想不到的方式使用乐器。音乐游戏环境能够促进儿童富有创造性地创作音乐（Smithrim，1997）。

音乐游戏的特点能够改善儿童的集体活动（Taggart，2000）。在音乐游戏中，儿童有机会自己探索、即兴表演以及用声音创作，这在集体音乐活动中可能有点困难。在这种情况下，集体活动应该让儿童有机会参与音乐游戏（Littleton，1991）。在集体活动中，应该"让儿童随心所欲地听、看并探索音乐"（Taggart，2000，p. 24）。

在音乐游戏中，儿童自然地对音乐、歌词、节奏和社交互动做出反应（Neelly，2001）。四五岁的儿童会进行自发的音乐游戏。儿童在社会环境和物质环境中参与音乐创作（Dilkes，1998）。他们将在活动里探索、即兴表演和用声音创作。儿童关注环境中可用的材料和人力资源。当儿童和艺术家对这些资源做出反应时，他们就成为审美的主体，并对经验和环境都很敏感（DeNora，2000）。

音乐游戏的元素

学龄前儿童游戏时，通常会自发地唱歌或哼歌。有些儿童在游戏时需要哼唱（Maxim，1997）。儿童喜欢唱歌和游戏，音乐和游戏活动之间存在着一种对他们的发展至关重要的关系。音乐游戏能够帮助儿童建立一个想象中的世界，激发他们的创造力。他们听到音乐时，会按照自己感受音乐的方式让身体动起来。他们为歌曲创编新的歌词，有一种通过游戏进行探索的自然倾向。音乐游戏中的音乐活动会促进他们创造力、想象力、思维力和表达力的发展。非常年幼的儿童也能够创作自己的音乐。有创造力的儿童通常喜欢音乐游戏，它能够帮助他们获得想法和思路（Maxim，1997）。

儿童天生就热衷于参与音乐活动，他们最喜欢的音乐活动是肢体动作活动。例如，一个4岁的小男孩说了下面这段话。

> 我最喜欢尝试，这样我就可以成为一匹奔腾的马，有些时候可以快速狂奔。有一天，我累了，我就只是缓缓地移动我身体的一部分，而不是全部，假装成一只恐龙。我还喜欢编舞蹈。
>
> （Temmerman，2000，p.56）

音乐是儿童游戏中反复出现的元素，反映在他们自发的歌唱、声音探索和舞蹈中。许多人（Gluschankof，2002；Littleton，1998；Morin，2001；Smithrim，1997）都承认游戏在发展儿童音乐性方面的作用。儿童通过不断探索来发展音乐能力。与参与教师主导的集体音乐活动相比，参与音乐游戏的儿童更能坚持长期、专注地参与音乐活动，而且更为勤奋（Littleton，1998；Smithrim，1997）。

在音乐游戏中，儿童会活动肢体、跳舞、表演或演奏乐器。他们在唱歌、吟诵或发声时也参与声乐活动，并在人际中观察、模仿、引导、交谈以及与他人轮流做事。儿童还能从情感上理解和欣赏音乐的审美视角。他们会富有创意地创编或改编歌词、动作及乐器声音模式。所有这些音乐活动都是帮助儿童发展音乐知识和能力的游戏形式（Niland，2009）。

音乐游戏还包括发声、身体或物体的律动以及演奏乐器。发声是指对音调和音色的探索（例如，儿童用类似报警器的滑音或发出高音调的声音来模仿湿靴子在地板上摩擦发出的吱吱声），或有节奏地讲话（例如，儿童在玩积木时重复一个有节奏的短语，如"不，不，通心粉"）或唱歌。儿童歌曲包括儿歌、原创歌曲（可能是无意义的音节，也可能是常规歌曲，或是来自某种文化的歌曲）、标准歌曲或歌曲片段。创作歌曲既会发展儿童的语言，也会发展他们的音乐能力（Tarnowski，1999）。肢体动作通常是儿童对音乐的第一反应，但它也是与适合他们年龄的音乐结合在一起进行的。儿童喜欢在走路、跑步、摇晃或扭动时有节奏地唱歌或说话，还喜欢有节奏地操作物体，例如，塔诺斯基（Tarnowski，1999）在一所幼儿园观察到下面的场景。

> 一个小男孩在玩一个农场套装。当他唱起《老麦克唐纳》的片段时，他有节奏地移动玩具牛、马等。肢体动作或手势表现也是乐器探索活动的一部分。重复和稳定的肢体动作模式与创造和识别旋律及节奏一样，都是乐器演奏的一部分。
>
> （Tarnowski，1999，p.28）

四五岁的儿童喜欢有肢体动作和游戏的、十分活跃的音乐活动。他们非常喜欢自由且非结构化的游戏活动，这些活动让他们有机会在不同的打击乐器上探索、研究并发出自己的声音。其中，有一小部分儿童喜欢自己创作。例如，一个孩子说："我喜欢发出声响，喜欢听声响，喜欢随着声响唱歌，还喜欢伴着我的音乐跳舞。"另一个孩子说："和朋友一起在鼓上击打出响亮或柔和的声音很有趣，我很想加入一个乐队。"这些是典型的学龄前儿童的回答，他们喜欢能够在打击乐器上自由探索、自由创作和自由表演自己的声音和/或"作品"的活动，因为可以从中获得成就感、掌控感以及个人满足感（Temmerman，2000）。

作曲和即兴表演

儿童能够在游戏中作曲和即兴表演。以下内容列出了一些鼓励儿童在游戏中承担作曲家角色和即兴表演的建议。

作曲

儿童常被当作艺术家培养，但很少被当作作曲家培养。作曲家用声音表达自己的思想，儿童可能使用玩具鼓（通常声音很沉闷），此外，厨房的橱柜里有最迷人的声音（如罐子的铿锵声、锅盖的清脆响声、木勺子的敲击声）。儿童会发现每个锅的声音各有不同。小作曲家们需要了解：声音能够表达思想，混合长音和短音会产生有弹性的感觉，混合响铃声和单击声会形成对比的效果，强弱交替的声音模式会产生节奏感强或行进式的效果，以及要控制每个声音的响度或柔和度（Kenney，2007）。

肯尼（Kenney）提到了英国人类学家约翰·布莱金（John Blacking，1973）对非洲音乐行为的研究，她提出以下观点。

布莱金在非洲花了几年时间研究音乐行为，特别是文达人（the Venda）的行为。文达人认为，每个人都擅长音乐。在布莱金的作品中，我看到了这样一幅画面：一位年轻的文达族母亲看见她的孩子在敲打罐子，她对孩子做出了回应——和孩子一起坐在地上，拿起另一个罐子，随着孩子的节奏一起敲打起来。在这样的情境中，儿童不仅学习节奏，而且能够知道自己发出的声音是受到重视的。在和母亲一起进行二重奏时，他也开始理解合奏的意义。他会继续探索声音（作曲），他创作的声音也会越来越精妙，因为他的母亲一直以积极的音乐方式回应着他。也许这种幼儿与成人之间互动的模式，就是所有文达人长大后都擅长音乐的原因。

（Kenney，2007，p. 32）

重要的是，要鼓励前途无量的小作曲家，创设环境以激发他们探索声音的天性。儿童富有创意的创作需要得到支持，他们需要被视为小作曲家。鼓励小作曲家探索声音的指导原则，如表 13.7 所示（Kenney，2007）。

表 13.7　鼓励小作曲家探索声音的指导原则

- 为儿童提供探索声音的时间和资源。教室里除了声音区外，还可以有多个区域用于声音探索。儿童需要有合适的声源（如传统的节奏乐器、有音调的打击乐器、锅碗瓢盆、以及其他由金属、塑料和木材制成的能产生共鸣的材料）。每天安排一定的时间，让儿童用声音进行探索。
- 观察和记录音乐行为。观察和记录儿童的音乐行为，以了解他们的作曲游戏。儿童的作曲能力各不相同，有的只是探索声音，有的只是在乐器上保持节拍，有的则是创造短小的旋律或节奏，并不断重复。
- 描述和评论声音。儿童对不同声音的探索需要得到他人的评论和描述，如"你在木头（或金属等）上发出了声音"或"听听你发出的咔嚓声（或叮当声、嗖嗖声等）"或"你发出了好高的音，不知道是不是也能发出低音"。对于儿童创作的连续的节拍或创作苗头，可以这样描述，"你好像非常喜欢保持那个节奏"或"我想听听你刚才弹奏的节奏，可以再弹一遍吗？"。
- 加入儿童，成为其中的一员。儿童在演奏乐器时，教师可以通过演奏类似或形成对比的乐器，成为其中的一员。应该通过打拍子或创造一个节奏，让演奏听起来自然、有趣。儿童可以打出自己的节拍或韵律，并且可以在团队一起演奏时唱出来。讨论作曲可以扩大儿童的词汇量，涉及"节拍""主题""作曲""二重奏""合奏""乐队"和"旋律"等词汇。
- 采用有助于发展儿童音乐概念的问题和评论。适当的问题和评论可以发展儿童的音乐概念，举例如下。
  > "如果我们发出长短音，那么听起来会是什么样子？听起来像跳绳。"
  > "如果我们演奏三种强弱声音模式会怎么样？我们可以伴着三拍跳舞。"
  > "如果我们演奏一个四拍的模式呢？我们可以按四拍行进。"
  > "约翰先打鼓，然后简敲铃铛，之后约翰再打鼓，会怎么样？"
  > "我们可以创作一个开头和结尾相同，而中间不同的曲子。"
  > "如果约翰一直轻声演奏他的部分，而简一开始时轻声演奏，但结束时大点声，会怎么样？"（p. 33）
- 在非音乐领域推广音乐概念。儿童可以尝试用许多音乐声来伴随阅读或讲故事。例如，他们可以用木块发出的声音表示行走，用雨棒*表示落叶声，用大鼓上的钹的掉落或锣的撞击声表示砍倒巨大的豆茎。几乎所有的童话故事和图画书都可以用音乐声来润色。
- 记录作品。儿童的音乐作品与创意美术不同，不能挂在墙上，但是它们可以被记录下来。他们在听自己的作品录音时会很开心。（Kenney，2007）

* 英文原文为 rain stick。它是一种打击乐器，由干燥的仙人掌枝制成，有一个塞满小卵石的孔，两端封闭。当它倾斜时，会发出雨滴落下的声音。智利的部落成员在他们的仪式上会用它来求雨。

即兴表演

游戏与音乐的即兴表演及作曲之间存在着一种关系（Addison，1991；Swanwick，1988）。即兴表演是指儿童根据环境和个人感受中的刺激自发地扮演、歌唱、说话、应答和创造。他们的反应可以是创造新的想法、模式、实践、结构、符号和行为。即兴表演可以被看作一种"现场"的自发活动。即兴表演能力适用于艺术、科学、身体、认知、学业和非学业学科的各种形式的交流及表达中（Shamrock，1997）。

音乐游戏发展儿童的即兴表演和作曲行为的方式，与教师指导音乐活动的方式不同。他们的游戏应该被整合到音乐活动中，以发展他们的即兴表演和作曲能力（Custodero，2005）。布鲁纳（1960）的概念学习发现法表明，不同结构的音乐成分应该分别融入儿童的音乐活动中，然后他们在表达和操作每一个重要的成分时就可以逐步学习。布拉德利（Bradley，1974）测试了布鲁纳的方法与音乐的整体概念的关系。儿童参加了一个为期一年的"全面音乐体验"项目，他们有机会通过即兴表演、作曲、演奏和聆听自己写的音乐作品来创作音乐。由于参与了积极的创造性活动，这些儿童的视觉识别、洞察力和听觉敏锐度大为提高（Bradley，1974）。

开发基于游戏的音乐课程

当音乐完全融入更广泛的课程和儿童的生活时，以儿童为中心的音乐游戏课程就会为儿童的自然学习和发展提供支持。他们可以通过各种方式参与音乐。在活动肢体、跳舞、表演戏剧及演奏乐器时，他们是在参与肢体音乐游戏；在唱歌、朗诵或制造声乐效果时，他们是在参与声乐游戏；在观察、模仿、引导和参与对话以及与他人轮流做事时，他们是在参与社交活动；在解释歌词、表达情感和诠释感受并对音乐的审美方面做出反应时，他们是在参与认知音乐游戏；在创编歌词、动作或乐器声音模式时，他们是在参与创造性的音乐游戏。所有这些形式的音乐游戏都可以引导儿童发展对音乐的理解和相关能力（Niland，2009）。

艾迪生（Addison，1991）通过研究重视游戏的音乐课程中的儿童，确定了游戏和音乐的共同属性，这些属性如下所示。

- 被视为人类活动。
- 本质上是有用的。

- 儿童为了自己而接触音乐。
- 儿童自愿。
- 提供乐趣。
- 吸引儿童单独唱歌或演奏乐器。

以游戏为基础、以儿童为中心的儿童音乐课程中的音乐元素，与其他不涉及游戏的不同音乐方法中的音乐元素是相同的。儿童依然会唱歌、活动肢体以及探索声音，还会有丰富的资源帮助他们体验一系列的音乐成分和类型，也会发展唱歌与演奏乐器的意识与能力。但是，音乐方法会有所不同，那就是：儿童将与音乐活动相适应（Niland，2009）。

可以以材料的选择以及与儿童的互动为依据，设计一个以游戏为基础、以儿童为中心的音乐课程。这种游戏课程可以由与儿童感兴趣的歌曲组成，并引出一系列的有趣反应。儿童需要选择、改编和扩展歌曲，需要有机会通过探索声音、作曲、即兴活动肢体和戏剧表演来参与音乐游戏。以游戏为基础、以儿童为中心的音乐课程可以使用技术（如音频和视频）让儿童有机会重复他们的音乐探索（Niland，2009）。

在音乐游戏课程中，儿童需要各种丰富的资源，以便体验不同的音乐成分和流派。他们在唱歌和演奏乐器方面的意识和能力也因此得到了增强。教师需要与儿童合作，根据儿童与音乐活动的互动以及他们在音乐游戏中的反应来计划音乐活动。每名儿童都有自己体验音乐游戏课程的独特方式，但它应该滋养他们天生的音乐性，使他们能够成为并继续在一生中成为音乐创作者。表 13.8 列出了计划音乐游戏课程的准则（Niland，2009）。

表 13.8 计划音乐游戏课程的准则

- 在选择歌曲、乐器、录音和其他音乐创作资源时，要允许儿童分享自己的想法和兴趣，允许他们分享自己的兴趣、评论和社会互动，从而使音乐成为儿童生活中重要的组成部分。
- 需要根据儿童的兴趣选择歌曲。可以鼓励他们为喜欢的传统旋律编写新的歌词或创作新的旋律。
- 需要提供带有插图的歌曲卡片或书籍等材料。
- 儿童可以在这些卡片上选择他们喜欢的歌曲，也可以为这些歌曲画画，或者拍摄与他们喜欢的歌曲相匹配的场景。儿童的版本或添加的歌词，也可以被写在歌曲卡片上。
- 关于歌曲和音乐探索的学习故事（Carr，2001）可以通过数字视频、录音和文本来记录，以鼓励儿童重温、反思和拓展他们的学习。也可以将学习故事整合到歌曲卡片上或书籍中。

以游戏为基础、以儿童为中心的课程需要基于儿童的想法和兴趣，以此指导歌曲、乐器、录音和其他音乐创作资源的选择。此外，在开发这样的课程时，还需要考虑儿童的爱好、意见和社会互动。例如，如果一名学龄前儿童对鲸鱼有浓厚的兴趣，教师就可以在这个主题下发起一些活动，他们可以阅读、研究、绘画，也可以用数百个装满蓝色水的透明塑料牛奶瓶制作蓝鲸的模型。教师还可以用"呼应"的形式创作一首鲸鱼之歌，强调鲸鱼的大小。他们可以小组合作，创作关于鲸鱼如何进食、移动、发出声音和分娩的新诗。一些稍大的儿童可以用押韵、韵律和节奏来创作歌词（Niland，2009）。

儿童的音乐课程需要将他们的生活（Campbell，2002）、音乐和游戏融为一体。儿童需要一个音乐丰富的环境来鼓励他们的音乐能力，以音乐的方式探索世界对他们很重要。和美术教育一样，音乐教育中，创造力的培养是至关重要的。儿童需要被鼓励长时间地探索材料、工具和媒介（Kolbe，2007），也需要有足够的时间进行探索，以理解如何使用工具和材料（Kolbe，2007）。他们需要通过音乐创作来发展思维能力（Niland，2009）。

儿童需要有机会进行探索、游戏、作曲以及用乐器即兴表演。可以将音乐区作为一个以游戏为基础的音乐环境，提供一系列供儿童自由选择的备选方案，让他们开展自己主导的活动（Young，2008）。

音乐学习区

需要为儿童提供机会，让他们自由选择、操作、探索和尝试有利于他们学习的物品。许多儿童选择的活动是学习区提供的。在学习区，儿童可以从一系列适合其发展水平的活动中自由选择。他们选择学习区、材料和活动来进行音乐学习（Turner，1999）。音乐区为儿童提供了许多参与音乐游戏的可能性。在设计音乐区时，要考虑以下几个要点。

- 音乐在学前教育中的用途和可能性。
- 儿童可以发展的音乐概念和态度。
- 音乐游戏的用途和特质。
- 让儿童感受到音乐的乐趣。

学习区为儿童提供了在教室中进入多个区域的机会，这些区域是专门为邀请他们参与音乐探索而设计的。

音乐区需要直截了当，并展示高质量的资源。音乐区的基本组成部分如表13.9所示（Toth & Miranda，1997）。

表13.9 音乐区的基本组成部分

- 可操作的资源：可用于演奏或尝试的乐器，可操作的卡片或游戏模子，或者用于书写或绘画的东西。
- 可聆听或随之活动肢体的资源：提前录制好的歌曲。
- 可学习的资源：介绍作曲家或管弦乐器的资源。即使是简单的配对游戏，也能让人对音乐主题熟悉起来。
- 可分享或带回家的资源：绘画工具、录音机或用于制作简单乐器的材料。

音乐区的材料

音乐区可以提供探索材料（见表13.10），让儿童探索世界（Toth & Miranda，1997）。这个学习区可以展示让儿童探索声音的音乐游戏和活动。当儿童探索声音时，他们能够发现乐器的物理特征是如何决定它所发出的声音的，他们可以混合和匹配多种音色。可以为儿童提供一些自制的乐器和发声装置，例如，5加仑的泡菜桶就可以成为很好的鼓，而且几乎坚不可摧（Turner，1999）。

表13.10 音乐区的材料

- 能发出声音的乐器和非乐器。音乐区需要陈列乐器。此外，儿童还喜欢探索非乐器，如橡皮筋和不同长度的纸筒。
- 高质量的乐器。它们有不同的音色、不同的演奏方式以及各种形状和大小。可以让儿童自制乐器，以激发他们的创造力。
- 专为儿童设计的结实的光盘播放器和可用于单人录音的空白光盘。这些录音中可以包括音乐和环境中声音的聆听示例。
- 有表现力的活动道具（如缎带、围巾），用以鼓励儿童诠释音乐。
- 适合用于音乐游戏的书籍和录音，可以帮助儿童学习音乐知识。
- 介绍乐器的资料，包括来自不同文化的音乐和乐器，以及如何自制乐器。

儿童可以制作和摇动沙槌，还可以使用纸盘、无尖锐边缘的易拉罐、塑料杯、饼干桶或纸巾卷。

材料（如大米、沙子、硬币、小铃铛、弹珠、豆子）可以被放在两个纸盘或饼干罐之间，然后钉在一起。或者，可以将材料倒入空的易拉罐中，用胶带封住洞口。儿童可以听听每个人的沙槌，比较声音并识别同伴的沙槌中的材料。可以展示一个光盘播放器和一些熟悉的音乐光盘。

可以鼓励儿童组成一个行进乐队，用沙槌为一首熟悉的歌曲伴奏（Kemple et al.，2004）。

可以利用音乐区补充班级教授的单元或主题内容。例如，贝壳区可以鼓励儿童倾听贝壳的声音、尝试用水发出不同的声音并聆听法国作曲家德彪西（Debussy）的《大海》（The Sea）。这些学习区在加入不同的文化探索、季节和节日、交通、动物园、农场、丛林以及其他元素之后，会变得更有吸引力，还能为儿童提供音乐学习的机会（Toth & Miranda，1997）。

音乐区为促成儿童自发的音乐游戏，提供了一种完美的方式。音乐有一种普遍的吸引力，促使儿童去操作和试验有助于他们学习的音乐器具。一个配备适当的音乐区会让儿童知道，音乐是生活中必不可少的珍贵部分（Toth & Miranda，1997）。

戏剧游戏区

儿童可以参与戏剧游戏，在游戏中作为编导，展现家庭生活。家庭生活区可以有摇椅和泰迪熊。儿童可以唱着熟悉的手指游戏歌，如《这只小猪》（This Little Piggy），并假装泰迪熊是他们的宝宝。他们可以边唱摇篮曲，边轻拍泰迪熊宝宝入睡。唱熟悉的手指游戏歌或摇篮曲，有助于儿童扮演成人的角色（Turner，1999）。

录音室

戏剧游戏区可以是一个录音室。在创设这个学习区之前，儿童需要了解一下录制唱片、磁带和光盘的地方，去录音室实地考察一下会很有帮助。这个学习区可以配备乐器、光盘播放器、录音机、话筒和其他录音道具。可以不时地更换乐器，让儿童熟悉各种音乐类型（如爵士乐、乡村音乐、古典音乐）。可以准备一些记号笔和纸张或软件，鼓励儿童制作光盘或录音带的标签。在这个学习区里，儿童可以探索各种乐器并记录它们的声音，还可以听自己录制的声音，并决定是否调整以及如何调整录音。他们将决定哪些乐器可以单独演奏，哪些乐器可以一起演奏以及何时加入人声。之后，他们还可以与同学和家人一起听自己的录音（Kemple et al.，2004）。

音乐剧场

戏剧游戏区可以通过提供适宜的道具（舞台、服装、乐器、观众座位、门票、真实或假装的话筒）成为音乐剧场。在创建剧场之前，需要向儿童介绍音乐表演的概念。他们可能看过音乐会的视频片段，如《凯茜和玛西的歌曲商店》（Cathy and Marcy's Song Shop）、《百老汇的拉菲》（Raffi on Broadway）或舞台制作的视频片段。在这个学习区中，孩子们可以扮演不同的角色（如售票员、观众、演员、音乐家、报幕员）。吉他是一种很好的乐器，也可以包括在内。由于吉他拨片难以掌握，而且一些儿童的精细运动协调能力可能有待发展，因此他们可以用橡胶门挡代替拨片，这会比儿童的手指拨出的声音更响亮（Kemple et al., 2004）。

非音乐区

有两种类型的音乐区：音乐区和非音乐区。音乐区是指那些专为音乐而设计并且有特定音乐主题（唱歌、象征、乐器、听觉、戏剧）的学习区。加入了音乐的非音乐区（如读写区、积木区、木工区），也可以被视为音乐区。

可以将支持音乐探索的音乐物品添加到非音乐区，例如在厨房区的橱柜上放一个铃铛。

> ……在"准备晚餐"时，5岁的贾森拿起铃铛，开始边摇边唱《铃儿响叮当》（Jingle Bells）。他唱完副歌后继续唱有关他准备的食物的内容，于是创作了他自己的小曲。

非音乐区（见表13.11）可以通过添加乐器（如木槌、光盘播放器、共鸣铃）来鼓励音乐活动（Kenney, 2004）。

表 13.11 非音乐区

- 图书区，包括歌曲绘本和唱片。
- 积木区，在积木旁边放一个木槌。
- 游戏屋，在娃娃旁边添加光盘播放器和录音材料。
- 装扮区，在打扮的衣服旁边放一个可播放古典音乐的光盘播放器。
- 娃娃家，可以设置通往房子的铃声台阶。
- 黏土区，儿童可以在滚动或拍打黏土时创编有节奏的儿歌。
- 木工区，可以添加有强拍的音乐，如《钢铁之歌》（Anvil Chorus）。
- 树枝管弦乐区，将乐器挂在树枝或吊杆上来测试和探索乐器。

读写区

可以在教室的安静空间设置一个读写区，儿童可以在这里参加安静的音乐活动。可以在一个有熟悉的歌曲图画书的大型图书馆中，为儿童提供音乐图书（见表13.12）。在把这些图书放在读写区之前，需要向全班儿童介绍并朗读一下这些图书。然后，儿童就会熟悉这个学习区中的每本图书（Turner，1999）。各种各样的图书可以为儿童提供关于音乐类型的全面知识。

表13.12　不同音乐类型的儿童图书

- 《彼得与狼》由普罗科菲耶夫和马隆（Malone）创作，里面附有一张完整的精心编排且带解说的光盘。普罗科菲耶夫的音乐童话，讲述了一个小男孩（由乐团所有弦乐演奏）在一只鸟（由长笛演奏）的帮助下战胜了大灰狼（由法国号演奏）的故事。书和光盘的组合让儿童可以一边听曲子，一边了解书中的故事。
- 《路德维希·凡·贝多芬的39套公寓》（The 39 Apartments of Ludwig Van Beethoven，Jonah Winter）讲述了贝多芬和他用来为世界创作伟大音乐作品的五架无腿钢琴的故事。
- 《摇滚女孩指南：如何组建乐队、预定演出并成为摇滚明星》（The Girls' Guide to Rocking: How to Start A Band, Book Gigs, and Get Rolling to Rock Stardom，Jessica Hopper）讲述了如何组建乐队、写歌以及登上舞台并摆脱困境。
- 《给我唱个故事：美国大都会歌剧院的儿童歌剧故事集》（Sing Me A Story: The Metropolitan Opera's Book of Opera Stories for Children，Jane Rosenberg）以适合儿童的方式重述了伟大的歌剧。它能够使儿童清晰地了解情节、场景和人物。
- 《从窗户进进出出：给孩子的画册》（Go In and Out the Window: An Illustrated Songbook for Young People，Dan Fox）是一本写给幼儿的歌集。
- 《蓝调》（Satchmo's Blues，Alan Schroeder）讲述了一个男孩在美国新奥尔良市炎热夏夜里从经济大厅的大门下偷听爵士乐队演奏的故事。本书介绍了新奥尔良爵士乐的世界以及这个小男孩的经历。
- 《鼹鼠古斯塔夫的音乐生活》（The Musical Life of Gustav Mole，Kathryn Meyrick）讲述了一个出生在音乐世家的小鼹鼠的故事。它和动物朋友们由此开始了一生的学习乐趣。

有音乐区的教室会有桶鼓的砰砰声、管风铃的撞击声、儿童因快乐而发出的惊叹声、乐器的演奏声以及儿童的歌声、对话声和关于艺术的争执声等。这些都是小音乐家们的声音，他们发现了为自己和朋友创作音乐的美好与快乐。

本 章 小 结

幼年的音乐经历对儿童以后的发展及其对音乐的兴趣有重大影响（Temmerman，2000；Young，2003）。前5年是儿童音乐发展的关键。儿童游戏的特质会对他们的学习与发展产生影响，这鼓励音乐教育者采用将音乐融入儿童的生活来支持他们自然地学习和发展的方式教授音乐（Niland，2009）。不同类型的音乐活动中的背景和环境条件很重要，尤其是对儿童来说。音乐在儿童生活中的重要性表明，应该为他们提供一个丰富的音乐环境，以激发他们与生俱来的音乐性。对于儿童，需要帮助他们以音乐的方式探索世界。在音乐游戏中，儿童通过舞蹈、戏剧、唱歌、探索声音、绘画和制作东西等不同的形式来交流想法，他们的音乐创作会受到更广泛的重视。

当儿童参与音乐游戏时，他们被激励着继续使用感官、社会性和想象力与世界互动。首先，他们探索一个物体或人的行为。然后，他们利用这些信息决定是否解释、重现或补充更多经验以便他人能够理解它。通过对各种可能性的感知，儿童对音乐提示做出反应，利用镜子、录音、乐器和环境中的人等可用资源想象出可能的新解释，从而引发新的认知（Custodero，2005）。

游戏对儿童参与音乐活动和学习至关重要。当儿童玩音乐的时候，会进入自己的假装世界中。例如，尼兰德（Niland，2009）分享了下面的事例。

> "我们去开车吧！系好安全带，发动汽车，出发！我们今天要去哪里？"这是我在每周的儿童音乐课上说的话，我会给每个孩子发一个塑封的"方向盘"，以准备唱下一首歌。3.5岁的米茜开心地抓住她的方向盘，开始唱"开车，开车，一辆小汽车，购物，购物，一辆小汽车"。她只是模糊地唱出了歌词，但是她的sol-mi（降小三度）是每一位柯达伊音乐教育者都期待的完美调子。我和米茜的妈妈都很惊讶，并夸赞她的歌声很美妙。
>
> （Niland，2009，p.17）

这段经历对米茜很重要。教师在班级中注意到，儿童对汽车有强烈的兴趣。每次教师递出"方向盘"，他们都会在教室里"开车"，常常发出发动机和喇叭的声音。教师根据儿童对交通工具的兴趣做了音乐活动计划。儿童尝试向不同的方向"开车"，有人跟在别人后面，有人和别人并行，有人自顾自地向前开，也有人假装载着乘客（Niland，2009）。

学前教育中的音乐应该让儿童体验、享受音乐，从中得到放松。它还应该培养其音乐能力和技巧，丰富其音乐知识。音乐活动为儿童提供了另一种表达自己的方式。它们能鼓励儿童喜欢声音、演奏乐器以及随着节奏活动肢体。儿童有关音乐的兴趣和能力与他们最初的音乐体验密切相关（Denac，2008）。5岁的儿童对音乐感兴趣的程度基于他们积极参加音乐活动的能力，这种能力会让他们对个别音乐活动更加感兴趣（Temmerman，2000）。对于音乐活动，幼儿比大龄儿童的兴趣更浓厚（Bowles，1998）。因此，必须在环境中为幼儿提供各种音乐活动，让他们通过有意义的音乐活动积极地探索以了解音乐。始终让所有儿童同时参加相同的音乐活动是不合适的。音乐学习应该突破集体活动的形式，这是音乐课程的一个要素。儿童需要参与以儿童为中心的音乐学习，让他们有适当的时间以自己的方式创作音乐并与音乐互动。

音乐区可以将儿童的学习扩展到集体活动之外。它们对儿童的音乐、社会性、情感和认知的发展十分重要。音乐区不是一种装饰，它为儿童提供了一种学习方式，是儿童学习的一个基本要素。儿童将在音乐区发展使他们一生都能积极参与音乐活动的能力。一般来说，如果是有自选活动的音乐区，就需要为儿童提供机会进行自主学习。音乐区非常适合被用于满足儿童的个体发展需求。学前音乐课程需要让儿童参与自选活动、个人和小组的互动，以及在儿童发展和教育方面适宜的音乐活动（Turner，1999）。

音乐是一种交流和表达的艺术，为儿童提供了探索、即兴表演和创作的机会。教师认可和促进儿童的自然游戏，这是理想的情况（Tarnowski，1999）。在音乐游戏中，儿童天生的好奇心和了解世界的渴望引导着他们的学习活动。儿童知道自己的需求，会在与他人互动时传达这些需求。儿童在音乐游戏中会按照自己的节奏控制学习活动（Turner，1999）。

第十四章
艺术——游戏学习经验

> 每个孩子都是艺术家。问题是，他在成长的过程中如何一直做一名艺术家。
>
> （Pablo Picasso，1881—1973）

40多年来，美国的艺术教育经历了几次范式转变，从创造性的自我表达运动、学科导向运动，到最近（可能）仍在进行中的视觉文化运动（Tavin，2010），这可能都影响着儿童艺术教育。目前，艺术和学前教育工作者都建议将艺术融入儿童游戏中。

学校通常忽视游戏，但游戏对儿童的艺术活动非常有帮助。

> 艺术创作所需要的开放、放松的心态，来自一种做自己喜欢做的事情的自由感。对成人来说，游戏仅限于闲暇时间；对儿童来说，游戏是工作的一个组成部分。
>
> （Szekely，1983，p. 24）

艺术家不断地摆弄周围环境中的所有物体，如绘画颜料或黏土。儿童会在任何时候、任何地方摆弄周围的一切。"游戏对艺术家和儿童来说都是一种研究方式，让他们能够像对待新事物一样对待一切，并迸发出未知的或有趣的想法"（Szekely，1983，p. 24）。在游戏中，儿童通过体验来学习，这被认为是对儿童最有效的学习方式。本章的目的是阐述艺术游戏、艺术发展阶段、艺术媒介、游戏化的艺术环境以及儿童对经典艺术作品的理解等。

艺术游戏

艺术反映儿童的游戏。游戏活动是具有内在动机的（为做而做）、自由选择的、令人愉悦的、自发的、灵活的以及身体和心理都积极参与的，这些都是艺术游戏的特征。儿童艺术具有鲜活、自发、灵活的特点。当儿童学会合作、分享、延迟满足自己的冲动，并想象自己扮演其他人的角色时，艺术也会支持他们的游戏。艺术，就像在游戏中一样，能够促进儿童社会性、情感、身体和智力的发展。艺术活动支持他们的个人特质，包括坚持、自信、独立判断、灵活性、对新经验的开放性、对模糊性的容忍度，甚至是幽默感。

有创造力的儿童会对他们所处的世界充满好奇。应该强调游戏，以鼓励儿童去实验创新的想法，变得有创造力。在游戏过程中，儿童不需要遵守规则、规定和先入为主的艺术功能。他们可以自由地追随自己的想象力，计划和挑战自己的工作，探索艺术方法，创作令人印象深刻的原创艺术作品。教师可以激励儿童表现得像艺术家一样，受到自己内心的驱动而不是教师的要求去创作艺术作品。儿童在探索艺术技巧时，教师可以鼓励他们的自发性、创造性表达和独立性（Szekely, 1991）。

扮演艺术家的角色

艺术活动中的角色扮演可以帮助儿童有意义地学习，并帮助他们在扮演角色时了解角色。儿童假装成为一名艺术家，便会开始称自己为"艺术家"。专业艺术家在与儿童交谈时可以使用这种标签，说"现在作为艺术家，你……"或"作为艺术家，我们知道……"。标签将根据他们正在学习的艺术家（如舞者、演员、画家、电影制作人）而有所不同。当儿童承担一个身份时，他们会更好地了解该行业艺术家的信息，并接受这个"艺术共同体"的规则，"艺术共同体"是群体艺术组织使用的艺术术语。当儿童扮演艺术家的角色时，他们就会成为艺术共同体中的成员，并学习艺术家在职业中所需的元素和能力。

在艺术中，可以通过儿童参与、合作或观察的程度来观察他们对相关情境的立场。艺术共同体的成员还建议儿童有"思考时间""头脑空间"或"呼吸空间"。社区艺术组织中的年幼成员强调艺术领域中的这一立场。他们了解艺术家和他们的角色，并与小组一起决定如何扮演自己的角色。假设希思（2004）提出的角色类型需要年幼艺术家通过策划、实践和排练为艺术表演做好准备，那么儿童会认为，在艺术中，学习就是"游戏"。他们可能会说，"这很有趣，只是很有趣；当然，有很多艰苦的工作，但我们都在一起……"（Heath，2004，p. 340）。

艺术家面临着需要解决的问题。儿童可以预见可能影响他们角色的情况。幼儿园的儿童可以考虑一场迷你表演，经过几次讨论，计划并将故事发展为表演。他们可以使用自己的语言和想法来创作或改编故事；可以进行迷你表演，并邀请同学和家人作为观众。由于儿童成为表演者并将故事事件变成现实，因此他们会成为"明星"（Morado & Koenig，1999）。儿童在这些迷你表演中成为明星。每次迷你表演适合6~8名儿童参加。

艺术游戏不同于班级里其他类型的教育性游戏。

特定的物质环境、材料和教师的行为与审美表达和探究有关（Pitri，2001）。艺术游戏需要有灵活性、自发性。但"儿童将艺术变成游戏的自发性，并不意味着不需要为艺术活动制订具体的计划"（Van Hoorn et al.，2015，p. 109）。艺术游戏环境让儿童可以自由选择、获得种类繁多的材料和使用许多工具。儿童利用自己的经验来创作艺术作品，而不是听从教师的指导。他们自己发现和计划。在艺术游戏中，儿童有机会吸收、检查、修正、重申甚至拒绝一些想法（Pitri，2001）。进行艺术活动和游戏的基本前提，如表14.1所示（Szekely，1991）。

表14.1　进行艺术活动和游戏的基本前提

- 所有的儿童都是艺术家，天生具有观察、创造艺术思想和完成艺术作品的能力。对儿童来说，游戏和艺术是结合在一起的，可以培养他们的创造力。
- 有趣的环境会影响儿童创作艺术的想法、感觉和感受。
- 儿童的艺术活动需要关注环境中真实材料的特质。
- 最好的艺术取决于源于思想和身体的运动。应该允许儿童在艺术课程中自由活动，探索新的动作、媒介和表达的主题。
- 艺术教学需要关注每名儿童的艺术精神。艺术教师提供的情境，应能启发儿童创造自己的艺术创作理念。

每个人都需要享受和欣赏艺术。进行艺术活动的机会无处不在，包括在儿童的家中，在他们的日常生活中，在他们与日常物品的接触中。艺术是一种普遍存在于所有文化中的语言。它的组织和内容无须使用文字即可传达意义。它还将文化与其发生的时间和情境联系起来。艺术为儿童提供了独特的文化认同感（Szekely，1991）。

与艺术相关的儿童游戏需要提供开放式的活动，允许儿童根据自己的经验交流想法。开放式的艺术活动没有正确或错误之分。因此，没有最终的正确结果。儿童的艺术活动反映了该群体的多样性，儿童可以自由地表达自己的故事。儿童参与有意义的艺术活动，这些活动允许他们通过观察和谈论彼此的艺术作品来与同龄人进行互动（Thompson，2005）。

艺术发展阶段

儿童的艺术是鲜活的，具有自发性，易于欣赏但难以让人解释。儿童的艺术发展阶段，有助于教师了解他们的艺术发展水平。这些阶段帮助教师建立一系列基准，教师可以用这些基准来指导儿童的学习，根据有关儿童发展阶段的信息提供艺术活动，引导他们进入使用艺术媒介表达想法的更高阶段。了解各个发展阶段，可以帮助教师为儿童设定适合其发展的期望。这些阶段可以被用来解读儿童的艺术作品，规划有效的艺术课程。教师可以通过评估儿童的工作并利用评估结果来规划艺术课程，以促进他们的学习。

儿童的艺术作品可以引导教师规划儿童艺术课程，帮助儿童从现阶段迈向更成熟的阶段。例如，三四岁的儿童可能很难创作具象的涂色和绘画，而五六岁的儿童可能很难画出大小合适的所有物体，也很难理解它们之间的关系。

艺术发展水平已被确定为与智力发展水平相似（见表14.2）。维克托·洛温菲尔德（Victor Lowenfeld，1957）描述了儿童艺术发展的几个阶段。他认为，儿童的艺术发展水平包括涂鸦阶段（2—4岁）、前图式阶段（4—7岁）和图式阶段（7—9岁）。

表14.2 洛温菲尔德儿童艺术发展阶段

阶段	年龄	特点
涂鸦阶段	2—4岁	无序的——绘画呈现不受控制的粗体或浅色标记。儿童对肌肉运动活动的控制有限。 纵向的——绘画呈现受控重复的运动。儿童有视觉理解并享受动觉运动。 圆周的——绘画呈现对受控运动的探索。儿童似乎有能力画出更复杂的形状。 命名——绘画表现出从运动到想象的动觉思维。儿童讲述他们涂画的故事。

(续表)

阶段	年龄	特点
前图式阶段	4—7 岁	儿童通过用两条悬垂的线加一个圆圈来画人物。他们通常会在圆圈内做一些小标记以表示面部特征，并画一个矩形以表示躯干。
图式阶段	7—9 岁	绘画表达的是儿童的想法，而不是他们的实际观察。例如，他们可能会画一个人骑着马，画出人的双腿，即使实际上只能看到一条腿。他们开始意识到空间概念。他们的画中有空间关系。虽然对形状和物体的绘画有些夸张（例如人比房子还高），但是可以辨认出来。

2—4 岁时，涂鸦阶段的儿童通过绘画感受一种动觉经验。他们先做纵向运动，然后做圆周运动，这些运动随着他们的成熟变得更加协调。儿童首先尝试使用材料，然后发现绘画与现实世界中物体的相似之处和不同之处，从而想出赋予图画的"名称"。

4—7 岁时，处于前图式阶段的儿童会发现绘画、思维和现实之间的关系。尽管在绘画中创造的符号会不断发生变化，但儿童一开始就对他们想要表征的对象有一个想法。他们开始在图画中描绘与现实不同的表现形式，还发展了形式概念。

7—9 岁时，儿童进入图式阶段，开始创造人物和事物的真实表征。他们在图画中描绘现实、色彩、空间和运动。然后，儿童进入更成熟的艺术发展阶段。洛温菲尔德（1957）预见到，儿童在创造与艺术语言和知识相关的具有个人意义的视觉图像方面的发展能力。儿童还能够批判他们生活中的文化，包括流行文化和传统文化。洛温菲尔德提出的发展阶段提供了指导方针，呈现了儿童从婴儿期开始到青春期的持续艺术发展。他提出的发展阶段表明，能够拿着蜡笔坐在婴儿车里的孩子已经准备好开始进行早期绘画。

儿童早期的符号记录了他们的"身体动作"（Matthews，1984，p. 38）。这些是由视力正常的和失明的儿童在不同的文化中同时自发创造的。儿童的绘画可能是在纸上、沙子上绘制的，甚至是涂抹在潮湿的表面上（Veal，1988）。根据马修斯（1984）的说法，"游戏……是绘画发展的一个关键组成部分"，因为"绘画在出现时就被同化到了游戏领域"（p. 38）。自发涂鸦出现的顺序变成了绘画，因为儿童对媒介的有趣探索引导他们感知其象征性的转变。儿童在发展感知能力后，开始意识到内容的视觉特征（Golomb，1974）。然后，"儿童开始注意到他们绘画中的形象"（Smith，1982，p. 43）。此时，儿童会不断地画新形象，最终探索出自己能力的边界。

与艺术相关的游戏研究报告称，儿童在婴儿时期开始绘画，那时他们发展感官和感知系统并会在一生中继续发展艺术能力，这能够帮助教师了解他们的创作过程。在考虑"从对创作过程的发展可能产生的影响来看利用游戏的决定因素"（Veale，1998，p.111）时，很明显，游戏是促进儿童艺术发展的最自然的媒介。

儿童的艺术发展是他们游戏的结果。表14.3列出了艺术课程的三个原则及其面向儿童的资源（Arts Education Partnership[①]，1998）。此外，艺术教育合作伙伴机构（1998）确定了儿童的发展基准和阶段（见表14.4），可以作为开展适宜的艺术活动的指导原则。此处描述的发展基准和阶段可以帮助幼儿园选择以艺术为基础的课程和资源。指导原则可以被用于确定活动、课程、研究和资源示例的基础。重要的是，儿童和艺术教育从业者要分享有关儿童需求、儿童发展的性质以及艺术在儿童生活中所扮演的角色的最新知识。这些知识为教师选择最适合婴幼儿发展的活动提供了指导。它从婴儿的第一首摇篮曲开始，到孩子3岁时探索手指画，再到孩子7岁时对喜欢的故事的戏剧化。艺术活动必须适合儿童的发展。艺术对所有年龄段的儿童都至关重要，可以在他们的游戏中被自然地使用，以促进他们的学习与发展。

表14.3 艺术课程的原则

- 儿童。应鼓励儿童通过积极参与创造、表演的过程，回应高质量的、适应他们发展水平并反映他们文化的艺术活动，从而在艺术中学习，通过艺术进行学习并学习有关艺术的内容。
- 艺术经验。艺术活动在保持艺术学科完整性的同时，应该对儿童有意义，遵循一定的范围和顺序，并与学前教育课程和适宜的实践相联系。它们也可能有助于儿童读写能力的发展。
- 学习环境和成人互动。学前艺术课程的开发（包括资源和材料）应在艺术教育专家、实践艺术家、学前教育工作者、家长和照护者之间共享；并且，这个过程应该与社区资源联系起来（Arts Education Partnership，1998，p.2）。

表14.4 儿童的发展基准和阶段

年龄	0—18个月儿童的艺术活动
0—3个月	通过对比图像（如黑白或彩色物体）和声音（说话或唱歌）来刺激眼球运动和听觉发展。教师通过悬挂饰物、播放舒缓的音乐和做出生动的表情来增强儿童对空间、动作和声音的意识。儿童发现，他们可以改变他们所看到、听到和触摸的东西。

---

① 即艺术教育合作伙伴机构。——译者注

（续表）

年龄	0—18个月儿童的艺术活动
3—8个月	继续之前的活动。 通过触摸物体、聆听物体的名称和观察其用途，鼓励儿童对环境的各个方面进行识别。 使用适合儿童触摸的柔软且色彩丰富的材料（如毯子或玩具）。
8—18个月	继续之前的活动。 探索日常物品（如衣服、麦片盒等）的形状和颜色。 将照片挂在儿童的视线高度。命名、描述和指向图片中的物品。提供机会，让儿童探索视觉艺术中安全、适宜的媒介（例如用水画手指画、用蜡笔绘画）。

年龄	18—36个月儿童的艺术活动
18—24个月	继续之前的活动。 让儿童做出审美选择，比如给天空涂什么颜色。 为活动提供一些简单的物品，如纸盘、无毒油漆和面团。 在儿童尝试使用材料时监督他们。 带儿童参观博物馆和适合他们的展览。
24—36个月	继续之前的活动。 让艺术活动成为日常。 识别食物和衣服的形状、质地及颜色。 使用绘画和涂色来促进儿童学习几个概念，如光明和黑暗。 通过串珠或在纸上绘画等活动培养儿童的眼-手协调能力。 帮助儿童使用画笔和颜料。 帮助儿童用黏土塑造物体。 带儿童参观博物馆和适合他们的展览。

年龄	3—8岁儿童的艺术活动
3—4岁	继续之前的活动。 让儿童用剪刀剪东西。 使用纸张、胶水、剪刀，剪裁杂志，制作拼贴画。 提供各种材料，如黏土，让儿童进行选择。
5—8岁	展示儿童的艺术作品。 为儿童的照片和艺术作品制作剪贴簿或作品集。

艺术媒介

游戏可以让儿童参与没有压力的艺术活动。标志着艺术家创造性品质的游戏元素有助于儿童产生新的想法，并扩大计划和完成艺术作品的自由度。儿童的想象力在游戏中茁壮成长，这有助于他们创造出属于自己的深思熟虑和令人兴奋的艺术作品。当游戏被用于儿童艺术时，儿童会用个人的视角从自己的经验中汲取灵感。

在艺术创作过程的之前和之中，游戏是必不可少的。儿童需要规划他们的艺术作品，因此，他们摆弄材料，想出不同的想法，并尝试用动作和图像决定创作方向。在制订计划时，儿童需要学习为他们的项目选择材料和空间，以便为艺术挑战寻找可能的解决方案。

儿童需要选择他们将在项目中使用的媒介类型。当他们追踪在游戏中产生的想法并从中进行选择时，他们开始看到自己进行艺术创作的可能性。游戏让儿童产生各种想象和想法，以发现他们可以在艺术中使用的美丽的色彩、空间、线条和有趣的物体。游戏成为观察和排练的一种方式，可以让儿童更好地利用这些元素（Szekely，1983）。

游戏为儿童提供了学习、发展、完善和实验他们的想法的机会。对此，琼斯和雷诺兹（Jones & Reynolds，1992）的观点如下。

> 儿童不是通过被告知，而是通过与物理世界和其他儿童的互动为自己构建知识的，从而学习最重要的东西，他们这样做的方式是游戏。
>
> （Jones & Reynolds，1992，p.1）

当儿童在艺术中游戏时，他们会尝试使用各种媒介和材料。以下示例说明了儿童如何通过艺术参与游戏。

> 一个3岁的孩子用海绵在报纸上作画，尝试不同的颜色；在一碗水中加入一滴食用色素；用吸管吹出颜料或用牙刷飞溅颜料。
>
> （Thompson，2005，p.4）
>
> 阿伦正忙着玩一大块黏土。他反复把黏土砸在桌子上，然后拉下一大块，把它分成几个小块，然后把它们滚成球。他很快就厌倦了滚动，因此把球压成薄饼，分发给坐在他桌子旁的其他三个孩子。之后，他收回薄饼并将它们拉伸成热狗。然后，他又把它们滚成球。接下来，他取出一些球，将它们分成两半，将小块制成更小的球。最后，当他开始厌倦黏土时，他以下列方式将球滚在一起：首先，他将两个小球合并成一个大球；其次，他反复向不断变大的球中添加其他小

球,直到他有一个相当大的球;最后,他将大球放入教师给他的原始黏土团中。

(Hughes,2010,p.178)

摆弄各种艺术媒介,可以帮助儿童理解艺术是什么以及艺术可以由什么构成。对不同媒介的摆弄帮助儿童了解到,适合用于艺术创作的材料范围不断扩大。戈洛姆(Golomb,1974)在陈述中将游戏与艺术进行类比。

因此,从起源来看,象征性游戏和视觉艺术似乎具有许多共同特征。它们都再现了儿童对媒介及其象征物的有趣探索,并逐渐受到物体视觉属性的支配,重新创造其结构和动态特征。

(Golomb,1974,p.186)

需要为儿童提供各种各样的艺术创作材料,包括可重复使用的资源。许多艺术和游戏材料可以是由当地企业处理和捐赠的材料。可重复使用的材料,包括织物、纱线、泡沫、塑料模型、纸制品、木材和电线等。许多企业会处理不需要的产品,如超支、被拒收、废弃的零件和停产的产品。他们支付昂贵的费用来处理它们或将它们扔进垃圾填埋场和焚化炉。教师可以从当地的可重复使用资源中心获取可用于艺术和创意游戏的可重复使用的资源。

艺术媒介包括促进儿童艺术创作过程的各种材料。颜料、黏土、画纸和拼贴材料等基本艺术材料本质上是不成形的,为儿童调整、掌握、制造惊喜和自我反省提供了无限可能。小画纸需要有彩色钢笔和铅笔,而大画纸需要有像蜡笔和刷子这样钝化的工具。儿童需要对材料有新旧经验,以帮助他们发展能力并继续在这些媒介中构想全新的可能性。虽然这些材料代表了掌握程度的提高和艺术发展中更成熟阶段的衍生品,但教师需要在全年中以新的方式介绍这些材料。儿童艺术媒介,包括二维艺术作品和三维艺术作品。

二维艺术作品

大多数儿童的艺术作品是由平面上的材料构成的。儿童在一个平面上使用颜料、蜡笔和拼贴材料。拼贴画有各种材料和纹理的叠加,赋予艺术一定的深度,但儿童的艺术创作通常直接关注线条、形状和颜色。

涂色画

涂色是一项引人入胜的活动，在学前教育课程中必不可少。在幼儿园中，涂色有其作用和价值，在扩展艺术活动方面起着至关重要的作用。儿童喜欢混合颜料和作画。这种愉快的活动为他们未来的审美鉴赏奠定了基础。栩栩如生的涂色画会丰富儿童的艺术学习（Lim，2004；Schirrmacher & Fox，2009）。保持艺术区的涂色活动，对促进儿童的审美发展十分重要。

涂色通常是一种自由的探索活动。教师提供颜料和纸张，让儿童自由地表达自己。教师可以通过为儿童提供探索不同质地（如锯末、沙子、面粉、盐或液体肥皂）的机会，拓展涂色画的内容。塑料或泡沫塑料的肉盘和馅饼盘可用作这些物品的容器。当儿童拿到一张纸、一种颜色的颜料和一把画笔时，他们可以尝试用几种材料来创作一幅画。例如，教师可以在涂色前添加材料（如闪光物）或在绘画后将材料洒在纸上。

儿童可以用不同的工具作画，如滚筒、扫帚、吸管、弹珠或绳子。例如，绘制线条画，儿童可以将绳子浸入颜料中，然后将其拖放到纸上。他们也可以用吸管吹颜料，在纸上创造出图案。教师在儿童涂色中所发挥的作用会鼓励儿童探索媒介，监督他们的涂色进程以及通过引入适合儿童发展需求的新方法来指导他们的艺术发展。

手指画

儿童通常很难控制手指画，但它比任何其他媒介都更有助于释放儿童的紧张情绪。使用学校用品店出售的光滑的抽屉衬纸或非吸收性的纸，效果会更好。儿童也可以在桌子的塑料表面作画。当他们完成这样一幅画时，可以将纸小心地铺在画上，将其压紧，然后小心地拿起来，从而将画复印到纸上。

蛋彩画

蛋彩画是一种独立的活动。即使两名儿童一起在画架上作画，但由于他们的作品是分开的，因此他们不需要进行互动。然而，儿童喜欢彼此相邻或成群结队地进行绘画。双人画架、地板或壁画鼓励儿童将绘画作为集体活动。蛋彩画颜料可以以粉末或液体的形式被使用。应为儿童提供原色（红色、蓝色、黄色）以及黑色和白色。之后，可以添加中间色。粉末状涂料需要被混合得足够浓稠，以使颜色看起来鲜艳且不透明。需要提供大而硬的画笔，以方便儿童的活动。儿童还需要尝试不同尺寸的画笔，在未印刷的新闻纸、报纸或带有小图案的包装纸上作画。新闻纸的标准尺寸为45厘米×60厘米，但不同尺寸、形状甚至纹理的纸张可以引导儿童发现新的绘画方式。

儿童可以在调色板上尝试混合颜色，以发现新的色调或颜色。他们尝试各种形式和颜色，移动自己的手臂以画出纸上的形状。儿童的实验通常有韵律感、平衡感和趣味性。他们似乎具有一种本能的美感，他们的抽象画有时与艺术家的抽象画相似。儿童喜欢下列蛋彩画活动，如专栏14.1所示。

专栏14.1　杂志和蛋彩画图片

教师用肥皂和水仔细清洗泡沫塑料材质的肉盘，以去除来自肉上的残留物。肉盘完全晾干后，儿童可以在盘子上涂蛋彩画颜料（可能需要涂两层）。涂色后的盘子至少需要一天晾干。第二天，儿童可以从杂志上剪下图片并将它们粘在涂色的盘子上。教师将纱线系在盘子的顶部进行悬挂。

（Spodek & Saracho，1994b，p. 463）

教师需要为儿童提供探索和实验的机会。儿童也需要学习如何正确地使用材料，举例如下。

- 擦拭画笔，避免画笔上的颜料过多。
- 在浸入其他颜色之前清洗画笔。
- 以固定的量混合颜料，以获得最佳效果。
- 将正确的画笔浸入相对应的颜料容器中，然而意外浸入也可以提供混合的颜色，带来令人兴奋的发现。

大多数幼儿园教室都会为儿童提供画架，方便他们在一天的大部分时间里使用。桌子的顶部或一小部分地面空间也是如此。平整的表面会限制涂色过程中滴落的水滴量。艺术区的布置应使清理工作尽可能简单。儿童需要在画的下面铺纸，并有机会获得海绵和纸巾。颜料必须被保存在可以遮盖的容器中，以便艺术创作在相对简单的管理程序中继续进行。可以在画架上提供5种基本颜色的颜料，包括红色、黄色、蓝色、黑色和白色。应该有更多的白色和黄色颜料，因为它们会很快变脏。

电子绘画

由于教室环境充满了电子和数字交互设备，儿童正在经历非常不同的发展路径的形成。他们的环境和游戏场所通过电视、数码相机、摄像机、游戏站、手机摄像头和计算机与电子的、虚拟的世界相连。电子信息技术和电子数字交互设备的出现，为儿童提供了额外的工具和玩具。儿童能够在各个媒介领域转移他们的涂画模式。例如，他们可以将用铅笔和纸张创作的表征物转移到电子和数字媒体上。

通过绘画，儿童发现他们在纸上做出的标记和形状与现实世界或他们想象的世界中的事件和物体有关（Stetsenko，1995）。儿童也可以使用电子设备进行绘画。马修斯和西奥（Matthews & Seow，2007）展示了儿童如何利用鼠标驱动的计算机绘画程序来使用绘画设备。他们研究了儿童对电子和数字媒体（如摄像机和鼠标驱动的计算机颜料盒）的使用。他们之前曾让儿童使用物理媒体，如现成的物品、垃圾材料，尤其是物理颜料与用于书写和绘图的物质材料（如铅笔、钢笔、纸张）。然后，他们描述了儿童（2—6岁）如何使用微型计算机颜料盒程序，即他们使用鼠标驱动的微型计算机并同时协调至少三个不同的电机设备：（1）按下鼠标上的按钮；（2）移动鼠标；以及（3）观看屏幕。当儿童在一张纸上画画时，他们会立即直接绘出标记、痕迹或形状。在铅笔和纸质媒介中，绘图中的标记（当然）在空间和视觉上对应着所做的标记动作。相比之下，当儿童在屏幕上画画时，他们的动作和视觉轨迹不是直接的或即时的。绘图面是独立的，但它紧挨着视觉显示面。尽管使用鼠标驱动的计算机颜料盒进行绘画和涂色的体验与使用物理颜料进行绘画和涂色不同，但儿童能够跨媒介领域转移若干发展原则。马修斯和西奥（2007）研究中的儿童，能够在个人计算机屏幕上进行虚拟绘画。他们被告知这是一个特殊的绘画和涂色设备，他们可以用位于屏幕左上角的笔在这个屏幕上绘图。他们可以用它画画，就像用铅笔在纸上画画一样。当儿童尝试时，他们在计算机上画了1小时他们想要的东西。他们的绘画和涂色被打印并保存在计算机中。马修斯和西奥（2007）描述了以下情景。

> 一个4岁的孩子格伦对这样一支笔（类似于圆珠笔）能够在玻璃屏幕上绘画表示怀疑！这是一个有趣的例子，说明了儿童对新媒介的期望是基于先前经验的。格伦是我们的被试之一，他没有使用过计算机，但他确实知道圆珠笔不能在玻璃上画画！
>
> （Matthews & Seow，2007，p.255）

儿童只需轻轻一划或扭动一下，就可以开始自己的绘画，成为自我引导者，自行发起绘画和涂色活动。儿童经历了一系列连续的绘画动作，从反映骨骼和肌肉框架的自然动作到涉及简单结构原则或绘画规则的不断分化的结构。儿童按照他们在纸上画画时的相同顺序在这些结构中移动。

壁画

可以在不同颜色的大纸上画壁画。一开始，它们可以是儿童个人画作的集合。在创作一幅大型壁画时，儿童在一张大纸上的指定空间作画。有了绘制壁画的经验后，儿童会学习计划壁画的主题，他们可以使用来自环境或供应室的各种材料。例如，儿童可以为一个海洋单元制作壁画。他们可以在墙壁大小的厚纸上用手指画海洋，在颜料中加入闪光物来表现盐水，从《国家地理》等杂志上剪下海洋动物（如海豚、海马、海星、水母、鲨鱼），并将它们粘在壁画上。

蜡笔

蜡笔在大多数幼儿园教室中都可以找到，因为它们几乎不需要教师做什么准备，很少会造成混乱，而且很容易被找到。六边形或半圆形的大蜡笔可以创造出大胆、易于管理的笔触，并且不会从桌子上滚下来。儿童可以拥有自己的蜡笔套装或在班级池中共享蜡笔。儿童可以用蜡笔在大张牛皮纸和其他类型的纸上着色。

随着儿童不断获得使用蜡笔的经验，他们可以学习将蜡笔与其他媒介结合起来。例如，在蜡笔画的表面涂上一层颜料，使其脱颖而出。

彩色记号笔

像蜡笔一样，彩色记号笔可被用于绘画。教师应该只使用可清洗的记号笔，因为永久性记号笔很容易弄脏衣服。他们还需要教儿童如何正确保管记号笔，例如盖好笔盖以防止笔尖变干。

粉笔

无论是彩色的还是白色的，粉笔都可以被用来在黑板上或纸上作画。为了在纸上作画，儿童用水或酪乳润湿纸，使颜色更加鲜艳。完成后，他们可以在粉笔画上喷上固定剂，以防止它们被擦掉。

剪纸、撕纸和粘贴纸

这种方法可以形成有趣的图案。儿童可以折叠相当结实的纸来制作三维形状。他们还可以在二维平面上做出有吸引力的图形。非常年幼的孩子撕下可以粘贴在背景上的彩色纸片。当他们能够使用剪刀时，他们可以切割形状。

拼贴画

在制作拼贴画时，儿童可以使用具有各种纹理、颜色和形状的材料。这些材料来自周围环境和供应室，其摆放方式应该要让儿童能够毫无困难地取用它们。

不同类型的纸张和硬纸板，各种尺寸、形状、颜色和纹理的织物，一段段的绳子和纱线，羽毛，按钮，彩色锯末，金属箔，几乎所有的材料都可以被塑形、切割、粘贴，并用于艺术活动。儿童应在任何时候都可以使用多种材料，并被鼓励思考使用新材料。他们还需要考虑粘贴材料的方法，例如使用橡胶糊、白胶、订书钉和透明胶带。

印图案

这可以通过多种方式完成。儿童可以将一个带有有趣的纹理或形状的物体浸入一个浅盘的蛋彩画颜料中，然后将它紧紧地压在一张纸上。他们可以使用各种颜色和图案创造有趣的媒介。可以用许多材料印图案，如海绵、木板的颗粒状末端、胡萝卜以及土豆等任何物体。教师可以在这些材料上雕刻图案以增强印出的效果。儿童可以在牛皮纸上制作手印画。他们可以在调色板上滴一滴颜料，然后对颜料的质地进行一段时间的试验。之后，他们就可以在牛皮纸上印手印。

三维艺术作品

面向儿童的三维艺术作品，包括风铃和雕塑、缝纫、黏土模型、纸箱结构和木工等。

风铃和雕塑

风铃会动，但雕塑静止不动。各种材料可被用于以有趣的方式制作风铃和雕塑，包括销钉、压舌板、金属丝衣架、扭扭棒、金属箔片、纱线、球、海绵、橡皮筋和许多其他材料。黏土和泡沫塑料片用于制作雕塑的底座。由于风铃是悬挂的，因此它们不需要底座，可以将其系在衣架上。

织布机

线环可以帮助儿童在简单的织布机上编织。他们可以从使用棉圈和简单的金属织布机开始。简单的织布机可以用瓦楞纸板制成。在瓦楞纸板的两端挖约 1.3 厘米深的孔槽，可以帮助儿童为织布机穿线。然后，他们可以来回编织纱线，直到形成一个正方形。简单的织布机也可以通过将钉子钉入木箱或框架的边缘来制作。

缝纫

儿童可以使用挂毯针将图案缝在粗麻布上。之后，他们可以通过将其与毛毡布或类似织物组合在一起来创造有趣的图案。当儿童在班级里探索材料时，教师可以赞美他们的成就，并通过温和的指导向他们提供反馈，帮助他们取得进一步的成功。缝纫也是儿童用来表达自己的一种方式，这对个人来说变得很重要。

黏土模型

使用黏土可以增强儿童的小肌肉控制能力，并鼓励他们自我表达。陶土柔软有弹性，可以多次使用。具有适当黏稠度的黏土可以被无限期地存放在塑料袋中。如果它干了，你只需往里面加水；如果它太湿了，可以把它放在外面晾干。黏土需要足够柔软才能使用，并且要足够黏稠以避免粘在手指上。教师可以给儿童一块葡萄柚大小的黏土，让他们自己动手操作。他们可以揉捏它，击打它，把它滚成球或蛇，压平它，分割它，然后再把它推到一起。玩黏土通常比建造东西更重要。儿童在玩黏土时会以不同的方式使用手指和肌肉。他们按照与艺术发展阶段相似的一系列阶段来摆弄黏土。这些阶段如表 14.5 所示（Neubert，1991）。

表 14.5 儿童摆弄黏土的阶段顺序

阶段 1：当儿童第一次使用黏土时，他们会毫无目的地敲打黏土。这个阶段类似于儿童在艺术中的涂鸦阶段。
阶段 2：儿童制作线圈和球。这一阶段与儿童体验受控涂鸦的阶段相似。
阶段 3：儿童拿起大块的黏土，随着这个动作发出声音，然后给他们的物体命名，如"飞机"，或者说"这是一辆汽车"。在这个阶段，儿童的动觉思维发展了他们的想象力。

（续表）

> 阶段4：儿童可以使用黏土配件。
> 阶段5：儿童做手捏壶，他们把黏土拉成形状，然后撕下碎片。
> 阶段6：儿童在塑造人物时，会在滚圆的身体上添加黏土块作为头、胳膊和腿，创造出人物和动物。
> 阶段7：儿童使用卷或切割的方法来制作罐子。

教师向儿童介绍黏土的操作经验很重要。介绍黏土的步骤，如表14.6所示（Koster，1999）。

表14.6 介绍黏土的步骤

1. 使用电线或旧吉他弦将黏土切成碎片，为儿童提供垒球大小的黏土球。当儿童准备好时，他们可以使用更大块的黏土。
2. 使用水桌，让儿童玩黏土。
3. 给儿童塑料盖，瓶子里面装少量水，让儿童在手部干燥和弄脏时冲洗。他们可以用少量的水弄湿手。
4. 教儿童完成后将黏土放回储存容器中，使黏土保持湿润。为了保持黏土湿润，可以将它存放在一个密封的塑料袋中，放在一个带盖的小塑料垃圾桶内。儿童需要在摆弄黏土后用一桶水冲洗双手，然后再使用水槽，以免堵塞水槽的排水管。
5. 让儿童把黏土盖好，手要远离脸和嘴。

儿童喜欢使用黏土。他们喜欢戳、推黏土和建构三维作品。黏土满足了儿童接触泥土和在赋予生命的土壤中玩耍的基本需求。儿童在后院制作泥巴蛋糕时，自然会知道这一点。黏土和儿童有着独特的关系（Koster，1999）。

橡皮泥是一种油基黏土，有时会代替陶土。它不太适合被用于塑形，无法保存儿童的作品。但是，它可以被重复使用多次，因为它不会变干。也可以使用面团，它是由简单的家用材料（如盐、面粉、水）制成的，方便购买。

黏土配件

两三岁的儿童将逐渐学会使用黏土配件，如木制黏土工具、贝壳、豆荚和珠子等小物件。不应使用塑料和大多数金属工具。塑料卡扣、碎片和任何无形植入黏土中的东西都可能割伤儿童的手，但是金属的饼干模具可以鼓励儿童绘制图案。

当儿童用完黏土后，可以将其保存在陶罐里。如果他们想保存自己的作品，可以让它慢慢变干，然后再上色。如果儿童可以使用窑炉，他们就会喜欢看黏土如何随着热量改变。教师需要确保在窑中烧制的作品结实且不含会爆炸的气泡。用了一段时间的黏土,可能不需要再进行楔入。碎片应该很薄,附加物应该被牢固地连接起来。儿童的作品可能会被上釉。

黏土光滑凉爽,给人一种放松的感觉。它有助于培养儿童的想象力、创造力和探索精神。黏土配件可以激励儿童用黏土创作雕塑。教师需要为儿童提供一些陶器工具、黏土、空间和足够的时间进行创作。儿童喜欢泥塑活动(Kohl,2005)。

纸箱结构

简单的纸箱结构(如房屋、收银机、火箭飞船、汽车模型)可以由易于获得的材料制成。纸箱和纸盒可以被切割、粘贴、用纸装饰、涂上颜料和着色。拜勒姆(Byrum,1992)建议教师收集鸡蛋盒、瓦楞纸板、用过的包装纸、纸板托盘和大块泡沫塑料来制作各种雕塑。儿童在二维工作中形成的技能可以用于创作无尽的结构。儿童可以创作各种各样的雕塑(Kohl,1988)。

展示儿童的艺术作品

可以为儿童的艺术作品装裱、做框或镶边,然后展示出来。它们可以被展示在布满粗麻布或其他一些有吸引力的材料的公告板上。当儿童看到自己的作品被展示出来时,他们需要感觉到自己的作品是受到重视的。教师可以用一盒多色文件夹来装裱并展示儿童的艺术作品(Greenberg,2000)。也可以使用彩色垫板、橡木标签、纸板、厚纸和透明塑料为这些作品装裱和镶边。教师可以从当地工厂、工艺中心、回收中心和玻璃制造商(这些制造商喜欢捐赠边框、树脂玻璃、纸张、胶水、剪刀、胶带、电线、细绳、大头钉和订书钉)那里收集用于镶边和装裱儿童艺术作品的材料(Bakerlis,2007)。还可以将儿童的作品放在相框里,就像在美术馆展示一样。

艺术展览

可以规划一次艺术展来展示儿童的艺术作品。可以邀请家长、教师、其他班级的儿童和工作人员来参加艺术展。在儿童艺术中可以包含不同媒介的各种作品。艺术展包括由黏土、木材和回收材料制成的绘画、拼贴画等。教师可以在教室、图书馆、自助餐厅、礼堂或幼儿园其他可用的地方举行艺术展。儿童的艺术作品需要被装裱并镶上边框。此外,每件艺术品都必须标明儿童和教师的名字。可以像博物馆里展示艺家的作品一样展示儿童的艺术作品。三维的艺术作品（如雕塑）应被陈列在走廊的箱子里。需要提供标志，以告知参观者有关艺术作品的信息。在艺术展期间，儿童可以扮演画廊的讲解员，展示和讨论展出的艺术作品。艺术展前两周，可以通过派发小册子或贴出公告来邀请客人参加"儿童艺术展"。

在某些时候，儿童需要和全班儿童谈论他们的艺术作品，并将他们的技巧与他们了解过的一些艺术家进行比较。他们甚至可以假装成一名艺术家代理人，负责将艺术作品陈列出售。他们可能还想举办一场关于儿童画作的拍卖会。这样的活动可以为儿童提供更多关于艺术世界的信息。

有不同需求的儿童的艺术活动

艺术活动对包括残疾儿童在内的所有儿童都很有价值。一些残疾儿童可能难以用语言表达自己的感受。然而，他们能够使用艺术材料表达自己。残疾儿童需要有机会使用各种媒介表达自己。艺术帮助残疾儿童了解他们所处的环境，与同学建立关系，并以积极或消极的方式表达自己。残疾儿童用艺术表达愤怒，而不用害怕受到惩罚。有自我毁灭倾向的儿童会在他们的艺术作品中发现意义。语言发展迟缓的儿童能够逐渐看到复杂的非语言符号的样子。艺术活动对于肢体障碍儿童、视觉障碍儿童和听觉障碍儿童也很有价值，因为他们的感官知觉扭曲了，从而产生对认知过程分裂和混乱的特殊反应。

残疾儿童艺术活动的内容、方法、材料、时间和顺序需要在接受、开放和同情的氛围中进行调整和呈现。具有挑战性的艺术活动有助于残疾儿童实验他们的想法，结束激烈的感情，并获得一定的独立性。一些残疾儿童很容易感到困惑和不安。他们在自我激励、期待成功、提高接受和表达能力以及扩大注意力方面需要得到帮助。此外，残疾儿童需要改善自我形象、增强自信心和对成功的自我期望。他们需要成功的艺术活动，让他们对材料感到满意，并能够交流自己的想法和感受。

接受能力有限的儿童，需要简单的示范指导。缺乏自我引导的儿童需要热情的示范，以帮助他们对艺术活动产生兴趣并参与其中。视觉辅助工具（如电影、幻灯片、图片）能够吸引他们的注意力并激励他们。罗德里格斯（Rodríguez, 1985）提供了一些经过讨论的针对残疾儿童的调整建议。

肢体障碍儿童

肢体障碍儿童通常由于其肢体或中枢神经系统问题而存在学习困难的现象。然而，他们身体的残疾不会限制他们独立进行工作。身体残疾使得他们使用辅助工具在教室里走动，从而增强他们的自主权。即使是只能移动手臂、手和手指的肢体障碍儿童，也可以参与并享受艺术活动。他们需要有适合自己特定需求的材料（例如，将材料固定在轮椅上，将木板粘在桌子上以便他们制作拼贴画）。

可以为肢体障碍儿童制作或购买简单的设备。日常物品可以被用作适应设备。由于儿童的手灵巧度有限，无法握住画笔，因此他们可以使用泡沫卷发器，将卷发器滑动到画笔手柄或铅笔上；在织物商店中发现的泡棉可以使工具更厚；也可以将销钉安在绘画工具或画笔上；还可以将魔术贴条粘在画笔上，再连接到魔术贴带上，肢体残疾的儿童可以将其戴在手上。如果儿童难以抓牢，他们就可以使用这些工具防止画笔从手中滑落。

进行无笔绘画时，肢体障碍儿童可以使用滚珠除臭剂涂抹器或挤压瓶，因为这些工具可以很好地支持上半身动作。那些精细运动技能有限的儿童可能无法握住铅笔、蜡笔或画刷。可以用黏土球或泡沫橡胶海绵包裹铅笔、蜡笔或画刷，使其足够厚，让儿童能够握住它们。肢体障碍儿童如果动作不稳定或不协调，就很可能会将纸从画架或桌子上撞下来、溅出颜料或将其他用品撞到地板上。可以设置一个不同的工作区域，这里有坚固的支架以牢固地插入颜料罐，把儿童的纸张（用胶带或扣子）贴在画架上或他们正在工作的区域。一些肢体障碍儿童无法操纵小物件，因此他们在艺术创作时需要使用大的物品。那些不能使用颜料的儿童可以使用蜡笔或创作拼贴画，还可以使用毡尖笔、软芯铅笔和圆珠笔进行绘画，因为这些工具几乎不需要儿童施加压力，并且用完后就可以丢弃。

视觉障碍儿童

视觉障碍儿童通常被排除在大多数艺术活动之外。他们的参与仅限于从触觉上欣赏艺术，感受各种质地和形态。然而，他们需要有机会积极参与创作过程并在艺术世界中找到自己的位置。教师需要根据他们的残疾程度、感知经验和年龄，提供适宜的发展性活动。视觉障碍儿童需要有激励作用但不压抑的艺术活动。

视觉障碍程度从轻微到严重不等的儿童，使用感官（触觉、嗅觉、听觉）获取信息。他们通过多感官教学结合听觉、触觉和动觉经验来学习。他们可以接触各种各样的纹理并改善触觉。他们在区分不同的材料并确定其不同的特质时，可以描述自己使用的媒介。此外，当视觉障碍儿童在感受材料的质感时，教师可以提供语言指导。例如，在打结时，教师提供口头指导，同时通过一系列动作指导视觉障碍儿童使用手指和手。他们需要接触各种材料（如盒子、球、杯子、各种纸张、木材、纺织品、沙子、纱线、扭扭棒、电线、橡胶、塑料）。视觉障碍儿童一开始可能只使用少量材料，随后逐渐增加本领。

视觉障碍儿童喜欢用黏土塑形、制作版画、粘贴拼贴画和做手指画。可以用一滴食用色素和香料提取物对面团进行染色，赋予其颜色和味道。例如：当橙色颜料与橙子提取物混合时，面团闻起来像橙子；也可以是黄色颜料和柠檬提取物混合，或绿色颜料和薄荷混合。将食物提取物与海报中的颜色相匹配，有助于视觉障碍儿童了解颜色与天然风味之间的关系。他们需要了解自己使用的纸张的边界。教师可以握住他们的手，沿着纸的边缘移动。视觉障碍儿童在进行艺术创作时，需要将纸贴在桌面上。如果他们使用糊状物，则容器需要面朝上放置。

听觉障碍儿童

听力受损会影响听觉障碍儿童的交流、讲话和语言。至关重要的是，他们要了解在艺术活动中需要做什么。因此，需要为他们提供简单的书面说明或一小组图片，将其展示在每个人都可以看到的地方。翻译员可以打手势，以帮助他们理解教师的口头指示。

听觉障碍儿童具有精细的观察能力，这会帮助他们在艺术活动中做得非常好。艺术活动可以帮助他们应对因缺乏环境意识和互动而带来的情感疏离。听觉障碍儿童可以通过艺术活动，包括三维艺术创作（如泥塑、雕刻），表达他们的感受。他们可以在艺术活动中使用感官获取关于自己和世界的知识，并代替他们无法听到的信息。听觉障碍儿童可以利用艺术活动识别空间和运动的世界并与之互动。

智力障碍儿童

对智力障碍儿童来说，艺术活动具有教育价值，能够带来个人满足感。他们在艺术表达方面表现出缓慢但正常的发展模式，需要系统的教学和具体的教材来表达自己，学习一些艺术概念。在用大而结实的蜡笔画画时，他们会发展动觉技能并展示自己的进步。他们可以创造简单的木偶来识别角色并在木偶之间展开对话。智力障碍儿童可以轻松地制作珠宝。他们将盐和面粉混合成的面团滚成珠子，用牙签刺穿它们，然后将它们放出去晾干。晾干后，他们会给珠子上漆、装饰并串起来作为项链佩戴。

智力障碍儿童对色彩鲜艳、闪光的材料感兴趣。就像视觉障碍儿童一样，他们也受益于有关质地和触觉的艺术活动（如织物、黏土）。智力障碍儿童需要对形式和空间变得敏感，提高思维灵活性，增加情感敏感性，扩大概念库，并形成更多的社交自信。这些需求使教师为他们提供有计划的活动，从形状开始；组织他们可以自行选择的活动；提供能够发现新形态的指导；整合他们所知道的艺术活动（如切割、粘贴、组装）；演示明确的艺术活动步骤；提供比手大的材料和许多三维艺术活动。

情绪障碍儿童

情绪障碍儿童表现出攻击性或退缩行为，这会扰乱他们的学习。他们有低自尊，这表明艺术活动需要关注他们的自我意识，如自画像。他们也可以制作拼贴画。对情绪障碍儿童很重要的物品（如生日贺卡、票根、照片、信件、明信片），需要被放在棕色袋子里。他们使用这些物品制作拼贴画，可以创造包含自己姓名的图案。情绪障碍儿童可以通过艺术活动中的创造性表达来培养积极的自我概念和自信。当他们成功地完成艺术作品时，也会产生积极的感觉。这种积极的感觉，包括同理心、尊重、自豪和自信。

情绪障碍儿童可以利用艺术活动传达自己的感受和情绪（如快乐或悲伤、平静或紧张、害怕、担心或自信），使用颜色和形态进行阐释。他们的艺术活动应该类似于游戏活动，这些活动已被用作治疗情绪障碍儿童的一种形式。他们用艺术活动表达自己的想法和感受，还可以绘制表达他们想法的图像。他们的图形符号表明了他们的个性、关注点、情绪和个人幻想中无意识且通常被压抑的元素。重要的是要记住，就像所有儿童一样，情绪障碍儿童的艺术活动的目标也是提供快乐和满足感。

学习障碍儿童

学习障碍儿童很聪明，但他们在处理信息方面存在困难，这会影响他们的学业学习。他们看起来像正常发展的儿童，但他们不能像那些儿童那样学习。他们有隐藏的残疾。学习障碍儿童是不成熟的，缺乏安排自己的能力以及开始、继续和停止做某些事情的能力。因此，他们无法有效使用通常与表现艺术相关的自由。在艺术活动中，学习障碍儿童需要让教师成为他们的聚焦机制，为他们设置界限，让他们能够有效地学习，充分地创造。他们可以遵循复杂的艺术程序，这些程序被分解为几个简单的部分，以便他们逐步学习。学习障碍儿童需要在空间、时间、选择、使用材料的数量、完成的工作量、指导和讨论方面受到限制。此类限制不应影响他们的创造力和表达能力，而应为他们提供规范和边界，让他们组织自己的创造性表达。学习障碍儿童需要成人的支持，但他们也需要得到帮助从而变得独立。

当学习障碍儿童在艺术项目中犯错时，他们会很沮丧。他们需要从事可以重塑或改变的艺术项目。例如，他们可以在黑板上画画或用手指画画。他们如果对自己的作品不满意，就可以轻松地将其擦掉并开始新的绘画。他们可以用黏土塑造和重塑艺术作品，直到他们满意为止。那些更有能力的儿童会编织，因为他们的作品可以很容易地被修改。

难以完成一个项目的学习障碍儿童，可以从事他们感兴趣的艺术活动。他们可能希望从事一个简单的艺术项目，比如为他们最近看到的东西画一幅画，或者用幼儿园里的树叶、树枝或岩石创作一幅画。

天才儿童

天才儿童拥有高于平均水平的能力。艺术材料需要高级并具有激励作用，以帮助他们参与复杂的艺术项目（如拼贴画）。他们可以根据自己感兴趣的主题收集拼贴物品。例如：对于冬季主题，天才儿童可以使用松果、槲寄生和手套制作拼贴画；对于木工主题，他们可以制作木工拼贴画并收集钉子、砂纸、尺子和螺丝等物品。拼贴画能够引发对天才儿童来说有意义的班级讨论。

创造力通常与天赋有关。天才儿童的独创性和发散性思维必须在艺术活动中得到重视。教师需要尊重这些儿童的创造性思维，鼓励他们的创造性表达，避免强迫他们遵循并创作典型的艺术作品。

英语语言学习者

由于英语语言学习者难以用语言表达自己，因此他们可以将艺术活动作为一种交流方式。他们可能会听到或看到单词，但无法理解它们。艺术活动会强化英语语言学习者的语言概念并发展他们的视觉象征。例如，英语语言学习者可以在看到风筝后画下风筝。他们能够命名和描述风筝的特征（如形状、颜色、质地、重量）。当英语语言学习者画风筝时，他们也可以进行描述。英语语言学习者会查看各种风筝的图片或幻灯片，并讨论它们的异同。教师可以向儿童展示风筝。然后，英语语言学习者放风筝或看其他人放风筝。他们将观察和描述风筝如何飞翔、风的重要性（原因和影响）、风吹风筝时风的声音、风筝如何移动以及线的重要性。英语语言学习者可以通过绘画来回忆这些经验。这种艺术活动有助于英语语言学习者扩大词汇量，并通过语言和艺术表达自己。

艺术活动鼓励英语语言学习者讨论他们的艺术项目。关于项目的积极提问和鼓励，可以帮助英语语言学习者在分享他们的项目时感到自在。

游戏化的艺术环境

充满乐趣的艺术环境鼓励儿童探索艺术过程。儿童的艺术成为一种个人探索和发现，他们会对自己的发现感到惊讶。他们可以将环境中的一切视为展示、选择或操作的潜在来源。例如：地板或椅子代表底座，一堵墙代表一个背景，教室代表一个空间，人们代表那个空间内的物体。儿童有趣的发现，帮助他们以全新的眼光看待环境，并在他们与空间和环境中的物体一起工作时扮演艺术家的角色（Szekely，1991）。

教师应该激励儿童并为他们提供艺术活动。儿童会通过自己的发现进行最好的学习。他们通常热衷于寻找新的地点，这可以不断地帮助他们发现新的环境。儿童在户外散步或走在超市过道时，通常会使用感官来调查和收集信息。当看到新事物时，他们会摸一下、闻一下，也可能尝一下。艺术课程需要成为游戏环境中的调查之旅。儿童的探索和发现将在艺术中重生，他们长大后也会一直尊重艺术（Szekely，1991）。

艺术区

可以创设艺术区，为儿童提供实验和探索各种材料的机会。该区域应该足够大，可以展示和存放各种材料，供儿童进行艺术项目工作，存放作品以便随后继续完善，并展示儿童的作品。

可以为儿童提供大量从多感官艺术活动中进行选择的机会。需要使用多种感官的艺术活动可以帮助儿童理解更完整、更丰富的视觉意象，这些意象可以是再现的或抽象的。儿童喜欢绘画和展示自画像。他们也可能更喜欢画朋友、宠物、洋娃娃、动物或其他事物（Szyba，1999）。让儿童参与自发的自主艺术活动是很重要的。

需要提供适合儿童的不同能力水平的基本的开放性材料。儿童需要每天接触他们熟悉的艺术活动，如绘画。拼贴、用面团和黏土塑形、用木块和金属丝塑形，需要待儿童熟悉时再提供，也要引入适宜的新的艺术活动。陈列台可以为儿童提供艺术经验和材料，以供他们自主选择和自主管理，并促进社交互动。

学习区需要提供足够多的材料，让儿童能够选择和尝试不同的艺术媒介。需要鼓励儿童添加与他们的经验和研究领域相关的材料（如石头、树枝、树叶、花）。当儿童对材料失去兴趣时，需要更换材料。表14.7 呈现了可以放在艺术区的材料示例，表14.8 呈现了摆放艺术材料的方式。

表14.7　艺术区的材料示例

• 水	• 不同颜色、大小和形状的废弃报纸	• 擀面杖
• 喷雾瓶、油蜡笔以及用于蚀刻水彩画的小木棒	• 砂纸	• 牙签
• 不同颜色的蛋彩画颜料	• 各种纸张（铝箔纸、礼品包装纸、包裹包装纸等）	• 纽扣
• 不同颜色的手指画颜料		• 纸板管
• 不同颜色的粉笔	• 织物边角料	• 包装材料
• 不同大小的画刷	• 羽毛	• 细条状材料
• 不同大小的海绵	• 小木棍或树枝串	• 标签板
• 水性记号笔（几盒）	• 纱线	• 作为结构底座的纸板
• 水性蜡笔、魔术笔、铅笔	• 贴纸	• 碎木屑
• 不同颜色的钢笔	• 黏土（普通面团、橡皮泥、盐面团）	• 雪糕棒
• 胶水		• 吸管
• 蜡笔（几盒）	• 被用于压入黏土中以创造纹理的小物品，如字母、数字、螺母、螺栓	• 鸡蛋盒
• 剪刀		• 取景器
• 各种质地的白纸（包括手指画纸）		• 结实的小镜子

表14.8　艺术材料的摆放方式

剪刀
- 鸡蛋盒可被用于摆放剪刀或铅笔。用胶带将边缘粘在一起，以便在搬运时鸡蛋盒保持闭合。空白区域显示有多少把剪刀被拿走。
- 空的咖啡罐也可以变成很好的剪刀架。将塑料盖粘在敞开的顶部，因为打孔后内部会出现锯齿状边缘。然后，将罐子倒置并使用罐子打孔机在周围边缘打孔。用相纸装饰咖啡罐。
- 另一种剪刀架是被钉在墙壁上或小隔间的背面的松紧带。

（续表）

纸架
- 纸架可由以下材料制成：
  > 放在桌子上的冰激凌容器
  > 放在桌子上的报纸圆筒
- 转动冰激凌容器或圆筒，使开口面向教室，可以将几个容器堆叠起来，将拼贴材料放入其中。将几个容器装订或拼合在一起，作为摆放各种小型艺术活动物品的容器。

蜡笔
- 冷冻果汁罐是很好的蜡笔架。彩纸封面会告诉儿童每支蜡笔的去向。

标记材料

儿童的目标之一是在班级里尽可能独立，并对自己和自己的工作负责。贴有标签的架子和小隔间帮助儿童知道，在哪里可以找到材料以及将它们放回哪里。这也使得清理工作变得更容易，并有助于保持教室整洁。标签必须是儿童可以理解的。架子上的图片，可以帮助那些无法阅读的儿童。

由于魔术笔会产生永久性标记，因此应使用相纸，因为它上面的笔记可以被擦掉。用不干胶纸做的标签不是永久性的，可以根据之后的安排进行更改。干裱和塑封会使图片更结实。也可以在图片上使用透明的相纸，以防止图片被撕裂或弄脏。可以将材料的样品粘在冰激凌筒的外面，作为拼贴材料的标签。拼贴材料也可以被放在一个带有标签的盒子里，这样方便儿童寻找。

储存容器

空果篮可用于存储。给它们贴上标签，说明存储的东西，并放在一个柜子里。教师可以向杂货店或农产品经销商索要空果篮。衬衫盒也可以作为储物容器，在盒子的末端贴上标签，放置在储物柜中。鞋盒和在酒类商店获得的酒瓶盒，也可以被用作存储容器并贴上标签。一张胶合板上可以覆盖五颜六色的材料，如粗麻布。可以用塑料片或醋酸纤维片制作成口袋，为所有类型的物品创造存储空间。

儿童与经典艺术作品

艺术有助于培养儿童的想象力。它提供了体验和游戏的形式，还可以帮助儿童了解现实世界。儿童在艺术方面的早期经验很重要。当他们学会认识和欣赏来自自己的想法和感受的力量、美感和真理时，他们的创造能力就会被释放。在艺术方面，艺术作品的视觉形象帮助儿童学习自由地表达思想和感受。在理解经典艺术作品的过程中，儿童学会分析和讨论艺术家的作品。儿童需要从广泛的视觉艺术中学习艺术内容，涉及"艺术本质的概念，评估和判断艺术的基础，艺术创作的背景，以及艺术创作的过程和技术"（Clark et al., 1987, p. 135）。教师的作用是帮助儿童学会分析、理解和欣赏艺术。实际上，儿童需要通过各种艺术活动发展对视觉艺术的理解，以学习艺术批评和艺术鉴赏。

艺术批评

在很小的时候，儿童就可以成为艺术评论家。艺术博物馆提供的活动让儿童能够享受、欣赏艺术作品，并对艺术作品做出反应。这种宝贵的经验会激发儿童的好奇心和兴趣。博物馆工作人员经常与儿童讨论特定的艺术作品，并引发儿童的口头反馈。学龄前儿童可以回答一些问题，这些问题有助于使他们自由的艺术对话变得系统化。他们能够清楚地表达自己对艺术作品的印象。虽然他们不喜欢某件作品，但他们可以学习解释线条、形状和标记簇，以此解释艺术作品中的视觉图像。斯波德克和萨拉乔（1994b）使用几个来源（例如，Cole & Schaefer, 1990；Feldman, 1970）中的信息，提出了艺术批评的四个阶段以及提高儿童艺术批评能力的方法（见表14.9）。

表 14.9 儿童艺术批评与鼓励的阶段

阶段	描述	儿童的活动
描述	儿童在艺术作品中所能看到的文字属性的数量。	假装你在电话里跟我说话。你能说出这张照片中东西的名字，以便我认出它们吗？
分析	儿童在艺术作品的特性（如线条、形状、空间、颜色、纹理、平衡）之间发现的关系。	如何搭配颜色？是安静的还是嘈杂的？是对立的还是友好的？

(续表)

阶段	描述	儿童的活动
解释	当儿童回答将他们的思考引导到想法、感觉或情绪的问题时,儿童理解艺术作品的内容(主题)的方式。	在这一幕之前或之后发生了什么?
判断	儿童根据先前艺术作品的信息得出结论。	你最喜欢哪个?艺术作品中的故事,其中的形状、颜色和图案,还是当你看到它时它给你的感觉?

艺术批评为儿童的逻辑思考和创造性思维发展铺平道路,这有助于他们组织自己的思想。儿童会从评判艺术家的作品中获得乐趣。他们喜欢与他人分享自己的想法和兴趣,以及讨论艺术作品。现在,可以为年幼的观众准备关于特定艺术作品的讨论,鼓励他们回应和讨论这些作品。

艺术鉴赏

对儿童来说,艺术鉴赏既是可能的,也是有价值的。教师需要帮助儿童从艺术创作者成长为艺术鉴赏者。艺术鉴赏可以增进儿童对世界的了解,并在此过程中丰富他们的生活。这是一种可以持续一生的技能和喜好。当儿童创作艺术作品时,意义就进入了他们的生活。他们也可以在他人创造的艺术中发现意义,这是艺术鉴赏的核心。艺术活动不只是绘画、涂色和其他艺术活动。艺术鉴赏应该包括"在艺术中思考"的理念,也就是说,儿童需要参与思考、感受和回应艺术的过程,而教师需要为儿童提供机会分享他们的想法、见解和感受,以便儿童能够更好地理解艺术家、作品和他们自己。其中,儿童可以获得审美体验,这会帮助他们为终生享受艺术奠定基础。当他们有机会创造和欣赏美时,这种类型的学习就会发生。

鉴赏活动

教师需要为儿童提供直接的艺术鉴赏机会,这可以帮助儿童学习如何思考艺术。艺术鉴赏虽然是一个学术性的、抽象的概念,但对儿童来说很容易学会。儿童的感官和知觉非常开放,与周围环境协调一致(Epstein,2001;Scribbles,2005)。如果艺术鉴赏是以具体的方式呈现,那么儿童就能够学会欣赏艺术。创造性活动,如表14.10所示,可以奠定儿童关于艺术的知识基础(Epstein,2001;Scribbles,2005)。

表 14.10　有助于奠定儿童的艺术知识基础的创造性活动

- 儿童在表达对艺术的观察和意见时需要感到安全。当他们分享自己对某件艺术作品的感受时,他们是在透露一些高度个人化的东西。儿童在以这种方式"暴露"自己时,应该感到足够放松。
- 儿童需要收集优秀艺术作品的复制品和插图。
- 博物馆礼品店、书店和图书馆都有大师级艺术家的绘画、版画和素描的复制品。杂志和小册子重印了他们的艺术作品,报纸的书评部分有来自最近出版的艺术书籍中的插图。
- 儿童需要了解社区中的艺术。他们可以参观附近的博物馆、艺术画廊和艺术家工作室,也可以使用艺术家使用的那些材料和工具。

教师可以通过儿童图书介绍艺术家,如表 14.11 所示(Collins,2004)。例如,教师可以给儿童读《莫奈》(*Monet*)(Venezia,1989)。当讨论这本书时,请重点看一下第 21 页,这里讨论了他的画作《日出·印象》(Impression, Sunrise,1872)。在与儿童讨论完这幅画后,萨贝丝(Sabbeth,2002)提议了结合这幅画开展的活动,她称之为"我·印象"。莫奈的画表明,它是由许多短的、断断续续的、未混合的彩色笔触组成的。从远处看这幅画会发现,这些笔触都融合在一起。对此,克劳德·莫奈(Claude Monet)的说法如下。

> 当你画画时,试着忘记你面前有什么物体,一棵树,一栋房子,一片田地,或者其他什么;而是想着"这里是一个蓝色的小方块,这里是一个粉红色的长方形,这里是一条黄色的条纹",然后按照它的样子涂色。
>
> (Sabbeth,2002,p. 24)

表 14.11　关于艺术家的儿童图书

- 《毕加索与马尾辫女孩》(*Picasso and the Girl with A Ponytail: A Story About Pablo Picasso*,Laurence Anholt,1998)
- 《博物馆里的米菲》(*Miffy at the Museum*,Dick Bruna,1998)
- 《一两只鸟:关于亨利·马蒂斯的故事》(*A Bird or Two: A Story About Henri Matisse*,Bijou Le Tord,1999)
- 《第一印象:玛丽·卡萨特》(*First Impressions: Mary Cassatt*,Susan E. Meyer,1990)
- 《莫莉遇见了莫娜和朋友:博物馆里神奇的一天》(*Molly Meets Mona and Friends: A Magical Day in the Museum*,Denise Bennett Minnerly & Gladys Walker,2004)
- 《儿童大小的杰作》(*Child-Sized Masterpieces*,Aline D. Wolf & Janine Sgrignoli Wolf,1985)

（续表）

- 《弗里达·卡罗：画自己的艺术家》(*Frida Kahlo: The Artist Who Painted Herself*, Margaret Frith & Tomie dePaola, 2003)
- 《亨利·马蒂斯：用剪刀画画》(*Henri Matisse: Drawing with Scissors*, Jane O'Connor & Jessie Hartland, 2002)
- 《文森特·凡·高：向日葵和旋涡状星星》(*Vincent Van Gogh: Sunflowers and Swirly Stars*, Joan Holub, 2001)

儿童可以使用莫奈的想法创作自己的印象派画作。关于创作这些图画的指导，如表 14.12 所示。

表 14.12　印象派图画创作指导

1. 从杂志上剪下海景等风景图片。
2. 虽然这幅画看起来是纯色的，但它实际上是用多种颜色组合而成的。例如：蓬松的白云可能带有淡紫色、灰色和黄色；湖的蓝色水可能有几种颜色（如蓝色、绿色、紫色），而日落时水的颜色可能是粉红色。
3. 将棉签浸入某种颜色的颜料中，然后用棉签在图片顶部做粗体的短笔画，为其增添色彩。继续在图片上画短的、分离的、不同颜色的斑点。一定要使用干净的棉签涂每种不同的颜色，使每个笔触清晰，不要将颜色混合在一起。
4. 完成后，以"印象·"作为开头为图片命名。

视觉艺术创作需要借鉴儿童自己的生活经验和艺术材料，以及探索他们如何看待和理解艺术家的作品。儿童根据他们对艺术家作品的理解来联想意义。根据科恩－伯斯泰因（Korn-Bursztyn，2002）的说法，需要利用儿童的早期经验来教授视觉艺术。例如，根据儿童的兴趣和日常经验，儿童和教师可能选择文森特·凡·高的画作——《星月夜》(The Starry Night)。对那些对天空着迷并且经常害怕入睡的儿童来说，夜晚是一个很有吸引力的主题。有旋转云彩的夜空可以吸引三四岁儿童的兴趣，让他们在图书区反复使用和阅读与夜空相关以及关注夜晚的儿童文学图书（见表 14.13）。

表 14.13　可与凡·高的画作《星月夜》一起使用的图书

- 《月亮，生日快乐》[1]（Happy Birthday, Moon，Frank Asch，1982）
- 《晚安，月亮》[2]（Goodnight Moon，Margaret Wise Brown，1947/1975）
- 《画一个星星给我》[3]（Draw Me A Star，Eric Carle，1992）
- 《爸爸，我要月亮》[4]（Papa Please Get the Moon for Me，Eric Carle，1986）
- 《"我不困"》（"I'm Not Sleepy"，Denys Cazet，1992）
- 《半个月亮和一整颗星星》（Half A Moon and One Whole Star，Crescent Dragonwagon，1986）
- 《黑暗与蝴蝶》（Darkness and the Butterfly，Ann Grifalconi，1987）
- 《恒星》[5]（Stargazers，Gail Gibbons，1992）
- 《街道上的夜晚》（Night on Neighborhood Street，Eloise Greenfield，1991）
- 《在这个夜晚》（In This Night，Irmgard Lucht，1993）
- 《午夜厨房》[6]（In the Night Kitchen，Maurice Sendak，1970）
- 《夜晚是如何到来的》（How Night Came，Joanna Troughton，1986）

儿童也可以讨论这些故事。邀请当地艺术家到班级参与讨论。科恩－伯斯泰因（2002）分享了儿童和一位艺术家关于凡·高的画作《星月夜》的对话。儿童毫不犹豫地开始讲述这个故事，并将自己与这部作品联系起来。艺术家和儿童进行了以下对话。

艺术家：我听说你在看天上的东西。我是一名艺术家，我喜欢天气和天空。有很多关于天空的很酷的画——我今天带来了我最喜欢的，是一位名叫文森特·凡·高的艺术家的画（指着幻灯片上的《星月夜》）："你们能给我讲讲关于这幅画的故事吗？"

艺术家：我们要阅读这幅画。画里有一个故事。你们看到了什么？

莎伦：（指着月亮）它躲起来了！

艺术家：你觉得谁躲起来了？

莎伦：月亮！这说明你必须去睡觉。

---

[1] 该书的简体中文版已由明天出版社于 2014 年出版。——译者注
[2] 该书的简体中文版已由北方妇女儿童出版社于 2013 年出版。——译者注
[3] 该书的简体中文版已由明天出版社于 2015 年出版。——译者注
[4] 该书的简体中文版已由明天出版社于 2011 年出版。——译者注
[5] 该书的简体中文版已由文汇出版社于 2019 年出版。——译者注
[6] 该书的简体中文版已由贵阳人民出版社于 2017 年出版。——译者注

乔恩：我喜欢黑暗的房间。我不怕黑。

艾丽西亚：这就是星星一路向上的原因。

（Korn-Bursztyn，2002，pp. 41-42）

阅读有关夜晚的书籍后，儿童可以使用与他们一直在用的艺术材料不同的其他材料进行艺术活动。教师可以制作一个可洗的调色板，这是艺术家用来铺展和混合颜料的一种薄板，供儿童随身携带。调色板需要足够大，让儿童可以工作，并且要足够轻，方便他们携带。可以用一块三层的厚纸板（边长45厘米会很方便）制作调色板。然后，两面都覆盖着可水洗的乙烯基自粘纸（如相纸）。纯色的会更好，因为它更不容易分散儿童的注意力。儿童可以用包含浅蓝色到午夜蓝色的调色板进行绘画，这可以突出凡·高的《星月夜》中夜空出现的阴影。儿童可以观察到他们在阅读和讨论的图书中发现的深色、流动的线条和旋转的形状。由此，儿童的画能够反映凡·高的《星月夜》。

儿童是艺术家，他们可以在视觉艺术中学习读写的符号工具和他们文化的审美符号。他们可以利用直观知识来理解自己艺术作品的特质。教师还可以向儿童介绍著名艺术家的艺术。儿童可以了解艺术家、艺术家的技能和传记信息。汤普森（Thompson，2005）使用一本图书描述了一位幼儿教师如何介绍艺术家（见表14.14）。

表 14.14　介绍和讨论凡·高的背景信息

教师坐在摇椅上，儿童坐在她面前的地板上。一个小画架上放着一幅凡·高的画作《星月夜》。教师拿着凡·高的照片。

教师（指着照片）：这位艺术家是一位伟大的画家。他的名字是文森特·凡·高。他生活在大约100年前。

克洛：我想知道他多大了。

教师：凡·高出生在一个叫荷兰的国家。（教师和孩子们看着地球仪）这就是我们在美国的地方，这就是荷兰。荷兰就在大西洋对岸。

萨尔瓦多：就像小矮妖①住的地方！

教师：没错，横跨大西洋，就像爱尔兰一样。凡·高只活了37岁。这不是很长，对吧？

克洛：嗯，好像有一点长。

教师：对你来说似乎有点长，但对我来说不是，因为我38岁。

儿童：哇！

---

① 爱尔兰传说中的角色。——译者注

（续表）

> 教师：凡·高喜欢画画。他画了800幅画。
> 杰西：那几乎是一千幅画！
> 埃弗里：我曾经数到518。
> 教师：那你就会知道，800幅画很多。（Thompson，2005，p.45）。

教师将凡·高的信息与儿童的知识联系起来。她将地理融入讨论中。在地球仪上指出荷兰的位置，对儿童来说可能是一个抽象的概念。然而，一名儿童将爱尔兰的位置与荷兰的位置联系起来。教师将她38岁的年龄与凡·高37岁的一生进行对比，帮助儿童理解凡·高的短暂人生。儿童通过数字和计数的经验来理解凡·高的800幅画作是由大量画作组成的。然后，教师讨论了凡·高的绘画技巧（见表14.15）。

表14.15 讨论凡·高的绘画技巧

教师（指着《星月夜》的照片）：这是凡·高的一幅画的照片。当我们看这幅画时，我想让你们首先观察这是一天中的什么时候。
杰登：黑天。
教师：天黑了。代表黑天的另一个词是什么？
杰登：夜晚。
教师：看起来像是夜晚。什么告诉你这幅画上是夜晚？你能找到一些线索吗？
萨姆：蓝色。它是一种暗的颜色。
教师：凡·高还用什么颜色把这幅画弄得有点暗？
迭戈：深色旁边的黄色。
教师：你说得对！在蓝色旁边画黄色确实会使深色凸显出来。现在，让我们看看凡·高的绘画方式。（指着绘画的笔触）如果你拿起画笔开始画这幅画，你会如何描述你的笔触？
费思：蓝色的小笔触。
教师：蓝色的小笔触，是的。关于绘画笔触，你们还能说什么？
迭戈：笔直的和圆形的。
教师：是的！有些笔触是直的，有些笔触是圆的。它们是长笔触还是短笔触？
凯妮：短的。
教师：你非常善于观察。没错，凡·高用了很多短笔触。你们认为他用的颜料是浓稠的还是稀薄的？
凯妮：浓稠的，因为浅蓝色部分看起来有点像人。
教师：是的，浓稠的颜料。你们都能看到颜料中的那些笔触吗？现在，让我们来观察另一件事——凡·高选择的颜色。例如，让我们看看蓝色。蓝色是暖色还是冷色？想想自然界中蓝色的东西。它们通常是暖的还是冷的？

（续表）

> 布兰登：冷的！因为大海是蓝色的。
> 教师：对，大多数时候，我们认为水是凉的。他是否使用了一些你们认为是暖色的颜色？
> 凯妮：月亮。
> 教师：月亮是黄色的。你们知道凡·高给这幅画起了什么名字吗？
> 儿童："幽灵般的""燃烧的房子图片""山顶""闪烁的灯光"……
> 教师："闪烁的灯光"。天空中有什么东西能让他称之为"闪烁的灯光"？你是对的，因为这幅画叫"星月夜"。（Thompson, 2005, pp. 47–48）

有些人可能会觉得，这样的讨论对这个年龄段的儿童来说太长、太详细了。然而，教师在引导儿童获得新想法、将新知识与熟悉的知识相关联并建立在儿童的经验之上时，始终吸引着儿童的注意力。儿童的反应往往是对其他儿童反应的估计并来自其他儿童的反应。讨论结束后，教师让儿童一起演示凡·高的绘画技巧（见表14.16）。

表14.16　演示凡·高的绘画技巧

> 教师（举起一个纸盘，上面有手指画颜料）：我们谈到凡·高用的是浓稠的颜料，那么这是浓稠的颜料吗？
> 特里亚娜：是的，因为你可以止住它，它不会流。
> 教师：我们可以用水彩吗？那么颜料会怎样？
> 特里亚娜：它们会滴下来。
> 教师：是的。这是一种特殊的浓稠的颜料。它是手指画颜料，但今天我们要用画笔而不是我们的手指来画画。（举起两支画笔，一支有着粗刷毛，一支有着细刷毛）你们认为凡·高是用哪支画笔画粗重的笔触的？
> 特里亚娜（指着细毛画笔）：红色的这支。
> 教师：他可以同时使用两种画笔，但是当他想要画出非常粗的笔触时，他可能会使用粗的这支画笔。
> 斯凯：我们必须画凡·高的画吗？
> 教师：不，你愿意就可以画。你可以画一幅像这样的画，你如果愿意，就可以画上星星或行星。这取决于你。我更感兴趣的是看到你像凡·高那样用浓稠的颜料和短笔触作画。（她用胶带把一大张纸粘在墙上）我们要试试这个。萨拉，你想演示吗？（萨拉走上前，拿起粗画笔）向我们展示你认为凡·高使用笔触的方式。（萨拉画了几个短的笔触）是的，它们是短的笔触！他在这里用了一点微小的、短的笔触。（对着《星月夜》中的一组笔触作画）你们认为这些笔触代表什么？
> 儿童：风……云。
> 教师：我听到了一些好的想法。这里？他在这里画了什么？
> 斯凯：一个房子。
> 教师：是的，小房子的笔触很小，很短。现在，让我们试着用凡·高绘画的方式画一些画，使用浓稠的颜料和短笔触。（Thompson, 2005, pp. 48–49）

儿童可以了解其他艺术家。在合适的活动中，他们会记住每位艺术家的技巧。比如，一段时间后，当教师在纸盘上给儿童涂浓稠的颜料时，一个男孩脱口而出："浓稠的颜料，就像凡·高用的一样！"（Thompson，2005，p. 49）教师需要为儿童提供材料，让他们体验艺术家的艺术风格。这些要素需要在适合儿童发展的框架中教授。

儿童是现实的观察者。当他们了解了几位艺术家的技巧后，他们应该能够区分这些艺术家的画作。当他们从审美的角度确认所看到的东西时，他们可以欣赏由它所激发的艺术作品。如表14.17所示的步骤，可以帮助儿童欣赏艺术作品（Wolf，1990）。

表14.17　帮助儿童欣赏艺术作品的步骤

1. 比较相同主题的画作。年幼的儿童可以比较三对具有相同简单主题的画作，例如德国画家丢勒（Durer）画的一只野兔、凡·高画的一把椅子以及西班牙画家米罗的抽象画。当儿童可以完成这项任务时，教师可以添加更多，一次一对，例如，先是法国艺术家雷诺阿（Renoir）的《提着水罐的小女孩》（A Girl with A Watering Can），然后是法国画家马蒂斯的《天竺葵》（Pot of Geraniums）。随着儿童可以成功地完成每项任务，任务将变得更加有难度。
2. 识别同一位艺术家的相似画作。在儿童可以比较相同主题的画作之后，他们能够识别出同一位艺术家的相似画作。对于这项任务，儿童需要能够识别一位艺术家主题和风格相似的两幅画作。例如，儿童可以对法国画家德加（Degas）的两幅芭蕾舞者画作、美国画家奥杜邦（Audubons）的两幅鸟类画作、荷兰画家蒙德里安（Mondrian）的两幅几何图案画作进行配对。然后，逐渐增加任务的难度。
3. 对艺术家的画作进行分类。儿童对三位不同艺术家的四幅画作进行分类。他们从极具对比性的主题开始，如法国画家塞尚（Cezanne）的四幅静物画、俄罗斯画家康定斯基（Kandinsky）的四幅抽象画和西班牙画家戈雅（Goya）的四幅人物画。当儿童可以完成这项任务时，教师会在四幅画中的一幅下面写上艺术家的姓氏。儿童可以通过视觉印象将其与他们欣赏的风格联系起来。
4. 了解艺术家和他们的时代。儿童的经验可以帮助他们阅读重要艺术家的名字和艺术家最著名画作的标题。更多的经验，可以帮助儿童根据一些知名艺术学派的特点来识别画作。最后，儿童可以使用几世纪以来艺术发展的视觉表现，将明信片大小的复制品分组，这些复制品可以在任何艺术画廊或书店中找到，按时间顺序给它们排序。

学龄前儿童将艺术鉴赏视为对不同形式和风格的艺术的一种积极态度。他们可能喜欢不同的形式，但需要对不熟悉的艺术持开放的态度，了解不同表达方式的价值。教师需要帮助儿童理解艺术是一种个人表达形式，向儿童介绍广泛的艺术以及以儿童能够与之产生联系的方式让他们参与艺术（Giorgis & Glazer，2012）。在儿童能够认出不同的艺术家之后，这些艺术家可以出现在儿童角色扮演的情境中。

角色扮演与艺术教育

角色扮演活动需要非常逼真，反映现实世界的情况。角色扮演是戏剧游戏的一种形式，儿童通过参与和观察来学习并理解他们与他人的互动、相关事件以及事件的原因。角色扮演促使儿童自发地即兴发挥、解决问题、在情境中扮演角色、观察他们对角色的反应结果并做出决定。

角色扮演活动可以促进儿童在各种情况下的学习，还可以为儿童提供发展社交技能和批判性思维能力以及积极态度的机会。角色扮演是一种多功能和合作性的学习活动，可以减轻儿童的神经压力并鼓励他们去冒险。

艺术教育中的角色扮演被发现于19世纪七八十年代的"绘画研究"中。儿童扮演为绘画摆姿势的模特（Hurll，1914）。虽然这个角色缺乏角色扮演戏剧的对白，但这样的经历为他们提供了积极而难忘的学习经验。角色扮演活动帮助儿童学习艺术史（Szekely，1991）。儿童可以扮演艺术专家的角色，假装自己是画廊老板、策展人或历史学家。他们可以交流"超越狭隘观点和个人解释"的想法。类似的活动会帮助儿童获得艺术批评方面的表达技巧（Eckhoff，1995）。儿童可以假装自己是艺术家的代理人。他们可以研究艺术家的作品，写一封信来描述艺术家作品的重要性，并将其邮寄到博物馆或艺术画廊。这种角色扮演将有助于儿童全面了解艺术家及其作品。

本 章 小 结

美国的许多儿童很少或根本没有机会参与高质量的艺术学习活动，但艺术在学前游戏课程中扮演着重要角色。儿童使用艺术作为他们认知表达的一种形式来交流想法、感受和情感。艺术公开传达了儿童的个人想法和概念，这有助于儿童以非言语的方式表达自己。他们以多种方式表达自己的想法和感受。虽然语言是大多数人的主要表达方式，但艺术也很重要，尤其是在童年时期。

儿童在能够用语言交流自己的想法和感受之前，用艺术表达他们对世界的理解与解释。他们的艺术变成一种象征性的交流方式，这可能比语言更好（Bae，2004）。他们在学习书写之前，使用艺术进行交流。他们在能够阅读文本之前，学习解释图像和物质文化（Barroqueiro，2010）。艺术为儿童提供了以多种方式创造性地表达自己的机会，还能帮助儿童沟通和理解世界：就像语言一样，但方式不同。这种表达形式应该对所有儿童开放，包括残疾儿童，因为艺术能够促进儿童对世界的理解，并激励他们以独特的个人方式表达自己的想法。与艺术相关的个人认知方式是令儿童满意的，尤其对那些不善于使用传统表达方式的儿童来说。

非常年幼的儿童对视觉和触觉经验的反应，比对表现性艺术特质的反应更多。随着年龄的增长，他们继续以更复杂的方式使用类似的艺术媒介，如制作版画、建构、塑形、绘画、缝合和编织（Spodek & Saracho, 1994b）。儿童可以使用周围环境和供应室中具有各种质地、颜色和形状的材料。这些材料的摆放方式要让儿童可以毫无困难地取用它们。儿童需要通过了解每种媒介的功能来创造性地使用这些艺术媒介。教师的角色是积极发挥作用，帮助儿童提高技能，并在每个领域获得更多知识。发展自我控制能力并与自由相结合，可以为儿童提供艺术学习的基础。

艺术帮助儿童学习与思考。它有助于儿童的发展，包括自尊和创造力。在艺术里，儿童在开放式游戏中使用感官，并发展认知、社会性－情感和多感官技能。根据雷纳（Reyner, 2010）的说法，"艺术通过开放式的游戏活动吸引儿童的感官，并发展儿童的认知和社会性－情感能力。艺术为儿童解决问题和发散思维提供了机会"。在艺术活动中，儿童参与社会互动、合作及讨论。总之，参与艺术活动对儿童的生活至关重要。

第十五章
积木——游戏学习经验

> 你能用积木建造什么？
> 城堡和宫殿，寺庙和码头。
> 雨可能会一直下，其他人去漫游，
> 但是我在家很快乐，因为我在建造。
>
> （Robert Louis Stevenson，1885，p. 63）

许多教育工作者认为，学前教育课程由传统科目（如数学、科学、社会研究）组成。他们认为，积木建构是一种消遣活动，可以在儿童的游戏中用于学习，但也许最好将积木建构视为一项有助于实现传统学科领域中当前许多学习目标的活动。这样，它可以被接受为学前教育课程的一部分。例如，在数学方面，数字、运算及几何元素在《学校数学教学原则与标准》（NCTM，2010）中得到发展。NAEYC 和 NCTM 的联合声明（2010）为 3—6 岁儿童推荐的数学目标和活动为："在游戏和日常活动中，儿童经常探索数学思想和过程。例如，他们进行排序和分类，比较数量，注意形状和图案。"（p. 4）

儿童的学习与传统学科相融。卡米（Kamii）等人提供了以下示例。

> ……三四岁的儿童开始画画时，并没有在学习艺术。如果儿童在画架上蘸取一刷子颜料并滴下一些颜料，他们就会了解重力的影响以及颜料作为液体的特质。当他们让画笔接触纸张并且颜料流下时，会更多地了解重力的影响以及颜料如何在空间中自行移动。他们如果继续在纸上作画，就会了解手的动作与纸上留下的形状之间的对应关系。如果随后在不等待第一种颜色变干的情况下就应用另一种颜色，他们就会了解混合颜色并继续了解蒸发的影响。在这个例子中，科学、数学和艺术没有被完全区分。儿童不是在学习科学、数学或艺术，而是在建

立各种心理关系，这些关系是以后会分化的各科目的基础。

（Kamii et al., 2004, pp. 44-45）

这个例子可以被应用于儿童的积木建构。卡米等人（2004）研究了逻辑数学知识各个方面之间的发展性关系。给1—4岁儿童发20块积木，并让他们单独搭建"一些高的东西"。卡米等人（2004）发现，随着年龄的增长，儿童对新的空间关系的认知提高了他们有关分类、序列、数字和时间关系的能力。研究人员得出的结论是，学龄前儿童需要有动力去思考和建立许多心理联系，而不是简单地学习特定的学科。这一结论为积木建构提供了支持。当儿童用积木建构时，他们会进行分类、注意形状和图案，并发展出逻辑数学关系网络。积木是可被用于在不同的学科领域中进行教学的材料。本章的目的是阐述积木在课程中的价值、积木建构对成长的贡献、积木如何被用作建构玩具、不同的积木类别、美国教育家卡罗琳·普拉特（Caroline Pratt）设计的单元积木、积木建构阶段、积木配件、积木区以及儿童作为建构者。

幼儿园使用各种设备和材料，支持儿童通过游戏进行学习。这些材料包括用于建构的积木及其配件。积木是未装饰的木头，其主要目的是建构。单元积木是结实的、干净的、方形切割的且坚固的硬木块。它们的大小基于通用的度量单位，它们的形状是重复的。它们旨在被组合成坚固的结构（Cartwright, 1974）。积木安全、无威胁、坚固、灵活，并且非常适合所有年龄段的儿童。积木还能培养儿童在社会性、读写、物理科学、语言、艺术、数学、运动和解决问题方面的能力。例如，在积木游戏中，儿童可能会进行以下活动。

- 杰娜可以准确地比较大小、形状和数量。
- 泽娜描述了她如何将货架模板与积木的形状相匹配。
- 本尼和扎克争论并解决了哪个塔更高的问题，教师没有参与。
- 莎克拉和曼妮画了一座桥，然后进行搭建。
- 葆拉和塞思将不同大小和数量的积木的重量制成图表。
- 比尔和拉托尼娅将玩具卡车推上斜面，看着卡车再次滑下。
- 当利兹和路易斯最终在谷仓建筑中实现对称时，他们鼓掌并要求拍照。（Texas Child Care[①], 2009, p. 24）

[①] 即美国得克萨斯州儿童照护中心。——译者注

很多时候，幼儿教师忽视了儿童在用积木建构时进行学习和参与合作游戏的可能性。教师可能认为，通常嘈杂且令人兴奋的积木游戏会分散儿童的注意力。尽管如此，积木建构依然是非常值得推荐给幼儿园、学前班和小学一年级儿童的活动之一。不幸的是，许多幼儿园的积木供应量很少，这严重限制了儿童可以用积木进行的活动。

积木的价值

积木是幼儿园中与整个课程相关的重要组成部分。它们的使用经受住了时间的考验。积木被认为是幼儿园教室中"最重要"的材料（Stark，1960）。当儿童建构时，他们会遇到许多令人费解的问题，必须在没有任何规定答案的情况下解决这些问题。积木建构给儿童带来挑战，使其不受限制，变得足智多谋和富有创造力（Cartwright，1974）。儿童有参与积木建构的天然动力。他们在没有成人干预的情况下，在堆叠单元、拆除单元、封闭空间、弥合差距以及复制和完善想法时，构建并实验他们对物质世界和社会世界的想法。

儿童在参与积木游戏、使用大小肌肉和发展眼－手协调能力时，会发展精细运动技能。在积木游戏中，儿童学会合作并尊重同伴的工作，从而发展社交技能。积木游戏是一种非竞争性的活动，可以为儿童带来成就感。此外，积木游戏还能提高他们在计划、组织、实验、估计和创造结构时的思维能力。儿童在比较、描述和标记结构时与他人进行交流，他们的词汇量就会得到扩展。积木可以促进儿童对地理的理解以及对科学和数学的学习（Mitchell，1934）。他们在测量、计数、创建模式、加、减、比较和讨论积木时会发展数学概念。当儿童搭建塔楼和桥梁时，他们会习得重力和平衡的概念（Adams & Nesmith，1996）。当儿童用彩绘标志、树木、背景幕布装饰自己的结构并添加其他细节时，他们也会在积木游戏中发展艺术概念。图15.1显示了积木游戏对不同学科领域的潜在贡献。

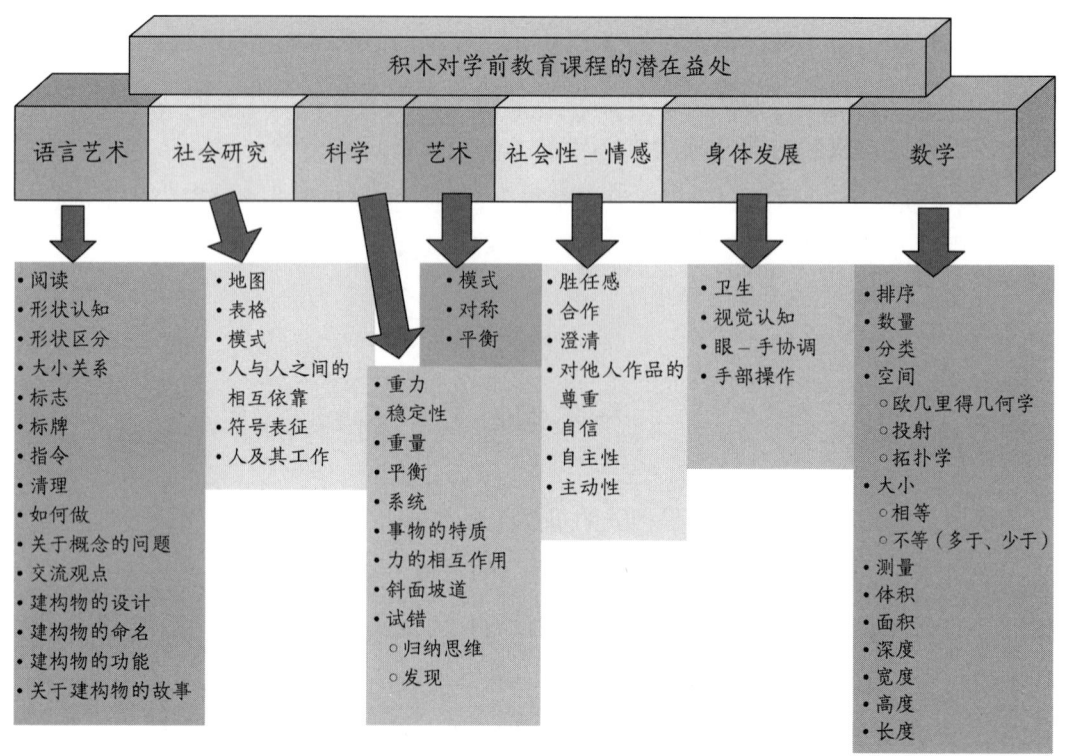

图15.1 积木对学前教育课程的潜在益处

来源：改编自 Charlotte and Milton Brody. In E.S. Hirsch (Ed.), (1996), *The Block Book*. Washington, DC: National Association for the Education of Young Children. Reprinted with permission from the National Association for the Education of Young Children.

作为游戏材料，积木是灵活的，可以有多种使用方式。例如，2岁的孩子可能只会体验简单的操作，而年龄较大的孩子可能会构建复杂的象征性结构。当儿童玩积木时，他们会意识到材料的基本特质、他们可以建造的建筑物、他们想象力的程度以及与他人一起玩的规则。积木含有戏剧性特质。儿童可以大胆地搭建三维结构，观看、触摸、穿过这些结构，有时甚至可能撞到它们。当儿童反复使用积木进行建构、改变、破坏和重建时，他们在享受活动的同时获得了相关的技能和知识。

年仅3岁的儿童会在很长一段时间内尝试建造能够令自己开心的结构。为建成一个令自己满意的结构所做的决定和付出的努力，为他们提供了宝贵的学习经验（Cartwright，1974）。这种学习为他们成长和承担成人的责任提供了基本的准备。

积木建构对成长的贡献

儿童使用积木创造和构建他们的世界。他们通过积木游戏对实物进行装配的能力可以延续到成年生活。积木游戏帮助儿童学习基本材料的性质、事物的目的、想象力的使用以及管理社交互动的规则。成人以类似积木建构的方式对待物体和空间关系。例如，建筑工人建造一座建筑，店主将要出售的物品摆放在货架上，人们整理自己的壁橱（Moffit，1996）。建造者和他们的创意决定了建筑的尺寸、设计和材料（Provenzo & Brett，1983）。

幼年时的积木建构可能会影响儿童的成年生活。例如，作为一个年幼的孩子，物理学家爱因斯坦对搭建积木和拼拼图十分着迷。他对玩具的兴趣可能帮助他成为一位成熟的思想家，而游戏可能在他的工作中发挥了重要作用。他解释说，他通过问自己只有孩子才会问的时间和空间问题来提出相对论（Erikson，1977）。

幼儿园的积木建构也影响了20世纪被认为最伟大的两位建筑师：法国的勒柯布西耶（Le Corbusier）和美国的弗兰克·劳埃德·赖特（Frank Lloyd Wright）（Brosterman，1997）。勒柯布西耶从未上过建筑学校。在他的职业生涯中，他更多地利用自己的经验而不是学术背景。由于他就读于使用福禄贝尔方法的幼儿园，因此他在幼儿园的练习影响了他的工作[1]。福禄贝尔对几何的创造性方法反映在勒柯布西耶的所有建筑中。他依赖比例系统，并且几乎虔诚地坚持几何的力量，这种力量将二者在实践和心理上联系起来。他在作品中整合了对称和秩序的问题。他建议那些想学习建筑学的人参观自然历史博物馆并比较不同类型的贝壳，穿越森林去画树叶和树木，或观察海滩上的波浪和云层的形成（Brosterman，1997）。

积木也对美国建筑师弗兰克·劳埃德·赖特产生了影响。在自传中，赖特（1951）描述了在美国1876年费城世界博览会上，他的母亲如何发现了一个关于弗里德里希·福禄贝尔幼儿园玩具或"恩物"的展览。

> 经过一天的观光，妈妈发现了……幼儿园！她在博览会大楼里看到了"恩物"。这些彩色的纸条，有的是光滑的，有的是"哑光"的，散发着柔和的绚丽色彩。现在，那些由方格组合成的迷人的几何图案出现了！用豌豆和球状物制作的结构图形。用光滑、匀称的枫木来建造，感觉永远不会离开手指：形式变成感觉。
>
> （Wright，1951，p.13）

> 我很快就对我所看到的一切事物中不断演变的建设性模式敏感起来。我学会以这种方式"看",当我这样做的时候,我不在乎画出自然中的偶然事件。我想要设计。
>
> (Wright, 1951, p. 2)

如果人们关注赖特早期建筑的结构和立面,就会意识到它们与作为他童年重要组成部分的积木建构活动的关系(Provenzo & Brett, 1983)。

积木:一种建构玩具

大多数幼儿园教室里都有玩具,这些玩具是儿童世界的缩影。对此,巴特斯(Barthes)的观点如下。

> 平时看到的所有玩具,本质上都是成人世界的一个缩影;它们是人类物品的缩小复制版,就好像在公众眼中,孩子不过是一个小个子的人,一个必须向其提供这种大小的物品的小人。
>
> (Barthes, 1972, p. 53)

巴特斯认为,玩具为儿童提供了一种看待世界的结构化方式。玩具帮助他们预见成人生活中的活动。幼儿园教室里有一些代表成人生活的玩具,如厨房设备(锅碗瓢盆)、家具、洋娃娃、清洁设备、塑料食品和其他类似的物品,这些都能激发儿童表演他们对家庭生活的理解(Spodek & Saracho, 1994b)。其他帮助儿童在活动中表征成人世界的玩具,还有医生的工具包、婴儿娃娃、玩具火车和汽车,以及手机、遥控器和计算机键盘。年幼的儿童对按钮和灯很着迷,他们会伸手去拿这些东西。他们观察父母等家庭成员和其他成人如何对待这些东西,他们也想这样做。一套木质积木是一种更基本、更通用、更有趣的玩具。儿童可以用它们建造自己能想象到的任何东西(Walker, 1995)。

相对而言,积木具有非特定性、灵活性。它们最好被长期使用,并且可以与更具体的玩具(如积木配件)结合以激发假想游戏(Spodek & Saracho, 1994b)。积木具有创造性。儿童可以用它们创造和构建个人世界。尽管积木不能代表儿童现成的世界，但巴特斯提出以下观点。

> 仅仅是一组积木，只要不是太精致，就意味着对世界的一种非常不同的认识：这样，儿童就不会以任何方式创造有意义的物体，它们是否有成人的名字对他来说无关紧要，他所做的不是使用，而是创造。他创造了行走、滚动的形式，他创造了生命，而不是财产：物体现在自己行动。它们不再是他手掌中具有惰性的复杂材料。
>
> （Barthes，1972，p. 54）

积木是一种建构玩具，被用于教育和娱乐儿童与成人。当儿童在建构时，积木会向儿童提出许多复杂的问题，但不能给出答案。因为积木对儿童很有吸引力，所以他们不断被激励去发挥创造力。鲁道夫和科恩描述了儿童期待积木建构时的热情。

> 还不到5岁的乔伊匆匆从胳膊上脱下毛衣，看都没看一眼就把它反过来塞进他的小隔间里。他利用一个跳板和一个滑梯降落在堆积如山的积木架前，叮叮当当地放下几堆积木，然后在顶部光滑的积木表面上拍打。乔伊的手势和面部动作都表现出他对这些积木的喜爱。
>
> （Rudolph & Cohen，1964，p. 41）

乔伊的肢体动作、令人满意的体力消耗、带有节奏的愉悦感以及积木建构发出的声音，都表明他对积木建构的期待（Rudolph & Cohen，1984）。

积木的类别

有兴趣与儿童一起使用积木的教师，可以有多种选择。除了单元积木之外，字母积木和互锁积木是目前可用的多种积木中的两种。对积木的选择应基于儿童的兴趣、年龄和发展水平。表15.1描述了不同类型的积木（Provenzo & Brett，1983）。

表 15.1　不同类型的积木

- 自 17 世纪末以来一直使用的图片和字母积木是立方体的，每个面都涂有或印有字母。最好的是那些有字母或图片的，儿童可以看到并触摸字母的形状。这些类型的积木通常带有字母、图片、数字和数学符号。
- 鉴赏积木（discrimination block）包括用于鉴赏目的的几种类型的积木。例如，拼插积木是颜色鲜艳的直边几何积木，有三角形、菱形和正方形。这些积木可被用于在桌子上进行建构，但更适合用于创建模式和图案。
- 钉板套装也可以用松紧带组装，鼓励儿童创造各种形状。当儿童将图卡与拼插积木相匹配时，可以发展视觉感知能力。由于拼插积木是不同形状和颜色的木块，而钉板套装有不同颜色的钉，因此教师可以用它们教授儿童对形状和颜色的辨别与记忆。儿童会习得一些有助于他们正式阅读和数学学习的技能（Spodek & Saracho，1994b）。
- 大型空心积木由窑干硬木制成，带有保护性的饰面，可在室内和室外使用。儿童可以使用这些积木建构大型结构，他们可以在那里站着、行走并进入。这些积木也可被用于创建各种场景（如商店、木偶舞台等）。空心积木通常以约 30 厘米见方为单位建造。它的大侧面由胶合板或实木制成，可与敞开的侧面一起使用。空心积木包括半单元、双单元以及三角形坡道和板。它们的尺寸和坚固性让儿童可以建造代表建筑物、车辆或家具的大型结构，儿童可以在其中玩耍。
- 超级积木（super block）是中空的大塑料积木，分为几个小格子。儿童发现这些积木有许多有趣的区域和洞，他们可以在其中放置物品。
- 大纸板积木很轻，可用于在地板上搭建结构。由于它们很轻且由纸板制成，因此不耐用且不能在室外使用。它们的重量轻导致结构脆弱，因此大纸板积木和儿童搭建的结构只能保持很短的时间（Spodek & Saracho，1994b）。
- 鬃毛积木是具有从侧面伸出的鬃毛的互锁塑料积木。儿童利用鬃毛将积木以传统积木无法实现的排列方式粘在一起。
- 乐高积木是 20 世纪 30 年代在丹麦产生的互锁塑料积木。该产品是一系列建构玩具，包括彩色互锁塑料积木、各种齿轮、迷你人物和其他物件。乐高积木有不同的尺寸，可以以多种方式使用。乐高系统中的砖、管、梁、轴、齿轮、迷你人物和所有其他部件可以以各种方式被装配在一起。儿童使用这些东西创造复杂的结构和图案，并在许多活动中使用它们。教师可以使用乐高积木向儿童介绍数学概念，如位值、大小或进行比较。
- 建构套装（construction set）是小套的建构材料，如乐高、万能工匠（Tinker Toys）、林肯积木（Lincoln Log）或类似材料，鼓励儿童进行富有想象力的创作或建造小型建筑。儿童创建的小尺寸结构可以在微型戏剧游戏中使用。
- 木制单元积木是一种开放性材料，让儿童在建造结构时有机会表征他们的世界。这些积木由卡罗琳·普拉特设计，下一节将具体讨论。

单元积木

1913 年，在瑞典接受木工培训的教育家卡罗琳·普拉特为她位于美国纽约市的实验班级开发了积木系统。在《我向儿童学习：进步教育的冒险》（*I Learn from Children: An Adventure in Progressive Education*）这本书中，她提出以下观点。

> 一个孩子在幼儿园的地板上玩耍，用他从废纸篓中"抢救"出来的积木和奇怪的盒子建造了一个完整的铁路系统。这告诉我，儿童的游戏冲动是一种工作冲动。
>
> （Pratt，1948，p. 17）

普拉特希望儿童用积木建造自己的世界。她认为，她的积木有如下特点。

> 特别灵活，适应性强，儿童可以在没有指导或控制的情况下使用。我想看到他们建造一个世界；我想看到他们以自己的能力创造关于他们的生活，在这种生活中，他们太小而不能成为参与者，他们总是旁观者。
>
> 对孩子来说，一个简单的几何形状可以变成很多东西。它可能是一辆卡车或一艘船，也可能是一列火车。儿童可以用它建造建筑物，从谷仓到摩天大楼。我会看到，尚未上学的孩子们用积木建造一个完整的社区。
>
> （Pratt，1948，p. 18，p. 35）

迄今为止，大多数幼儿园通常都使用普拉特的积木（Cohen & Uhry，2007，2010）。幼儿园中使用的卡罗琳·普拉特（1948）于几十年前（1970—1990 年）设计的积木是一大套标准单元积木，用硬木制成，由教育设备公司配送。两种类型的积木是小单元积木和大空心积木。一组较小的单元积木可以让儿童将他们的世界微型化，而一组较大的空心积木可以帮助他们建造适合进行戏剧游戏的大型结构。单元积木由坚固的砖块状木块组成，通常由硬木制成。基本单元的尺寸为 14 厘米 × 7 厘米 × 3.5 厘米，而双单元和四单元的尺寸是单个单元积木长度的两倍和四倍，半个单元积木是其长度的二分之一。积木套装还包括按比例缩放的坡道、三角形、柱子和木板。由于比例相同，因此儿童可以自己建造坚固的、精致的结构。图 15.2 展示了不同类型的积木。

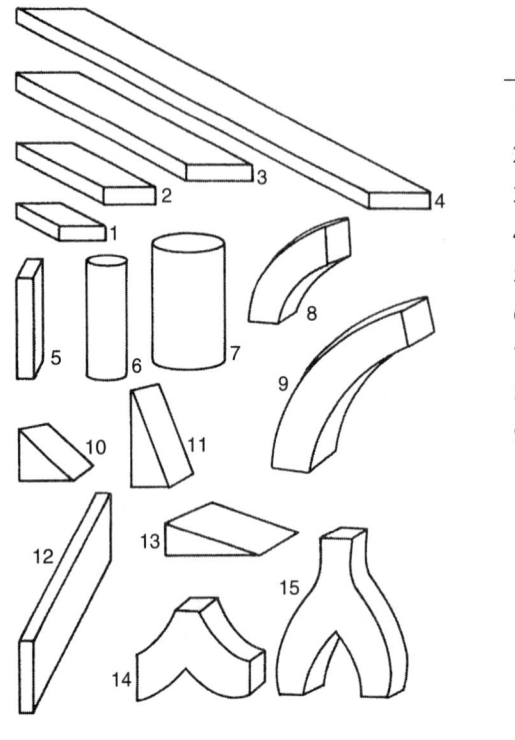

1. 半单元积木
2. 单元积木
3. 双单元积木
4. 四单元积木
5. 支柱
6. 小圆柱积木
7. 大圆柱积木
8. 圆曲线积木
9. 椭圆曲线积木
10. 小三角形积木
11. 大三角形积木
12. 地板块
13. 坡道
14. 直角积木
15. Y形积木

也有其他大小和形状的积木。

图 15.2 单元积木的类型

来源：Bank Street College of Education. Publications; no.70. Publisher: New York: Bank Street College of Education, 1962. Edition Reprinted with permission from the Bank Street College Archives, Bank Street College of Education, New York City.

积木建构的阶段

儿童在成长过程中花费大量时间使用积木进行堆叠、平衡、搭建、分组、分类、间隔、排序和规划（Hirsch，1996），详见图 15.1 所示以及布罗迪（Brody）、卡法罗（Cuffaro）、莫菲特（Moffitt）等人的参考资料。儿童使用单元积木在地板上搭建结构。一开始，他们可能只会堆砌积木或搭建简单的围栏。随着积木游戏的进行，他们需要搭建更复杂的结构，可能需要几天时间才能完成。约翰逊（1933）首先确定了这些阶段，随后这些阶段被其他人使用和修正。她观察了儿童在玩单元积木时的情况，发现儿童搭建了几个基本的结构。当独自一人时，年幼的儿童通常一开始只是拿着积木四处走动。然后，他们建构简单的结构，接着建造更复杂的结构来传达戏剧性的内容。表 15.2 描述了积木建构的不同阶段（Johnson，1933）。

表 15.2　积木建构的阶段（Johnson，1933）

阶段 1：携带积木。儿童在 2 岁之前，会随身携带积木，但不会将积木用于建构。
阶段 2：开始搭建。儿童在两三岁时开始搭建。他们通常建造水平（在地板上）或垂直（堆叠）的一排积木。
阶段 3：架桥。儿童搭起两块积木，在它们之间留出空间，然后用第三块积木盖住那个空间。
阶段 4：围合。这是儿童的早期搭建阶段。他们将四块积木放在一起，围成一个空间。
阶段 5：模式。在三四岁时，儿童开始获得另一个阶段出现的积木建构能力，也就是说，他们会建立平衡和对称的模式。在这个阶段，儿童通常不会给建构物贴上标签。
阶段 6：表征。在四五岁时，儿童会为戏剧游戏的结构贴上标签。此类标签与建构物的功能有关，如汽车修理厂、卧室、游戏室或厨房。
阶段 7：复制。从 5 岁开始，儿童通常会搭建他们知道的现实结构。他们有强烈的动机围绕这些结构进行戏剧游戏。

　　残疾儿童可能需要某种类型的干预才能在这些阶段取得进步。例如，无法将积木带到积木建构区的肢体障碍儿童可能需要他人的帮助才能获得积木，进行搭建。那些难以保持坐姿的儿童，需要他人帮助他们坐在靠近地板的地方进行积木建构。教师可以剪掉大纸板箱、塑料垃圾桶或洗衣篮的一侧，另一边保持完整，用于为这些儿童提供最少的支持。可以将肩带扣在他们的腋下以帮助他们坐起来。脚轮可以被固定在罐子、盒子或篮子下，以帮助他们用手推开来移动。

　　智力障碍儿童可能需要成人使用道具演示象征性游戏，而那些视觉障碍儿童可能需要在寻找和凭触觉探索积木方面获得帮助。此外，教师可以鼓励正常发展的儿童为需要帮助的残疾儿童提供鼓励和支持。在任何时候，教师都必须考虑各种相互作用，尊重残疾儿童独立并获得适当尊重和支持的需要。

　　教师应该对儿童的积木建构阶段变得敏感，并利用对这些阶段的了解来指导儿童的积木建构。例如，当儿童的结构变得具有象征性时，教师可以添加积木配件来表征地点并戏剧化可能发生在这些地点的事件。当儿童使用积木时，积木配件包括道具、微型人物、动物、车辆及标志等。

积木配件

　　每间幼儿园教室都应该有一套好的木质单元积木作为游戏材料，以促进建构游戏。此外，可以使用多种积木配件来丰富儿童的积木活动。

　　积木配件应该是贴近真实的（如玩具卡车、娃娃、船），以扩展儿童的积木建构结构。儿童可以摆弄微型物体或角色，使其成为他们所建构世界的一部分。用单元积木建构可以引发微型的戏剧游戏，教师可以通过提供下列资源来鼓励游戏：适宜的配件、足够的时间，以鼓励儿童进行操作性的搭建、扩展戏剧主题资源等活动。

当儿童使用积木建构警察局、动物园、城堡或房屋时，他们会参与戏剧性和幻想性的游戏。道具（如人物、动物和汽车）会邀请儿童在建构区域游戏。例如，消防车可以鼓励儿童搭建一个消防站，农场动物可以鼓励儿童进行与农业相关的戏剧游戏（Provenzo & Brett，1983）。贝壳、彩色石头、硬纸板或纸张等物体能够激发儿童的想象力，他们用这些材料表征各种事物。他们可能用贝壳表征一艘穿越海洋的船，用一张彩色纸表征一只在空中飞翔的鸟。表15.3显示了可以在积木区中提供的几种积木配件（Spodek & Saracho，1994b）。

表15.3 积木配件

- 玩具是有用的配件。小型汽车、橡胶或木头的人物和动物、滑轮、飞机和卡车都可以使用。
- 彩色立方体可以被添加到积木中，拼插积木或大型多米诺骨牌也可以。各种形状奇特的小积木或缝纫线轴可以被放入盒子中，用于装饰建构物。
- 鹅卵石、小石头和小木棍可以作为火车、船只和卡车的货物。
- 木材废料，尤其是用于建造屋顶和宽桥的扁平碎片，可以被用于巩固积木结构。
- 可以在儿童的建构物中添加一些熟悉的标志，如"单向""学校交叉路口"或"公交车站"。可以使用压舌板或粘在黏土或橡皮泥中的冰棒棍固定这些标志。
- 将薄橡胶管固定在气缸体上，成为一个简单的气泵。
- 用木丝（用于填充或包装的细木屑）为农场动物制作优质干草。
- 在纸上画树木，将其剪下来，钉在压舌板或冰棒棍上，然后粘在一块黏土或面团上，使其站立起来。
- 滑轮，带有绳索和容器，可以制作出奇妙的电梯。
- 带铃线的干电池和手电筒是受欢迎的配件。
- 带有桥梁、道路、建筑或城市景色的杂志图片，可以被放在纸板上并展示在积木区的墙壁上。
- 故事、照片、图表、诗歌、列表和信息文本能够影响儿童的建构。
- 可以为班级提供儿童图书，以发展儿童积木建构的想法。带有有趣的建筑结构的图书会影响儿童的建构工作和游戏，因此儿童正在搭建的区域要能够让儿童随时取用它们。例如，如果主题是"城市风光"，那么可以摆放以下图书。
    > 《去看建筑的建造》（Let's Go Watch A Building Going Up，Goodspeed，1956）
    > 《城市标志》（City Signs，Zoran Milich，2005）
    > 《房子和家》（Houses and Homes，Ann Morris & Ken Heyman，1995）

有特殊需要的儿童可以使用积木配件

玩具的不同图形特征可以帮助视觉障碍儿童识别玩具的各个部分，这些部分代表动物的不同部位，如面部。有语言和文化差异的儿童，喜欢在积木建构过程中使用积木配件。适合这些儿童的积木配件包括微型人物的集合，代表来自不同族裔、不同能力和不同家庭的人。可以在儿童的积木结构中使用以不同语言书写的标志，如积木城市的街道名称或商店名称。

当儿童可以使用许多不同的材料（包括纸、剪刀、蜡笔和胶带）时，他们就可以成为建筑大师（Carter，1985）。可以在积木区里展示这些材料。此外，为全班、小组或个别儿童朗读，也可以激励儿童搭建他们听到的故事中的结构。

存放积木和积木配件的指导原则

积木及其配件需要有适宜的存储空间，以便帮助儿童正确地存放它们，并且鼓励儿童进行积木游戏。表15.4呈现了存放积木及其配件的指导原则（Adams & Nesmith，1996）。

表15.4 存放积木及其配件的指导原则

- 将单元积木放置在开放式架子上，使用编码好的区域和空间清楚地标识每个形状。
- 积木需要单独的空间，因此这些架子上应该没有存放其他玩具。应该有足够的架子将所有可用的积木存放在儿童能够轻松抓握、取出并将它们整齐地进行堆放的区域。
- 单元积木需要足够的存储空间。在远离主要交通流的地方搭建的积木结构可以被保留下来，展示一天或几天。
- 可以将大型便携式积木存放在任何地方，放置在带轮子的板条箱中，然后移动到有空间供大动作游戏的开放区域。
- 可以将大积木和单元积木存储在室内或室外的大型包装箱中。由于它们经久耐用且防风雨，因此可以将它们放在大型包装箱中，存放在室外的有盖区域。
- 积木配件需要与积木的大小成比例。它们需要被存储在积木区中。
- 儿童可以拿出不同大小、形状和数量的积木来搭建结构。但是，他们需要知道，只能从架子上取走搭建结构所需的积木数。开始搭建之后，他们可以返回并取用更多积木。
- 从架子上取适量的积木，便于清理。
- 在清理期间，儿童需要有足够的时间存放积木。儿童需要被告知大概何时开始下一个活动，以便在搭建过程中寻找一个暂停点。
- 儿童需要一个提示还剩10分钟的信号。（Cartwright，1988）

建构者的规则

儿童搭建结构并讨论。他们需要与全班儿童讨论他们对使用、移动和收拾积木的期望与规则。教师和儿童讨论并制定规则，以帮助他们安全地搭建和享受积木游戏。这些期望可以被记录在带有文字或图片的图表上，供儿童遵循。可以在积木区张贴规则，如表 15.5 所示（Chalufour & Worth，2004）。

表 15.5　建构者的安全规则

1. 积木是用来建构的。
2. 根据需要从架子上取下积木。
3. 必须将掉在地上的积木捡起来放回桌子上。
4. 将结构从顶部和底部分开。
5. 不要碰撞积木。
6. 不要扔积木。
7. 不要在积木上行走。
8. 不要搭建得比你高。

教师还需要布置积木区，以便积木易于被取出和放回。下面是教师在游戏后帮助儿童储存积木的场景。

> 教师欧文注意到，理查德在清理时很难把积木放好。有时，他会从另一个帮助清理积木区的孩子那里抢积木。欧文跪在理查德身边，开始捡起他旁边的积木，将它们放在架子上的适当位置。当她这样做时，她对理查德说："看，我们每个人在清理时都有工作要做，但也许合作会更好。我会把积木给你，你可以将它们放在架子上，这样我们就可以一起更快地清理干净。"他们继续一起清理。
>
> （Spodek & Saracho，1994b，pp. 175-176）

除此之外，教师应该做到以下事项：

- 提供足够的积木，以帮助儿童搭建有代表性的结构；儿童需要有足够的积木、不同的积木和积木配件；
- 为可用作配件的玩具（如交通工具、小动物、人物）保留一个存放区；
- 在学年初开始用积木建构。

积木很贵，还会占据教室的大量空间。然而，儿童通过使用积木可以进行大量的学习，前提是有足够的积木供应、足够的搭建空间以及允许儿童花几天的时间搭建复杂的积木结构。

积 木 区

大多数幼儿园教室都有一个积木区，以支持建构游戏和戏剧游戏。在建构游戏中，儿童使用材料来搭建或创造一些东西；在戏剧游戏中，儿童扮演角色并表演出来。例如，贾斯廷利用他对空间和动作技能的掌握建造了一条高速公路。当他将双单元积木当作一辆汽车在高速公路上行驶时，他在进行戏剧游戏。贾斯廷使用积木在具体和抽象表征之间或物质和认知概念之间来回切换。

积木游戏可以包含物质元素和戏剧元素。相关材料可以促进真实和表征的情境（Bender，1978）。大多数儿童喜欢玩积木。他们发现积木很吸引人，很熟悉（Adams & Nesmith，1996），并且易于使用，也可以作为戏剧游戏的材料。他们可以用这些三维材料搭建一些东西，因为他们能够看到、触摸、伸手穿过，有时甚至撞到这些东西。年幼的儿童喜欢在搭建、使用、改变、破坏和再次搭建积木时掌控工作。3岁的儿童能够长时间工作来搭建和重建一个结构。他们对积木的坚持和参与，有助于使这些材料成为宝贵的学习经验（Cartwright，1974）。卡特（1985）描述了积木区中的一段对话，儿童在那里谈论着他们的搭建项目。

> "我需要一个像月亮一样拱形的积木。"贾马尔自言自语。切米卡说："这个机器人将像 R2D2[①] 一样，只是他可以看穿墙壁。""代表他眼睛的透明积木在哪里？""这座堡垒看起来不太对劲——在我的模型上，它显示了一个坦克车库，但坦克不适合在那里。"托尼抱怨道。
>
> （Carter，1985，p. 8）

他们的谈话表明，他们已经为每个结构进行了明确的规划和设计。儿童的设计可以扩展、延伸和提升他们的创造能力。

当适宜的积木配件和想法作为戏剧主题的来源时，用单元积木建构也可以使儿童的戏剧作品微型化。儿童还需要有足够的时间做操作性搭建之外的事情。教师可以使用各种资源帮助儿童在积木游戏中进入下一阶段，例如阅读书籍、播放视频、进行讨论、邀请相关人员来班级以及带儿童进行实地参观。这些资源可以帮助儿童在积木游

---

① 曾被用于拍摄电影《星球大战》的机器人。——译者注

戏中区分幻想和现实。

儿童可以在幼儿园附近散步（Pratt & Stanton，1926）。回到教室时，他们可以搭建积木结构来表达他们在社区中的观察。在积木区，他们有机会建造房屋、商店、学校和交通系统。他们需要道具来拓展游戏，如控制汽车移动的交通灯、帮助创建农场的动物和人物或者可以激励他们建造机场的飞机。教师向儿童介绍在搭建时可以扮演的戏剧角色。能够提供相关资源的人员（如建筑师、工程师、泥瓦匠、业余木匠、业余建造者），可以来访班级并与儿童谈论他们的工作。然后，儿童可以在积木区扮演这些角色。当儿童不断地接触积木并有时间进行实验时，他们就会使用积木表征现实世界中的物体，并经常将积木游戏与戏剧游戏交织在一起。例如，他们可能会在从架子上移走第一块积木之前设计建构物，并为每位合作建构者分配角色（Texas Child Care，2009）。

许多幼儿园教室里都有一组包括各种大小和形状的积木，以及能够激发儿童通过建构和角色扮演来表达想法的材料。儿童基于自己的经验和发展水平，形成有关建构的想法、兴趣和信念。教室和户外需要有一个这样的环境，可以让儿童交流用各种材料进行建构的兴奋、挑战和惊奇，这些材料是多样化的、高质量的，能够为儿童在积木建构中提供丰富的机会。

积木游戏可以有效地促进残疾儿童的发展。教师需要改变环境，让这些儿童充分参与积木建构并与班级里的其他儿童互动。通过适当的调整，残疾儿童可以参与积木建构。例如，坐在轮椅上的儿童在以不同的方式使用滑板车（腹板或履带板）时可以处于地板水平面上。滑板车板是一块由约2厘米厚的胶合板制成的矩形板，每个角都装有重型脚轮。为了提供保护，板子用一层泡沫或其他类型的垫子填充，并用聚乙烯树脂覆盖。肢体障碍儿童可以俯卧在滑板车上，同时抬起头，用手或肘部推动自己，伸手到周围，用积木、积木配件或玩具进行搭建。视觉障碍儿童则可以感受积木的各种形状，并用它们进行建构。当搭建的结构不会倒塌时，他们能够发展一种平衡感。

需要提供各种积木，包括不同大小和形状的自然色单元积木。年幼的儿童喜欢用具有特定文化典型形状的积木进行搭建。例如，某些积木组件中有为俄罗斯建筑和其他类型的建筑设计的圆顶。表15.6呈现了积木区可以提供的积木和材料（Chalufour & Worth，2004）。

表 15.6　积木区里的积木和材料

- 材料的大小、形状、重量、质地和灵活性应有所不同。
- 艺术材料应该有助于儿童解释多种形式的结构。
- 积木区需要展示关于建造不同结构的视觉材料（如图书、视频、海报、照片）。
- 积木区可以展示有关结构的海报和不同建筑物的大照片，应该包括人们创造的不同类型的建筑（如房屋、塔楼、墙壁、围栏、游乐场设备、广告牌）和在儿童世界中能够发现的自然物（如树木、悬崖、骨骼）。这些结构可以激励儿童自己动手搭建。

幼儿园教室的积木区可以促进儿童的戏剧游戏，特别是当它有装扮衣服、方向盘、玩具汽车和卡车等积木配件以及支持游戏活动的无数其他设备时。在积木游戏中，儿童也参与其他类型的游戏，如戏剧游戏或象征性游戏。当儿童根据主题搭建时，他们也会参与戏剧游戏和幻想游戏。例如，他们搭建警察局、动物园、城堡和房屋。建构区的积木配件（如人物、动物、汽车），可以激励儿童创造一个主题。

积木游戏为儿童提供了拓展思维和搭建的机会。积木区具有培养儿童创造性思维的能力，可以为儿童提供许多发展思维能力所需的"建筑积木"。儿童清楚地知道积木是用来搭建的，他们小心地为自己的创作规划空间。教师可以用诸如"墙壁需要多高才能容纳大象？"以及"怎样才能使城堡很高？"等问题来引导儿童（Chalufour & Worth，2004，p. 6）。通常，当儿童试图平衡一块积木与另一块积木、确定将用哪些积木搭建最高的塔或建造一个足以支撑一堵墙的稳定地基时，他们会对搭建过程产生兴趣并参与探索性游戏（Chalufour & Worth，2004）。亚当斯和内史密斯（Adams & Nesmith）描述了几个年幼的儿童是如何参与积木游戏和戏剧游戏的。

> 四个男孩和两个女孩舒适地坐在积木区的地板上，他们分享积木，偶尔交流几句，但大部分时间都在专心地搭建"地板桌子"。六块四单元积木组成了一张矩形桌子的外边缘，但是没有足够的积木用来均匀地填满桌子的中心。"看起来不对。"奥克塔文一边说，一边开始拆除里面的一块积木。"等等，把这块放在角落里。"莱缪尔建议道，一边说着，一边递来一块双单元积木。这一定是一个可以接受的解决方案，因为剩余的空间很快就被双单元积木填满了。"让我们把它盖起来，这样我们就可以吃东西了。"奥利萨一边说，一边把一块碎布搭在"地板桌子"上。然后，她去娃娃家，带回了茶杯和纸盘。
>
> （Adams & Nesmith，1996，p. 87）

当儿童参与积木游戏时，流行文化会影响他们区分现实世界和想象世界的能力。根据马什和米勒德（Marsh & Millard，2000）的说法，"儿童不断地解码他们周围的现实世界，根据自己的社会文化实践和经验对其进行解释，然后使用任何可用的材料对其进行编码"（p. 49）。例如，四五岁的儿童能够记住事实，并能分辨出不同媒介（毛绒动物、计算机游戏）中玩具角色的区别。进行积木结构搭建的儿童，也可以在积木游戏中解释计算机游戏中的虚拟规则（Okita，2004）。

儿童作为建构者

儿童的建构欲望是与生俱来的。积木游戏是学前教育的基本活动。玩积木为儿童提供了许多学习机会（Hewitt，2001），包括习得象征、想象和假装的技能，也可以帮助儿童获得许多复杂的学业学习技能。

高级的积木建构结构

当儿童扮演建筑工人、建筑师、工程师或泥瓦匠的角色时，积木建构会激发他们进行象征性游戏。教师可以展示图书，邀请客人来访，并提供有信息的道具，帮助儿童理解这些角色。此外，积木区应有建筑绘图工具（如绘图铅笔、圆规、绘图三角形、建筑师的测量工具、橡皮擦、图书等），儿童可以使用这些工具构建和扮演角色（Chalfour & Worth，2004）。积木区附近的工作台可以鼓励儿童制作建构物的三维模型。儿童可以在建模之前绘制草图或拍摄原始结构的照片。儿童个人或小组可以设计建构物并创建模型。儿童可能需要拼贴材料（如木头、画家的胶带、棉签、描图纸、抹布、纸巾、厚纸）来创建模型。完成后，他们可以与班级同学和访客分享自己的模型。

儿童需要知道，建构者应该是细心的规划者，这有助于他们搭建更好的结构。在开始搭建之前，他们需要勾勒、绘制和描述他们想要搭建的东西，包括搭建其结构所需的材料（Chalufour & Worth，2004）。莱斯特·沃克（Lester Walker，1995）是一位屡获殊荣的美国建筑师，他推荐并介绍了他与年幼的儿子一起使用的几个积木建构项目。他首先提供了"真实"建筑的草图，然后提出如何将其转化为积木结构的建议，包括日常建构物（如洗车店和汽车餐厅）的设计。这些也为年幼的建筑师提供了将他们的项目与真实事物进行比较并体验规模之谜的机会，这是建构游戏的重要组成部分。儿童可以搭建各种各样的积木结构，像博物馆那样进行展示。例如，表 15.7 列出了来自世界各地的 18 个积木建构项目（Walker，1995）。

表 15.7 世界各地的积木建构物

城镇建筑	大型市政建筑	大型历史建筑	城市
船坞、农场、房屋、购物中心、洗车店、汽车餐厅	机场、桥、火车站、摩天大楼	希腊神庙、犹太教堂、大教堂、清真寺、城堡	玩具城[①]、奥兹国的翡翠城[②]、未来之城[③]

在积木建构活动中，教师可以使用以下说明和提示示例（Walker，1995）。

城镇建筑

这组来自城镇的建筑包括三座商业建筑，它们在 20 世纪 50 年代广受欢迎，深受儿童的喜爱。按照挑战性从低到高对这些项目进行分组。

提示示例

船坞：想象一下，在雾蒙蒙的夜晚沿着船坞行走，一位渔民在明亮的聚光灯下卸下渔获，同时灯塔的光束穿过薄雾。

购物中心：想一想，在购物中心拥有一家商店，思考商店的类型、名称以及将出售的商品。

大型市政建筑

这些是世界上颇为著名的四大公共建筑类型。随着人们开始乘坐汽车、火车和飞机旅行，桥梁、火车站和机场得到发展。摩天大楼是另一个标志性建筑，它是一个令人兴奋的项目，因为突然的一阵风可能会导致摩天大楼倒塌，从而在建造过程中引发刺激感。

---

① 英文为 Toy Store City，出自美国动画电影《玩具总动员》。——译者注
② 英文为 The Emerald City of Oz，出自故事《绿野仙踪》。——译者注
③ 英文为 City of the Future。——译者注

提示示例

机场：想象在晴朗的一天中飞出机场、望向窗外时的兴奋感，看着下面的世界随着你越来越高而变得越来越小。

摩天大楼：想一想你建造了世界上最高的建筑会是什么感觉，在盛大的开幕式上，乘坐超音速电梯到达建筑的顶层。

大型历史建筑

这些建筑是历史上最著名的建筑。希腊神庙早在公元前 500 年就建成了。精致的细节装饰着基本的柱梁设计，并继续对西方建筑产生影响。由于犹太教堂有许多独特的图案，因此儿童可以发挥想象力形成自己的风格。建于欧洲城市的大教堂和建于 13 世纪左右的中东地区的清真寺是有史以来极其吸引人、令人敬畏的宗教建筑。建于中世纪欧洲和亚洲各地的城堡最受儿童喜爱。

提示示例

犹太教堂：在脑海中想象一座将用于祈祷的美丽建筑。想一想，当建筑完工时你的感受。

大教堂：想象你站在大教堂里面，大教堂由细长的石柱和横梁构成，有着巨大的彩色玻璃墙，里面非常高，云朵在天花板的顶部。

城市

世界各地的大多数城市都在发展。沿着河流和人们居住的山丘周围，有道路与小径。随着工业的发展，城市建筑围绕这些路径建造起来。交通（如火车、汽车）在人们生活和工作的地方不断发展。这种结构组合会导致不同类型的城市的形成。

- 玩具城是一个网格型城市，东西南北纵横交错的街道构成其交通模式。网格中的每个街区都有一个市场、五金店、服装店、餐厅、公寓和其他必要的商店。理想情况下，每个街区本身就是一个简洁的小镇。
- 奥兹国的翡翠城是绿野仙踪的首府，多萝西、小狗托托、铁皮人、狮子和稻草人都曾在这本书和电影《绿野仙踪》(*The Wizard of Oz*) 中造访过这里。这座城市可能包括美丽的森林和农田，周围环绕着大片沙漠，居住着 50 多万个仙女。

- 未来之城可能有一个高速的单轨交通系统，沿着它的中心延伸到一个狭窄的大都市区。这座城市将有公园、游乐场、儿童博物馆、动物园、乡村农场以及距离儿童之家仅几步之遥的学校。

提示示例

玩具城：这可以与孩子们想到的玩具店一起设计。任何类型的玩具都可以在这个城市出售。他们所需要做的，就是围绕街道建设城市。想象一座城市，每个街区都有一家不同的玩具店，而你自豪地拥有几张礼品券，可以买你想要的任何东西。

奥兹国的翡翠城：想象你正和最好的朋友多萝西、小狗托托、铁皮人、狮子和稻草人一起走在一条用黄砖铺成的道路上，穿过广阔的田野来到一个闪闪发光的绿色城市。当你穿过城门进入城市时，你可以选择遇见巫师或在这个奇妙的地方观光。

未来之城：试想一下，你乘坐每小时行驶约 130 千米的高速单轨列车，花费 10 分钟去拜访你住在这座城市的另一个社区的朋友。当你到达那里时，你可以决定步行到市区、动物园或是到乡下参观农场。

另一种提示方法是用学龄前儿童喜欢看的电影。教师可以用儿童正在观看的电影和电视节目，它们是儿童文化或者已有知识的一部分，也可以倾听儿童的讨论，并用它们在积木游戏中进行提示。

积木配件可以被用来激励儿童搭建真实的结构。一些积木配件（见表 15.8）可以和这些项目一起被用来激励儿童（Walker，1995）。

表 15.8 世界各地建构项目中的积木配件

- 任何大小的玩具人物几乎都可以被用于积木建构项目。
- 汽车，尤其是大约 6 厘米长的金属汽车，为城市、高速公路和停车场项目提供了良好的比例。
- 任何与高速公路相关的建筑都需要交通标志，以引导车辆。
- 玩具动物能够激发儿童进行动物园和农场等积木建构项目。
- 玩具门窗可被安装在单元积木内，并具有与玩具屋相同的比例。
- 将火车轨道与火车互连的是一个木质玩具，其尺寸与单元积木系统兼容。
- 船、火车和飞机是很好的交通积木配件。
- 娃娃家具可以让一个积木房间变得真实。娃娃家具的大小需要与单元积木相当。
- 从商店购买的木质床腿、栏杆、柜门把手和纽尔柱饰板，可以使积木建构物成为具有异国情调的建筑杰作。
- 可以将从商店购买的销钉切成许多细细的圆柱体，用这些圆柱体作为积木套装的补充。

需要向儿童介绍积木建构的程序。当儿童进行积木建构项目时，教师可以按照表15.9中的程序组织活动（Walker，1995）。儿童可以在建构的同时唱歌或念一首诗。

表15.9　儿童进行积木建构时应遵循的程序

1. 在儿童开始每个项目之前需要有一个简短的介绍。
2. 在建构过程中，儿童将学习一些有关其建筑的基本知识和建筑词汇。例如，他们将在建造大教堂时学习飞扶壁，在建造希腊神庙时学习柱子和横梁。
3. 每个项目都是为了让儿童开始建构。
4. 儿童完成积木建构项目后，可以根据自己的设计对其进行增删。例如，他们可以在购物中心添加更多商店，甚至是一个剧院群，或者为桥梁项目添加更多高速公路。
5. 项目可以在积木区展出一夜或几天。
6. 儿童可以随心所欲地进行改变并利用其进行游戏，但需要让每个项目成为他们自己的项目。

记录儿童的建构物

鼓励儿童观察、分享和检查他们搭建的建构物。他们可以每隔几天走一圈，看看仍在展出的建构物。查卢福和沃思（Chalufour & Worth，2004）为儿童这段时间的活动提供了以下建议。

- 在建构时间结束时，班级儿童可以在教室里走动，看看其他儿童搭建的建构物。
- 儿童可以向全班儿童解释自己的建构物，包括他们一直在建造和游戏的东西。
- 教师可以为儿童的建构物拍照或绘制大图。可以放大积木区的照片，让儿童讨论和展示。

当儿童参与搭建建构物、表征建构物并思考自己的活动时，他们的学习就会增加。这些活动让儿童有机会实验和完善他们对世界、平衡、稳定性和材料的想法。

本章小结

学前教育者确认了班级材料对儿童发展的价值，这种价值可以通过积木建构来促进。事实上，积木被视为幼儿园中最容易被接受和最有用的用具。积木的不同形状、大小和重量，有助于增强儿童的学习体验。此外，积木可以促进儿童在所有领域（如身体、社会性、情绪、认知）的发展（Cartwright，1988）。

  儿童基于自己的经验参与不同发展水平的积木建构。经验不足的年幼儿童需要更多的支持和动力来进行积木建构。儿童的积木建构阶段从携带积木而不是搭建开始的（通常是2岁以下的儿童），一直到构建更具象征意义和侧重于戏剧游戏的结构（通常是5岁以上的儿童）（Johnson，1933）。教师需要明确儿童的积木建构阶段，以了解他们的积木游戏，并为他们提供发展适宜的支持和指导。

  儿童携带积木到室外和教室周围。单元积木和大积木的开放性，会增加积木被用于教学和学习的数量与方式。在班级里使用积木的方式有无数种（Adams & Nesmith，1996）。随着教育工作者越来越意识到它们在儿童学习中的重要性，班级里的积木会越来越多。儿童在搭建时，可以进行以下活动。

- 使用积木作为椅子、桌子和其他道具来表演故事。
- 测量和堆叠积木，以形成图案。
- 研究积木并讨论它们的制作方式。

积木作为班级材料，决定了儿童的游戏活动。它们的真实性和实用性，有助于提高儿童的游戏质量。积木的灵活性、多样性和无条件的、令人满意的特质，使它们成为儿童可熟练应用的玩具之一。儿童喜欢用积木进行学习，这使积木成为游戏和教育的最佳工具。教师一定要了解积木的重要性，这样他们才能在班级里增加积木的使用（Provenzo & Brett，1983）。

注　释

[1] 许多人认为，德国教育家、"幼儿园之父"福禄贝尔首次在教育环境中使用积木作为儿童教育媒介。

第十六章
技术设备和交互式媒体
——游戏学习经验

> 把互联网想象成一出戏剧。情节的关键在于,确定谁是参与者并让参与者理解他们的角色。互联网参与者通常扮演多个角色。在确定互联网活动的法律后果时,需要确定此人所扮演的角色。
>
> (Smith,2001,p.3)

传统的电视已经向"新媒体"(如手机、平板电脑和社交媒体)转型,而这些"新媒体"已经成为儿童生活中的一种压倒性力量。在当代社会,儿童和青少年被广播及社交媒体等吸引。广播媒体由电视和电影组成,而交互式媒体[1]由社交媒体和视频游戏组成,儿童可以由此同时消费和生成内容。儿童使用交互式媒体进行交流并参与高度个人化的环境(American Academy of Pediatrics,Council on Communications and Media,2016a)。屏性媒体技术集成了电视和各种数字设备(如笔记本电脑、平板电脑、移动电话)。此时此刻,儿童正迅速进入一个与父辈和祖辈不同的数字化时代。他们可以在学校、图书馆和家中使用各种技术设备(NAEYC & Fred Rogers Center for Early Learning and Children's Media①,2012)。交互式媒体和技术设备很容易与婴幼儿的日常生活联系在一起。帕雷特等人(Parette et al.,2010)提供了以下关于儿童生活方式和参与21世纪日常生活事件的例子,这些事件随着各种技术设备的出现而渗透进日常生活。

> 早上,7岁的拉托娅被闹钟吵醒,听到厨房里的收音机响着,她的妈妈正在准备早餐。她拿起床头柜上的遥控器,打开电视,一边听《芝麻街》节目,一边

---

① 即弗雷德·罗杰斯儿童媒体和儿童发展研究中心。——译者注

穿好衣服准备上学。就在她去厨房之前，手机响了，她的朋友香农提醒她某个网站上有一个新的"宠物"。拉托娅冲向楼下的家庭计算机，登录并访问这个网站，查看商店目录中的新宠物，在那里，她使用游戏钱币为她当前宠物的房间购买新家具。她在网站上给好友香农发了一条信息，询问她是否想在当天晚些时候玩一款挑战游戏。

当天晚些时候，拉托娅的弟弟贾斯廷从幼儿园回来，立即登录他的某个网站，这个网站专门提供为儿童设计的互联网环境。贾斯廷点击一个按钮，他便可以和几个朋友打招呼，看着他们上线。当他分享一些他标记的"酷"网站时，他很开心地看到自己得分。

（Parette et al.，2010，p. 335）

在过去，儿童使用计算机所指的仅仅是计算机，即带有屏幕、键盘和鼠标的台式计算机。如今的设备将传统的计算机与一些允许触摸技术（即触摸屏）的扩展设备集成在一起，但同样也扩展到更便携的设备（如笔记本电脑和平板电脑）和小型设备（如手机和智能手机）。这些计算机设备的共同特征是用户和设备之间的互动可能性（De Pasquale，2018）。

科技现代化改变了媒体及其在婴幼儿生活中的作用。日常现代数字技术（如交互式移动媒体）的增长对所有儿童（如婴儿、经济困难儿童、残疾儿童）都有所影响（AAP，2016b）。

在所有年龄组使用发展适宜的交互式媒体

符合适当标准的交互式媒体，可以被用于数字化的儿童环境中。数字技术中的色彩、运动、声音和互动，是儿童对交互式媒体如此着迷的原因。儿童需要许多使用交互式媒体的机会，但数字化环境和活动所使用的数字化技术需要适合所有儿童的发展（Cooper，2005）。

目前，学龄前儿童难以应对各种过时和现代的技术设备，它们正以越来越高的频率出现在儿童的生活中。美国儿科学会和通信与媒体协会（2016b）制定了一份政策声明，提供了有关当前电视、视频和移动/数字化技术的文献梳理，以及这些技术在学前教育中的用途，也为学龄前儿童使用媒体的内容和时限提供了明确的建议。

婴儿和学步儿

此前，因为缺乏研究支持以及对可能的负面影响的顾虑，美国儿科学会反对2岁儿童接触媒体（AAP，2011）。然而，美国儿科学会已经认识到，并非所有的屏幕使用都是一样的（Brown et al.，2015）。2岁以下的儿童应在其照护者的看管下进行动手探索和社会互动。他们需要与照护者互动，了解数字化媒体，并将这些知识转化为三维体验。15个月大的学步儿从媒体和能够对他们解释这些内容的成人那里获得学习。触摸屏的交互性允许应用程序识别儿童是否提供了正确的回答，并在必要时改正其答案，以支持儿童的个人能力水平。2岁的儿童能够通过与积极回应的成人进行视频聊天（Hirsh-Pasek et al.，2015）或通过交互式触摸屏界面（支持儿童选择适当的回应）来增加词汇量（Kirkorian et al.，2016）。基于实验室的研究表明，在15个月大的时候，学步儿能够通过触摸屏学习新单词，但无法将这些知识传递到三维世界。

许多父母使用视频聊天作为一种交互式媒体，帮助儿童与远方的亲戚进行社交互动。婴幼儿经常参与视频聊天，但需要获得支持才能理解当前的情况（McClure et al.，2015）。因此，2岁以下儿童对媒体的使用是有限的，在使用时，他们需要与积极回应的成人互动。

幼儿园儿童

目前，大多数儿童都有智能手机，可以上网。他们生活在一个娱乐和信息唾手可得的时代。他们每天都在科技上花大量的时间。电视仍然是5—8岁儿童的首选。他们每天看64分钟的电视。大多数儿童的房间里都有电视和智能手机（Watson，2019）。儿童所处的环境里还有应用程序、电子书和视频流服务（Bus et al.，2020）。

看屏幕是儿童典型的惰性行为之一。他们在家里和幼儿园看电视大约4.4小时（Christakis et al.，2013），还看视频游戏、计算机和智能手机。最近，儿童可以通过节目改进和广告活动接触媒体。儿童每天都要花1.5~7小时观看屏幕，包括加拿大的三四岁儿童（Active Healthy Kids Canada①，2013）、美国的4—7岁儿童（Heelan & Eisenmann，2006；Rideout，Foehr，& Roberts，2010）以及澳大利亚的2—6岁儿童

---

① 即加拿大健康儿童协会。——译者注

（Hinkley et al.，2012）。

  儿童可以观看帮助他们发展认知能力、读写能力和社交能力的节目。例如，《芝麻街》为3—5岁的儿童设计了电视节目。芝麻工作室（Sesame Workshop）和美国公共广播公司（Public Broadcasting Service，PBS）对应用程序的评估表明，这些应用程序在向儿童传授读写技能方面是有效的。电子书（可以在屏幕上阅读）经常包括交互式改进。成人需要在电子书阅读过程中出现分散注意力的视觉效果时，与儿童互动（就像在阅读纸质书籍时那样）以促进他们的理解（AAP，2016b）。儿童在管理技术设备和媒体方面有不同的能力水平，但成人需要向他们展示如何使用简单的数字设备。表16.1展示了一些使用交互式媒体的例子（NAEYC & Fred Rogers，2012）。

表16.1　儿童使用交互式媒体的例子

婴儿和学步儿	技术设备和交互式媒体
• 他们的互动主要与个人进行。 • 他们与玩具的互动包括个人参与。 • 他们会自然地检查、操作和尝试周围的一切，包括技术设备和交互式媒体。 • 他们会尝试使用按钮开关和控制装置。 • 他们使用的技术设备和交互式媒体需要安全、可靠。 • 他们与成人的对话和互动是至关重要的。	• 允许儿童在成人的帮助下观察数字材料。 • 为儿童提供活跃的屏幕时间。 • 向儿童展示来自其环境的许多不同图像（如家人、朋友、动物、事物）。 • 使用适合残疾儿童和来自不同文化的儿童的辅助技术。 • 通过数字音频或视频文件记录儿童的进步。
幼儿园儿童	技术设备和交互式媒体
• 好奇心促使他们使用不同的媒体进行交流。 • 他们将数字技术作为展示其创造力和学习能力的手段。 • 他们观看帮助他们发展认知、读写和社交能力的节目。 • 他们管理技术设备和媒体的能力水平不同，但仍需要成人支持。	• 为儿童提供各种适合其发展的交互式媒体活动。 • 让儿童学习如何控制"传统"的鼠标和键盘，使用网站搜索引擎查找答案。 • 提供视频会议软件，与位于不同地点的家庭和儿童进行沟通。 • 允许儿童利用游戏活动来试验技术设备的使用。 • 使用适合残疾儿童和来自不同文化的儿童的辅助技术。 • 通过数字音频或视频文件记录儿童的进步。

  每名儿童都是不同的，"变化不仅是可以预期的，而且是值得重视的"（NAEYC，2020）。儿童在拼写、打字、空格、标点、书写、字母排序、扫描和跟踪方面的能力各不相同。同一间教室里，儿童在解读、听从指示和完成任务方面的能力水平不同。

在使用相同硬件和软件系统的班级中，儿童在发展速度、学习方式和选择上也存在差异。需要为这些儿童进行调整，例如让他们选择是使用键盘还是点击系统（Cooper，2005）。

残疾儿童

残疾儿童同样需要体验交互式媒体，因为这为他们提供了工具和平台，让他们成为社会的一部分。残疾使他们能够参与和重新设计互联网、社交媒体以及媒体和传播的其他方面（Alper & Goggin, 2017）。例如，多诺霍和尚伯克（Donohue & Schomburg）在整合性环境中教授3—5岁的残疾儿童，他们提供了以下示例。

> 我以多种方式使用技术设备来支持儿童的学习与发展。我最喜欢的一项班级工作是记者。记者负责在区角时间用平板电脑拍照，记录班级里其他同学的活动，并在全班讨论时报道一张照片。这张照片是通过投影仪显示的，所以所有儿童都能很容易地看到。我推进儿童关于图片的讨论，调整我对每名儿童的提问难度。这项活动提供了一种自然的方式来评估儿童的各种交流技能，比如儿童回忆事件和回答各种问题的能力。让记者自由地记录自己选择的活动，能使活动变得有意义，并能增加他们在更多人面前分享的动力。该活动的简单性使其易于在各种环境中实施并使用不同的技术工具，唯一的要求是拍照能力。
>
> （Donohue & Schomburg, 2017, p.71）

数字化游戏

在全世界范围内，科技与儿童基于游戏的学习缺乏完全的结合。国际课程文件坚持分别解释，游戏和科技如何被用于支持学习。同时，科技的蓬勃发展使其与数字媒体迅速融合，为儿童提供了一个舞台，让他们能够自我沉迷于包括数字化游戏在内的流行文化中。在最近这种不断演变的背景下，对儿童游戏的认知意味着一种独特的推理方式，即最巧妙地将游戏和儿童实践的教育理解与数字技术和数字媒体以及他们有关流行文化的知识之间的差异联系起来（Edwards, 2013a）。

数字化的游戏框架确定了儿童在使用不同的技术设备时表现出的游戏行为（Bird

&Edwards，2015），如使用平板电脑、计算机、数码相机和数码摄像机。它基于赫特（Hutt，1966）关于儿童玩新奇物品的研究，在这项研究中，儿童在想象游戏中使用一个物品之前会发现它的用途，也基于维果茨基（1978）关于使用工具的概念：儿童会发现如何使用它们。当儿童学习如何管理特定的技术设备时，他们将技术设备作为工具进行的初步活动可以被视为是"探索性的"；当他们获得了所需的技能，可以操作技术设备作为工具来生成新的游戏剧本和游戏经验时，他们的活动就可以被认为是"创新的"（Bird & Edwards，2015）。

当儿童开始学习使用技术设备时，他们会研究设备的操作，以了解它是如何发挥作用的。在这个过程中，他们探索、参与解决问题并获得技能。例如，当儿童在触摸屏或触摸板上移动（或滑动）手指来搜索照片或图像时，这意味着他们已经掌握了这种"技能"。在使用平板电脑时，他们按一个按钮并开始理解图像所代表的含义。例如，"塞巴斯蒂安用数码相机放大和缩小小鸟的照片，解决如何使用设备的问题，并获得对给定设备的功能进行分解控制的技能"（Bird & Edwards，2015，p. 1153）。当儿童熟练地使用技术设备作为工具后，他们就可以进行富有想象力、象征性和创造性的游戏。正是通过这些行为，大多数的学习才得以发生。例如，在内容如娃娃家的应用程序中，儿童会把人们带到厨房并喂他们食物。他们可以制作一个虚构的场景，例如进行木偶表演。在这个例子中，应用程序所显示的是"象征性"行为。儿童可以参与象征性游戏，然后利用技术设备计划和录制儿童戏剧（Bird & Edwards，2015，p. 1153），以了解该设备的功能。

交互式白板、平板电脑和台式计算机的结合使用能够提供可增加学习者参与度的功能，也可以为有特定需求的学习者提供个性化支持。使用这些新技术可以让教学工具更具有多样性，以吸引儿童参与学习活动，从而改进授课方法和学习机会，这两者都有助于促成独特的课堂体验（Mueller & Wood，2012）。然而，技术设备在班级中的使用优势，取决于教师是否能够充分利用这些工具（West & Vosloo，2013）。教师对技术设备的充分利用，离不开培训以及配套设施和技术方面的支持（Mouza & Barrett-Greenly，2015）。总的来说，当技术设备能够被有效地用作适当的教学工具时，教育机构中低年龄段儿童群体就能取得积极的学习成果。尽管在之前的研究中，一些儿童在上学前可能很少接触技术设备，但越来越早接触技术设备的趋势表明，如今的婴儿和学步儿将比他们的前辈更熟悉技术设备。例如，2—4岁的儿童大多使用科技产品玩游戏和看视频。2—4岁的儿童主要借助科学技术玩游戏（63%），观看视频（47%），学习阅读等教育内容（30%）（Rideout，2013）。

儿童对数字技术的使用

对 0—8 岁儿童进行的研究表明，年龄较大的儿童在媒体上花的时间比年龄较小的儿童多。大多数研究都集中在电视上，发现两三岁的儿童每天大约花 2 小时看电视/数字光碟。然而，计算机的使用也随着年龄的增长而增加。婴儿每天使用计算机的时间为零，2—4 岁儿童为 16 分钟，5—8 岁儿童为 24 分钟。8 岁以下儿童的移动媒体日常使用量略有增加（Rideout，2011），但 2013 年，所有年龄段的儿童都开始使用移动设备进行媒体活动。所有年龄段的儿童中，使用移动媒体的人数都有增长，2 岁以下儿童占 38%，2—4 岁儿童占 80%，5—8 岁儿童占 83%（Rideout，2013）。2015 年，越来越多的儿童使用移动媒体。例如，劳里塞拉等人（Lauricella et al.，2015）发现，0—8 岁的儿童使用四种数字媒体设备——电视、计算机、智能手机和平板电脑。这种增长与父母的屏幕时间以及在屏幕时间内父母和孩子之间的互动有关。他们得出的结论是，无数的孩子在屏幕媒体上花更多的时间。数字媒体将继续增长，并在儿童的生活中发挥重要作用。

实 际 应 用

儿童在数字世界中长大。由于科技变得更容易获得，价格也更合理，因此他们有更多的机会使用它。科技在儿童生活中的迅速发展给他们的教育发展提供了许多机会。教师在帮助儿童学习必要技能方面起着至关重要的作用。为了促进儿童的学习，斯托斯（Storts，2016）推荐了教师与学龄前儿童使用交互式媒体的方法。

- **引导观看**。儿童和教师可以通过观看节目来互动、回答问题和关注节目中需要弄清楚的部分。
- **教育设备**。包括显示制作方法的程序。过分强调娱乐性会削弱儿童自主游戏的能力。
- **介绍文化**。提供帮助儿童熟悉各种文化的课程。他们可以观察到自己在语言、习俗、育儿方式和其他品质方面的相似之处和差异。
- **引导虚拟的实地参观**。通过节目让儿童观察他们无法参观的不同地区，如动物园、农场、其他国家和他们无法参观的其他地方。

虽然儿童很喜欢科技，但也要允许他们单纯地玩并运用创造力和想象力。重要的是，他们使用的科技需要是最新的，并具有重要的技术设备，以激励他们参与和学习。赖恩（Reinen，2020）建议了以下促进儿童学习的技术设备。
- **交互式网站**为儿童提供了许多机会，儿童可以自我指导，因此几乎不需要教师的帮助。
- **丰富的应用程序**按照年龄、年级和主题分类，提供了一种激发学习热情的特殊方式。
- 基于年龄组的**教育视频网站**，允许教师分享教学材料（如视频、音频记录和照片）。
- **交互式白板**是指电子触摸屏，教师可以使用电子笔控制大屏幕上的内容。
- **数字化的故事讲述**来自一些网站，帮助儿童利用创造性的想象力在线创作数字故事。儿童可以使用软件与艺术作品一起发展视觉故事，建构和叙述个人的作品，创作动画故事。
- **电子书**同样是易于获得的。儿童喜欢这些有漂亮的文字和插图的书。

无论使用哪种技术设备，教师都需要在将其运用于儿童之前知道如何使用它。此外，教师需要选择发展适宜且促进儿童学习的技术设备。

本 章 小 结

学龄前儿童被与流行文化、媒体和新技术相关的实践吸引。他们的环境中充满许多传统和现代的技术工具。他们参与社会实践和文化实践，这些实践能促进他们对交互式媒体和技术设备的理解。技术设备与交互式媒体相结合，为儿童提供了一种使其着迷于大众文化的方式。它的特征与游戏相似。个体在相互交流时以各种方式使用交互式媒体来管理并获取知识。当人们使用媒体时，他们与他人建立联系。有关游戏的交互式媒体是科技发展和儿童流行文化消费的新环境。

大量的研究支持将交互式媒体作为促进儿童学习的资源。屏幕媒体（包括电视和移动数字技术）目前是婴幼儿早期活动的持续组成部分。数字技术为儿童提供了随时随地访问互联网的机会，这将技术融入许多日常生活中。成人需要使用交互式媒体并与儿童合作，以更好地理解儿童。当婴幼儿接触屏幕媒体时，成人与他们的互动会发展他们的社交能力、情感能力和认知能力（De Pasquale et al.，2020）。

儿童在很小的时候接触科学技术是有优势的。一旦入学，他们就会接触到技术完善的环境。在现在的学校中，多媒体教室已经成为一个普遍的组成部分。学校中科技的爆炸式增长既表明了改善所有儿童教育成果的潜力，又为儿童在社会上取得成功提供了更好的准备（Archer，2017）。

注　释

[1] 交互式媒体代表数字和模拟资源，如软件程序、应用程序、广播和流媒体、儿童电视节目、电子书、互联网以及其他类型的内容，旨在促进儿童有效且富有创造性地使用这些资源，支持他们与其他儿童和成人的社会互动（NAEYC & Fred Rogers Centre for Early Learning and Children's Media，2012）。

参考文献

AAAS (American Association for the Advancement of Science) (1993, 2009). *Benchmarks for science literacy*. NY: Oxford University Press.

ACM (Association of Children's Museums) (2007). Annual Report 2006—2007.

Active Healthy Kids Canada (2013). *Active healthy kids Canada report card*.

Adams, P. K., & Nesmith, J. (1996). Blockbusters: Ideas for the block center. *Early Childhood Education*, *24*(2), 87—92.

Addison, R. (1991). Music and play. *British Journal of Research in Music Education*, *8*, 207—217.

Ahn, J., & Filipenko, M. (2007). Narrative, imaginary play, art, and self: Intersecting worlds. *Early Childhood Education Journal*, *34*(4), 279—289.

Allen, J., Fabregas, V., Hankins, K. H., Hull, G., Labbo, L., Lawson, H. S., Michalove, B., Piazza, S., Piha, C., Sprague, L., Townsend, S., & English, C. U. (2002). PhOLKS lore: Learning from photographs, families, and children. *Language Arts*, *79*(4), 312—322.

Almy, M. (2000). What wisdom should we take with us as we enter the new century? An interview with Millie Almy. *Young Children*, *55*(1), 6.

Alper, M., & Goggin, G. (2017). Digital technology and rights in the lives of children with disabilities. *New Media & Society*, *19*(5), 726—740.

Alschuler, R., & Hattwick, L. (1947). *Painting and personality*. Chicago, IL: University of Chicago Press.

American Academy of Pediatrics [AAP], Council on Communications and Media (2016a). Policy statement for media use in school-aged children and adolescents. *Pediatrics*, *138*(5), e20162592.

American Academy of Pediatrics, Council on Communications and Media (2016b). Policy statement for media and young minds. *Pediatrics*, *138*(5), e20162591.

American Academy of Pediatrics, Council on Communications and Media (2011). Policy statement for media use by children younger than 2 years. *Pediatrics*, *128*(5), 1040—1045. Revised e20162592.

Anderson, D., Kisiel, J., & Storksdieck, M. (2006). Understanding teachers' perspectives on field trips: Discovering common ground in three countries. *Curator*, *49*, 365—386.

Anderson, S., & Hoot, J. L. (1986). Kids, carpentry, and the preschool classroom. *Day Care and Early Childhood*, *13*(3), 12—15.

Andress, B. (1998). *Music for young children*. Fort Worth, TX: Harcourt Brace.

Antell, S. E., & Keating, D. P. (1983). Perception of numerical invariance in neonates. *Child Development*, *54*, 695—701.

---

* 为了环保，也为了节省您的购书开支，本书参考文献不在此一一列出。如果您需要完整的参考文献，请通过电子邮箱1012305542@qq.com 联系下载，或者登录 www.wqedu.com 下载。您在下载中若遇到问题，可拨打010-65181109咨询。